김경진 교수의 신약신학 논문집

역사와 해석

김경진 교수의 신약신학 논문집

역사와 해석

Copyright ⓒ 도서출판 대서 2015

초판 1쇄 인쇄 2015년 9월 15일
초판 1쇄 발행 2015년 9월 21일

지은이 : 김경진
펴낸이 : 장대윤
펴낸곳 : 도서출판 대서

등록 : 제22-2411호
주소 : 서울특별시 서초구 방배동 981-56
TEL : 02-583-0612 FAX : 02-583-0543
E-mail : daiseo1216@daum.net

ISBN 979-11-86595-03-9 (03230)

* 책 값은 뒤표지에 있습니다.
* 파본은 교환해 드립니다.
* 이 출판물은 저작권법에 의해 보호를 받는 저작물이므로 무단 복제할 수 없습니다.
* 독자의 의견을 기다립니다.

HISTORY & INTERPRETATION

김경진 교수의 신약신학 논문집

역사와 해석

| 김경진 지음 |

도서
출판 대서

HISTORY & INTERPRETATION

서문

이 책은 본인이 지난 20여 년 동안 국내외에서 신약 성경 및 신학을 강의하면서, 신약성경에 관하여 집필하여 여러 학술지에 발표했던 논문들을 한데 모아 엮은 것이다. 물론 이밖에도 공관복음과 누가복음·사도행전에 관하여 집필한 논문들은 별도로 묶어 이미 발간한 바 있다. 이곳저곳에 흩어져있던 글들을 한데 모으니, 그간의 학문적 노력이 열매를 맺어 비로소 분명하게 드러나 빛을 보는 것 같아 즐겁다.

이 논문집의 제목을 구태여 『역사와 해석』으로 잡은 데에 대한 설명이 필요하리라고 생각한다.

여기서 역사(歷史)라 함은 다분히 복음서를 염두에 둔 포석이다. 이는 복음서를 부활 후 시대에 예수를 그리스도로 신격화함으로써 꾸며낸 신화로 간주하는 진보주의 신학자들의 해석적 오류를 반박하기 위해 의도적으로 사용한 표현인 것이다. 비록 복음서가 연대기적 역사 서술방식을 취하고 있지는 않지만, 그렇다고 하여 복음서 안의 모든 사건들과 이야기들이 성경 저자들에 의하여 신화나 전설처럼 작위적으로 만들어진 것들이 아님을 적시하고자 한 것이다. 복음서는, 비록 복음서 기자들의 신학적 해석이 포함되어 있어 다양성을 띠기는 하지만, 근본적으로 주 예수 그리스도와 관련하여 역사 한 가운데 발생한 사건과 사실들을 기록한 역사적 문헌임이 분명하다는 것이 이 모든 논문들의 기본적 토대이다.

역사와 나란히 해석(解釋)을 표제로 삼은 것은 다분히 서신서들을 염두에 둔 포석이다.

서신서 중 특히 바울서신은 신약의 초기 문헌들로서, 아직 기독교가 종교적 제도로서 정착하기 전 기독교를 설명한 문헌으로서 그 가치가 매우 크다고 하겠다. 사실 기독교의 창시자로서 예수 그리스도에 관한 복음서들이 아직 기록되기도 전에 집필된 바울서신들은 문헌적 형태로 최초로 기독교의 존재를 세상에 알려주었을 뿐만 아니라 또한 오늘날 기독교의 거의 모든 교리체계의 근거가 되는 까닭에 그만큼 중요하기도 하다. 그러나 이러한 무거운 비중에도 불구하고 서신서들이 복음서에 기록되어 등장하는 사실 historical facts들을 결코 대체할 수 없는 이유는 그것이 그 사실들에 대한 이차적 secondary 혹은 부차적 derivative 해석이기 때문이다. 그리하여 비록 복음서들이 후대에 기록되었음에도 불구하고 신약성경의 앞부분에, 즉 서신서들 앞에 위치하게 된 것이다.

결과적으로 역사와 해석은 궁극적으로 신약성경 전체를 함축적으로 묶어 표현한 것이다. 이러한 책 제목의 정신을 따라서, 책 1부는 복음서에 관한 논문들도 구성되었고, 2부는 서신서에 관한 논문들로 채워졌다. 그리고 3부는 1, 2부 장르에서 벗어나는 글들을 한데 모아 신학적 단상(斷想)이란 카테고리로 묶어 제시되었다. 여기에는 장로교 목사 교수로서 저자가 살면서 가르치면서 느끼고 경험한 다양한 주제들이 신학적 해석을 거쳐 소개되었다.

여기에 담긴 논문들은 1976년 신학교에 입문하여 신학대학원을 거쳐 스코틀랜드에서 박사학위를 취득한 후 백석대학교 신학대학원을 포함하여 국내외 여러 학교와 교육기관에서 20여 년간 가르치면서 오늘날에 이른 본인의 신학적 여정(旅程)을 여실하게 보여주고 있다. 한없이 부족하여 그만치 부끄러운 것을 충분히 알면서도 이렇게 또 다시 새로운 책을 출판하는 것은, 그래도 신약성경을 여행하는 후학들에게 낯선 길의 작은 이정표처럼 조금이나마 도움이 될 수 있지 않을까 하는 기대에서이다.

나의 분신과도 같은 또 한 권의 책을 세상에 내놓으며, 무엇보다도 본인이 마음껏 연구하고 가르칠 수 있도록 든든한 배경이 되어주신 백석대학교 설립자 장종현 박사님께 다시 한 번 깊은 감사의 말씀을 드린다. 아울러 남편으로서, 아버지로서 많이 부족한 나를 오래 참으며 아낌없는 사랑을 베풀어준 가족들, 아내 金臣子, 사랑스런 세 딸 惠硏, 智硏, 讚美에게 감사와 사랑의 마음을 전한다. 끝으로 부족한 아들을 낳아주시고 길러주시며, 한평생 노심초사하며 아들을 위해 기도해 주시는 모친 趙順女 권사님과 부친 金國聖 집사님께도 이 기회를 빌어 깊은 감사의 말씀을 드린다.

2015년 8월 19일 늦은 오후
천안시 병천면 鵲城山 자락에서
小崖 金炅珍

목차

서문 • 5

1부: 복음서/사도행전 연구

(1) 공관복음서 문제 • 11
(2) 하나님 나라로서의 복음 이해 • 26
(3) 하나님 나라와 윤리 • 51
(4) 누가신학의 재물관 • 71
(5) 마태, 마가복음의 재물관 비교 연구 • 98
(6) 청지기직에 대한 신약성경의 이해 • 121
(7) 메시아 칭호로서의 인자 연구 • 141
(8) 사도행전의 설교와 누가 공동체 • 160
(9) 섬김의 신약적 의미 고찰 • 178

2부: 바울서신 연구

(1) 바울신학의 사회적 배경 • 207
(2) 겸직 사역론의 성경적 조명 • 223
(3) 데살로니가와 고린도: 바울 기독교의 사회적 다양성 • 238
(4) 바울과 누가: 동지인가? 적인가? • 270
(5) 고린도 교회의 경제적 갈등과 처방 • 304

3부: 신학 斷想

(1) 21세기와 복음주의 신학교육 • 333
(2) 영성생활과 영적 은사 • 351
(3) 희년과 복음 • 360
(4) 신약적 관점에서 본 동성애 • 369
(5) 성지 이스라엘의 돌 문화 • 377
(6) 워낭소리 단상 • 386
(7) 재난에 대한 신약성경의 교훈 • 390
(8) 십자매와 잠언 • 397
(9) 신학과 목회를 위한 언어공부 • 400

참고문헌 • 409

제1부
복음서/사도행전 연구

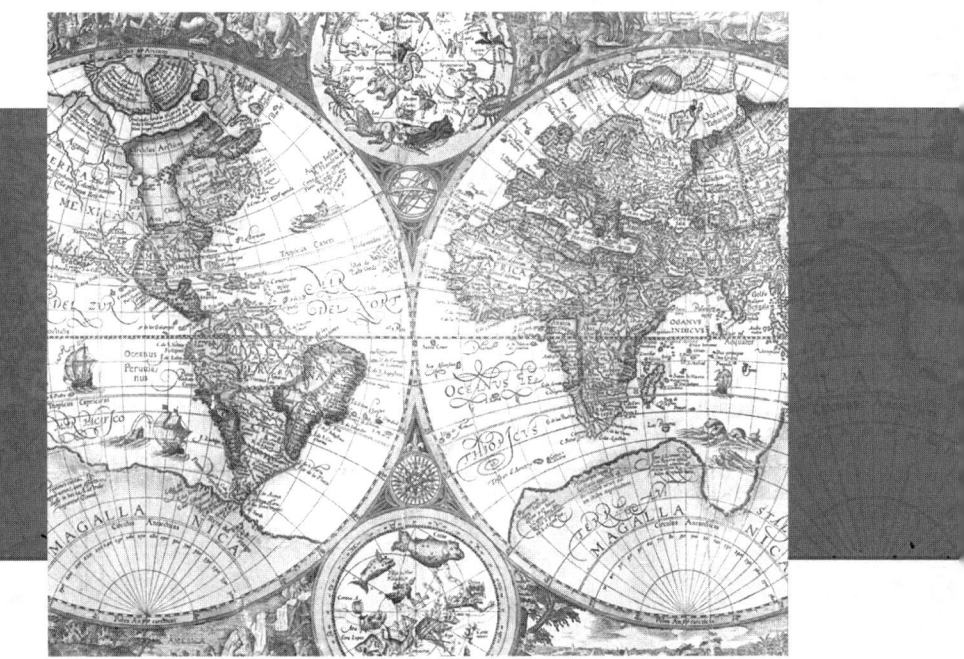

HISTORY & INTERPRETATION

공관복음서 문제[1)]
종합과 조화 방법의 장점 그리고 한계

1. 들어가면서

공관복음서는 한 마디로 이중성(二重性)을 띠고 있다. 그 이유는 같으면서도 다른 책이기 때문이다. 여기서 같음은 통일성이라 부를 수 있겠고, 다름은 다양성이라 부를 수 있을 것이다. 이러한 이중성이 가능할 수 있는 것은 복음서들이 한 분 예수님을 주인공으로 하여 그의 구속사역을 중심으로 기록하면서도, 그 복음서의 수신자가 되는 교회공동체의 상황을 아울러 반영하고 있기 때문이다.[2)] 공관복음을 올바르게 이해하기 위해서는, 따라서, 이 두 가지 특징이 함께 그리고 균형 있게 고려되어야만 한다. 이 양자 사이에서 어느 한 쪽으로 치우치게 되면 공관복음 이해는 불완전해 질 수밖에 없다고 보여진다. 그런데 공관복음의 복잡한 문학적 상호 관련성을 풀이하기 위해 시도된 공관복음 문제란 사실

---
1) 이 글은 「목회와 신학」 108(2001.8)에 게재되었다.
2) 김경진, "공관복음서의 통일성과 다양성", 『기독신학저널』 1호(1998), 117-119; L. T. Johnson, *The Writings of the New Testament* (London: SCM, 1986), 145-6; cf. G. N. Stanton, *The Gospels and Jesus* (Oxford: University Press, 1992), 5-6; K. F. Nickle, *The Synoptic Gospels* (Atlanta: John Knox, 1980), 153ff.; 알렌 버히(김경진 역), 『신약성경 윤리』 (솔로몬, 1997), 178-9.

주로 통일성에서 비롯되는 것이 아니라, 다양성에서 비롯되는 것이다; 왜 한 분 예수 그리스도에 관해 기록하면서, 각 복음서는 다르게 기록하고 있는 것일까? 하는 것이 문제의 초점이 되는 것이다.

공관복음을 학문적으로 연구하기 이전 시대, 즉 역사비평 방법론이 대두(擡頭)하기 이전 시대에 교회는 대체로 복음서를 예수님의 전기(傳記)로 간주하여 역사적 기록으로 생각하였던 적이 있었다.3) 그리하여 각 복음서는 예수님의 전기라는 기본 틀에 맞추어 거기에 맞는 필요한 정보를 제공하는 방식으로 이해되었던 것이다. 달리 표현한다면 통일성이 공관복음 이해의 주된 관건이었던 것이다. 그러나 이런 방식으로 공관복음을 이해하는 것은 대단히 잘못된 것이다. 그 이유는 크게 다음과 같은 두 가지 이유 때문이다.

첫째로, 복음서는 단순한 역사적 사실의 보존이 그 기록 목적의 전부가 아니기 때문이다. 복음서는 역사적 사실을 근거로 하여 기록되었지만, 그 자체가 역사서는 아닌 것이다. 따라서 전기적 요소를 포함하고 있기는 하지만, 전기 그 자체는 아닌 것이다.4) 이에 대하여는 아래에서 좀 더 자세하게 진술할 것이다.

둘째로, 예수님의 사역을 연대기적으로 기록하는 것이 불가능하기 때문이다. 만일 복음서가 연대기적으로 기록된 전기라고 한다면, 공관복음서에서 사건의 순서가 달리 배열되어 있거나 사건의 내용이 다르게

---

3) Nickle, *Synoptic Gospels*, 157. 이런 주장을 편 유력한 두 학자는 쉬바이쳐(A. Schweitzer; *The Quest of the Historical Jesus*, 1910)와 홀츠만(H. J. Holtzmann; *Die synoptischen Evangelium*, 1863)이었다. 이 두 학자의 견해에 대한 비판적 평가에 대하여는 E. P. Sanders & M. Davies, *Studying the Synoptic Gospels* (London: SCM, 1989), 25-36을 참고할 것.

4) Sanders & Davies, *Synoptic Gospels*, 25ff.; D. A. Carson, D. J. Moo & L. Morris, *An Introduction to the New Testament* (Grand Rapids: Zondervan, 1992), 46-48; 버히, 『신약성경윤리』, 163; cf. W. Marxsen, *Mark the Evangelist* (London: SCM, 1969), 117-150. 여기서 말하는 전기는 현대적 개념의 전기를 말하는 것으로, 복음이 고대 전기 문학에 속한 것으로 주장하는 스탠턴이나 버릿지의 견해와 배치되는 것은 아니다(리차드 버릿지 [김경진 역], 『네 편의 복음서, 한 분의 예수』 [기독교연합신문사, 2000], 46-47).

저술된 경우, 어느 것이 옳고, 그른지를 판단하는 것은 힘들 정도가 아니라, 불가능하다고 생각된다.5) 이런 연구 결과를 고려할 때, 결과적으로, 공관복음을 통일성의 안목으로만 이해하는 것은 공관복음을 올바르게 이해하는 방식이 될 수 없음이 드러나게 된다. 따라서 공관복음은 통일성과 함께 다양성 역시 해석 과정에 필수적으로 고려되어야 하는 것이다.

이러한 공관복음 문제를 다룸에 있어서, 내게 주어진 과제는 "공관복음 문제에 대한 종합과 조화 방법의 장점과 한계"라는 주제이다. 따라서 이 글은 통일성에 초점을 맞춘 상태에서 다양성의 문제를 함께 고려하는 방향으로 전개되어질 것이다. 글의 순서는 먼저 공관복음의 통일성의 내용이 무엇인지를 살피고, 다음에는 종합 및 조화 방법론의 장점을 고찰할 것이며, 끝으로 그 방법론의 한계에 대하여 언급하며 매듭짓고자 한다.

2. 공관복음의 통일성(unity): 역사(歷史)로서의 복음서

세 권의 공관복음은 같으면서도 다른 복음서들이다. 그러면 과연 무엇이 같고 무엇이 다른가? 이 간단하면서도 어려운 문제의 해결이 공관복음 이해에 결정적인 열쇠가 된다. 먼저 "같다"고 말할 때 그것은 공관복음의 공통된 주제를 가리키는 바, 곧 예수 그리스도의 사역(ministry)과 교훈(teaching)을 가리킨다.6) 이것은, 달리 말하면, 예수님을 중심으로 하여 1세기 팔레스타인 땅에서 이미 발생한 역사(歷史), 혹은

---

5) R. H. Stein, *The Synoptic Problem* (Nottingham: IVP, 1988), 34-37; C. Blomberg, *The Historical Reliability of the Gospels* (Leicester: IVP, 1987), 127-130.
6) Oscar Cullmann, *The New Testament: An Introduction* (London: SCM, 1968), 28.

역사적 사실(historical facts)을 의미한다.[7]

그러면, 공관복음서의 공통된 주제인 예수님의 사역과 교훈의 핵심은 무엇인가? 공관복음 전체를 놓고 볼 때, 예수님의 사역(행위)의 핵심은 구속사역이었고, 그의 교훈(말씀)의 내용은 하나님의 나라이다. 이것은 예수 그리스도의 첫 번째 설교에 잘 나타나 있다; "때가 찼고 하나님의 나라가 가까이 왔으니 회개하고 복음을 믿으라"(막 1.15), "회개하라 천국이 가까이 왔느니라"(마 4.17b). 따라서, 공관복음의 핵심은 하나님의 나라와 그 나라의 핵심적 내용이 되는 예수 그리스도의 구원으로서 요약될 수 있을 것이다.[8] 이 공통된 중심 주제는 다시, '하나님의 나라는 어떻게 임하는가?', '사람은 어떻게 구원받는가?', '예수 그리스도가 가져오신 하나님의 나라의 성격', '하나님의 나라 시민의 자격 및 삶의 양태, 즉 변화 받아 신분이 바뀌어진 성도(聖徒)는 이 땅에서 어떻게 살아야 하는가?' 등과 같은 다양한 소주제들로 나뉘어 설명되고 있다. 그러나 이 소주제들은 독자적으로도 중요하기는 하나, 그것들이 공통 중심 주제와 결부될 때에만 비로소 그 의미를 갖게 된다는 것을 우리는 유념해야 할 것이다. 이런 견지에서 볼 때, 결국 이 공통 주제는 하나의 근본적 골격(骨格)으로서 복음서의 근간(根幹)을 이루고 있다. 요컨대 공관복음의 통일성이란 이와 같이 역사로서의 복음서의 특징을 나타내는 것이다.

그러나 물론 복음서는 단순한 역사서(歷史書)는 아니다. 만약 복음서가 정확한 역사를 기술하는 것이 목적인 역사서라고 한다면 복음서는 오직 하나만 존재해야 할 것이다. 왜냐하면 역사적 사실은 둘이 될 수 없기

---

[7] 스탠턴은 그의 책의 후반부에서 '복음서 전승 속의 예수'의 문제를 다루면서, 복음서 이외의 기록된 증거와 고고학적 증거를 힘입어 예수 그리스도의 역사성을 설득함으로써 복음서의 역사성을 진술하고 있다(*Gospels and Jesus*, 139-149).

[8] Stanton, *Gospels and Jesus*, 189-203.

때문이다. 그러나 주지(周知)하다시피, 복음서는 모두 네 권이고, 구조와 내용이 유사한 공관복음서조차 세 권이다. 이 말은 공관복음서들이 그 구조와 내용이 유사하기는 하지만 결코 같지는 않다는 것이다. 만일 같다면 구태여 세 권의 복음서를 하나님은 우리에게 허락하시지 않았을 것이다. 그렇다면 결국 동일한 역사적 사실이 공관복음서에서 서로 다르게 나타나고 있음을 우리는 깨닫게 된다. 그런데 문제는 복음서가 역사서가 아니라는 사실을 지나치게 강조한 나머지 복음서의 역사성 자체를 전연 부인하는 급진적 경향이다. 좀더 자세히 말하면, 복음서가 예수 그리스도에 대한 초대교회의 신앙고백인 까닭에 복음서에는 실제 역사란 전혀 없을 뿐만 아니라, 또한 사실 실제 역사란 그렇게 중요하지도 않다는 것이다. 다시 말하면 복음의 케뤼그마(κήρυγμα)로서의 성격을 감안할 때 초대교회의 신앙이 융해되어 선포된 복음을 이해하는 것이 필요한 것이지, 그 선포된 복음의 토대가 되는 사실적 역사에 관심을 갖는 것은, 그 자체가 초대교회의 관심사가 아니었기에, 바람직하지 않다는 것이다. 따라서 우리는 오직 선포된 복음의 내용만을 잘 살펴서 이해하고 그 의미를 오늘의 삶의 정황 속에서 실현해 나가는 것이 우리의 과제라는 것이다.9)

그러나 이런 주장은 전혀 잘못된 것이다. 복음서가 역사서가 아니라 해서 복음서의 역사성이 무시될 수는 없는 것이다. 보통의 역사서(歷史書)와는 달리 정확하게 연대기적으로 기술하지 않았다 해서 그 속에 역사성

---

9) 이런 주장을 펴는 대표적 인물이 바로 루돌프 불트만(Rudolf Bultmann)이다. 그는 그의 저서 「예수와 말씀」(*Jesus und das Wort*)에서 공관복음서의 모든 내용을 분석해 볼 때 거기서 우리는 2000년 전 팔레스타인 땅을 거닐었던 역사상의 예수의 흔적을 전혀 발견할 수 없다고 주장한다. 불트만과 이와 유사한 신학적 견해를 가졌던 신학자들에 대한 비판에 대하여는 N. B. Stonehouse, *Origins of the Synoptic Gospels* [Grand Rapids: Baker, 1979], 146-175; Carson, Moo & Morris, *Introduction*, 49-52를 참고할 것. Cf. 존 드레인(이중수 역), 『예수와 사복음서』(두란노서원, 1984), 172-186.

이 전혀 없다고 단정하는 것은 그릇된 주장이다. 비록 연대기적 역사 서술은 없다 할지라도, 복음서는 역사적 사실에 근거한 사건 및 말씀을 토대로 하여(눅 2.1-2; 3.1-2; cf. 1.1-4) 그 위에 복음서기자의 신학이 가미(加味)된 것이지, 역사적 사실을 전혀 도외시한 채 복음서기자의 신학만이 담겨진 책은 결코 아닌 것이다.[10] 만일 복음서가 역사적 사실의 토대가 없는 신학의 서술이라면 그것은 하나의 fiction에 해당할 것이다. 그러나 분명히 복음서는 본질상 근본적으로 non-fiction이로되 여기에 복음서기자 자신의 해석이 덧붙여진 모양을 취하고 있는 것이다.

3. 종합 및 조화 방법의 장점

신구약 성경이 66권으로 구성되어 있다 할지라도 그 주제가 하나이듯이, 공관복음이 세 권으로 구성되어 있다 할지라도 그 주제는 하나일 수밖에 없다. 이런 맥락에서, 공관복음이 기본적으로 한 분 구주 예수그리스도에 관한 책이라고 할 때, 공관복음은 본질적으로 통일성의 근거 위에 서 있는 것이고, 따라서 다양성 이전에 우선적으로 고려해야 할 것이 바로 통일성인 것이다.

공관복음이 예수님에 관한 기록이라고 한다면, 결국 공관복음의 핵심은 기독론(基督論)일 것이다. 공관복음의 기독론은, 앞서 언급한대로, 그 속성상 예수님의 사역과 교훈으로 구성된다; 예수님의 사역은 죄악과

---

[10] 이런 사실을 헹겔은 다음과 같이 적절하게 언급하였다: "In reality the 'theological' contribution of the evangelist lies in the fact that he combines both these things(preaching and historical narration; 필자의 삽입임) inseparably: he preaches by narrating; he writes history and in so doing proclaims" (M. Hengel, *Studies in the Gospel of Mark* [London: SCM, 1985], 41. Cf. Stanton, *Gospels and Jesus*, 152-155. 스탠턴이『공관복음 전승사』에 제시된 불트만의 견해를 좇아 복음서의 일부 예수님 말씀이 부활 후 초대교회의 상황 아래서 만들어졌거나 재해석되었다고 말하는 부분은 이성적 추론에 따른 것일 뿐 객관적 증거에 의한 것이 아니므로, 설득력이 있어 보이지 않는다.

사망으로부터의 구속(救贖)을 위한 것이고(마 1.20; cf. 막 10.45; 마 20.28; 눅 19.10),[11] 예수님의 교훈은 하나님의 나라의 선포에 관한 것이다(막 1.15; 마 4.17; cf. 눅 4.18-19). 그런데 동일한 사역과 교훈인데, 각 복음서 저자의 구성에 따라서 각 복음서에 나타나는 기독론은 똑같지 않다. 이를테면, 마가복음은 인자(人子), 즉 여호와의 고난 당하는 종으로서의 고난과 죽음이 강조되면서 대속(代贖)적 기독론을 강조하고 있고(막 10.45),[12] 마태복음은 주님의 선생으로서의 역할이 강조되면서 지혜 기독론을 강조하고 있으며,[13] 누가복음은 잃어버린 자를 찾아 섬기는 종으로서의 역할을 부각하면서 사역(事役)적 기독론을 강조하고 있다(눅 19.10; 4.18-19).[14] 만일 각 복음서의 이러한 독특한 특징이 제각기 강조되어 부각된다면, 우리는 자칫 혼란에 빠지게 될 염려가 있다; 분명 한 분 예수님인데, 왜 이처럼 달리 묘사 및 소개되고 있는가? 다시 말하면, 각 복음서의 독특성이 강조되다 보면, 예수님에 대한 우리의 이해, 즉 기독론은 나뉘어진 채 산만해짐으로써 온전한 이해가 될 수 없게 된다. 그러므로 여기에 공관복음을 종합 및 조화의 방법론을 통하여 연구해야 할 당위성이 존재하는 것이다.

그러면 이제 우리는 공관복음의 핵심인 이 기독론을 통일성의 안목으

---

11) 샌더스와 데이비스는 그들의 공관복음 연구를 매듭지으며, 예수님의 삶과 가르침을 일곱 가지 내용으로 요약하여 정리하였다(*Synoptic Gospels*, 343-4; 아마도 우리는 이것을 이 글에서 말하는 '통일성'의 견지에서 이해할 수 있을 것이다). 그런데 여기에 예수님 사역의 핵심인 '구속'을 포함시키지 않고 있는 것은 사실에 대한 정확한 판단을 흐리게 만든다.
12) M. G. Reddish, *An Introduction to the Gospels* (Nashville: Abingdon, 1997), 87.
13) 마태복음의 경우, 그 특징인 지혜 기독론과 관련하여 그에 해당하는 특정한 성경구절보다는 마태복음 전편에 걸쳐 나타나는 다섯 편의 설교 묶음(5-7장의 산상설교, 10장의 전도 파송설교, 13장의 천국 비유설교, 18장의 교회 설교, 24-25장의 종말론 설교)을 그 근거로 제시할 수 있을 것이다. 아울러 마지막 선교명령에서 "… 제자를 삼아 … 가르쳐 지키게 하라"(마 28.18-20)는 구절도 이와 관련된 말씀으로 인용될 수 있을 것이다. 마태복음을 이런 관점에서 해석한 시도로서, C. M. Deutsch, *Lady Wisdom, Jesus, and the Sages* (Valley Forge: Trinity Press International, 1996)를 참고할 것.
14) 버히, 『신약성경 윤리』, 199-208.

로 어떻게 이해할 수 있을 것인가?(이 문제는 가장 핵심적 논의로서, 공관복음의 기타 다른 주제들을 해석하는 하나의 기준이 될 수 있을 것이다). 마가복음에서 대속적 기독론이 특징으로 제시된다 하여, 마태복음의 지혜 기독론의 특징인 가르침이나 누가복음의 사역적 기독론이 전혀 발견되지 않는 것은 결코 아니다. 있기는 하되, 대속적 기독론이란 특징만큼 강조되지 않는다는 것이다. 그렇다면 본래부터 예수님은 이 세 가지 형태의 특징을 모두 갖고 계셨는데, 각 복음서 기자들이 자신들의 신학적 관심에 따라 그 중 하나를 다른 특징보다 더 중요하게 부각시킨 것으로 이해할 수 있는 것이다. 즉 주님은 애초부터 인간의 구원을 위하여 오셨지만, 오셔서 또한 가난한 자를 포함하여 잃어버린 자들을 섬기셨으며, 아울러 무지몽매한 백성들을 그 지혜로 알기 쉽게 가르치셨던 것이다. 그러므로 각 복음서의 다양성은 다른 복음서의 특징을 배제하는 것이 아니라 그것과 차별된 특징을 부각시키는 것이다. 그리고 통일성은 각 복음서의 다양성의 이런 특징들을 종합적으로 조화롭게 이해하게 하는 안목을 제공하는 것이다.

앞서의 것은 전체 주제와 관련된 것이고, 그러면 세부적으로 들어가서 복음서 사이에서 발견되는 차이점은 통일성의 안목에서 어떻게 이해할 수 있을 것인가? 일례를 들면, 「부자관원 기사」를 살펴보면, 마가, 마태복음에서 그 관원은 "재물을 팔아 가난한 자에게 나눠주고 나를 따르라"는 주님의 말씀을 듣고 재물이 많은 고로 근심하여 그 현장을 '떠나갔다'(ἀπῆλθεν)고 기록되어 있는 반면, 누가복음에서 그 관원은 그 현장에서 떠나가지 않고 남아서 재물에 관한 주님의 교훈을 듣는 것으로 기록되어 있다(막 10.22; 마 19.22; 눅 18.23). 그럼 과연 그 부자 관원은 그 현장에서 남아 있었던 것일까? 아니면 떠나갔던 것일까? 이 문제는 사실 다양성의 해석의 문제인데, 각 복음서 기자의 신학의 안목에서 해석될 수 있을 것이다.[15] 즉 단지 차이 그 자체를 문제 삼기 보다는 이를 복음서기자의 해석(신학)의 문제로 보아서 이해하는 것이다.[16] 이 문제의 경우, 누가복음에서 그 부자 관원이 현장을 떠나지 않은 것으로 묘사된 것은 아마도 누가공동체 내의 그와 같은 문제를 가졌던 부자 교인들이 존재하였을 것이어서, 그런 이들을 위한 목회적 권면의 견지에서 마가, 마태복음과는 다르게 기록되었다고 볼 수 있는 것이다.[17]

이런 논의를 감안할 때, 공관복음 이해에 있어 종합과 조화 방법의 장점은 한 분 예수 그리스도에 대한 통일된 이미지 획득에 있다고 하겠다. 즉 기독론의 통일성이다.[18] 앞서 언급한 대로, 복음서의 핵심 및 골격이 예수 그리스도의 교훈과 사역이라고 할 때, 사실 각 복음서를 있는 그대로 따라가게 되면, 우리의 기독론 이해는 중구난방(衆口難防)이 되고 말 것이다. 왜냐하면 각 복음서는 기본적으로 다른 복음서와 다르게 저술하려고 의도되었기 때문이다(눅 1.1-4). 만일 동일한 내용을 반복하고자 하였다면, 새로운 책을 저술해야할 필요성이 없었을 것이기 때문이다. 그러나 이처럼 다른 동기와 목적으로 기록된 책이면서도, 그 주인공이 같고 또 다루는 기본적 내용이 유사한 까닭에 공관복음은 통일성을 갖는 것이다. 그리고 그 통일성은 이제 서로 다른 세 권의 공관복음을

---

15) Stanton, *Gospels and Jesus*, 150-152.
16) 스톤하우스는 공관복음에 나타나는 부자 관원 기사 사이의 여러 가지 차이점들을 일일이 거론하면서 복음서 기자들의 해석상의 자유를 긍정적으로 설명하고 있다 (Stonehouse, *Origins*, 93-112).
17) P. F. Esler, *Community and Gospel in Luke-Acts* (Cambridge: University Press, 1987), 185; cf. Karris, "Poor and Rich: The Lukan *Sitz im Leben*", in C. H. Talbert(ed.), *Perspectives on Luke-Acts* (Edinburgh: T & T Clark, 1978), 112-125.
18) 이에 대하여 버릿지는 다음과 같이 사복음서의 핵심을 매듭짓고 있다: "사복음서는 모두 그의 행위와 말씀 속에서 예수님이 하나님을 위하여 행하고 말씀한다는 것에 동의하고 있다. 그는 단순한 선지자가 아니며, 또한 심지어 하나님 나라의 인간적 대리인도 아니다. 왜냐하면 그 놀라운 반응은 경배, 곧 오로지 하나님 자신에게만 합당한 그러한 경배이기 때문이다. 네 편의 복음서가 있을 수 있다. 그러나 오로지 한 분 예수님만 있을 뿐이요, 그는 하나님이시다"(『네 편의 복음서』, 261-2).

본질적으로 한데 묶어주는 역할과 기능을 아울러 담당하고 있다. 즉 통일성이 다양성을 통제(統制)하는 것이다. 다시 말하지만, 각 복음서가 다양성을 의도하고 기록되었지만, 다양성만으로 끝나게 되면, 결국 공관복음은 세 조각으로 나뉘어진 채 존재하게 되고 마는 것이다. 이런 이유에서 통일성은 각 복음서에서 발견되는 다양성의 장점들을 아우르는 구심적(求心的) 기능을 하는 것이다.

결론적으로, 공관복음을 이해함에 있어서 종합 및 조화의 방법론은 공관복음의 주제 및 내용에 있어서 중심이 되시는 예수 그리스도에 대한 통일된 이해를 위하여 반드시 요청되는 절차인 것이다. 아무리 각 복음서의 특징적 성격을 중요하게 부각시켜 주는 다양성의 장점이 탁월하고 유용하다 할지라도, 그것이 통일된 구심점이 없이 산만하다면, 마치 깨어진 거울에 비취인 얼굴 모습처럼, 그것은 예수 그리스도를 온전하게 제시하는데 실패하고 말게 되는 것이다. 요컨대 통일성의 토대 위에 다양성은 그 의미를 갖는다고 말할 수 있을 것이다.[19]

4. 종합 및 조화 방법의 한계

복음에 해당하는 헬라어 유앙겔리온(εὐαγγέλιον)은 신약성경에서 모두 75회 가량 사용되고 있는데, 구약성경에서 예언된 예수 그리스도의 구원이 이제 신약시대에 이르러 모든 이에게 제한 없이 허락되었다는 의미로 사용되고 있다. 이 복음은 본질상 분명 하나일 수밖에 없는 것이다. 그리하여 갈라디아서 1장 8-9절에서 바울 사도는 '다른 복음은

---

[19] 이런 사실을 스타인은 이렇게 표현하였다: "After all, the early church included *all four of the Gospels* in its canon of Scripture! This indicates that the great unity of these Gospels was apparent and that their diversity was interpreted in the context of this unity"(*Synoptic Problem*, 272).

없다'고 확신 있게 외쳤던 것이다.[20] 이런 까닭에 복음은 1세기에는 항상 단수(單數)로 표현되었다. 그런데 2세기에 들어서면서부터 복음들(εὐαγγέλια)이란 단어가 사용되기 시작하였음을 보게 된다.[21] 어찌하여 하나의 복음이 여러 개의 복음들이 되었을까? 그러나 이것은 복음이 여러 조각으로 나뉘었거나 그 내용이 변질되었음을 의미하는 것이 아니다. 분명히 복음은 예나 지금이나 하나로되, 그 한 복음에 대한 기록이 네 개가 되었다는 의미인 것이다(four records of one gospel).[22] 이런 까닭에 초대 교회는 '마태의 복음'(τὸ εὐαγγέλιον τοῦ Μαθθαίου)이라고 부르지 않고, '마태에 의한 복음'(τὸ εὐαγγέλιον κατὰ Μαθθαῖον)이라고 불렀던 것이다(다른 복음서 역시 마찬가지이다). 즉 교회는 예수 그리스도에 관하여 하나의 복음만을 인정하면서도 동시에 그 한 복음에 대한 네 편의 각기 다른 복음(서)들을 또한 인정하였던 것이다. 그런데 한 복음에 대한 복음서가 네 권씩 존재하는 것에 대하여 애초부터 사람들은 이를 흡족하게 생각하지 아니했다. 그리하여 복음서가 네 권씩 존재하는 것이 불편하고 부담스럽다고 여겨져, 초대교회 때부터 이미 이를 하나로 통합(統合)하려는 움직임이 있었다.[23]

첫째로, 초대교회의 대표적 이단자 중 하나로서 철저한 반유대주의자(anti-semitist)로 알려진 마르시온(Marcion)은 AD 140년경 공관복음서

---

20) 바울의 이 말을 이해하기 위해서는, 갈라디아서 1장 6절과 7절에서 바울이 말하는 '다른 복음'의 의미를 구별하는 것이 긴요하다. 6절의 다른 복음은 ἕτερον εὐαγγέλιον이고, 7절의 다른 복음은 ἄλλο εὐαγγέλιον이다. ἕτερον은 영어로 different(다른)의 뜻이고, ἄλλο는 영어로 another(또 하나의)의 뜻이다. 이런 의미의 차이를 참작할 때, 7절은, '내가(바울이) 전한 것 외에 다른 또 하나의 복음은 없다'는 뜻이 될 것이다. Cf. John Ziesler, *The Epistle to the Galatians* (Epworth Commentaries; London: Epworth, 1992), 5-7.
21) R. P. Martin, *Mark: Evangelist & Theologian* (Exeter: Paternoster, 1972), 22-23.
22) Cf. 조엘 그린(정옥배 역), 『어떻게 복음서를 읽을 것인가?』 (IVP, 1992), 29-42.
23) Stanton, *Gospels and Jesus*, 132-135.

가운데 가장 비유대적인(친이방적인) 누가복음을 중심으로 하여 복음서를 하나로 통합하였다. 이런 맥락에서 마르시온은 구약에 나타난 하나님이 신약에 나타난 하나님이 분리시키면서, 구약의 하나님(율법)이 신약의 하나님(복음)보다 열등하다고 생각하였다. 그리고 이런 맥락에서 그는 성경에서 유대적 요소를 모두 제거하고자 하면서 구약은 인정치도 않았고, 신약의 서신서 가운데서는 오직 바울서신만을 정경으로 간주하였다. 이런 까닭에 복음서 중에는 비유대인(헬라인) 저자(著者)인 누가가 쓴 누가복음만을 정경으로 인정하고는, 이를 중심으로 하여 하나의 복음서를 만들었던 것이다. 그러나 이단자(異端者)가 만든 최초의 통합 복음이었던 마르시온의 복음서는 교회의 인정을 받지 못하였다.24) 둘째로, AD 172년 수리아(Syria) 그리스도인이었던 타티안(Tatian)은 당시 세계의 중심지였던 제국의 수도 로마에 가서 사복음서를 발견하고는 이를 모두 통합하여 하나로 만들었는데, 그것이 바로 「디아테사론」(Διατεσσάρων),25) 즉 『사중복음(四重福音)』이다. 한편, 타티안의 이 복음서는 AD 5세기에 수리아어(語)로 된 성경인 페쉬타(Peshitta)에 의해 대체될 때까지 수리아에서 정경(正經)으로 인정받았다.26) 그러나, 이러한 두 번에 걸친 통합 노력에도 불구하고, 성령과 교회는 이들 통합 복음서를 인정하거나 수용하지 않고, 같지만 다른 네 권의 복음서 모두를

---

24) Christopher Tuckett, *Reading the New Testament* (London: SPCK, 1987), 8. 마르시온에 대한 보다 자세한 정보에 대하여는, J. Stevenson(ed.), *A New Eusebius* (London: SPCK, 1977), 97-104를 참조할 것.
25) διά는 영어의 through의 뜻이고, τέσσαρες(ων)은 four란 뜻이므로, 결국 네 개를 통하여 본다는 뜻이 된다. 즉 네 권의 복음서를 통하여 예수 그리스도를 바라본다는 의미가 되는 것이다.
26) 타티안의 디아테사론에 대한 자세한 정보에 대하여는, W. L. Petersen, "The Diatessaron of Tatian", in B. D. Ehrman & M. W. Holms, *The Text of the New Testament in Contemporary Research* (Grand Rapids: Eerdmann, 1995), 77-97을 참조할 것. 디아테사론은 신약의 모든 사본들보다 앞서 기록된 책인 까닭에 신약 연구에 있어 매우 중요한 비중을 차지하고 있다(Petersen, "Diatessaron", 77).

정경으로 받아들였다. 이것은, 비록 네 권의 복음서 사이에 외견상 충돌되는 부분이 있다 할지라도, 네 권의 복음서 모두 교회를 위해 필요한 하나님의 말씀임을 성령과 교회가 인정하였던 것이다.[27] 이런 교회사적 발전과정을 살펴볼 때, 복음서의 무조건적 통합은 온당치 않은 것으로 나타났다. 그리고 이것은 우리가 추구해야 할 통일성이 그런 방식으로 이뤄져서는 아니 될 것을 시사하고 있는 것이다.

여기서 한 걸음 더 나아가서, 종합 및 조화의 방법론은 공관복음의 통일성을 얻기 위하여 매우 유용한 방법이나, 유의할 점이 있다. 앞서 우리는 통일성이 다양성을 통제한다고 했는데, 그것은 곧 통일성이 다양성의 한계를 결정짓는 것을 말한다. 그러나 여기서 우리가 기억해야 할 것은 이러한 통일성이 너무 강조되면 자칫 다양성의 한계(限界)를 결정짓는 것이 아니라, 더 나아가 아예 다양성의 경계(境界)를 무너뜨릴 수도 있다는 점이다. 다시 말하면 통일성만을 지나치게 주장한 나머지, 이 통일성과 조화를 이루지 못하는 다양성의 부분들을 아예 무시(無視)하거나 배제(排除)시키거나, 아니면 무리하게 혼합시키려는 그릇된 태도를 가질 수 있다는 것이다.[28]

공관복음은 앞서 지적한 대로, 같으면서도 다른 책이다. 이 말은 공관복음은 근본적으로 다르게 저술되었고, 또한 서로 다르기 때문에 오늘날까지 신약성경 안에 존재한다는 뜻이다. 그런데 만일 이런 다양성의 성격을 무시한 채, 무조건 하나의 그림만을 만들기 위하여 다양성의 특징들을 배제시키거나 혼합시켜 버린다면, 그것은 더 이상 본래의 온전한 복음서가 될 수 없고, 따라서 주님이 공관복음을 주실 때 의도하였던 본래의 의도를 알 수 없게 되는 것이다.[29]

---

[27] 이런 이유로, 오스카 쿨만은 네 복음서를 a unique, tetramorphic Gospel이라고 부른다 (Cullmann, *An Introduction*, 28).
[28] Cf. R. P. Martin, *New Testament Foundations*, vol. 1 (Exeter: Paternoster, 1975), 158-160.

그러므로, 종합과 조화는 각 복음서의 다양성을 희생시키면서 추구되어서는 안 된다. 각 복음서가 서로 다르게 기록되어, 일면 모순되거나 충돌이 생기는 부분도 없지 않아 있지만, 그렇다고 하여 어느 한 복음서가 옳고 다른 복음서는 그릇되다고 우리는 판단할 수 없는 것이다. 비록 우리가 보기에 모순되거나 충돌이 생기는 부분이 있지만, 그것은 통일성의 견지에서 고려할 때 대부분 해결될 수 있는 것들이고, 중요한 것은 그런 부분 역시 필요하기에 복음서에 기록되어 있다는 사실이다. 그런데 이런 부분들이 통일성에 들어맞지 않는다는 이유로 재단(裁斷)하여 버린다면, 우리는 그런 부분들을 성경에 기록하게 하신 성령 하나님의 뜻을 놓치게 되고 마는 우(愚)를 범하게 되는 것이다. 그러므로 종합과 조화의 통일성이 공관복음 이해의 기본 방향과 다양성의 한계를 제시한다는 점에서 매우 필요한 요소이지만, 그것이 다양성의 경계를 무너뜨려 획일성을 지향하게 만든다면 이는 대단한 실수가 될 것이다.30)

결론적으로 말하여, 공관복음은 세 권이 합쳐서 하나가 된 책이 아니다. 만일 이 말이 옳다면 각 권의 복음서는 불완전한 책이 되고 만다; 과연 마가복음은 그 자체만으로 불완전한 책인가? 다시 말하면, 공관복음은 세 조각으로 구성된 피자처럼 이해해서는 안 된다는 말이다. 예수님에 대한 우리의 이해는 꼭 세 권의 공관복음 모두가 있어야만 온전한 것은 아니다. 마태복음 한 권만으로도 우리는 구원자 메시아로서의 예수님에

---

29) Nickle, *Synoptic Gospels*, 155.
30) 이 점과 관련하여 우리는 클라인과 블롬버그의 지적에 주의를 기울일 필요가 있다: "복음서 내의 주어진 한 본문의 해석과 적용은 이 본문을 다른 병행구절들과 즉시 연결시킴으로써 본문의 독특성을 흐리게 하기보다는 본문이 속해 있는 복음서의 특정한 강조점을 부각시키도록 해야 한다. 하나님은 복음서의 조화를 영감 되게 하신 것이 아니라 네 개의 구별된 것들을 영감 되도록 선택하셨으며, 우리도 우리의 해석을 통해 하나님의 선택을 손상시키기보다는 이를 존중해야 한다" (W. 클라인, C. 블롬버그 & R. 하버드[류호영 역], 『성경 해석학 총론』(생명의 말씀사, 1997), 626; cf. Martin, *Foundations*, 158.

대한 핵심적 내용을 알 수 있다. 그것은 마가복음이나 누가복음 역시 마찬가지이다. 그러므로 종합과 조화의 방법만이 전부인 것처럼 주장하면서 통일성에 위배되는 부분들을 무시하거나 배제한 채 공관복음을 읽는 것은 대단히 위험한 일인 것이다. 그 이유는 그런 이해는 같으면서도 다르게 복음서를 쓰도록 인도하신 주님의 뜻에 위배되기 때문인 것이다.

하나님의 나라로서의 복음 이해[1)]

복음과 복음서는 같은 말인가 다른 말인가?

우리는 일반적으로 이 두 단어를 같은 개념으로 알고 있다. 그러나 엄밀히 말하면, 복음(gospel)은 하나이고, 복음서(gospels)는 네 권으로서 결코 같다고 말할 수는 없다. 달리 말하면, 주님이 지상 사역 중 가르치시고 보여주신 복음은 하나이나, 주님의 그 복음을 기록한 책은 네 권이라는 뜻이다. 그러면 네 권의 복음서는 주님의 그 복음을 제대로 반영하여야 마땅한데, 과연 그런가? 이 논문은 오늘 한국 교회 내에서 선포되고 가르쳐지는 복음이 복음서가 말하고 있는 복음과는 다르다는 인식에 서부터 출발한다. 왜냐하면 오늘 한국교회에서 복음과 복음서는 다르게 선포되고 있기 때문이다.

한국(복음주의) 교회의 이러한 문제의 한 이유로 나는 복음에 대한 바른 이해의 부족을 지적하였는데, 그것은 바로 하나님의 나라로서의 복음의 역동적 성격을 바르게 인지하지 못한 데에 기인한다고 생각한다. 예수 그리스도의 복음은 십자가에서 멈추지 않았고, 그것은 온 세상을 다스리시는 하나님의 주권적 통치, 즉 하나님의 나라까지 포함하고 있기 때문이다. 이러한 복음의 역동적 성격이 제대로 강조되지 못함으로

---

1) 이 논문은 「생명과 말씀」 9(2004); 7-33에 게재되었다.

말미암아 한국의 복음주의 교회는 신앙과 삶이 다소 분리된 병리적 현상을 드러내게 되었고, 복음의 역동성이 살아있지 못하자 마침내 사변적(思辨的) 신학의 오류를 노출하고 말았던 것으로 보인다. 이런 맥락에서 오늘 우리가 추구하는 개혁주의생명신학은 십자가의 구속의 은혜를 강조하는 복음의 정적인 상태에 머무름으로 말미암아 사변적이 되어버린 신학의 오류를 극복하고, 하나님 나라로서의 복음의 역동성을 회복함으로 말미암아 진정한 개혁주의 신학의 정체성을 새로이 확인하는 방향으로 나아감으로써, 정체된 한국교회의 신앙과 신학을 고양시킬 수 있는 디딤돌이 될 것으로 믿는다.

주제어: 하나님의 나라, 복음, 이신칭의, 바울신학, 십자가.

복음과 복음서는 같은 말인가 다른 말인가?

우리는 일반적으로 이 두 단어를 같은 개념으로 알고 있다. 그러나 엄밀히 말하면, 복음(gospel)은 하나이고, 복음서(gospels)는 네 권으로서 결코 같다고 말할 수는 없다. 달리 말하면, 주님이 지상 사역 중 가르치시고 보여주신 복음은 하나이나, 주님의 그 복음을 기록한 책은 네 권이라는 뜻이다.[2]

그러면 네 권의 복음서는 주님의 그 복음을 제대로 반영하여야 마땅한데, 과연 그런가? 이 논문은 오늘 한국 교회 내에서[3] 선포되고 가르쳐지는

---

[2] 이러한 사실에 대한 좋은 안내서로서 Richard A. Burridge, *Four Gospels, One Jesus?* ; 김경진 역, 『네 편의 복음서, 한 분의 예수』(서울: UCN, 2005)를 추천한다.
[3] 이러한 현상은 영국 교회에서도 마찬가지임을 톰 라이트의 저서에서 확인할 수 있겠다. N. T. Wright, *How God Became King: the Forgotten Story of the Gospels* ; 한역 『하나님은

복음이 복음서가 말하고 있는 복음과는 다르다는 인식에서부터 출발한다. 왜냐하면 오늘 한국교회에서 복음과 복음서는 다르게 선포되고 있기 때문이다.

I. 복음의 의미

일반적으로 오늘날 한국교회에서 복음은 곧 십자가라고 이해되고 있는 듯하다. 십자가와 함께 그것이 포함하고 있는 속죄와 칭의를 가리키는 것으로 알려지고 있는 것이다. 그러면 과연 주님의 행적과 교훈을 기록한 복음서는, 우리의 일반적 이해와 같이, 복음을 십자가-속죄-칭의라고 제시하고 있는가? 그 대답은 한 마디로, "아니다" 이다.

복음서에서 주님의 죽음과 부활을 소개하고 있는 <수난기사>를 보면, 비록 그것이 복음서의 많은 부분을 차지하고 있기는 하지만, 우리가 일반적으로 생각하는 것만큼 예수 그리스도의 죽음의 의미에 대하여 자세하게 설명하고 있지 않음을 발견하게 된다. 이에 대한 대표적 예로서, 우리는 메시야로서 주님의 고난과 죽음을 예언한 <수난예언>을 담고 있는 <가이사랴 빌립보 기사>를 제시할 수 있을 것이다.[4] 이 기사는 갈릴리 사역을 정리하면서, 이스라엘 북쪽 지방 한적한 곳인 가이사랴 빌립보에서 주님이 제자들과 나눈 대화이다. 주님은 가벼나움을 중심

어떻게 왕이 되셨나』, 최현만 역 (서울: 에클레시아북스, 2013), 9-20.
4) 막 8:27~33 "예수와 제자들이 빌립보 가이사랴 여러 마을로 나가실새 길에서 제자들에게 물어 이르시되 사람들이 나를 누구라고 하느냐? 제자들이 여짜와 이르되 세례 요한이라 하고 더러는 엘리야, 더러는 선지자 중의 하나라 하나이다. 또 물으시되 너희는 나를 누구라 하느냐 베드로가 대답하여 이르되 주는 그리스도시니이다 하매, 이에 자기의 일을 아무에게도 말하지 말라 경고하시고, 인자가 많은 고난을 받고 장로들과 대제사장들과 서기관들에게 버린 바 되어 죽임을 당하고 사흘 만에 살아나야 할 것을 비로소 그들에게 가르치시되, 드러내 놓고 이 말씀을 하시니 베드로가 예수를 붙들고 항변하매, 예수께서 돌이키사 제자들을 보시며 베드로를 꾸짖어 이르시되 사탄아 내 뒤로 물러가라 네가 하나님의 일을 생각하지 아니하고 도리어 사람의 일을 생각하는도다 하시고"

무대로 하여 갈릴리 호수 근처에서 온갖 기적과 능력을 행하신 후, 그에 대한 사람들의 반응을 물으셨고, 이어서 제자들의 생각을 물으셨다. 일종의 여론조사를 하신 셈이다. 그 때 사도들을 대표하여 베드로가 주님을 그리스도, 즉 메시아로 고백하였다.[5]

당시 유대교 정통신앙에 젖어있던 베드로가 나사렛 출신의 선생인 젊은 청년 예수를, 유대민족이 오랜 세월 동안 오매불망 기대하여온 메시아로 고백하였다는 것은 참으로 충격이 아닐 수 없다. 적어도 베드로가 그렇게 고백할 만큼, 주님이 3년여 동안 갈릴리 지방에서 행하신 일들은 놀랍도록 굉장한 사건이었을 것이다. 이러한 베드로의 고백을 주님은 부정하지 않고, 이어서 메시아로서 자신이 장차 겪어야 할 일들, 즉 수난과 부활을 예언하셨다. 그런데 그 수난예언의 내용을 가만히 들여다보면, 놀라운 것은 주님이 왜, 무슨 동기와 목적으로 죽어야하는지에 대해서 한 마디 설명이 없다는 사실이다. 그냥 죽으신다는 것이다.[6]

수난예언은 복음서에서 모두 3번 나오는데, 나머지도 마찬가지이다. 전혀 주님 죽으심의 목적이나 동기에 대하여 침묵하고 있는 것이다.[7]

---

[5] 막 8:29의 원문은, "σὺ εἶ ὁ χριστός.(당신이 그리스도십니다; You are the Christ). 그런데 당신을 주로 바꾼 것은 선생님을 "당신"이라고 부를 수 없다는 한국적 정서를 반영한 것이다. 이런 예가 또 하나 있는데, 겟세마네 동산에서 하신 주님의 기도이다. "이르시되 아빠 아버지여 아버지께는 모든 것이 가능하오니 이 잔을 내게서 옮기시옵소서 그러나 나의 원대로 마시옵고 아버지의 원대로 하옵소서 하시고(막 14:36). 여기서 "나의 원대로 마시옵고, 아버지의 원대로 하옵소서 (ἀλλ᾽ οὐ τί ἐγὼ θέλω ἀλλὰ τί σύ.)" 원문에는 아버지가 아니라 당신이다. 역시 아들이 아버지를 당신이라고 부를 수 없다는 한국적 정서가 반영된 번역인 것이다.

[6] 레온 모리스(Leon Morris)는 그의 책 『신약의 십자가(The Cross in the New Testament)』 (이승구 역; 서울: 기독교문서선교회, 1992), 12쪽에서 "복음서들이 십자가를 중심으로 쓰여 있다는 것은 그저 이 책들을 훑어보기만 해도 명백히 드러난다."고 말하고 있는데, 위에서 내가 지적한 대로, 정작 복음서들은 십자가 죽음의 의미에 대하여는 거의 말하고 있지 않다는 사실에 대하여는 별 설명이 없다.

[7] 막 9:31, "이는 제자들을 가르치시며 또 인자가 사람들의 손에 넘겨져 죽임을 당하고 죽은 지 삼 일만에 살아나리라는 것을 말씀하셨기 때문이더라."
막 10:33, "보라 우리가 예루살렘에 올라가노니 인자가 대제사장들과 서기관들에게 넘겨지매 그들이 죽이기로 결의하고 이방인들에게 넘겨주겠고, 그들은 능욕하며 침

주지하는 대로, 신약 당시에는 아직 신약성경이 한데 묶여져 있지 않았고, 따라서 복음서들은 쪽복음처럼 하나씩 교회에 회람되었을 것이다. 그런 상황에서 복음서를 받아 읽은 성도들은 아마도 매우 의아하게 여겼을 것이다. 왜 예수님이 죽어야했는지, 그 이유와 목적과 동기가 무엇인지에 대하여 당연히 궁금하게 생각하였을 것이다.

그러다가 예루살렘에 입성하기 직전 한 번 주님은 자신의 죽음의 의미를 설명하셨다.

> **막 10:45**, "인자가 온 것은 섬김을 받으려 함이 아니라 도리어 섬기려 하고 자기 목숨을 많은 사람의 대속물로 주려 함이니라."

그리고 최후의 만찬 자리에서 한 번 더 이와 같이 말씀하셨다.

> **막 14:24**, "이르시되 이것은 많은 사람을 위하여 흘리는 나의 피 곧 언약의 피니라."

그렇다면 마가복음 전체에서 주님의 십자가 죽음의 의미에 대하여 말한 것은 겨우 두 번에 불과함을 발견하게 된다. 그토록 중요한 십자가 사건의 의미를 설명한 것 치고는 너무 적다고 지적하지 않을 수 없다. 마태복음도 마가복음과 마찬가지이다.[8]

그런데 누가복음의 경우에는 여기서 더 나아가서, 마가복음 10장

뱉으며 채찍질하고 죽일 것이나 그는 삼 일 만에 살아나리라 하시니라."
8) 마 20:28, "인자가 온 것은 섬김을 받으려 함이 아니라 도리어 섬기려 하고 자기 목숨을 많은 사람의 대속물로 주려 함이니라."
마 26:28, "이것은 죄 사함을 얻게 하려고 많은 사람을 위하여 흘리는바 나의 피 곧 언약의 피니라."

45절에 해당하는 구절이 생략됨으로써, 오로지 최후의 만찬 자리에서 딱 한 번 십자가 죽음의 의미가 설명된다.

> **눅 22:19-20**, "또 떡을 가져 감사기도 하시고 떼어 그들에게 주시며 이르시되 이것은 너희를 위하여 주는 내 몸이라 너희가 이를 행하여 나를 기념하라 하시고, 저녁 먹은 후에 잔도 그와 같이 하여 이르시되 이 잔은 내 피로 세우는 새 언약이니 곧 너희를 위하여 붓는 것이라."

신약에서 가장 긴 책에서 정작 십자가의 의미에 대한 설명이 오직 이 한 곳에만 기록되었다고 하는 것은 기실 놀라운 일이 아닐 수 없다. 이렇게 공관복음 전체를 고려할 때, 결과적으로 복음서 기자들은 십자가의 의미, 혹은 동기나 목적에 대하여 우리가 기대하고 있는 것만큼 그렇게 강조하거나 상세하게 설명하고 있지 않음이 분명하다.[9]

그런데 이와는 달리 바울서신에서는 십자가, 즉 주님의 죽음의 의미에 대하여, 매주 자주 그리고 자세하게 언급되고 있다. 그 대표적 본문이 바로 고전 15:3-4이다.

> **고전 15:3-4**, "내가 받은 것을 먼저 너희에게 전하였노니 이는 성경대로 그리스도께서 우리 죄를 위하여 죽으시고, 장사 지낸 바 되셨다가 성경대로 사흘 만에 다시 살아나사."

바울은 예수 그리스도의 죽음이 우리 죄를 사하기 위함임을 그의 서신 도처에서 밝히고 있다. 이럼으로써 바울은 그리스도 죽음의 대속적

---

[9] 이처럼 복음서에서 예수 그리스도의 십자가 죽음의 의미에 대한 설명이 드물게 제시되어 있음에 대한 설명에 대하여는, 김경진, 『공관복음, 어떻게 읽을 것인가』 (서울: 솔로몬, 2012), 22-33을 참고할 것.

성격을 강조하였는데, 이것은 칭의 교리와 결합되면서, 우리 신앙의 구원론 교리에 매우 중요한 토대가 되었다.

그런데 이보다 더 중요한 것은 예수님의 죽음에 대한 바울의 이러한 해석이 바로 오늘 우리가 대체로 알고 있는 복음의 내용이 되어버렸다는 사실이다. 이에 대한 좋은 증거가 바로 우리가 매 주일, 아니 아마도 매일 고백하는 <사도신경>에 잘 나타나 있다.

> 전능하사 천지를 만드신 하나님 아버지를 믿사오며
> 그 외아들 우리 주 예수 그리스도를 믿사오니
> 이는 성령으로 잉태하사, 동정녀 마리아에게 나시고
> 본디오 빌라도에게 고난을 받으사, 십자가에 못 박혀 죽으시고
> 장사한 지 사흘만에 죽은 자 가운데서 다시 살아나시며
> 하늘에 오르사, 전능하신 하나님 우편에 앉아 계시다가
> 저리로서 산 자와 죽은 자를 심판하러 오시리라.

사도신경에 의하면, 예수님은 성령으로 잉태되어 동정녀 마리아에게서 태어나신 후, 바로 본디오 빌라도에게 고난을 받으신 후 십자가에 달려 죽으신 것으로 묘사되어 있다. 메시야로서의 주님의 지상사역을 이런 시각으로 설명할 때, 사실 마태복음 3장 ~ 26장은 필요 없게 된다. 왜냐하면 사도신경에는 주님의 탄생(1~2장) 바로 다음에 주님의 죽음과 부활, 그리고 재림에 대하여(27~28장) 기록하고 있기 때문이다. 바로 이러한 문제점을 간파한 톰 라이트는 그의 책 <하나님은 어떻게 왕이 되셨나? How God Became King?>에서 이를 "빈 망토", "실종된 중간" 이라고 매우 적절하게 표현하고 있다.10) 이런 견지에서 볼 때,

---

10) 톰 라이트, 『하나님은 어떻게 왕이 되셨나』, 23-96. 사도신경의 이러한 문제점을

<신조 ≠ 성경, 복음 ≠ 복음서>라고 우리는 말할 수 있을 것이다. 왜냐하면 사도신경과 바울신학에 의한 구원론 교리에 따르면, 복음은 곧 십자가이기 때문이다.

그러나 복음서에는 주님의 탄생, 죽음과 부활 이외에 더 많은 내용(마 3-26장)이 담겨져 있는데, 오늘날 교회에서는 이 사실이 묻혀져 있는 것이다. 그렇다면 결과적으로, 오늘날 교회는 복음서를 제대로 읽고 있지 못한 것이다. 아니 잘못 읽고 있는 것이다. 달리 말하면, 하나님이 복음서를 통하여 우리에게 주시고자 하는 교훈과 진리를, 십자가에 대한 바울의 신학적 해석에 빼앗겨 버린 것으로 보인다. 물론 바울의 구원론 교리가 우리 신앙의 기초라는 사실을 부정하는 것은 결코 아니다. 그것은 문자 그대로 가장 중요한 신앙의 뿌리이다.

그러나 이것만이 가장 중요한 기독교 진리라고 간주한다면, 그리고 이것으로 신약, 아니 성경전체를 해석하려 한다면, 주님은 공생애를 시작하시자마자, 바로 십자가에 달려 죽으셔야만 했을 것이다. 그러나 아무리 그리스도의 십자가 죽음이 중요하다 할지라도, 그것만으로 예수 그리스도의 사역과 교훈 전부를 설명할 수 없다. 그렇다면 복음서는 애당초 아예 필요하지 않았을는지도 모른다. 이런 맥락에서, 우리는 하나님이 왜 우리에게 하나도 아니고 네 권의 복음서를 주셨는지를 제대로 분별하고 파악해야 할 것이다.

복음서에 따르면, 주님은 오로지 죽기 위해 태어나신 분이 아니다. 복음서에 나타난 주님의 사역과 교훈을 종합해 보면, 그 핵심은 하나님의 나라이다. 그것은 주님의 취임설교에서부터 분명하게 드러나 있다.

지적한 또 다른 학자로는 제임스 타볼(James D. Tabor)을 들 수 있는데, 그는 기독교는 성탄절과 부활절만을 준수함으로써, 진정한 복음을 왜곡하고 있다고 비판한다; James D. Tabor, *Paul and Jesus: How the Apostle Transformed Christianity* (New York: Simon & Schuster Paperbacks, 2012), Preface.

마 4:17, "이 때부터 예수께서 비로소 전파하여 이르시되 회개하라 천국이 가까이 왔느니라 하시더라."

막 1:15, "이르시되 때가 찼고 하나님의 나라가 가까이 왔으니 회개하고 복음을 믿으라 하시더라."

이밖에도 주님은 지상사역 중 하나님의 나라(마태복음에서는 하늘나라, 즉 천국)에 대하여 수시로 말씀하셨다. 천국을 포함하여 하나님의 나라는 복음서와 사도행전(누가의 기록)에서 모두 94번 사용된 반면에, 바울 서신에서는 겨우 13번 사용되고 있다.[11] 이와 같이 복음서에서 하나님 나라가 바울서신 보다 거의 8배 이상 더 많이 사용되었다는 것은 주님 사역의 주된 동기가 십자가만이 아니라 또한 하나님 나라인 것을 우리로 하여금 깨닫게 하여준다.

그런데 안타깝게도 그리스도인들의 신앙고백인 사도신경에는 하나님 나라가 한 마디로 등장하지 않는다. 그렇다면 사도신경은 예수님의 생애와 교훈을 기록한 복음서를 제대로 반영한 것이 아니다. 그리고 이런 논리에 따르면, 결과적으로 복음은 복음서와 다른 것으로 오늘 우리에게 전하여지고 말았던 것이다.

사실이 이러하다면, 이제 오늘 우리는 복음을 바르게 재정의해야만

---

11) 하늘나라(천국) → 마태복음(37번): 3:2, 4:17, 23, 5:3, 10, 19, 20, 7:21, 8:11, 9:35, 10:7, 11:11, 12, 13:11, 19, 24, 31, 33, 38, 44, 45, 47, 52, 16:19, 18:1, 3, 4, 23, 19:12, 14, 23, 20:1, 22:2, 23:13, 24:14, 25:1.
하나님의 나라 → 마태복음(4번): 12:28, 19:24, 21:31, 43 / 마가복음(14번): 1:15, 4:11, 26, 30, 9:1, 47, 10:14, 15, 23, 24, 25, 12:34, 14:25, 15:43 / 누가복음(31번): 4:43, 6:20, 7:28, 8:1, 10, 9:2, 11, 27, 60, 62, 10:9, 11, 11:20, 13:18, 20, 28, 29, 14:15, 16:16, 17:20, 21, 18:16, 17, 24, 25, 29, 19:11, 21:31, 22:16, 18, 23:51 / 요한복음(2번): 3:3, 5 / 사도행전(8번): 1:3, 8:12, 10:35, 14:22, 19:8, 20:25, 28:23, 31 / 바울서신(13번) → 롬 14:17, 고전 4:20, 6:9, 10, 15:24, 50, 갈 5:21, 엡 5:5, 골 4:11, 살전 2:12, 살후 1:5, 딤후 4:1, 딤후 4:18(하늘나라).

한다. 바울의 신학적 해석에 의한 십자가(구속 및 칭의)와 <u>함께</u>, 복음서들이 전하는 메시지인 하나님의 나라를 포함할 때, 비로소 우리는 성경이 말하고 있는 복음을 제대로 이해하게 될 것이다.

II. 예수 그리스도의 메시지로서의 하나님 나라

예수님은 지상에 계실 때, 과연 제자들을 포함하여 사람들에게 무엇을 가르치셨을까? 그것은 주님이 구속사역을 시작하시면서 처음 선포하였던 취임설교(inauguration sermon)에 잘 나타나 있다. 한 마디로 그것은 하나님의 나라이다.

> "때가 찼고 하나님의 나라가 가까이 왔으니 회개하고 복음을 믿으라." (막 1:15)
> "회개하라 천국이 가까이 왔느니라." (마 4:17)
> "내가 다른 동네들에서도 하나님의 나라 복음을 전하여야 하리니 나는 이 일을 위해 보내심을 받았노라." (눅 4:43)

취임설교란 달리 말하면 취임사(inauguration speech)인데, 이는 연설자가 그가 맡은 새로운 보직에 취임하면서 그 직무와 관련하여 자신의 포부, 비전, 계획을 언급하는 것이다. 그런데 주님은 이 취임설교에서 다른 내용이 아니라 바로 하나님 나라를 주제로 선포하셨다. 이런 맥락에서 주님은 하나님의 나라를 선포하러 오셨고, 또한 그 나라를 잘 가르쳐주셨다. 알다시피, 마태복음 13장은 "천국 비유설교" 장(章)인데, 여기서 주님은 하나님 나라의 성격과 특징을 7개의 비유를 통하여 설명하고 가르쳐주셨다.

그리고 주님은 하나님의 나라를 단지 말로써 설명하실 뿐만 아니라, 또한 그 나라가 지금도 작동 중임을 알려주시기 위해, 친히 보여주셨다. 즉 온갖 기적을 통하여, 다시 말하면, 병자가 치유되고, 귀신들이 추방당하며, 죽은 자가 살아나는 능력을 보여줌으로써, 하나님의 나라를 당대 유대인들에게 몸소 보여주셨던 것이다. 그리고는 모든 사람들을 그 나라로 초대하여 주셨다(마 11:28-30).

> "수고하고 무거운 짐 진 자들아 다 내게로 오라 내가 너희를 쉬게 하리라. 나는 마음이 온유하고 겸손하니 나의 멍에를 메고 내게 배우라 그리하면 너희 마음이 쉼을 얻으리니, 이는 내 멍에는 쉽고 내 짐은 가벼움이라 하시니라." (마 11:28-30)

이런 맥락에서 놀라운 사실은 부활하신 후 40일 동안 지상에 머무시면서, 주님이 가르치신 내용 역시 하나님의 나라라는 사실이다. 이것은 하나님의 나라가 주님에게 있어 그만큼 중요하고 필요한 교훈인 것을 단적으로 나타내 보여준다고 하겠다.

> "그가 고난 받으신 후에 또한 그들에게 확실한 많은 증거로 친히 살아 계심을 나타내사 사십 일 동안 그들에게 보이시며 하나님 나라의 일을 말씀하시니라." (행 1:3)

그리고 이런 주님의 사역을 본받아서, 주님 승천 후 사도 및 제자들의 설교와 전도의 메시지의 주제 역시 하나님의 나라가 되었다; 행 8:12, 14:22, 19:8, 20:25, 28:23, 31.[12])

---

12) 행 8:12, "빌립이 하나님 나라와 및 예수 그리스도의 이름에 관하여 전도함을 그들이

우리는 초대교회 전도자들이 우선적으로 죽음과 부활을 중심주제로 삼아 예수님에 대하여 증거하였을 것으로 생각하기 쉬운데, 정작 그들이 우선적으로 전한 메시지는, 주님처럼 하나님의 나라였다. 그리고 그 다음에 성경, 당시에는 율법과 선지자, 즉 구약을 인용하며 예수를 그리스도라고 선포하였다. 이런 까닭에 복음이 주님의 행하심과 가르치심이라면, 십자가를 중심으로 한 그리스도의 구속만을 말할 것이 아니라, 주님의 가르치심인 하나님의 나라 또한 함께 제시되어야 마땅할 것이다.

그러면 하나님의 나라는 무엇인가?

여기서 나라에 해당하는 헬라어는 바실레이아(βασιλεία)이다. 이 단어는 물론 장소적 개념을 포함하고 있기는 하지만, 신약에 사용된 용례를 놓고 볼 때 동시에 하나님의 주권적 통치와 지배를 가리키는 개념이기도 하다.13) 그런데 주님은 이 하나님의 통치가 이미 인간들이 사는 세상 안으로 들어왔다고 말씀하신다. 그렇다면 이는 하나님의 나라, 다시 말하면 예수 그리스도의 사역으로 말미암아 천국이 이미 우리 가운데

믿고 남녀가 다 세례를 받으니."
행 14:22, "제자들의 마음을 굳게 하여 이 믿음에 머물러 있으라 권하고 또 우리가 하나님의 나라에 들어가려면 많은 환난을 겪어야 할 것이라 하고."
행 19:8, "바울이 회당에 들어가 석 달 동안 담대히 하나님 나라에 관하여 강론하며 권면하되."
행 20:25 "보라 내가 여러분 중에 왕래하며 하나님의 나라를 전파하였으나 이제는 여러분이 다 내 얼굴을 다시 보지 못할 줄 아노라."
행 28:23, "그들이 날짜를 정하고 그가 유숙하는 집에 많이 오니 바울이 아침부터 저녁까지 강론하여 하나님의 나라를 증언하고 모세의 율법과 선지자의 말을 가지고 예수에 대하여 권하더라."
행 28:31, "하나님의 나라를 전파하며 주 예수 그리스도에 관한 모든 것을 담대하게 거침없이 가르치더라."
13) 참고, 눅 19:12, "이르시되 어떤 귀인이 왕위를 받아가지고 오려고 먼 나라로 갈 때에." 여기서 바실레이아는 왕위, 즉 왕적인 통치를 가리키는 것으로 사용되고 있다. 막 10.15, "내가 진실로 너희에게 이르노니 누구든지 하나님의 나라를 어린 아이와 같이 받들지 않는 자는 결단코 그 곳에 들어가지 못하리라 하시고." 여기서 받는다(δέχομαι)는 말은 영접한다는 뜻인데, 그렇다면 하나님의 나라는 곧 하나님의 통치를 가리키는 것이다.

시작되었고, 또 우리 가운데에서 활동 중임을 말하는 것이다.14) 이것이 바로 하나님의 나라의 현재성이며, 다른 말로는 실현된 종말론(realized eschatology)이라고 부른다.15) 하나님의 통치가 이미 우리 가운데에서 시작하였고, 또 활동 중이라는 사실은 복음에 대한 우리의 이해를 십자가를 통한 구원 사실에 대한 정적(靜的)인 이해를 넘어서, 복음의 역동적(力動的) 성격을 우리에게 보여준다. 하나님의 통치가 우리 가운데에서 진행되고 있으며 실현되고 있다는 사실은 십자가 구속만을 붙들고 머물러 있는 우리들에게, 하나님이 지금 온 세상을 친히 다스리고 있다는 메시지를 선포하도록 인도한다.16) 바로 이런 맥락에서 우리는 주님이 그 제자들에게 가르쳐주신 주기도문에서 "(당신의) 나라가 임하도록" (ἐλθέτω ἡ βασιλεία σου, thy kingdom come) 기도할 것을 말씀하신 이유를 발견할 수 있을 것이다(마 6:10; 눅 11:2).

---

14) 이런 맥락에서 교부 오리겐(Origen)은 예수 그리스도 자신이 곧 하나님의 나라(αὐτοβασιλεία)라고 말하는데, 매우 일리(一理) 있는 주장이다(F. F. 브루스, 『신약사』 [나용화 역; 서울: 기독교문서선교회, 1978], 206).
15) 이 견해의 대표적 주창자는 영국의 도드(C. H. Dodd)이다. 그는 ἤγγικεν을 ἔφθασεν과 비교하면서 두 동사 모두 도착(arrival)을 의미한다고 주장하며, 하나님의 나라가 이미 온 것으로 이해하였다(*The Parables of the Kingdom* [New York: Charles Scribners' Sons, 1961], 28ff.).이런 견지에서 그는 종말론적 하나님의 나라를 현재적 사실이라고 표현한다: "In other words, the 'eschatological' Kingdom of God is proclaimed as a present fact, which men must recognize, whether by their actions they accept or reject it"(29). Cf. C. F. Evans, *Saint Luke* (TPI New Testament Commentaries; London: SCM, 1990), 492; G. E. Ladd, *Crucial Questions about the Kingdom of God* (Grand Rapids: Eerdmans, 1977), 34-35; W. Kelber, *The Kingdom in Mark: A New Place and a New Time* (Philadelphia: Fortress, 1974), 9-11.
　　그러나 성경은 또한 장차 임할 미래적 하나님 나라를 우리에게 가르치고 있다. 천국의 이러한 특징을 해그너는 다음과 같이 적절하게 표현하고 있다: "we thus have fulfillment but fulfillment short of consummation" (D. A. Hagner, *Matthew 1-13* [WBC 33A; Dallas: Word Books, 1993], 343). 또한 쉬나켄부르그는 이렇게 묘사하다: "It is a dynamic event that encompassed present and future" (R. Schnackenburg, *All Things are Possible to Believers* [Louisville: Westminster John Knox, 1995], 80).
16) 김경진, 『하나님 나라와 윤리』 (서울: 솔로몬, 2003), 33-34.

III. 하나님의 나라로서의 복음

오늘날 한국 교회에서, 특히 필자가 속한 복음주의 진영에서 지적이 되고 있는 문제 중 하나는 복음의 사회적 기능이 상대적으로 덜 강조되고 있다는 점이다. 주지하는 대로, 자유진영의 교회들과 천주교회는 우리와는 달리 사회적 참여가 매우 적극적이며, 그것은 교회 성장의 결과에서 차이가 생겨나고 있음을 우리는 알고 있다. 물론 이 문제의 원인이 그렇게 단순하지만은 않으며, 따라서 이에 대한 다양한 원인 분석이 가능하겠지만, 나의 견해로는 한국 복음주의 교회 내에서 하나님의 나라로서의 복음의 역동적 성격이 바르게 인식되지 못한 점이 커다란 부분을 차지하고 있는 것이 그 요인이라고 생각한다.

그러면 왜 복음주의 교회는 이런 비판에 취약한 것일까?

나는 이것이 복음주의 신학의 태생적 한계에서 비롯된 것이라고 생각한다. 중세 가톨릭교회와 그 신학에 반발하여 생겨난 종교개혁운동은 개혁주의 교회를 탄생하게 만들었다. 그 결과 같은 맥락에서 복음주의 교회가 생겨나게 되었는데, 여기에는 진보적 성향을 가진 신학의 탄생도 가져오기도 하였지만, 여기서는 한국 복음주의 교회의 문제를 해결하기 위한 의도에서 우리의 문제만을 고려하기로 하겠다.

중세 가톨릭교회와 그 신학의 문제점은 구원의 조건으로서 인간의 행위와 노력에 대한 강조인 것은 주지의 사실이다. 이 때문에 가톨릭교회는 다양한 규칙과 규례를 만들었고, 이로 인해 복음의 은혜로부터 멀어지게 되면서, 중세 그리스도인들은 엄청난 고통을 당하게 되었다. 그리하여 루터나 칼빈은 바울신학의 핵심으로서 이신칭의를 발견한 후 하나님의 복음의 은혜적 성격을 부각시키며 가톨릭교회에 반발하였다. 이런 맥락에서, 루터와 칼빈을 필두(筆頭)로 하여 태어난 복음주의는 인간의 행위에 대한 강조에 반발하며, 인간 대신 십자가에 달려 죽으신 예수 그리스도를 믿는 믿음으로 말미암아 하나님의 의를 얻게 된다는 은혜의 복음을 주장하게 되었다.

인간의 노력과 행위가 아니라, 구주 예수 그리스도를 믿음을 통하여 의롭게 됨으로 말미암아 구원에 들어가게 된다는 가르침은 이후로 모든 개혁주의 및 복음주의 교회의 흔들리지 않는 든든한 교리적 토대가 되었다. 이때부터 이신칭의는 바울신학의 핵심이자 동시에 복음주의 교회의 가장 중요한 교리로서 정착하게 되었던 것이다.[17]

그리고 이신칭의에서 비롯된 한국 복음주의 교회의 신앙적 특징은 이후 하나님 주권을 부각시키며 신본주의(神本主義)를 강조하는 것으로 나타난다. 어쩌면 이것은 이신칭의에 대한 강조로 인해 야기된 결과일 수 있는데, 한국 복음주의 교회 내에서는 믿음이 아니라 행위를 강조하게 되면 인본주의(人本主義)로 간주되는 경향이 있어왔기 때문이다. 그리하여 이신칭의와 짝이 된 신본주의는 곧 복음주의 신학의 중요한 교리로서 정착되었고, 이것은 인간의 행위와 노력을 강조함으로 말미암아 인본주의적 성격을 띠게 된 로마 가톨릭신학에 대한 정당한 도전되었다.

그러나 복음의 은혜적 성격에 대한 발견은 기독교 역사에 있어서,

---

[17] John Ziesler, *Pauline Christianity* (Oxford: University Press, 1992), 28.
그러나, 최근 들어 이신칭의가 바울신학의 핵심이 아니라는 주장이 대두되고 있는데, 그 대표적 인물 중 하나가 톰 라이트(Tom Wright)이다. 물론 그 이전에 이러한 주장을 편 대표적 인물은 Alister McGrath이다(*Iustia Dei, A History of the Christian Doctrine of Justification*, [Cambridge: University Press, 1987], 하나님의 칭의론 [한성진 역; 서울: CLC, 2008]. 라이트는 이신칭의 교리는 사실 로마서와 갈라디아서에서만 크게 부각되었지, 기타 다른 바울의 서신에서는 그다지 강조되고 있지 않음을 지적하며, 오히려 바울신학의 핵심은 하나님의 언약의 성취라고 주장하였다; N. Tom Wright, *What St Paul Really Said?* 『바울의 복음을 말하다』 (최현만 역; 평택: 에클레시아북스, 2011), 187-223. Cf. 케빈 벤후저, "라이트는 종교개혁의 오류를 수정하고 있는가?" 니콜라스 페린, 리처드 헤이스 (편)『예수, 바울, 하나님의 백성: 톰 라이트와 나눈 신학적 대화』 (최현만 역; 평택: 에클레시아북스, 2013), 307-343. 칭의에 대한 그의 주장이 전통적 견해와 다른 까닭에 많은 비판을 받고 있기는 하지만, 바울신학의 거대한 신학을 이신칭의 하나로만 해석하기에는 미흡한 감이 없지 않은 것도 사실이다.

아울러 기독교 발전에 있어서 매우 획기적인 사건이기는 하지만, 동시에 그것은 기독교 신앙 및 신학의 중심이 한쪽으로 치우치는 결과를 가져오기도 하였다. 행위가 아니고 믿음이 중요함을 강조한 것은 매우 바람직한 일이나, 그와 함께 행위를 경시하거나 혹은 무시하는 부작용이 태생적으로 나타나게 되었던 것이다. 다시 말하면, 행위가 아니라 믿음을 강조할 때에 자연히 하나님과 그리스도인 개인 간의 수직적(垂直的) 관계가 부각되게 되는데, 이 때 인간의 행위가 표현되는 장(章)인 사람 사이의 수평적(水平的) 관계는 그만큼 덜 강조되고 말았던 것이다. 이것은 인간 행위의 강조로 야기된 문제를 해결하기 위해 도입된 복음의 은혜적 요소에 너무 큰 비중을 둔 나머지 그만 복음이 또한 감당해내야 할 삶의 문제는 가려져버린 셈이 되고 만 것이다.

IV. 이신칭의(以信稱義); 수직적인가? 아니면 수평적인가?

위에서 제기한 한국 복음주의 교회의 이러한 문제의 근원을 나는 바울신학의 이신칭의 교리의 진의가 한국교회에 바르게 전달되지 못한 데서 찾을 수 있다고 생각한다. 우리는 여태껏 바울신학의 이신칭의를 가톨릭교회의 인본주의적 행태를 고발한 종교 개혁자들의 렌즈를 통하여 바라봄으로써, 바울 당대의 사회적 상황에 대한 이해를 간과하고 있는 것처럼 보인다.[18] 종교개혁자들이 자기 시대의 문제의 해결을 위해 행위가 아니라 믿음을 강조한 것은 옳은 일이나,[19] 그로 인해

---

[18] 이런 맥락에서 톰 라이트는 종교개혁자들과 그 계승자들이 팔레스타인을 포함하여 1세기 그리스로마 당대의 사회적 상황에 대해 무지한 까닭에 바울을 제대로 이해하지 못했다고 지적한다. 페린 & 헤이스, 『예수, 바울, 하나님의 백성』, 338.

[19] 이 문제에 관하여, 톰 라이트는 "바울에 대한 통상적인 기독교의 이해, 특별히 개신교의 이해가 심각한 결함을 지니고 있으며, 그 이유는 그들이 1세기 유대교의 것으로 돌린 신학적 관점이 오히려 중세 기독교에 더 가까운 관점이었기 때문이었다."라고 주장한다

이신칭의를 하나님과 그리스도인 개인 간의 수직적 관계로만 고정시켜 해석하는 것은 사도 바울이 애당초 그것을 선언했을 때의 상황을 전혀 고려하지 않은 처사이다.20)

사도 바울이 이신칭의를 주장했을 때 기독교는 아직 유대교의 우산 아래 머물러 있었음을 우리는 기억해야 한다. 기독교는 얌니아 회의 (Jamnia Council, c. 85 AD) 전까지 유대교 내의 한 분파로서 존재하였는데, 얌니아 회의에서 기독교를 (나사렛) 이단으로 정죄하면서 비로소 분리하게 되었던 것이다.21) 그러면 왜 그때 기독교는 유대교로부터 이단으로 정죄되면서 회당에서 추방되었을까?

그 이유는 크게 두 가지로 요약될 수 있을 것이다. 곧 성전 모독 및 율법 폐기이다. 성전모독의 문제는, 제사 제도를 통하여 인간의 죄를 해결하는 구원의 통로인 성전이 더 이상 하나님이 머무는 유일한 장소가 아니라는 헬라파 지도자 스데반의 설교에서 잘 드러나고 있다(행 7.46-50). 스데반이 이 설교 후 유대인들에게 돌에 맞아 순교한 것은 그들의 기독교에 대한 증오를 여실하게 드러난 것으로 볼 수 있을 것이다. 율법 폐기의 문제는, 달리 해석될 여지가 있기는 하지만, 할례와도 같은 유대인들의 민족적 전통의 파기에서 비롯된 것으로 풀이된다. 신약 당시 유대교는 구원의 조건으로서 할례를 포함하여 음식법(kosher) 및 안식일 준수를 이방인들에게 요구하였고, 만일 이것을 준수하지 못하면 구원은 거절되었다(행 15.1). 이 세 가지 행위를 일컬어 유대인과 이방인을 구분 짓는 신분의 표지(identity markers)라고 부르기도 한다.22)

(톰 라이트, 『바울의 복음을 말하다』, 188.) 한 마디로, 종교개혁자들은 바울을 자기들 시대와 동일시하여 이신칭의를 끌여들였다고 주장하는 것이다.
20) Cf. Ziesler, *Pauline Christianity*, 28, 87.
21) 버릇지, 『네 편의 복음서, 한 분의 예수』, 144-146; J. Andrew Overman, *Matthew's Gospel and Formative Judaism* [Minneapolis: Fortress, 1990], 48-56; 룩 존슨, 『최신 신약개론』 (채천석 역; 서울: 크리스챤다이제스트, 1998), 241-243.

이런 견지에서 볼 때 사도 바울 당시 율법은 곧 신분(身分)을 가리킨다고도 볼 수 있을 것이다. 따라서 신분으로서의 율법을 포기할 때, 이방인들은 하나님의 백성의 자격을 얻을 수 없게 되는 것이다. 결과적으로 볼 때, 신분의 표지는 결국 이방인이 하나님의 백성이 되어 구원을 얻는 것을 방해하는 장애물이 되고 말았다.23) 바로 이런 사회적 상황 아래에서, 사도 바울은 한갓 유대민족의 종교적 전통에 불과한 것을 구원의 수단으로 간주하는 것을 옳지 않은 것으로 판단하여, 소위 율법 없는 복음(law-free gospel)을 전하게 되었던 것이다.24)

> "그리스도께서 우리를 자유케 하려고 자유를 주셨으니 그러므로 굳세게 서서 다시는 종의 멍에를 메지 말라. 보라 나 바울은 너희에게 말하노니 너희가 만일 할례를 받으면 그리스도께서 너희에게 아무 유익이 없느니라. … 형제들아 내가 지금까지 할례를 전하면 어찌하여 지금까지 핍박을 받으리요 그리하였으면 십자가의 거치는 것이 그쳤으리니." (갈 5:1~2, 11)

그렇다면 유대교 내의 한 분파로 머물면서, 기독교가 유대교와는 달리 구원의 조건으로서 할례를 요구하지 않은 것은(행 15:1) 그들에게

---

22) James D. G. Dunn, *Jesus, Paul and the Law* (London: SPCK, 1990), 191-4; John Ziesler, *The Epistle to the Galatians* (Epworth Commentaries; London: Epworth, 1992), 20.
23) 같은 맥락에서 홍인규는 이방인들에게 신분의 표지를 요구하는 자들을 '선동자'로 묘사하면서, 이들이 믿음 자체를 반대한 것은 아니며, 오히려 거기서 더 나아가 유대인이 되어야 한다고 주장한다(홍인규, 『바울신학 사색』 [서울: 이레서원, 2007], 65-66). Cf. 김정훈, 『바울서신 연구』 (서울: 도서출판 Th & E, 2011), 32-33.
24) Ziesler, *The Epistle to the Galatians*, 28. 이런 맥락에서 톰 라이트는 갈라디아서의 핵심은 '어떻게 사람이 하나님과 관계를 맺을 수 있는가?'가 아니라, "우리가 어떻게 하나님의 백성을 정의할 것인가 라는 질문, 즉 하나님의 백성은 유대 민족이 지닌 신분증명서(할례)로 증명되는가, 아니면 다른 방법이 있는가? 의 문제와 관련되었다"고 주장한다. (톰 라이트, 『바울의 복음을 말하다』, 200).

대한 대단한 도전일 수밖에 없었을 것이고, 이런 상황에서 율법(할례) 없는 복음을 전한 사도 바울은 유대교의 가장 큰 적이 되고 말았던 것이다. 그리하여 기독교는 이단으로 정죄되고 회당으로부터 추방되었던 것이다.

이와 같이 사도 바울 당대의 사회적 상황을 고려할 때, 사도 바울이 율법 없는 복음을 전한 것은 행위가 아닌 믿음을 강조하기 위함만이 아니라, 신분의 표지와도 같은 율법의 행위가 이방인이 하나님 백성 되는 것을 방해함으로 이를 제거하기 위함도 포함하였던 것이다. 그렇다면 이신칭의는 하나님과의 수직적 관계로서 구원의 문제이기도 하지만, 동시에 사람들과의 수평적 관계로서 유대인과 이방인 사이의 사회적 갈등을 해결하기 위한 목회적, 혹은 선교전략적 방편이기도 하였던 것이다.25) 이 점과 관련하여 톰 라이트의 주장은 매우 적절하여 판단되어 여기에 옮겨본다.26)

> "1세기에 '칭의'는 개인이 하나님과의 관계를 맺게 되는 방법에 대한 것이 아니었다. 오히려 미래와 현재 모두에 있어 누가 실제로 자기 백성의 일원인지에 대한 하나님의 종말론적인 정의에 대한 것이었다. … 표준적인

---

25) 스텐달은, 바울은 토라를 준수하거나 또는 선을 행함으로서 사람이 하나님으로부터 의롭다함을 얻을 수 있다고 말하는 유대교 율법주의에 대항하지 않았다고 주장하면서, 갈라디아서에서 바울은 하나님과의 개인적 관계(내가 어떻게 하나님 앞에서 의롭게 될 수 있는가?)보다도 유대인과 이방인 사이의 공동체적 관계(내가 그리스도인이 되기 위하여 유대인이 되어야 하는가?)를 더 중시하고 있다고 주장한다(K. Stendahl, *Paul Among Jews and Gentiles* [London: SCM, 1977]). 같은 맥락에서, 톰 라이트는 이렇게 말한다. "갈라디아서의 경우 그 서신의 진정한 핵심 주안점은 유대인 그리스도인과 이방인 그리스도인들이 같은 식탁에 앉아야 한다는 것이다." (페린 & 헤이스, 『예수, 바울, 하나님의 백성』, 350-1). Cf. N. A. Dahl, *Studies in Paul* (Minneapolis: Augsburg, 1977), 96-120; 톰 라이트, 『바울의 복음을 말하다』, 200-4; Allen Verhey, *The Great Reversal; Ethics and the New Testament*, 『신약성경 윤리』 (김경진 역; 서울: 솔로몬, 1997), 238-240.
26) 톰 라이트, 『바울의 복음을 말하다』, 98.

기독교의 전문용어로 말하면 그것은 구원론에 대한 것이라기보다는 교회론에 대한 것이며, 구원에 대한 것이라기보다 교회에 대한 것이다."

그런데 오늘 우리는 이를 16세기 종교개혁자들의 안목으로만 편향적으로 해석함으로써, 이신칭의가 내포하고 있는 사회적 의미를 전혀 배제하여 왔던 것이다. 물론 개혁주의의 시발점으로서 이신칭의에 대한 종교개혁자들의 해석이 필요한 것은 사실이지만, 루터와 칼빈의 해석 이전에 이 사상의 원주창자인 사도 바울이 속해 있던 사회적 상황을 바르게 이해할 필요가 있고, 그리할 때 이신칭의는 단지 수직적 관계만이 아니라 수평적 관계도 포함한다는 것을 우리는 기억해야 할 것이다.

여기에서 나는 복음의 역동적 성격의 회복을 추구해야 할 당위성을 발견한다. 복음은 분명히 그 본질적 속성상 이신칭의와 신본주의를 내포하고 있으나, 그것으로 멈추어 있는 것이 아니다. 만일 복음이 이신칭의와 신본주의가 지향하는 목표로서 인간의 구원으로만 끝나버린다면, 그것은 반쪽 복음에 불과할 것이다. 그리고 사실 앞서 언급했던 이신칭의의 수평적 의미는 복음의 역동성과도 연결되는 매우 중요한 진리인데, 여태껏 제대로 부각되지 못함으로 말미암아 복음 해석에 있어서도 불완전함을 노출시켰던 것으로 생각된다. 이런 견지에서 볼 때, 한국교회는 너무도 구원론에만 집착하고 있는 듯한 인상을 주고 있다. 행위가 아니라 믿음을 통하여 구원을 얻는 것이 매우 중요한 진리임을 분명하나, 우리는 구원에만 머물 것이 아니라, 구원 이후의 삶의 문제도 역시 중요한 과제로 간주해야 할 것이다.

V. 정리 및 결론

이 글의 서두에서 나는 오늘 한국교회, 특히 복음주의에 속한 교회에서 복음이 바르게 이해되고 있지 못하다는 화두(話頭)로 시작하였다. 일반적으로 복음은 한국교회에서 주로 십자가와 관련하여 구원론적으로 이해되어 왔다. 물론 이것이 가장 중요한 근거이고 토대이기는 하지만, 이것이 복음에 대한 마지막 진술은 아니라고 나는 생각한다.

복음을 십자가 사건으로 바라보게 된 이유 중 하나는 복음을 바울신학적 관점으로 이해하고 있기 때문으로 나는 판단한다. 여기에는 중세 가톨릭 신학에 반발하여 일어난 종교개혁자들의 신학이 매우 중요한 역할을 하였는데, 그것은 인간의 행위를 강조하는 가톨릭신학에 대항하여 행위가 아닌 믿음을 강조하면서, 바울신학 및 복음의 핵심으로서 이신칭의를 주장하게 되었다.

그러나 사실 바울신학의 이신칭의 주제는 신약시대의 사도바울에게 단지 하나님과 개인 간의 수직적이고 개인적인 문제만은 아니었다. 아직 기독교가 유대교로부터 분리되기 전 활동하였던 바울이 선교할 때에 직면하였던 가장 큰 문제는 유대인과 이방인 간의 갈등이었다. 왜냐하면 유대인들이 유대교에서 시행하던 관습대로 그들의 문화적 전통을 율법적 규례로 간주하며 모든 이방인에게 요구하였기 때문이다 (행 15:1).

이런 상황에서 이신칭의는 단지 하나님과의 개인적 문제로서 행위가 아니라 믿음을 주장하는 것이 아니라, 유대인과 이방인 사이의 사회적, 문화적 갈등을 해소하기 위한 선교적 전략에서 비롯된 처방이란 것을 우리는 기억해야 할 것이다. 그렇다면 이신칭의 역시 개인 구원에 관한 정적(靜的)인 이해가 전부가 아니라, 사람들 사이의 관계 문제를 해결하려는 역동적(力動的)인 실천의 문제인 것이다. 그러나 우리는 종교개혁자들의 안목에서 복음의 핵심을 이행칭의(justification by acts)가 아닌 이신칭의(justification by faith)로 해석하면서, 복음을 곧 십자가라고 이해하게 되었던 것으로 보인다.

복음을 십자가 사건으로 이해할 때, 우리는 우리의 신앙의 근본에 대하여 확실한 이해를 갖게 됨으로써 신앙의 뿌리를 든든히 내릴 수 있게 되는 유익을 얻는다. 그러나 한편 이런 견해만을 취할 때 직면하게 되는 약점은 신앙의 표현, 즉 실천에 대한 관심이 상대적으로 약화된다는 사실이다. 그리고 사실 이 점은 복음주의 교회의 단점을 많이 지적되어온 문제이기도 하다. 하나님 중심의 신본주의와 오직 성경만으로 삶과 믿음의 근거를 삼은 복음주의는 세상과 타협하지 않는 철두철미한 신앙으로 인해 매우 소중한 원리로서 인정되고 있지만, 그에 못지않게 교회가 속한 세상과 사회에 대한 적극적 관심이 다소 부족한 것으로 평가되고 있는 것은 부인할 수 없는 사실이다.

나는 복음주의 교회의 이런 단점의 한 이유로 복음에 대한 바른 이해의 부족을 지적하였는데, 그것은 바로 하나님의 나라로서의 복음의 역동적 성격을 바르게 인지하지 못한 데에 기인한다고 생각한다.[27]

예수 그리스도의 복음은 십자가에서 멈추지 않았고, 그것은 온 세상을 다스리시는 하나님의 주권적 통치, 즉 하나님의 나라까지 포함하고 있기 때문이다. 이러한 복음의 역동적 성격이 제대로 강조되지 못함으로

---

[27] 톰 라이트 또한 종교개혁자들이 이신칭의를 중시한 나머지, "하나님 나라 신학에는 놀랍게도 거의 관심을 기울이지 않았다." 고 지적하였는데(페린 & 헤이스, 『예수, 바울, 하나님의 백성』, 340), 매우 통찰력 있는 발견이라 생각한다. 같은 맥락에서 그는 또한 바울신학의 중심은 이신칭의가 아니라, "예수 자신과 그의 주권적 왕권에 대한 복음 선포"라고 주장한다(라이트, 『바울의 복음을 말하다』, 190). 결국 이는 내가 하나님 나라로서의 복음의 역동성을 제시한 것과 같은 궤적을 지나고 있는 것으로 사료된다.

말미암아 한국의 복음주의 교회는 신앙과 삶이 다소 분리된 병리적 현상을 드러내게 되었고, 복음의 역동성이 살아있지 못하자 마침내 사변적(思辨的) 신학의 오류를 노출하고 말았던 것으로 보인다.

이런 맥락에서 오늘 우리는 십자가의 구속의 은혜를 강조하는 복음의 정적인 상태에 머무름으로 말미암아 사변적이 되어버린 신학의 오류를 극복하고, 하나님 나라로서의 복음의 역동성을 회복함으로 말미암아 진정한 개혁주의 신학의 정체성을 새로이 확인하는 방향으로 나아감으로써, 정체된 한국교회의 신앙과 신학을 새롭게 개혁해야 할 줄로 믿는다.

Abstract

Understanding Gospel in Terms of the Kingdom of God

Kyoung-Jin Kim
BaekSeok University, New Testament Studies

Is the essence of the gospel of Jesus Christ the cross, or the kingdom of God?

It is a general assumption that an answer to the above question is the cross, particularly in the evangelical churches of Korea(ECK). But when we take Ac 1.1 into account carefully, it is derived that the gospel consists not only of the cross, but also of the kingdom of God as well. So it is unfortunate that ECK rely on the cross unduly underestimating the kingdom of God which is the paramount lesson Jesus Christ had taught as he walked around the Palestine.

Why is it? I suppose that the main reason for this problem is because ECK depend too much on the reformation theology which has happened to be been born to fight against the Roman Catholic Church(RCC) because RCC emphasizes too much human efforts in order to be saved from sin and unrighteousness. So from the beginning the Protestant Church has made justification by faith into bold relief rather than justification by act that is propaganda of RCC. In this context, it is to be fully understood that the medieval situation in which the reformation theologians such as M. Luther and J. Calvin were situated might have driven them to maintain the reformation theology with an accent of justification by faith, which naturally leads us to emphasize the cross.

Here we may raise a question; did the reformation theologians interpret

Paul the Apostle and his theology rightly? In other words, we can ask like this. Is justification by faith the crucial focus of pauline theology? I am afraid that my answer to these questions seems to be no, because it appears to me that reformation theologians have made mistakes Paul of 1st century as one of their contemporaries of 16th century, as Tom Wright rightly points out.

It means that they do not take Paul's social setting into consideration, which was affected mainly by social conflict between Jews and Gentiles, because Jews imposed circumcision upon Gentiles in order to be a member of God's family. But Paul did oppose to this demand, so taught so-called law-free gospel to Gentiles during his mission journey, and out of which context justification by faith has been derived finally. Then it may be concluded that reformation theology does not fully consider Paul's *Sitz im Leben*, ignoring the sociality of justification by faith. In line with this, ECK tends to emphasize the cross of the gospel, following reformation theologians as their doctrinal fathers. But as I mentioned in the above, since the gospel consists of the cross and the kingdom of God, the tendency ECK takes now for its theological position is not so well balanced as it should be. Thus we need to take the gospel as the kindgom of God seriously along with the emphasis of the cross.

Key words: Kingdom of God, gospel, justification by faith, cross. Pauline Theology

하나님의 나라와 윤리[1]
종말론적 윤리 - 천상적인가, 지상적인가?

복음이란, 누가의 표현에 따르면, 구주 예수 그리스도의 행하심과 가르치심을 가리킨다(행 1:1). 예수님의 행하심의 정점(頂點)은 주께서 이 땅에 오신 목적인 구속사역의 완성인 십자가이다. 그리고 예수님의 가르치심의 핵심은 하나님의 나라이다. 그리하여 마태와 마가복음에 따르면 주님의 첫 번째 설교의 주제가 바로 이 하나님의 나라임을 우리는 알게 된다(막 1:15; 마 4:17).[2] 이 첫 번째 설교는 흔히 주님의 취임설교(inauguration sermon)라고 불린다. 일반적으로 취임사는 취임하는 직분을 맡은 사람의 비전이나 포부, 혹은 그 사역의 방향에 대한 언명(言明)으로 이해된다. 이런 견지에서 볼 때, 주님의 취임설교는 바로 주님 사역의 성격을 알린 것이며, 따라서 하나님의 나라는 곧 주님 사역의 핵심이 되는 것이다.[3] 그렇다면 주님은 이 땅에서 오셔서 이

---

[1] 이 논문은 「신약신학저널」 9(2002); 160-175에 게재되었다.
[2] 한편, 누가복음의 경우 주님의 첫 번째 설교는 앞의 두 복음서와 사뭇 다르다(4:28-19). 한 마디로, 누가복음의 예수님은 사회적 복음의 특징이 부각되고 있는 그 복음서의 전체적 특성과 연결되면서 가난한 자와 소외된 자들을 위한 섬김과 봉사가 그리스도의 사역의 핵심으로 소개되고 있다(cf. 22:24-27); 김경진, 『잃어버린 자를 찾아오신 주님』(서울: 한국성서학연구소, 2000), 28-46.
[3] Eduard Lohse, *Theological Ethics of the New Testament* (Minneapolis: Fortress, 1991), 39.

하나님의 나라를 선포하고 가르치셨고, 동시에 이를 십자가를 통하여 완성하셨다고 말할 수 있을 것이다. 요컨대, 주님 사역의 정점인 십자가의 궁극적 목적은 하나님의 나라의 성취인 것이다.

본 소고(小考)에서는 주님의 사역과 교훈의 결과로 말미암아, 비록 부분적이고 따라서 완전한 형태는 아니라 할지라도, 하나님의 나라가 이 땅에 이미 성취되었다면, 하나님의 나라의 시민인 그리스도인들은 이제 과연 어떻게 이 땅에서 살아가야하는지에 대한 윤리적 문제를 다루어보고자 한다. 즉, 하나님 나라와 윤리와의 상관성 문제를 고찰하되, 하나님 나라의 양면성 속에 내재되어 있는 종말론적 갈등과 긴장이 성도의 실질적 삶인 윤리와 어떤 관계를 갖고 있고, 또 어떤 방향을 제시하고 있는지를 살펴보고자 한다.

I

앞서 잠시 언급했듯이, 마태복음에 따르면 예수님은 그 취임 설교에서 "회개하라 천국이 가까이 왔느니라"(마 4:17)고 선포하셨다. 마가복음에는 "때가 찼고 하나님의 나라가 가까이 왔으니, 회개하고 복음을 믿으라."고 기록되어 있다(막 1:15).[4] 두 복음서에서 공통되는 것은 천국이 가까웠다는 사실과 함께, 그 도래(到來)된 천국을 맞는 자세로서 회개(悔

---

[4] 주님의 첫 번째 설교를 소개함에 있어서, 마가와 마태복음의 차이점 중 하나는 '하나님의 나라'(ὁ βασιλεία τοῦ θεοῦ)와 '천국'(ὁ βασιλεία τῶν οὐρανῶν)이란 표현이다. 이 차이에 대한 가장 보편적 설명은 마태가 그 유대인 독자들을 염두에 두고 하나님이란 칭호의 사용을 기피하였다는 것이다. 사실 마태는 마가복음에 나오는 하나님의 나라란 칭호를 4번의 경우를 제외하고는 모두 천국으로 바꾸어 놓았다(G. E. Ladd, *The Gospel of the Kingdom* [Grand Rapids: Eerdmans, 1978], 32ff.; cf. J. D. 킹스베리, 『마태복음서 연구』, 김근수 역 [서울: 기독교문서선교회, 1993], 186-190). 그러나 이 소고에서는 이 두 단어를 이러한 배경적 차이를 고려하지 않은 채 자유로 혼용하여 쓸 것이니, 오해 없기를 바란다.

改)가 요구되고 있다는 점이다. 그런데 회개라고 하는 것은 다분히 윤리적 개념이며, 따라서 하나님의 나라의 도래와 윤리는 예수님의 메시지의 시초부터 이렇듯 결부되어 있음을 알게 된다.5)

이제 그러면 이 두 개념이 어떻게 연결되고 있는지, 그리고 연결될 때에 어떤 의미를 갖는지에 대하여 살펴보기로 하겠다. 논의의 순서를 위하여 먼저 하나님의 나라 문제를 거론하고, 이어서 그와 결부된 윤리 문제를 다루기로 하겠다.

하나님의 나라를 논함에 있어서, 우선 거론할 것은 천국의 도래(到來)에 관한 문제이다. 이와 관련하여, 학자들 사이에 약간의 이견(異見)이 있음은 주지(周知)의 사실이다. 하나님의 나라가 가까이 왔다는 것(ἤγγικεν; 마 10:7; 눅 10:9)과 임하였다는 것(ἔφθασεν; 마 12:28; 눅 11:20) 사이의 차이를 지적하면서, 천국은 도래한 것이 아니라 다가오고 있다고 해석하는 미래적 견해와, 예수님과 함께 이미 역사 가운데 들어왔다고 해석하는 현재적 견해가 그것이다. 전자의 견해를 종말론적 해석, 혹은 '철저 종말론'(consistent Eschatology)라고 부르고,6) 후자의 견해를 소위 비종말론적 해석, 혹은 '실현된 종말론'(realized Eschatology)이라고 부른다.7)

---

5) Frank J. Matera, *New Testament Ethics* (Louisville: Westminster John Knox, 1996), 15.
6) 이 견해의 대표적 주창자는 봐이스(Johannes Weiss, *Jesus' Proclamation of the Kingdom of God* [Philadelphia: Fortress, 1971)와 쉬바이쳐(Albert Schweitzer, *The Mystery of the Kingdom of God* [London: Black, 1925], *The Quest of the Historical Jesus* [London: Black, 1945])이다. 근래에 들어서는 큄멜(W. G. Kümmel, *Promise and Fulfillment* [SBT 23; London: SCM, 1961], 19-24))과 마르크센(W. Marxsen, *Mark the Evangelist* [Nashville: Abingdon, 1969], 132-134) 또한 이러한 견해에 동조하고 있다. 이 학설에 대한 좀 더 자세한 설명은, G. E. Ladd, *Crucial Questions about the Kingdom of God* (Grand Rapids: Eerdmans, 1977), 29-34를 참조할 것.
7) 이 견해의 대표적 주창자는 영국의 도드(C. H. Dodd)이다. 그는 ἤγγικεν을 ἔφθασεν과 비교하면서 두 동사 모두 도착(arrival)을 의미한다고 주장하며, 하나님의 나라가 이미 온 것으로 이해하였다(*The Parables of the Kingdom* [New York: Charles Scribners' Sons, 1961], 28ff.).이런 견지에서 그는 종말론적 하나님의 나라를 현재적 사실이라고 표현한다: "In other words, the 'eschatological' Kingdom of God is proclaimed as a present fact, which men must recognize, whether by their actions they accept or reject it"(29). Cf. C. F. Evans, *Saint Luke* (TPI New Testament Commentaries; London: SCM, 1990),

그러나 이 문제와 관련하여 일반적으로 도출된 합의는 이 두 견해를 대립 내지는 대조적으로 이해할 것이 아니라, 애초부터 천국에는 이 두 가지 특성이 공존하는 것으로 인정하는 것이다.8) 다시 말하면, 하나님의 나라는 미래적이면서 동시에 현재적이라는 것이다. 이런 특징을 흔히 간략하게 '이미, 그러나 아직'(already, [but] not yet)이라고 표현한다. 즉 하나님의 나라는 예수님의 강림과 함께 이미 시작되었기 까닭에 현재적이지만,9) 아직 이 땅에서 완성되지 않았음으로, 즉 그 완성을 향하여 나아가고 있음으로, 여전히 미래적이라는 것이다.10) 이처럼 천국이 현재성과 미래성을 동시에 지니고 있기에 이후 편의상 이를 천국의 양면성(兩面性)이라고 부르기로 하겠다.

II

이제 그러면 이 천국의 양면성에 대하여 좀더 자세하게 살펴보기로 하자. 순서에 따라 하나님의 나라가 예수 그리스도와 함께 시작되었다는

492; Ladd, *Crucial Questions*, 34-35; W. Kelber, *The Kingdom in Mark: A New Place and a New Time* (Philadelphia: Fortress, 1974), 9-11.

8) 쉬나켄부르그는 이러한 긴장을 의도적인 것으로 보면서, 예수님의 메시지에는 천국은 현재와 미래의 두 차원을 공유하는 것으로 나타난다고 주장한다(R. Schnackenburg, *God's Rule and Kingdom* [Montreal: Palm, 1963], 141-142). Cf. R. F. Berkey, "ΕΓΓΙΖΕΙΝ, ΦΘΑΝΕΙΝ, and Realized Eschatology," *JBL* 82 (1963), 177-187; A. M. Ambrozic, *The Hidden Kingdom: A Redaction Critical Study of the References to the Kingdom in Mark's Gospel* (CBQMS 2; Washington: CBA, 1972), 23; G. R. Beasley-Murray, *Jesus and Kingdom of God* (Grand Rapids: Eerdmans, 1986), 73.

9) 이런 맥락에서 교부 오리겐(Origen)은 예수 그리스도 자신이 곧 하나님의 나라 (αὐτοβασιλεία)라고 말하는데, 매우 일리(一理) 있는 주장이다(F. F. 브루스, 『신약사』, 나용화 역 [서울: 기독교문서선교회, 1978], 206).

10) 천국의 이러한 특징을 해그너는 다음과 같이 적절하게 표현하고 있다: "we thus have fulfillment but fulfillment short of consummation" (D. A. Hagner, *Matthew 1-13* [WBC 33A; Dallas: Word Books, 1993], 343). 또한 쉬나켄부르그는 이렇게 묘사한다: "It is a dynamic event that encompassed present and future" (R. Schnackenburg, *All Things are Possible to Believers* [Louisville: Westminster John Knox, 1995], 80).

천국의 현재성에 대하여 먼저 살펴보기로 한다. 이와 관련하여 우리는 크게 세 가지 특징을 고려할 수 있을 것이다; 첫째는 귀신 추방이고, 둘째는 부활의 첫 열매로서의 예수 그리스도의 부활이고, 셋째는 내세(來世)의 영(靈)으로서의 성령의 강림이다.

첫째로 귀신추방과 관련하여, 가장 명시적인 증거구절로 마태복음 12장 28절을 들 수 있겠다: "그러나 내가 하나님의 성령을 힘입어 귀신을 쫓아내는 것이면 하나님의 나라가 이미 너희에게 임하였느니라."(εἰ δὲ ἐν πνεύματι θεοῦ ἐγὼ ἐκβάλλω τὰ δαιμόνια, ἄρα ἔφθασεν ἐφ' ὑμᾶς ἡ βασιλεία τοῦ θεοῦ) 누가복음에는 성령 대신에 '손'(δάκτυλος)이 사용되었지만, 그 의미는 크게 다르지 않다(눅 11:20).[11] 주목할 것은 두 복음서 모두 하나님의 나라의 임함과 귀신 추방을 연결시키고 있다는 점이다. 이것은 충분히 근거 있는 일로, 신약에서 마귀는 잠정적으로 이 세상의 정사를 맡은 자로 등장하고 있기 때문이다(눅 4:6/마 4:9; 엡 2:2).[12] 그리하여 복음서에서 보듯이, 주님이 가는 곳마다, 그리고 주님의 권세와 능력을 이양 받아 파송된 사도와 제자들이[13] 가는 곳마다 마귀들은 쫓겨나갔으며(막 1:21-28; 3:22-30, 32-34; 5:1-20; 6:7-13; 9:14-29; 눅 10:17-20), 그 때마다 마귀들은 저항해 보았지만 결국엔

---

11) 사실 성령을 강조하는 누가가 여기서 성령 대신에 손(가락)을 사용하는 것이 특이하다. 사실 성령은 누가-행전에서 대체로 치유와 귀신추방과 관련되어 나타나지 않는다. 오히려 치유와 관련하여서는 '주의 능력'(5:17; 6:19)이나 '주의 손'(행 4:28-30; 13:11)을 사용한다. 따라서 여기서 '하나님의 손'이란 표현은 "하나님의 인격적인 구속적 행위"(the personal redeeming action of God)를 가리키는 것으로 이해된다(Evans, *Saint Luke*, 492).
12) 이런 까닭에 사도 바울도 이를 '이 세상의 신'(ὁ θεὸς τοῦ αἰῶνος τούτου)이라고 부르고 있는 것이다(고후 4:4). Cf. Ladd, *The Gospel of the Kingdom*, 30; Vos, *Eschatology*, 12.
13) 여기서 사도와 제자를 구분 짓는 것은 누가복음에 등장하는 70인을 염두에 둔 것이다. 그들도 눅 22:35을 근거로 말할 때, 제자로 불릴 수 있을 것이며, 그렇다면 70인 가운데 12 사도를 제외한 58명이 추가로 2차 전도여행에 동참한 것으로 이해할 수 있을 것이다. 이에 대한 좀 더 자세한 설명은, 김경진, 『누가신학의 제자도와 청지기도』(서울: 솔로몬, 2000³), 137-141을 참조하기 바란다.

무위(無爲)로 끝남을 보게 된다. 하나님과 마귀는 공존할 수 없고, 따라서 주님이 가는 곳마다 마귀가 그 힘을 잃고 쫓겨 가는 것은 충분히 이해될 수 있는 일이다.14) 그러나 마귀는 주님 사역 중 내내 종교지도자들과 그와 결탁한 배신자들을 통하여 주님의 사역을 방해하였고, 마침내 십자가에 죽게 하심으로써 마치 승리한 것처럼 보이기도 한다(막 14:1-2, 10-11). 그러나 십자가는 패배가 아니라 미리 예정된 구속사역의 일부이며15) 따라서 인류의 구속을 방해한 마귀를 이긴 영광스런 승리인 것이다. 주님께서 마귀들에게 쫓아내신 것은 바로 다가 올 시대의 능력이 현재의 악한 시대에 침입하였음을 드러내 보여주는 것이다. 이것을 래드는 다음과 같이 적절하게 표현하고 있다: "그것은 그리스도께서 영광 가운데서 다시 오실 저 미래에 속한 하나님의 나라가 이미 이 시대 속으로 침투해 들어왔다는 증거인 것이다."16)

한편, 귀신 추방과 병행하여 같은 맥락에서 고려할 수 있는 하나님의 나라 도래의 또 다른 측면은 주님이 행하신 여러 종류의 기적이다; 오병이어, 병자 치유, 풍랑 제어, 죽은 자의 소생 등(마 4:24).17) 사실 이러한 기적과 능력은 인간들에게는 불가능한 것으로써, 그 자신이 바로 하나님의 나라인 하나님의 아들 예수 그리스도가 오심으로써 가능한 일이었다. 즉, 예수님의 사역 안에서 하나님의 나라의 능력이 가시적으로 드러나 표현된 결과가 바로 기적과 능력이었던 것이다.18)

---

14) Hagner, *Matthew*, 29. 하나님의 나라가 그 나라의 원수인 마귀를 추방하는 것에 관한 고전적인 논문으로, Rudolf Otto, "The Kingdom of God Expels the Kingdom of Satan", ed. by Bruce Chilton, *The Kingdom of God in the Teaching of Jesus* (London: SPCK, 1984), 27-35을 참조할 것.
15) 그리하여 주님은 예루살렘으로 올라가기 전 최소한 세 차례에 걸쳐서 십자가를 통한 자신의 수난과 부활을 예언하였던 것이다(막 8:31; 9:31; 10:33-34). 마가는 복음서 기자들 중 수난예언을 가장 극적으로 활용하여 주님의 대속적 죽음을 강조하고 있다(김경진, 『제자도와 청지기도』, 95-107).
16) Ladd, *The Gospel of the Kingdom*, 48.
17) Ladd, *The Gospel of the Kingdom*, 46.

둘째로, 부활의 첫 열매로서의 그리스도의 부활이다(고전 15:20-24). 죽은 자가 다시 사는 부활은 사실상 이 땅에서는 불가능한 일이다. 복음서에 나오는 죽은 자들의 이야기들은 부활이 아니라 소생(蘇生)에 관한 것이다. 왜냐하면 그들 역시 마침내는 다시 죽었을 것이기 때문이다. 진정한 부활이란 죽었다가 살아나 다시는 죽지 않고 영원히 사는 것을 말한다. 이런 의미에서 부활이란 내세(來世)적 사건이다. 그런데 그 부활이 현세에서 발생하였다는 것은 곧 이미 내세가 시작되었음을 가리키는 것이고, 이는 하나님의 나라가 이미 이 땅에 임하였다는 유력한 증거가 되는 것이다.[19] 아울러 그리스도의 부활이 부활의 첫 열매($ἀπαρχή$)라면, 열매는 곧 추수(秋收)의 시작을 의미하는 것이며, 이는 또한 추수가 의미하는바 하나님의 나라의 도래를 가리키는 것으로 이해할 수 있을 것이다.[20] 이런 견지에 볼 때, 그리스도의 부활은 곧 천국이 임하였다는 훌륭한 증거가 되는 것이다.

셋째로, 성령의 강림이다(행 2:1-4, 17-21). 사도행전에서 베드로는 오순절 날의 성령 강림에 대하여 요엘서의 예언(욜 2:28-32)이 성취된 것으로 선포하였다(행 2:16). 즉 선지자 요엘이 말세의 표징으로 예언한 그 성령이 임하였다는 것(행 2:1-4)은 곧 말세가 시작되었음을 이르는 것이고, 그것은 곧 하나님의 나라의 시작을 알리는 선언으로 볼 수 있을 것이다.[21] 이런 맥락에서 사도 바울은 성령의 임함을 '보증'($ἀρ$

---

18) 알렌 버히, 『신약성경 윤리』, 김경진 역(서울: 솔로몬, 1999), 186.
19) 래드는 이 특징을 다음과 같이 표현하고 있다: "Christ's resurrection is not an isolated event; it is in fact an eschatological occurrence which has been transplated into the midst of history ⋯ Heaven has already begun in that the resurrection has already begun to take place" (*The Gospel of the Kingdom*, 44).
20) H. Ridderbos, *Paul; An Outline of His Theology* (Grand Rapids: Eerdmans, 1977), 538.
21) 김경진, 『성서주석 사도행전』(창립 100주년 기념주석 36; 서울: 대한기독교서회, 1999), 84-85. 이런 맥락에서 마샬은 성령의 임함으로 하나님의 구원의 마지막 행동이 시작되었다고 말한다(I. H. Marshall, *Acts* [Tyndale New Testament Commentaries; Leicester: IVP, 1986], 73.

ραβών)이라는 독특한 단어를 사용하여 설명하고 있는데(고후 1:22; 5:5; 엡 1:14), 이 말은 법적이면서 상업적인 용어로서 보증금, 계약금, 1회 납입금, 저당물 등을 가리킨다.22) 그렇다면 성령은 본래 미래에 속한 분인데, 이를 현재 소유한다는 것은 미래에 참여함을 의미하는 것으로 이해될 수 있는 것이다. 즉 성령은 하나님의 나라가 이 땅에 임한 보증금 조(條)로 주어진 것으로 볼 수 있는 것이다.23) 이처럼 내세의 영이자 말세의 영인 성령이 미리 주어진 것은 곧 하나님의 나라가 이 땅에 임하였다는 확실한 증거인 것이다.24)

여기에 덧붙여, 천국의 현재성을 말할 때 생략할 수 없는 구절이 바로 누가복음에만 나오는 17장 20-21절이다: "… 하나님의 나라는 볼 수 있게 임하는 것이 아니요, 또 여기 있다 저기 있다고도 못하리니 하나님의 나라는 너희 안에 있느니라." 여기서 '너희 안에'란 말은 ἐντὸς ὑμῶν인데, 영어로는 among, inside, within, in the midst of 등 다양한 해석이 제기되었다.25) 이 구절에서 유추될 수 있는 것은 나라, 왕국을 가리키는 단어인 βασιλεία가 장소적 개념만이 아니라 주권, 통치, 지배를 가리키는 개념을 또한 함축한다는 사실이다. 그렇다면 하나님의 나라가 너희 안에 있다는 것은 하나님의 통치가 실현되거나, 이루어지는 곳이

---

22) Horst Balz & Gerhard Schneider (ed.), *Exegetical Dictionary of the New Testament*, Vol. I (Grand Rapids: Eerdmans, 1990), 158; G. E. Ladd, *A Theology of the New Testament* (Grand Rapids: Eerdmans, 1977), 371, 476, 488.
23) 래드는 성령을 두 부분으로 나눠지는 종말론적 선물로 간주하면서, 그 중 첫 번째는 현재의 경험이지만 완전한 두 번째는 미래의 종말론적인 실현의 대상으로 남아있다고 주장한다(*A Theology of the New Testament*, 371). Cf. Geerhardus Vos, *The Pauline Eschatology* (Grand Rapids: Baker, 1982), 165: "The spirit's proper sphere is the future aeon; from thence He projects Himself into the present, and becomes a prophecy of Himself in his eschatological operations". Cf. 김경진, 『사도행전』, 84.
24) Ridderbos, *Paul*, 215-6.
25) Evans, *Saint Luke*, 628-630. 에반스는 이 구절을 누가가 파루시아의 연기로 인해 갈등하고 있는 공동체를 위하여, 하나님 나라의 미래적 측면을 약화시키기 위한 노력의 일환으로 보고 있다(630). Cf. J. Nolland, *Luke 9:21-18:34* (WBC 35B; Dallas: Word Books, 1993), 849-854.

곧 하나님의 나라임을 말하는 것이다.[26] 같은 맥락에서 함께 고려해야 볼 필요가 있는 구절은 마가복음 10장 15절이다: "… 누구든지 하나님의 나라를 어린아이와 같이 받들지 않는 자는 결단코 들어가지 못하리라." (… ὃς ἂν μὴ δέξηται τὴν βασιλείαν τοῦ θεοῦ ὡς παιδίον, οὐ μὴ εἰσέλθῃ εἰς αὐτήν)[27] 이 구절은 '들어간다'(εἰσέρχομαι)라는 장소적 개념을 사용하면서도 정작 하나님의 나라는 영접되어야 할 것(δέχομαι)으로 소개하고 있다.[28] 따라서, 여기서 주님은 자신 안에서 미래의 왕국이 이미 실현되고 있음을 말씀하고 있는 것이다.[29] 그러므로 basilei,a의 이런 비장소적 개념은 천국의 현재성을 시사하는 유력한 증거로 간주되는 것이다.

III

사실상 하나님의 나라는 그 속성상 본질적으로 미래적일 수밖에 없다. 따라서 위의 논의의 결과로 하나님의 나라의 현재성이 분명한 것은 사실이지만, 그러나 미래성은 오히려 당연한 것으로써 인정되어야 할 것이다.

천국의 미래적 측면에 대한 가장 훌륭한 증거본문으로써 우리는 공관복음 모두에 기록되어 있는 「부자관원(청년) 이야기」를 들 수 있을 것이다 (막 10:17-31/마 19:16-30/눅 18:18-30). 여기서 공통적으로 나오는 어휘

---

26) Matera, *New Testament Ethics*, 38; see Ladd, *The Gospel of the Kingdom*, 17-23.
27) 이 구절과 하나님 나라의 윤리와의 관계에 대하여는, Bruce Chilton & J.I.H. McDonald, *Jesus and the Ethics of the Kingdom* (London: SPCK, 1987), 85ff.를 참조할 것.
28) 사실 이런 까닭에 우리말 번역, '받들다'는 적절하지 못하게 보인다. 원문의 의미는 '하나님의 나라를 영접하지 않는 자'이기 때문이다. Cf. Ladd, *The Gospel of the Kingdom*, 18.
29) E. Schweizer, *The Good News according to Mark* (Atlanta: John Knox, 1970), 207.

들, 하나님의 나라, 천국, 영생, 구원 등은 사실 모두 함께 사용될 수 있는 용어(interchangeable terms)로써, 미래에 얻어질 동일한 복을 가리키는 것으로 이해할 수 있는 것이다.30) 아울러 일반적으로 천국에 들어간다고 말할 때 그것은 이생을 가리키는 것이 아니라 오는 세상을 가리키는 것이고(막 10:30), 그것은 당연히 미래일 수밖에 없는 것이다. 또한 천국에 들어간다고 하면, 그것은 구원의 완성을 가리키는 것인데, 이것은 현세에서는 불가능한 것이다.31) 그 이유는 구원의 완성은 영화(榮化)로써, 이는 오직 저 천국에서만 가능한 일이기 때문이다(빌 3:21).32) 그러므로 천국은 그 속성상 미래적임은 당연한 것이며, 모든 성도는 천국에 들어가는 그 날을 기다리고 있는 것이다.

이상에서 우리는 하나님 나라의 현재성과 미래성의 근거와 그 특성을 살펴보았다. 그러면 과연 현재의 천국과 미래의 천국은 어떻게 같고 어떻게 다른 것일까? 여기서 먼저 기억해야 할 것은 현재적 천국이 미래적 천국과 비교될 때, 봐이스(J. Weiss)의 주장처럼 '예비적 단계'(preliminary stage)는 결코 아니지만, 그렇다고 내용적으로 똑같은 위치에서 있다고는 말할 수 없을 것이다. 즉 현재적 천국은 예수 그리스도와 함께 지상에 시작되기는 하였지만, 그것이 천국의 전부는 결코 아닌 것이다. 그러나 그 권능(權能)과 효력(效力) 면에서는 조금의 차이가 없다고 생각한다. 귀신 추방(追放), 병자(죽은 자 포함) 치유, 자연의 순종, 부활 등은 분명 천국적 개념 바로 그것이다. 이 지상에서는 전혀 기대할 수 없는 천상(天上)의 사건들인 것이다. 그러면 내용적 차이란

---

30) Ladd, *The Gospel of the Kingdom*, 32-33. 또 한 예로 산상설교 중 "나더러 주여 주여 하는 자마다 다 천국에 들어갈 것이 아니요 다만 하늘에 계신 내 아버지의 뜻대로 행하는 자라야 들어가리라"(마 7:21)에서 '들어가리라'(εἰσελεύσεται)는 분명 미래형으로 되어있다. 기타 참고 구절들: 고전 15:50, 마 13:39, 43, 49, 50.
31) 구원과 하나님 나라와의 관계성에 대하여는 아래에서 좀더 자세하게 논의될 것이다.
32) Cf. Ridderbos, *Paul*, 230; Vos, *Eschatology*, 199-200.

무엇을 뜻하는가? 그것은 한 마디로, 여전히 이 땅에 마귀들이 활동하고 있고, 또한 질병과 죽음의 문제가 여전히 우리 가운데 남아있으며, 의인과 악인이 섞여 있다는 사실에서 비롯되는 차이이다.33)

이상의 논의의 결과에 따르면, 한 마디로, 천국은 이미 왔고 그러나 또 오고 있는 것이다. 사실 천국은 시간적으로 미래인데, 그 미래가 이미 현재, 즉 역사 가운데 들어온 것이다.34) 그리하여 우리는 이것을 흔히 '종말론적 긴장'이라고 표현하여 부른다. 아직 끝이 완전히 오지 않았는데, 그 끝은 이미 시작되었다는 뜻이다. 천국이 이 세상에 시간적으로 현재 이미 시작되었지만, 또 마지막 완성을 목표로 나아가고 있는 중간기적 시대를 우리는 또한 흔히 '교회시대'라고 부른다. 따라서 이러한 과도기적 교회시대를 사는 모든 그리스도인들은 어쩔 수 없이 종말론적 긴장을 짊어지고 살아가는 것이다. 그러면, 과연 이러한 종말론적 긴장의 시대를 사는 그리스도인들의 삶의 문제, 즉 윤리는 어떠해야 하는 것일까?

IV

미래적 사건으로서의 천국이 현재에 임했다고 하는 것은 사실 예수님의 사상과 당대의 유대인들의 사상 간의 차이를 분명하게 나타내 주는 것이다. 전혀 기대할 수 없는 뜻밖의 사건인 것이다. 그래서 주님께서도 이를 "천국의 신비(τὸ μυστήριον)"라 부르셨던 것이다(막 4:11). 즉 미래가 현재 속으로 들어온 것이다.35) 그렇다면 비록 신자들은 현재를

---

33) Ladd, *The Gospel of the Kingdom*, 34-35.
34) "Thus the other world, hitherto future, has become present" (Vos, *Eschatology*, 38). Cf. R. A. Guellich, *Mark 1-8:26* (WBC 34A; Dallas: Word Books, 1989), 44; Ladd, *Crucial Questions*, 35-36.

살고 있다 하더라도 천국의 백성으로서 미래를 살고 있는 셈이 된다.36) 여기서 미래란 물론 완성된 천국을 가리킨다. 그렇다면 여기서 우리는 미래의 천국과 현재의 천국 사이의 연속성 문제를 고려해 보아야 할 것이다. 그 이유는 천국의 양면성에서 비롯된 종말론적 긴장의 시대 속에서의 그리스도인의 삶의 문제는 우선 미래적 천국과 현재적 천국 사이의 연속성에서 시작되어야 할 것이기 때문이다. 현재적 천국과 미래적 천국은 결코 단절이나 분리가 아님은 명확하다. 양 천국은 하나의 실체(實體)로서의 연속성을 지니며, 따라서 같은 속성(屬性)을 공유한다. 현재적 천국의 공간적 제약이 질적(質的)인 차이를 야기할 수는 없는 것이다. 그리하여 공간적 제약에 관계없이 하나의 실체로서의 연속성에 따라 양 천국은 똑같은 규범 및 윤리를 요구하는 것이다. 왜냐하면 시간적인 차이가 있다 할지라도, 천국은 여전히 천국이지 다른 것으로 바꾸어지거나 대체될 수는 없기 때문이다.

본질상 미래의 사람이기는 하지만 실제상 현재의 사람으로서 갖는 딜레마, 갈등이 문제이다. 이 문제는 구원의 현재적 성격과 무관할 수 없는 것으로, 이 세상에서 우리의 구원이 완성될 수 없음과 같이, 이 세상에서 비록 우리가 본질상 천국의 시민이라 할지라도, 그에 합당하게 사는 것은 또한 별개의 문제인 것이다. 그러나 그렇다고 하여 우리의 천국 시민적 의무가 방기(放棄)되어서는 안 될 것이다.37) 이 딜레마를 해결할 수 있는 매우 유익한 단서를 우리는 사도 바울의 사상에서

---

35) Guellich, *Mark 1-8:26*, 206; cf. J. Jeremias, *The Parables of Jesus*(London: SCM, 1963), 146-153.
36) 이런 의미를 래드는 막 4:11을 근거로 잘 표현하고 있다: "The mystery of the Kingdom is the coming of the Kingdom into history in advance of its apocalyptic manifestation. It is, in short, 'fulfillment without consummation.' This is the single truth illustrated by the several parables of Mark 4 and Matthew 13." (Ladd, *A Theology*, 93)
37) Vos, *Eschatology*, 39.

빌려올 수 있을 것이다. 그것은 곧 하나님의 자녀로서의 '신분(身分)의 변화' 개념이다. 미래적 사건인 천국이 현재 속에 실현됨으로써, 현재적 천국은 우리에게 신분의 변화를 가져다주었던 것이다. 즉 마귀의 종으로부터 하나님의 종, 하나님의 자녀, 천국의 백성이 된 것이다.

V

신분의 변화를 설명하기 위해서는 그 이전의 상태에 대한 이해가 필요할 것이다. 우리가 구원받았다고 하는 것은 달리 「관계회복」(restoration of relationship)이란 말로 표현할 수 있을 것이다. 주지(周知)하는 바와 같이, 우리 인간은 본래 죄 없이 창조되었으나, 본능적 유혹에 빠져 죄를 범하게 됨으로 말미암아 하나님과의 정상적 관계가 깨어짐으로써 에덴동산에서 쫓겨나고 말았다. 하나님과의 관계의 단절로 인하여 사람은 하나님과 원수가 되어 살게 되었는데, 하나님께서 몸소 자신의 독생자를 사람을 위해 내어주심으로써 비정상적 관계를 정상화, 즉 화해시키고자 하였다(롬 5:8-11; 고후 5:18-21).[38] 그리하여 그 아들을 믿는 자마다 이제는 비정상적 관계에서 벗어나 정상적 관계로 들어오게 됨으로써 타락 이전의 관계를 회복하게 되는 것이다. 즉 창조 질서의 회복, 창조 질서로의 복귀(復歸)인 것이다.

창조 질서의 회복이 의미하는 것은 이제 우리 인생이 하나님의 자녀가 된다는 것이다. 이것은 엄청난 신분의 변화를 의미한다. 이제까지 사단의 굴레와 속박에 얽매여 살던 사단(지옥)의 백성이 이제는 변하여 하나님의 가문의 일원(一員)이 됨으로써 하나님의 권속(眷屬)이 된 것이다. 이런 사실을 베드로는 이처럼 표현하고 있다; "오직 너희는 택하신 족속이요

---

38) Cf. V. P. 퍼니쉬, 『바울의 신학과 윤리』, 김용옥 역(서울: 대한기독교서회, 1991), 158-9.

왕 같은 제사장들이요 거룩한 나라요 그의 소유가 된 백성이니 이는 너희를 어두운 데서 불러 내어 그의 기이한 빛에 들어가게 하신 이의 아름다운 덕(德)을 선포(宣布)하게 하려 하심이라. 너희가 전에는 백성이 아니더니 이제는 하나님의 백성이요 전에는 긍휼을 얻지 못하였더니 이제는 긍휼을 얻은 자니라."(벧전 2:9-10). 한 마디로 쉽게 표현하자면 우리는 문자 그대로 왕족(royal family)이 된 것이다. 이것은 도저히 상상할 수도 없는 엄청난 신분 상승(上昇)이며, 세상의 그 어떤 출세(出世)보다 더 큰 출세인 것이다. 참으로 이런 분수(分手)에 넘치는 축복을 우리 모두는 받게 된 것이다.

하나님의 자녀로서의 신분상의 변화는 그 성격상 본질적인 것으로, 이제 우리의 행동과 사고에 또한 근본적인 변화를 요구하는 것이다. 여기에서 우리는 천국 윤리의 극단성(極端性)을 이해할 수 있을 것이다. 왜냐하면 이 변화는 마귀의 종의 신분에서 하나님의 자녀가 되는 극단적인 변화이기 때문이다. 그리하여 이런 맥락에서, 달라진 신분의 변화는 행실의 변화를 요구한다. 이를 달리 표현하면, 바뀐 신분은 역(逆)으로 우리의 행실을 바꿔놓아야 한다는 말이다. 과연 이 말을 우리는 어떻게 이해할 수 있을까? 바뀐 신분에 대한 확실하고도 분명한 깨달음은 단지 머리 속에서만 머무를 수 없는 것이다. 그 깨달음이 확실하다면 그것은 결국 행동으로 나타나게 될 것이고 또한 나타나야만 할 것이다.

변화된 신분에 대한 깨달음과 그에 합당한 삶의 모습을 바울은 「명령법」(imperative)과 「직설법」(indicative)이란 방식을 통하여 선포하고 있다.[39] 이것은 바울의 윤리 및 신학의 기본이 되는 매우 중요한 신학적 개념이다. 이에 대한 좋은 예를 우리는 고린도전서 5장 7절에서 발견한다;

---

39) Wolfgang Schrage, *The Ethics of the New Testament* (Edinburgh: T & T Clark, 1988), 167-172; Ridderbos, *Paul*, 253-258; 퍼니쉬,『바울의 신학과 윤리』, 247ff.; 버히,『신약성경 윤리』, 220-224.

"너희는 누룩 없는 자인데 새 덩어리가 되기 위하여 묵은 누룩을 내버리라. 우리의 유월절 양 곧 그리스도께서 희생되셨느니라."(ἐκκαθάρατε τὴν παλαιὰν ζύμην, ἵνα ἦτε νέον φύραμα, καθὼς ἐστε ἄζυμοι· καὶ γὰρ τὸ πάσχα ἡμῶν ἐτύθη Χριστός) 바울은 여기서 우리 성도가 이미 누룩 없는 자가 되었다고 말하면서 동시에 또한 묵은 누룩을 내어버리라고 요구하고 있다. 언필칭(言必稱) 모순 된 표현인 것이다. 이미 누룩 없는 자인데 어떻게 묵은 누룩을 내어버릴 수가 있단 말인가? 여기서 "누룩 없는 자"(ἄζυμοι)라는 표현은 믿음으로 거듭나 변화된, 하나님의 자녀로서의 우리의 새로워진 신분을 가리키는 직설법적 표현이다. 이 새로운 신분은 인간인 우리의 노력이나 힘으로 되어지는 것이 아니라 전적으로 하나님의 우리에게 향하신 일방적인 은혜요 선물이다(gift). 반면 "묵은 누룩을 내버리라"(ἐκκαθάρατε τὴν παλαιὰν ζύμην)는 명령법적 표현으로, 바로 이렇게 새로워진 신분에 합당하게 살라는 하나님의 요구(demand)인 것이다.40) 선물을 받는 자는 그에 대하여 반응 또는 응답이 있기 마련이다. 이런 맥락에서 바울은 새로운 신분이란 선물을 받은 자들이 그에 대하여 합당한 응답이 있어야 하는데, 그것이 바로 신분에 걸맞는 행실의 변화라는 것이다. 이것은 예수님의 취임 설교에서도 잘 드러난다: "회개하라, 천국이 가까이 왔느니라" (마 4:17). 즉 도래한 천국을 영접하기 위해 필요한 응답이 바로 회개인 것이다. 회개란 곧 행실의 변화이다. 따라서 새 신분을 얻은 성도의 삶은 근본적으로 "응답의 윤리"가 되어야 할 것이다.41) 그러나 이 하나님의 명령을 이행함으로써 우리의 신분이 바뀌는 것은 아니다. 하나님의 요구의 이행은 하나님의 자녀로서의 합당한 삶의 실천일 뿐이며, 그로 인해

---

40) V. P. Furnish, *Theology and Ethics in Paul* (Nashville: Abingdon, 1968), 109; cf. 버히, 『신약성경 윤리』, 220-221.
41) 버히, 『신약성경 윤리』, 46.

우리의 신분이나 자격이 변화될 수 없고, 또 변화되어서도 안 되는 것이다.42) 그러나 "(이러므로) 그의 열매로 그들을 알리라"(ἄρα γε ἀπὸ τῶν καρπῶν αὐτῶν ἐπιγνώσεσθε αὐτούς; 마 7:20)는 주님의 말씀을 참작할 때, 신분에 합당치 못한 삶은 결국 변화된 신분을 증명하지 못하는 것이고, 그것은 결국 아직 그 신분이 변화되지 못했음을 가리키는 것으로 충분히 이해될 수 있을 것이다. 그리하여 사도 야고보는 "영혼 없는 몸이 죽은 것 같이 행함이 없는 믿음은 죽은 것이니라."(약 2:26)고 주장했던 것이다. 증명되지 않는 신분은 원천적으로 무효(無效)라고 선언하는 것이다.43)

바울의 윤리신학의 핵심인 직설법과 명령법은 또한 구원의 문제, 즉 구속의 진리와 연계하여 이해될 수 있을 것이다. 믿을 때는 우리는 구원을 받지만, 그러나 그 구원은 아직 성취된 것은 아니다. 지상에서 구원은 결코 완성될 수 있는 것은 아니며, 단지 완전하게 결정(決定)될 수는 있는 것이다. 즉 예수 그리스도께 대한 믿음을 통하여 우리는 우리의 구원을 확신할 수는 있지만, 그것으로 구원이 전부 완성된 것은 아니다. 우리가 아는 대로 구원의 개념에는 소위 구원의 서정(ordo salutis44))이 있는데, 이에 의하면 구원은 일반적으로 부르심, 중생, 회심, 신앙, 칭의, 성화, 성도의 견인, 그리고 영화로 이루어진다. 따라서 구원은 현재적으로 결정될 수는 있지만 완성되는 것은 아니며, 그 결정적인 완성은 내세에서, 미래적 천국에서 이루어지는 것이다. 이렇게 볼 때, 천국의 양면성은 구원의 양면성 개념과 서로 연결되며, 조화를 이루는

---

42) Ridderbos, *Paul*, 254-5. Cf. 롬 6:12 이하, 12:1; 골 3:5 등등.
43) 쉬나켄부르그는 다음 진술을 바울의 기본 사상으로 간주하며 구원과 행위의 관계를 설명한다: "God's freely given saving gifts impose the obligation on man to fulfil what he owes to God"(R. Schnackenburg, *The Moral Teaching of the New Testament* [London: Burns & Oates, 1982], 272).
44) L. Berkof, *Systematic Theology* (Grand Rapids: Eerdmans, 1977), 415-22.

것을 발견하게 된다.

여기서 성화(聖化)란 도덕적 개념이기 이전에 구속적 개념으로써, 성령을 통하여 이미 주어진 하나님과의 특별한 관계로 인해 이뤄지는 것이다.[45] 그리하여 바울은 그리스도인을 성도라고 부르는 것이고, 이는 그들이 주님을 믿을 때 이미 그리스도 안에서 성령으로 말미암아 거룩하여졌음을 뜻하는 것이다(롬 15:16).[46] 그렇다면 하나님께 속한 그리스도인은 성도(οἱ ἅγιοι, οἱ ἁγιασμένοι)로서 믿음으로 이미 성화되었으므로, 지금 여기서 성화를 경험하도록 요청을 받는 것이다.[47] 성화는 과거의 실제적 사건(직설법)이므로, 따라서 지금 여기서 경험되어져야 하는 것이다(명령법). 그러므로 여기에는 직설법과 명령법의 긴장이 내재되어 있다. 성도는 이미 하나님의 나라의 시민으로서 거룩하여졌기 때문에, 이 땅에서 하나님의 백성으로서 거룩하게 살아가야만 하는 것이다.[48] 그리하여 성취된 성화 개념은 곧 성도의 윤리적 행실의 중요한 동기가 되는 것이다.[49]

VI

이런 견지에서 볼 때, 성도(聖徒)란 신분상 근본적으로 이미 거룩한 무리이지만, 동시에 그 달라진 신분으로 인하여 계속하여 거룩하여야 되는, 그럼으로써 점점 더 거룩하여야 되는 그런 존재이다. 앞서 우리는

---

[45] G. B. Stevens, *The Theology of the New Testament* (Edinburgh: T & T Clark, 1911), 437.
[46] Ladd, *A Theology*, 544.
[47] 칭의는 구원의 시작이고 성화는 그리스도인의 삶의 계속적 모습이라고 말하는 것은 온당치 않다. 이 둘은 서로 유기적으로 연관되어 있는 것이다(Stevens, *The Theology*, 437).
[48] Cf. Ridderbos, *Paul*, 258-265. 리델보스는 성화를 새 생명을 가진 성도의 새로운 순종의 표현으로 이해하고 있다.
[49] Ladd, *A Theology*, 520-1.

성화는 곧 변화라고 지적하였다. 그러면 성도로서 과연 우리는 무엇이 어떻게 달라지고 변화되어야 하는가? 한 마디로, "가치관과 세계관의 변화"라고 말할 수 있겠다. 신분이 달라졌음으로 말미암아 세상과 사람을 바라보는 안목과 시각이 근본적으로 바뀌는 것이다. 이런 변화를 바울 사도는 이렇게 표현하고 있다; "그러므로 우리가 이제부터는 어떤 사람도 육신을 따라 알지 아니하노라 비록 우리가 그리스도도 육신을 따라(κατὰ σάρκα) 알았으나 이제부터는 그같이 알지 아니하노라. 그런즉 누구든지 그리스도 안에 있으면 새로운 피조물(καινὴ κτίσις)이라 이전 것은 지나갔으니 보라 새 것이 되었도다."(고후 5:16-17)[50] 여기서 "육신을 따라(κατὰ σάρκα)"란 구절을 NIV에서는 「a worldly point of view」라고 번역하고 있는데, 매우 적절하다고 보인다. 달리 말하면 이는 구원받기 이전의 세속적이고 인간적이며 죄악적인 안목(眼目)을 가리키는데, 이제는 변하여 이런 세속적 안목을 포기하고 전혀 새로운 안목을 가졌다는 것이다. 그 새로운 안목은 κατὰ πνεῦμα, 즉 성령대로, 성령을 따라 바라보는 안목인 것이다. 이러한 새로운 안목을 우리는 또한 「종말론적인 안목」이라고 부르기도 한다.[51] 왜냐하면 우리가 하나님의 백성이 되었다는 것은 우리가 하나님의 나라에 들어갔음을 뜻하는 것인데, 이 세상에서 살고 있으면서 천국에 들어간다고 하는 개념이 바로 종말론적이기 때문이다.[52] 종말론이란, 앞서 이미 지적되었듯이, 이미 현재 이 땅

---

50) 이 구절을 직설법과 명령법을 연계하여 풀이한 설명을 위하여는, Jack T. Sanders, *Ethics in the New Testament* (London: SCM, 1986), 54ff.를 참조하라. 한편, 로제는 이를 칭의와 새 생명이란 개념을 풀이하고 있다(Lohse, *Theological Ethics*, 105ff.).
51) "바울에게 있어서 종말론은 여러 주제들 가운데의 한 주제가 아니라 모든 것이 그 안에서 조명되어지는 기본적인 시각을 제공해 준다."(퍼쉬, 『바울의 신학과 윤리』, 237; cf. "Paul is referring to a transformation in his own outlook on all the relationships of life" (Ladd, *A Theology*, 468; 버히, 『신약성경 윤리』, 226-7.
52) 바클레이는 이 구절의 κατὰ σάρκα와 κατὰ πνεῦμα를 직설법과 명령법에 연계하여 종말론적 관점에서 잘 설명하고 있다(John M. G. Barclay, *Obeying the Truth* [Edinburgh: T & T Clark, 1988], 212-215). Cf. Matera, *New Testament Ethics*, 170-173. 한편, 헤이스는

위에 미래에 속하는 하나님의 나라가 예수 그리스도의 강림으로 말미암아 이미 시작되었다는 사상(思想)을 기본으로 하고 있다. 즉 세상의 마지막 때에 되어질 일들이 이미 현재 가운데 들어와 있다는 것이다. 따라서 누구든지 그리스도의 통치 아래 있어 그의 주권의 지배를 받는 사람은, 비록 몸은 이 땅 위에 있을지라도, 원리적으로 그리고 실효적(實效的)으로 그는 이미 천국에 들어가 천국을 살고 있는 것이다.

이러한 성도의 종말론적인 삶의 특징을 바울 사도는 고린도전서 7장 29절-31절에서 적절하게 표현하고 있는데, 그 핵심은 「ὡς μή 원리」(like not principle)이다. 즉 「없는 자 같이」 사는 삶의 원리인 것이다. 이미 종말이 도래하였으므로, 이미 천국이 시작되었으므로, 이 지상에서 영원히 살 사람처럼 살지 말고 이 세상의 형적이 지나감으로 있어도 없는 것, 갖고 있어도 없는 것처럼 살라는 말이다.53) 이러한 종말론적 안목에 입각한 가치관과 세계관의 변화가 미래적 천국을 바라보고 현재적 천국을 살고 있는 오늘날 그리스도인들의 삶의 바른 태도이자 모습이어야 할 것이다.

이 구절의 '새로운 피조물'을 근거로 하여, 구속의 '이미'와 '아직'이 변증법적 긴장 속에서 공존(共存)하는 이상한 시대(an anomalous interval)가 바로 현재라고 풀이하면서, 아울러 교회는 바로 이런 교차점에 위치해 있다고 말한다(Richard B. Hays, *The Moral Vision of the New Testament* [San Francisco: HarperColins, 1996], 20-21).

53) 리델보스는 종말을 기독론적 특성을 지닌 것으로 이해한 후, 이러한 성도의 삶의 원리를 구원의 통일성과 연계하여 잘 설명하였다; "…for Paul "eschatology" bears a christological character, that is to say, is determined not only by the consciousness of the speedy end of this world, but by the unity of the salvation that is expected and which has already appeared in Christ" (*Paul*, 313). 한편, 래드는 이 구절에서 바울이 진정한 삶의 근원은 저 높은 곳으로부터 유래됨을 주장한다고 간파하고 있다(*A Theology*, 399). Cf. 버히, 『신약성경 윤리』, 248.

VII

하나님의 나라는 예수 그리스도의 강림과 함께 시작되었다가 그 죽음과 부활과 더불어 완전하게 시작되었다고 말할 수 있을 것이다. 그러나 우리는 또한 여전히 그 나라의 마지막 완성을 기대하며 이 땅에 발붙인 채 살고 있다. 이런 과도기적 상황에 처한 성도의 삶의 문제, 즉 종말론적 윤리는 미래적 천국이 부여하는 변화된 신분에 의거하여, 현재 우리 가운데 임한 하나님의 나라의 근본적/종말론적 안목으로 우리의 사고와 삶을 규정하고 형성해야할 것이다. 다시 말하면, 우리가 살고 있는 이 땅에 이미 하나님의 나라가 임하였고, 우리가 그 속에 살고 있다고 한다면, 마땅히 우리의 사고(思考)와 삶의 모습은 그에 합당하게 달라져야만 할 것이다. 바울은 이런 삶의 특징을 이렇게 표현하고 있다; "오직 너희는 그리스도의 복음에 합당하게 생활하라"(Μόνον ἀξίως τοῦ εὐαγγελίου τοῦ Χριστοῦ πολιτεύεσθε; 빌 1:27a). 여기서 '생활하라'의 헬라어는 πολιτεύεσθε인데, 이는 πολιτεύω의 현재 명령법으로서, 그 의미는 시민(πολίτης)으로서의 삶을 가리킨다. 즉 천국의 시민으로서 천국의 헌장인 그리스도의 복음에 적합하게 살아가라는 뜻인 것이다.[54]

---

54) 이런 맥락에서 버히는 그의 저서 『신약성경 윤리』를 매듭지으면서, 마지막으로 이 구절을 결론으로 소개하고 있는데, 이는 이 구절이 종말론적 시대를 사는 성도의 윤리적 의무를 잘 표현하고 있기 때문으로 이해된다(『신약성경 윤리』, 407).

누가신학의 재물관[1]
청지기도와 구제

들어가면서

오늘 한국 사회는, 매스 미디어에서 연일 부르짖듯이, 6.25 동란 이후 최대의 국가적 위기에 직면하여 있다. 6.25 동란 당시에 우리 조상들은 보이는 적과 싸웠지만 지금 우리는 보이지 않는 적과 싸우고 있다. 그 때 우리 조상들은 총과 칼에 맞아 죽어갔지만 지금 우리는 돈 때문에 죽어가고 있다. 오늘날 신문과 방송 보도에서는 날마다 접하게 되어 이제 너무 익숙한 나머지 조금은 무감각해져 버린 단어들이 있다; 부도, 파산, 실직, 해고, 조기 (명예) 퇴직, 부랑자, 목매어 자살, 투신 자살, 가정 파탄, 등등. 일 년 전만 하더라도, 모두 낯설고 생소하여 약간은 무섭기까지 한 낱말들이지만, 하루에 수 천명씩의 실업자가 발생하고 있는 요즘에는 오히려 아무렇지도 않은 단어들이 되어 버렸다. 그만큼 우리네 현실은 무섭게 변하고만 것이다.

이러한 국가의 경제적 위기 현실에 직면하여 세상의 빛과 소금으로 부름 받은 그리스도인들로서 우리가 어떻게 물질 생활을 영위하여야

---

[1] 이 논문은 「신약논단」 4(1998); 98-117에 게재되었다.

바람직한 것인지를 함께 생각하는 것이 오늘 한국 땅에 발붙이고 사는 우리 모두의 과제일 것이다. 그리하여 오늘 저는 제 전공 분야인 누가-행전을 중심으로 하여, 청지기도와 구제 모티프에 초점을 맞추어 누가신학의 재물관에 대하여 생각해 보고자 한다.

신약 성경에서 재물 문제를 '진지하게' 다루고 있는 책은 누가복음-사도행전, 간단히 줄여서 누가-행전과 야고보서이다. 누가의 저작(著作)과 야고보서는 가난한 자들을 옹호하며 부자들을 비난하고 있다는 점에서 공통점이 있다. 이들 세 권의 책 외에 신약의 다른 부분에서 재물 또는 재물과 관련된 빈부(貧富) 문제를 진지하게 그리고 일관성 있게 다루고 있는 곳은 거의 없다. 설령 있다 할지라도 주제(主題)로서 다뤄지기보다는 부차적으로 약간 언급되고 있을 뿐이다(cf. 고전 11.22).[2]

재물과 제자도

그러면 이 논문의 main text인 누가-행전을 본격적으로 다루기 전에, 특별히 공관복음서에 공통적으로 등장하고 있는 재물관련 기사 하나를 먼저 고찰하고자 한다. 그것은 바로 「부자 청년의 기사(記事)」이다(막

---

[2] 바울서신에는 의외로 재물 및 빈부 문제에 대한 언급이 복음서에서 발견되는 것보다 훨씬 적게 나온다. 참고, 알렌 버히(김경진 역), 『신약성경 윤리』 (서울: 솔로몬, 1997), 250-1. 이것은 아마도 바울 공동체, 즉 바울이 직접 개척하여 세웠거나 바울이 서신을 보냈던 교회들의 사회적 상황과 연관이 될 것이다. 고린도교회를 비롯하여 이들 바울 공동체를 사회적, 사회학적으로 분석한 타이센과 믹스의 주장에 따르면, 바울 공동체는, 우리가 일반적으로 아는 바와 같이 가난한 농민이나 노동자들로 구성된 가난한 공동체라기보다는 오히려 주로 기술자나 상인 등의 중간 계층이 중심이 된 공동체라고 말한다; W.A. Meeks, *The First Urban Christians* (New Haven: Yale University Press, 1983), 51-53; G. Theissen, *The Social Setting of Pauline Christianity* (Edinburgh: T & T Clark, 1982), 70-73; Kyoung-Jin Kim, *Stewardship and Almsgiving in Luke's Theology* (JSNTSup 155; Sheffield: Sheffield Academic Press, 1998), 45-46. Cf. J.M.G. Barclay, "Thessalonica and Corinth: Social Contrasts in Pauline Christianity", *JSNT* 47 (1992), 49-74("고린도교회의 사회적 배경 연구", 『목회와 신학』 105 [1998/3], 146-151).

10.17-31 / 마 19.16-29 / 눅 18.18-30). 이 기사가 중요한 이유는 여기에 기록되어있는 재물에 관한 예수님의 말씀이 세 복음서에 공통적으로 모두 나타나고 있기에 그 중요도가 그만큼 높기 때문이다. 여기서 예수님은 영생의 길을 알고자 하는 부자 청년에게 먼저는 성경(舊約)에 나타난 계명을 지킬 것을 말씀했는데, 그 청년은 이를 어려서부터 다 지켰노라고 말했다. 그러자 그를 사랑하시는 마음으로 주님께서는 그에게 부족한 한 가지를 지적하셨는데, 그것은 바로 그가 가진 재물을 다 판 후 그것을 가난한 자들에게 나눠주고 그를 따르라는 것이었다. 여기서 "따르다 또는 좇는다"(ἀκολουθέω)란 말은 당시 고대 문헌 등에서도 확인된 바와 같이 그 자체가 제자 됨을 의미하는 전문적인 용어이다.[3] 결과적으로 여기서 드러나는 사실은, 이 기사를 포함하여, 공관복음에 나타나고 있는 재물관계 자료의 대부분이 사실상 「제자도」(弟子道)와 연결되어 있다는 점이다.[4]

이제 그러면 재물 문제와 함께 제자도를 다루고 있는 복음서 기사 몇 가지를 살펴보고자 한다. 먼저 마가복음 1장 16-20절에서 예수님은 네 명의 첫 번째 제자들, 즉 베드로와 안드레 형제와 야고보와 요한 형제를 부르셨다. 그 때 베드로와 안드레 형제는 1장 18절에 의하면 배와 그물을 포기하고 주님을 따라나섰다. 누가복음 5장 1-11절에서 누가는 동일한 사건을 묘사하면서 11절에서 그들이 모든 것(πάντα)을 버려두고 주님을 따랐다고 기록하였다.[5] 누가복음 5장 27-28절을 보면

---

[3] G. Kittel, "ἀκολουθέω", *TDNT* vol. I, 210-215. 신약에서 이 단어는 모두 90회 등장하는데, 오직 11회만 복음서 밖에서 사용되고 있다. 복음서에서 이 단어는 예수님을 따르는 제자도의 전문적 용어로서 사용되고 있는 것이다; H. Balz & G. Schneider(eds.), "ἀκολουθέω, *EDNT*, vol. 1, 49-52.

[4] W.E. Pilgrim, *Good News to the Poor: Wealth and Poverty in Luke-Acts* (Minneapolis: Augsburg Publishing House, 1981), 146-7. Cf. L. Schottroff & W. Stegemann, *Jesus and the Hope of the Poor* (New York: Orbis Book, 1986), 80-86.

[5] 마가와 마태복음에서는 최초의 네 제자, 즉 베드로, 안드레, 야고보와 요한을 부르시는

레위, 즉 세리 마태를 부르신 장면이 기록되어 있다. 예수님이 부르시자 레위 역시 최초의 네 제자들처럼 모든 것을 포기하고 주님을 좇았다. 이와 같은 맥락에서 우리는 마가복음 10장 28절에서 베드로가 "보소서, 우리가 모든 것을 버리고 주를 따랐나이다"라고 고백한 것을 보게 된다.[6] 이렇게 볼 때 주님께서 제자들을 부르실 때, 최초의 네 제자와 세리 마태뿐만이 아니라 나머지 모든 제자들도 가족과 재산 등 자신의 소유 전부를 버리고 주님을 좇았던 것을 우리는 발견하게 된다. 이런 까닭에 예수님은 누가복음 14장 33절에서 "이와 같이 너희 중의 누구든지 자기의 모든 소유를 버리지 아니하면 능히 내 제자가 되지 못하리라"고 말씀하셨던 것이다.[7] 요컨대, 재물 및 소유의 포기는 제자들의 전적

장면 후에 시몬의 장모를 치유하는 기사가 나오는데 반해, 누가복음에서는 시몬의 장모 치유(4.38-39) 이후에 최초의 제자를 부르시는 장면(5.1-10)이 등장함으로써, 누가는 5.11에서 πάντα란 단어를 흔연히 사용할 수가 있었던 것으로 보여진다. 이 단어를 통하여 누가는 특별히 주님의 '부르심의 완전성'을 강조하고 있다고 생각된다(Pilgrim, *Good News*, 87). 한편, 보봉은 5.11, 9.62, 12.33, 14.16, 33 등의 구절들을 함께 참작하면서, 이 단어가 상징하는 이러한 절대적 재물 포기를 "lukanischen Radikalismus"로 명명하고 있다; F. Bovon, *Das Evangelium nach Lukas(Lk. 1-1-9.50)* (EKKNT, 3.1; Zurich: Benzinger Verlag, 1989), 235. Cf. C.F. Evans, *Saint Luke* (TPINTC; London: SCM, 1990), 292; T.E. Schmidt, *Hostility to Wealth in the Synoptic Gospels* (JSNTSup, 15; Sheffield: JSOT Press, 1987), 140.

6) 누가는 18.28에서 마가복음 10.28의 πάντα를 τὰ ἴδια 로 바꾼다. 초대교회에서 행하여진 관습인, 모든 것을 나눠 갖는 공동체적 삶의 특성을 보여주는 τὰ ἴδια가 누가복음의 이곳과 사도행전 4.32에서만 발견되는 것에 착안하여, 에반스는 주장하기를, "여기서 τὰ ἴδια는 집(재산의 의미)과 소유로 간주된 아내.... 자녀를 요약한 것으로 생각된다"고 말한다(Evans, *Saint Luke*, 653-4). Cf. B.H.P. Thompson, *The Gospel according to Luke* (New Clarendon Bible; Oxford: Clarendon Press, 1979), 228. 카리스 또한 누가가 이 단어를 사용한 데에 주목하고 있지만 다른 견해를 제시하고 있다: "누가복음 18장 28절은 5장 11절(5.28)을 회고하고 사도행전 4장 32절을 예견하면서, 재물 문제에 대한 누가의 중요한 답변 중 하나를 소개하고 있다: 공동체 내의 가난한 이들을 위한 τὰ ἴδια의 자발적 나눔(共有)"(R.J. Karris, "Poor and Rich: The Lukan *Sitz im Leben*", in C.H. Talbert (ed.), *Perspectives on Luke-Acts* [Edinburgh: T & T Clark, 1978], 123). 한편, 이런 맥락에서, 누가 문헌에서의 ἴδιος의 용례에 의존하면서(눅6.41, 44; 10.34; 행 1.7, 19, 25; 3.12; 4.23, 32; 13.36; 20.28; 21.6; 24.23, 24; 25.19; 28.30), 쉬미트는 ἴδιος를 "소유권"의 의미로 해석하고자 한다(Schmidt, *Hostility*, 158).
7) 다른 복음서에는 없는 이 구절은 12.33과 11.41과 함께 재물 문제에 대한 누가의 신학적 강조점이 여실하게 드러난 표현으로 간주된다; Kim, *Stewadship*, 100.

헌신의 증거였던 것이다.

이런 맥락에서 볼 때, 예수님의 제자가 되기 위해서는 가진 바 모든 소유 및 재물을 무조건 포기해야 되는 것으로 보여진다. 그러나 이런 주장은 공관복음서 모두에 기록되어 있는 「부자 청년의 기사」를 통해 균형을 찾게 된다. 즉, 이 기사에서 우리는 주님의 제자가 되고자 하는 자들이 무조건 재물을 포기하는 것으로 만족해서는 안 된다는 사실을 발견하게 된다; 주님은 부자 청년에게 재물을 팔아 가난한 자들에게 나눠주고 그 후 자신을 따르라고 말씀하셨다. 그렇다면, 무조건적인 재산의 포기가 제자도의 요건(要件)이 아니라, 재산의 의미 있는 포기, 곧 구제(救濟)가 요청되고 있는 것이다.[8] 이러한 가난한 자들을 위한 물질적 배려, 즉 구제가 재물의 바른 사용이란 주제 아래서 주된 잇슈(issue)로 등장하고 있는 성경책이 바로 누가-행전이다.

재물 문제와 관련하여 누가-행전에서 발견되는 누가의 신학의 주요한 특징 중의 하나는 「부자들에 대한 목회적 배려」와 「가난한 자들에 대한 사랑의 관심」이다. 이 두 가지 외견상의 상반된 모티프(motif)는 누가신학에 있어서 불가분리의 관계에 있다. 어떤 이들은 누가복음을 「가난한 자들의 복음」이라 부르며, 누가가 일방적으로 가난한 자들의 편에 서있는 것으로만 주장하고 있는데,[9] 이는 누가의 두 편의 저작,

---

[8] 여기서 우리는 한 가지 의문점을 갖게 된다; 재물 모두를 포기할 것을 요구된 제자들과 재물을 의미 있게 포기할 것을 요구받은 제자들 사이의 차이점은 무엇인가 하는 것이다. 이 문제를 해결하기 위해서 우리는 「두 종류의 제자직」에 대하여 살펴보아야 할 것이다. 시간상 이를 간략히 설명하면, 예수님의 제자들은 크게 두 종류로 구분될 수 있을 것이다. 첫 번째로는 주님의 전도 여행에 직접 동참한 제자들인데, 열두 사도를 중심으로 한 이들을 우리는 「유랑제자」라고 부를 수 있을 것이다. 두 번째로는, 주님의 전도 여행에 직접 참여하지 않고 재산과 가족을 포기하지도 않았으나, 주님의 교훈과 가르침을 자신의 직장과 삶의 현장에서 실천에 옮긴 제자들로서, 이들은 「정착제자」라고 불릴 수 있을 것이다; Kim, *Stewardship*, 100-110. Cf. B.E. Beck, *Christian Character in the Gospel of Luke* (London: SPCK, 1989), 95; G. Lohfink, *Jesus and Community* (London: SCM, 1985), 31-35.

[9] 누가-행전에서 말하는 가난(πτωχος)은 문자적이고 실제적인 의미를 띠고 있다. 이는

즉 누가-행전 전체를 보지 않고 한 부분을 아전인수역(我田引水格)으로 보기 때문에 생겨나는 편견이다.10) 물론 누가가 그 복음서에서 부자들을 타 복음서에서 보다 더 신랄하게 비판하고 있는 것은 사실이나(눅 6.24-26), 이런 비판이 일관되게 나타나고 있지는 않다.

그 중요한 몇 가지 예로 우리는 자기 소유의 절반을 가난한 자들에게 주겠노라고 서원한 여리고의 세리장 삭개오(눅 19.1-10), 값비싼 무덤을 예수님께 바친 아리마대 요셉(눅 23.50-54), 예수님과 그 제자들 일행을 자기 집으로 초청, 대접한 마르다와 마리아(눅 10.38-42), 예수님과 그 제자들을 자신들의 소유로 도운 갈릴리 여인들(눅 8.1-3) 등을 들 수가 있을 것이다. 이들은 모두 부자들인데, 결코 그 가진 재물을 포기하지 않았다 해서 책망 받지 않았다. 아니, 오히려 그들이 행한 일들로 인해 주님으로부터 칭찬을 받고 있다(삭개오, 마르다와 마리아).11) 이런 사실들을 신중하게 고려할 때, 우리는 누가복음에서 예수님께서 일방적으로 가난한 자들의 편이 되었다고 주장하는 것은 무리임을 깨닫게 되는 것이다.

그렇다면 우리는 이 두 가지 모티프(motif), 즉 「부자에 대한 목회적 배려」와 「가난한 자들에 대한 관심」을 어떻게 조화롭게 이해할 수 있을까? 이 문제에 대한 해결책은 결국 성경 자체에서 나와야 할 것이다.

마태복음의 산상설교 중 팔복을 누가의 평지설교 중 그에 해당되는 부분과 비교할 때 분명하게 나타난다; 마 5.3/눅 6.20; 마 5.6/눅 6.21. 참고, 눅 4.18/사 61.1. Cf. A. Plummer, *St Luke* (ICC; Edinburgh: T & T Clark, 1922), 180.

10) 이 논문의 후반에 나오는 대로, 누가복음에는 재물 문제에 대한 자료가 다른 복음서들과 비교할 때 상당히 많이 등장하고 있는데, 만일 누가공동체 내에 부자들이 없었다면 이런 자료들이 의미가 있었겠는가? 이와 아울러 구제의 명령 또한 가진 자들에 대한 명령으로 이해될 수 있다면, 결국 누가복음의 독자는 가진 자들임이 드러나게 된다. 이런 견지에서 볼 때, 누가복음은 「가난한 자들만의 복음」이 아니라 또한 「부자들을 위한 복음」이기도 한 것이다(김경진, "누가복음을 바로 설교합시다", 『그말씀』 55 (1997/2), 132-4. Cf. David. L. Mealand, *Poverty and Expectation in the Gospels* (London: SPCK, 980), 93-98.

11) 이들을 우리는 「정착제자」라고 부를 수 있을 것이다.

따라서 이제 누가-행전에 기록되어있는 빈부-재물 문제와 관련된 내용을 한번 일괄적으로 정리해 보는 것이 좋을 줄로 생각한다. 먼저 누가복음을 분석하고자 한다. 누가복음에서 재물 문제는 크게 두 가지 범주로 나뉘어 진다. 하나는 부자, 즉 가진 자들의 재물의 오용(誤用) 및 남용(濫用)에 대한 비판 및 경고이고, 다른 하나는 재물의 바른 사용, 즉 구제에 대한 격려이다. 재물의 오용의 주제는 다시 크게 세 가지 범주로 구분된다; 재물의 낭비, 집착 그리고 축적이다.

재물 낭비에 대한 비판

첫째로, 누가복음 15장에 나오는 「탕자의 비유」를 보면, 일반적으로 우리는 죄인의 회개와 회개하는 죄인을 영접하시는 하나님의 크신 사랑을 이 비유의 주제로 알고 있다. 물론 옳은 말이다. 그러나 이 비유에서 찾아볼 수 있는 중요한 포인트 하나는 둘째 아들 탕자가 어떤 죄를 지었느냐 하는 것이다. 이 문제에 대하여, 본문에서 말하고 있는 답을 우리는 13절에서 발견할 수 있다: "그 후 며칠이 안 되어 둘째 아들이 재물을 다 모아 가지고 먼 나라에 가 거기서 허랑방탕하여 그 재산을 낭비하더니". 이런 사실은 30절에서 그 형의 말에서 다시금 확증된다: "아버지의 살림을 창녀들과 함께 삼켜 버린 이 아들이 돌아오매 이를 위하여 살진 송아지를 잡으셨나이다". 분명히 18절과 21절에서 둘째 아들은 "내가 하늘과 아버지께 죄를 지었사오니"라고 말하고 있는데, 비유의 본문에서 말하고 있는 그 죄목(罪目)은 바로 재물의 낭비였던 것이다.[12]

---

12) Evans, *Saint Luke*, 592; L.T. Johnson, *The Literary Function of Possessions in Luke-Acts* (Missoula, MT: Scholars Press, 1977), 161. Cf. J.A. Fitzmyer, *The Gospel according to Luke* (The Anchor Bible, 29a; New York: Doubleday, 1981), 1088, 1091.

어떤 이들은 탕자가 아버지 곁을 떠난 것이 그의 죄라고 말하기도 한다. 그러나 예수님께서 이 비유를 처음 말하셨을 당대의 이스라엘 나라에는 많은 젊은이들이 척박한 팔레스타인 땅을 떠나 타국에서 새로운 운명을 개척하고자 이민(移民)을 떠난 경우가 매우 많았다.13) 따라서 당대의 젊은이들의 이러한 현상을 이용하여 주님께서 이 비유를 적절하게 말씀하셨던 것이고, 그렇다면 둘째 아들이 아버지 곁을 떠난 것 그 자체는 결코 죄가 되지는 않았던 것이다. 앞서 지적했던 대로, 비유의 본문에서 말하고 있는 탕자의 죄목은 바로 재물의 낭비였다.14) 재물의 낭비로 인해 탕자가 맞게 된 운명은 굶주려 죽게 되었다가 남의 집 종이 되어, 유대인에게는 치욕적인 일, 즉 돼지 먹이는 일을 하게 되었던 것이다. 결국 재물을 자기 것이라 하여, 함부로 허랑 방탕하게 낭비한 부자의 운명이 굶주림과 종살이라는 사실은 누가 당대는 물론이고 오늘날 모든 가진 자들에 대한 경고 메시지로 받아들여야 할 것이다.

둘째로, 누가복음 16장 1-13절에 나오는 「불의한 청지기 비유」를 살펴보겠다. 이 비유는 바로 앞서 소개된 「탕자의 비유」의 보조 주제, 즉 재물 낭비의 주제를 통하여 서로 연결되어 있다. 15장 13절에 기록된 "낭비"(διασκόρπιζω)란 단어가 16장 1절에서도 발견되고 있기 때문이다. 아울러 16장 1절은 "또한"(δὲ καί)이란 단어로 시작하고 있는데, 이것 역시 이 비유와 앞서의 「탕자의 비유」가 서로 연결되어 있음을 가리켜

---

13) 이스라엘을 빠져 나와 디아스포라가 되는 것은 극히 다반사였는데, 왜냐하면, "팔레스타인 땅은 빈번한 기근으로 인해 이스라엘 사람들을 제대로 먹여 살릴 수 없었고, 누구든지 성공하기 원하는 사람들은 레반트 지방의 무역을 하는 대도시에서 더 나은 기회를 얻을 수 있었기 때문이다"(E. Linnemann, *Parables of Jesus: Introduction and Exposition* [London; SPCK, 1982], 75). 이스라엘에 사는 유대인들(50만)보다 약 8배(4백만)가 디아스포라로서 살았다(J. Jeremias, *The Parables of Jesus* [London: SCM, 1963], 129). 고대 근동의 유산의 상속에 관해 좀더 자세히 알고 싶으면, Jeremias, *Parables*, 128-9를 참조하라. 참고 눅 12.13 이하.

14) Ernst, *Lukas*, 312; "seine Sünde besteht in der Untreue gegeüber dem ihm vom Vater zum Leben anvertauten Gut". Kim, *Stewardship*, 210-1.

주는 것이다.[15]

「불의한 청지기 비유」에서, 청지기는 주인이 맡겨 준 재물을 마치 자기 것인 양 허비함으로써 죄를 저질렀고, 그 결과 해고(解雇)의 위기를 맞게 되었다. 재물을 함부로 낭비할 때 초래된 결과가 해고였다는 것은, 역시 재물 가진 자들이 명심해야 할 경고인 것이다.

셋째로, 이 비유 역시 같은 장(章)에서 한 문맥 속에서 19-31절의 「부자와 나사로 비유」와 연결되어 있다. 비록 '낭비'란 단어가 나타나고 있지는 않지만, 19절에 묘사된 부자의 행실은 명백히 재물을 낭비하는 모습인 것이다; "한 부자가 있어 자색 옷과 고운 베옷을 입고 날마다 호화롭게 즐기더라".[16] 예수님 당대의 고대 세계는 오늘날보다 빈부의 격차가 훨씬 더 극심하여 가난한 사람들이 대단히 많았다. 고대 로마 경제사를 전공한 학자들에 의하면, 로마 전체 인구 중 1%를 차지하는 귀족 계급이 로마 전체 재산의 대부분을 차지하였다고 한다.[17] 따라서 대다수 많은 가난한 사람들은 하루하루를 끼니를 걱정하며 살았는데,

---

[15] 이 두 비유의 상호 관계를 그룬트만은 다음과 같이 설명하고 있다: "두 아들에 관한 이야기와의 관계는 대조를 통하여 입증된다; 즉 두 비유 사이의 상호 관계는 15장 13절과 16장 1절에서 διασκόρπιζωιν이 두 번 사용됨을 통하여 드러나고 있다. 맡겨진 재물의 낭비는 둘째 아들과 (불의한) 청지기를 하나로 묶고 있는 것이다"(W. Grundmann, *Das Evangelium nach Lukas* [THKNT, 3; Berlin: Evangelische Verlagsanstalt, 1974], 317). Cf. J. Ernst, *Das Evangelium nach Lukas* (Regensburg: Friedrich Pustet Regensburg, 1976), 462; Beck, *Christian Character*, 28; I.H. Marshall, *Commentary on Luke* (NIGTC; Exeter: Paternoster Press, 1989), 608; Fitzmyer, *Commentary*, 1100; H. Hendrickx, *The Parables of Jesus: Studies in the Synoptic Gospels* (London: Geoffrey Chapman, 1986), 170. 한편, 쉬미탈스도 마찬가지로 이 비유를 그 앞의 비유 및 14.25-35와 구제(Armenfrömmigkeit) 모티프로 연결짓는데, 그는 이 모티프를 다음과 같이 정의하고 있다: "하나님을 절대적으로 섬기는 사람은 그의 세상 재물을 이웃을 섬기기 위해 사용할 것이다" (W. Schmithals, *Das Evangelium nach Lukas* [Zürich: Theologischer Verlag, 1980], 167-8.

[16] Grundmann, *Lukas*, 327; Ernst, *Lukas*, 473.

[17] W.A. Meeks, *The Moral World of the First Christians* (London: SPCK, 1987), 33. S. Dill, *Roman Society from Nero to Marcus Aurelius* (London: Macmillan, 1904), 94f. Cf. G. Sjoberg, *The Preindustrial City* (Glencoe: Free Press, 1960), 110; R. MacMullen, *Roman Social Relations* (New Haven: Yale University Press, 1974), 88-89, 94-98.

그런 시대에 "날마다 호화롭게 즐기던" 부자의 행실은 명백히 재물을 낭비한 처사였을 것이다. 그러나 또 한 가지 이 부자의 잘못은, 자기는 그렇게 날마다 호화롭게 생활하면서도 자기 집 문 앞에 앉아있는 거지 나사로를 전혀 돌아보지 않았다는 것이다. 이처럼 재물을 낭비하고 또한 불우한 이웃을 돌보지 않은 결과 부자가 맞은 운명은 음부(陰府)의 고통에 떨어진 것이었다. 지옥의 뜨거운 불꽃 가운데 고통 당하는 부자의 이런 모습은 분명히 재물을 낭비하는 부자들에게는 무섭고 효과적인 경고였을 것이다.

재물에의 집착에 대한 비판

누가복음 14장 15-24절에는 「만찬의 비유」가 나온다. 이 비유에서 어떤 부자는 큰 잔치를 배설하고 자기와 비슷한 수준의 부자 손님들을 초청했다. 초대된 손님들이 부자라는 사실은 소 다섯 겨리를 산 사람의 경우를 들면 알 수 있을 것이다. 한 겨리는 두 마리인데, 그렇다면 그 사람은 소 열 마리를 산 셈이고, 소 열 마리가 경작하는 밭은 대단히 큰 밭이었을 것이었을 터이니, 그 사람은 상당한 부자였음이 분명한 것이다. 신분과 계층이 철저하게 구분된 고대 세계에는 오늘날보다 더 유유상종(類類相從)하였음으로, 결혼하였거나 밭을 샀던, 다른 초대된 사람들도 마찬가지로 부자였을 것이다. 그런데 그 부자 손님들은 초대를 받았음에도 불구하고, 이미 구입한 밭이나 소를 시험하기 위해서라는 핑계를 들어 그 초대를 거절하였다.[18] 요컨대, 재물에 대한 집착으로 인해 잔치를 거절하고 말았던 것이다. 그러자 잔치를 베푼 주인은 애초에

---

18) 초대된 손님들의 변명은 빈약하며 거짓임이 분명한데, 이는 그들의 행위가 방금 완료된 행위를 가리키는 부정과거형으로(18, 19절; ἠγόρασα) 되어 있기 때문이다; M. Black, *An Aramaic Approach to the Gospels and Acts* (Oxford: Clarendon Press, 1967), 129.

초대된 부자 손님들 대신 "가난한 자들과 몸 불편한 자들과 맹인들과 저는 자들"을 초대하였다. 그리고 24절에서 이 비유를 말씀하신 주님은 이처럼 재물에 집착하는 이들에게 대하여 경고하기를, "전에 청하였던 그 사람들은 하나도 '내 잔치'를 맛보지 못하리라"고 말씀하셨다.19) 결국 재물에 집착할 때에 주인, 즉 주님의 잔치에 참석하지 못하는 일, 즉 천국에 들어가지 못할 수도 있다는 가능성을 우리는 여기서 보게 되는 것이다.20)

둘째로, 누가복음 18장 18-30절에는 앞서 잠시 소개됐던 「부자 청년 기사」가 나온다. 누가복음에서 관원으로 소개되고 있는 이 부자 청년은 영생(永生)을 얻고자하여 선한 선생님이신 예수님께 나아왔다. 그에게 계명을 아느냐고 묻자 그 청년은 어려서부터 다 지켰노라고 자신 있게 말했다. 종교적으로 흠이 없었음에도 불구하고 그 관원은 구원의 확신이 없었던 것이다. 그러자 예수님은 그 부자 청년의 문제점을 정확하게 지적하였다.

> "… 네게 아직도 한 가지 부족한 것이 있으니 네게 있는 것을 다 팔아 가난한 자들에게 나눠 주라 그리하면 하늘에서 네게 보화가 있으리라 그리고 와서 나를 따르라 …" (눅 18:22)

---

19) 예레미아스(*Parables*, 69)는 누가가 이 비유에 나오는 잔치를 '구원의 잔치'로 간주했다고 주장한다. Cf. J.M. Creed, *The Gospel according to St Luke* (London: Macmillan, 1950), 191-2; E.E. Ellis, *The Gospel of Luke* (The Century Bible; London: Nelson, 1966), 194; Grundmann, *Lukas*, 299; Schmithals, *Lukas*, 159-160; Marshall, *Commentary*, 591; A.M. Hunter, *Interpreting the Parables* (London: SCM, 1960), 56-57.
20) 에반스는(*Saint Luke*, 574) 초청 받은 사람들의 변명을 신명기에 기록된 율법과 연관지으면서 다음과 같이 말한다: "그 변명들은 의무의 허용 가능한 면제에 대한 성경 말씀 속에 은신하고 있지만, 전부 종합해 보면 아마도 경제적, 사회적 애착이 하늘 나라의 소명에 응답하지 못하도록 가로막는 위력이 어떠한지 보여 주려는 것으로 보인다". 참고, F.W. Danker, *Luke* (Proclamation Commentaries; Philadelphia: Fortress Press, 1983), 165; E. Schweizer, *The Good News according to Luke* (London: SPCK, 1984), 237.

그러나 예수님의 이 말씀을 들은 그 부자의 반응은 부정적인 것이었다.

"그 사람이 큰 부자이므로 이 말씀을 듣고 심히 근심하더라." (눅 18:23)

마태와 마가복음의 병행 구절에서는 이 청년이 근심하며 그 현장을 떠나갔다고 기록되어 있다.21) 영생을 얻을 수 있는 그 해답을 들어 알았음에도 불구하고 그 부자 청년은 바로 재물에 대한 집착 때문에 영생을 얻지 못하고 천국의 문턱에서 멀어져가고 있었던 것이다. 그러므로 이 기사는, 재물에 지나치게 집착하게 되면 마침내 구원까지도 잃을 수 있음을 지적하는 것으로써, 재물에 얽매인 부자들에게 주는 경고임에 틀림없는 것이다.22)

셋째로, 「씨뿌리는 비유」 중 일부인 누가복음 8장 14절 또한 재물에 대한 집착을 경고한다.

"가시떨기에 떨어졌다는 것은 말씀을 들은 자이나 지내는 중 이생의 염려와 재물과 향락(享樂)에 기운이 막혀(συμπνίγοται) 온전히 결실하지 못하는 자요".

---

21) 누가복음에서 ἀπῆλθεν이 생략되어 있는 것으로 보아 부자 청년은 여전히 주님의 청중들 가운데 "부자들의 대표로서" 남아있었을 것으로 추정된다(Evans, *Saint Luke*, 639). 따라서, 18.24-25의 부(富)의 위험성에 대한 예수님의 교훈은 그에게 직접 주어진 것이지 마가복음처럼(10.23) 오직 제자들에게만 주어진 것이 아니라고 보는 것이 합리적이며, 이로 보아 누가 공동체 내에는 부유한 신자들로 인해 야기된 문제가 있었다고 추측할 수 있을 것이다(P.F. Esler, *Community and Gospel in Luke-Acts* (Cambridge: University Press, 1987), 185.

22) "Daher [18.3; cf. 16.14ff.; 18.9-14] muß, wer in die Herrschaft Gottes eingehen will, sein Herz von der Gebundheit an dem Besitz lösen" (Grundmann, *Lukas*, 354-55). Cf. Schmithals, *Lukas*, 182; G. B. Caird, *The Gospel of St Luke* (The Pelican Gospel Commentaries; London: A & C Black, 1968), 205.

여기서 재물에 기운이 막힌다는 것은 재물에 대한 욕심, 즉 물욕(物慾)이 심하게 되면 이로 인해 신앙의 생명이 질식당하여 죽을 수 있음을 말하는 것이다.

재물의 축적에 대한 비판

이 경우에 해당하는 비유는 하나인데, 바로 누가복음 12장 16-21절에 나오는 「어리석은 부자의 비유」이다. 이 비유는 재산 상속 문제로 다툰 형제간의 불화를 해결해 달라는 어떤 사람의 요청을 거절하시면서 주님께서 주신 비유이다. 비유의 핵심은 "사람의 생명이 그 소유의 넉넉한 데 있지 아니하니라"는 것이다(15절). 비유에는 한 부자가 등장하는데, 그는 그 해 농사가 잘 되어 소출이 풍성해지자, 현재의 곡간을 헐고 새로운 곡간을 더 크게 짓고 난 다음 거기에 곡식과 물건을 쌓아두면 참으로 인생이 기쁘고 행복할 줄로 믿었다.[23] 그러나 이런 이기적이고 세속적인 생각을 하고 있는 그 부자에게 하나님은, "어리석은 자여, 오늘 밤에 네 영혼을 도로 찾으리니 그러면 네 준비한 것이 누구의 것이 되겠느냐?"라고 말씀하셨다. 이처럼 자기만을 위해 재물을 쌓아두는 부자들은 결국 자신이 애써 벌어 축적한 모든 재물을 제대로 사용도 못해 본 채 세상을 달리할 수도 있는 것이다.[24]

---

23) 이 점을 충분히 이해하기 위해서는 μου라는 대명사가 다섯 번 사용된 것에서 확인할 수 있는 어리석은 부자의 극단적인 이기심을 고려에 넣어야 할 것이다. 따라서 이기심과 재물의 축적은 이 비유에서 부자의 우매함을 보여주기 위해 개념적 쌍(雙)을 이루고 있는 것이다. 참고, Plummer, *St Luke*, 324; Hendrickx, *Parables*, 101; Ernst, *Lukas*, 400.
24) 여기서 우리는, 누가가 자신의 육체적 쾌락을 추구하기 위해 어리석은 부자가 이생에서 재물을 쌓아두기를 원했던 점을, 하나님께서 그날 밤에 그의 영혼을 불러 가실 것이라고 기술함으로써 비판하고 있음을 알 수가 있다; Karris, "Poor and Rich", 120.

재물의 올바른 사용(구제)에 대한 권고

재물 문제를 집중적으로 다루고 있는 누가-행전에서 재물의 올바른 사용의 구체적 방법으로 소개되고 있는 것은, 앞서도 잠시 언급이 되었지만, 바로 구제(救濟)이다. 가난한 자들에 대한 관심이 구제라는 방편을 통하여 구체적으로 표현되어 나타나고 있는 내용들을 살펴보면, 세례 요한의 설교(3.11), 선한 사마리아인의 비유(10.30-37), 만찬의 비유(14.15-24)와 이 비유와 관련된 주님의 말씀(14.12-14), 부자 청년에 대한 명령(18.22), 삭개오 기사(19.8) 등이 있으며, 이와 관련된 주님의 말씀으로는 누가복음 11장 41절 (마 24.25-26)과 누가복음 12장 33절 (마 6.19-20) 등이 있다.

먼저 누가의 특별 자료 중 하나인 「세례 요한의 설교」를 보면, 장차 임할 진노를 대비하여 회개하고 회개에 합당한 열매를 맺으라는 세례 요한의 종말론적 설교를 들은 무리들이 세례 요한에게 나아와, "우리는 무엇을 하리이까?"라고 물었다. 그 때 세례 요한은, "옷 두 벌 있는 자는 옷 없는 자에게 나눠 줄 것이요 먹을 것이 있는 자도 그렇게 할 것이니라"고 대답하였다. 옷 없는 자, 먹을 것이 없는 자는 분명 아무 것도 가진 것이 없는 가난한 자들이었고,[25] 이들에게 가진 것을 나눠주는 것[26] 즉 구제가 회개에 합당한 열매로 제시되고 있는 것이다.

누가복음에만 등장하는 「선한 사마리아인의 비유」는 예수님을 시험

---

[25] 여기서 옷이나 음식처럼 인간의 일상 생활에서 가장 기본적인 필수품조차 가지지 못한 자로 소개되고 있는 이들은(τῷ μὴ ἔχοντι) 사실상 거지나 다름없는 것이다(Ernst, *Lukas*, 144).

[26] 여기서 사용된 μεταδίδωμι는 사복음서 중 누가복음에서만 사용되는 단어로서, 구제를 강조하는 누가신학의 전체적 강조점과 일치하고 있다. 한편, 이 단어는 신약 전체에서 모두 4번 사용되는데(롬 1.11; 12.8; 엡 4.28; 살전 2.8), 구제 및 공유(共有)의 의미를 담고 있다(Marshall, *Commentary*, 142). Cf. Fitzmyer, *Commentary*, 464; Pilgrim, *Good News*, 143; Ernst, *Lukas*, 144; Schotroff & Stegemann, *The Hope*, 108.

하고자 하는 어떤 율법사에게 참 이웃이 누구인지를 가르쳐 주기 위해 말씀되어진 것이다. 율법사는 자기가 사랑해야 할 이웃이 누구인지를 알고자 하였지만, 이에 대한 예수님의 답변은 이웃이 누구인지를 아는 것이 중요한 것이 아니라, 자신의 도움이 필요한 모든 사람이 바로 나의 이웃임을 가르쳐 주었던 것이다.27) 도움이 필요한 이웃을 도와주는 것, 즉 가난한 자를 위한 구제의 필요성이 이 비유의 주제로서 강조되고 있는 것이다. 요컨대, 이 비유에서, 예수님의 설교를 듣는 유대인 무리에게는 전혀 기대 밖으로, 한 착한 사마리아인은, 유대인 제사장과 레위인이 버리고 지나친 강도 만난 불쌍한 사람을 자신의 재물을 써가며 도와줌으로써 참된 의미의 구제를 시행하였던 것이다.28)

「만찬의 비유」는 우리가 앞서 재물의 집착이라는 주제의 시각에서 살펴본 적이 있지만, 오히려 재물의 바른 사용이 이 비유의 본 주제라고 생각한다. 애당초 초대받은 부자 손님들 대신 초대받은 사람들은 바로 당대 사회에서 천대받던 가난한 자들과 몸 불편한 자들과 맹인들과 저는 자들이었는데,29) 결국 구걸로 하루 끼니를 연명하는 이들을 잔치에 초대한다는 것은 결국 구제와 다름이 없는 것이다.

누가복음 11장 41절 말씀은 마태복음 23장 26절과 병행이 되고 있는데,

---

27) 캐어드(Caird, *St Luke*, 148)는 이 비유에서 강조되고 있는 이웃의 의미를 적절하게 소개하고 있다: "It is neighbourliness, not neighbourhood, that makes a neighbour".
28) 이 비유를 통하여 누가는 인간의 필요는 앞의 두 종교 지도자로 대표되는 종교 의식이나 직무보다 더 중요하다는 것을 보여주려 했던 것으로 보인다. 결국 고통 당하는 인간에 대한 관심보다 예배 인도의 의무를 우선시한 종교 지도자들의 행위는 "사랑 없는 경건"이라고 불릴 수 있을 것이다(Pilgrim, *Good News*, 142). Cf. Linnemann, *Parables*, 54; R.C. Tannehill, *The Narrative Unity of Luke-Acts* (Philadelphia: Fortress Press, 1986), vol. 1, 179-180.
29) 여기에(눅 14.21) 소개되고 있는 불우한 자들의 목록은 누가복음 4.18, 7.22, 14.13에도 언급되고 있다. 누가복음에 산재해 있는 이들 네 구절은 누가가 가난하고 불우한 자, 종교적으로 소외된 자(레 21.17-23), 사회적으로 버림받은 자 및 경제적으로 무능력해서 타인의 도움에 의존해야 하는 사람들에 대해 특별한 관심을 가졌다는 명확한 증거로 간주할 수 있을 것이다. 참고, H.-J. Degenhardt, *Lukas Evangelist der Armen* (Stuttgart: Katholisches Bibelwerk, 1965), 100; 삼하 5.8; 1QSa 5.8; 1QS 2.4.

그 차이는 다름 아닌 구제에 대한 강조이다. 즉 마태복음에서는 "눈 먼 바리새인이여, 너는 먼저 안을 깨끗이 하라. 그리하면 겉도 깨끗하리라"고 되어 있으나, 누가복음에는 "그 안에 있는 것으로 구제하라. 그리하면 모든 것이 너희에게 깨끗하리라"고 되어 있다.[30] 다시 말하면, 누가복음은 돈을 좋아하는 바리새인들의 탐욕을 책망하면서 오히려 구제를 강조하고 있는 것이다.[31]

마태복음과 병행을 이루면서 구제가 강조되고 있는 또 한 구절이 누가복음에 나타난다. 바로 12장 33절이다. 이 말씀은 마태복음 6장 19-21절과 병행이 되고 있는데, 마태복음에서 강조되고 있는 것은 "좀과 동록이 해하며 도적이 구멍을 뚫고 도적질하는 이 땅에 보물을 쌓아 두지 말고 하늘에 쌓아 두라"는 것이다. 그러나 누가복음에서 주님의 이 말씀은 "너희 소유를 팔아 구제하여 낡아지지 아니하는 배낭을 만들라. 곧 하늘에 둔 바 다함이 없는 보물이니 거기는 도둑도 가까이 하는 일이 없고 좀도 먹는 일이 없느니라"고 기록되어 있다. 누가의 이 구절은 12.13-32의 결론에 해당되면서, 하나님께 대하여 부요한 방법이 구제이며, 이는 또한 하늘에 보물을 쌓아두는 매우 중요한 방법임을 누가는

---

30) τὰ ἐνόντα에 대한 해석에 따라 이 구절의 의미는 달라질 수 있다. 이를 마태의 병행 구절과 조화시키며 '마음'으로 해석하면, 누가의 '구제하라'는 마태의 아람어 원문을 누가가 오역한 것이 될 것이다(C.F.D. Moule, *An Idiom Book of New Testament Greek* [Cambridge: University Press, 1953], 186; Caird, *Commentary*, 158). 그러나 τὰ ἐνόντα를 인간이 소유한 재물로 해석하면 이는 바리새인들이 부정한 이익(ἁρπαγη)으로 모은 재산을 뜻하게 된다(Fitzmyer, *Commentary*, 947; cf. Grundmann, *Lukas*, 248; Evans, *Saint Luke*, 505). 이같은 맥락에서, 누가와 마태 사이에서 발견되는 심각한 불일치의 다른 실례들, 눅 6.37-38; 12.33-34//마 7.1-2; 6.20 등을 고려할 때, 두 번째 해석이 보다 설득력 있음을 알 수 있다(M.D. Goulder, *Luke: A New Paradigm* [JSNTSup, 20; Sheffield: JSOT Press, 1989], vol. 2, 519).
31) Cf. N. Geldenhuys, *The Gospel of Luke* (NICNT; Grand Rapids: Eerdmans, 1977), 341-2; Tannehill, *Narrative Unity*, 127-132; Schmidt, *Hostility*, 145. 세컴브는(Seccombe, *Possessions*, 185) 누가의 자선 개념을 돈이 그 가치를 상실하게 될 하나님의 나라의 도래와 연관짓고 있다: "the sensible thing to do with it(wealth) is to convert it into something which will retain value beyond the changing of the aeons, namely the values of brotherhood and friendship".

우리에게 전하고 있다.32)

　이상에서 볼 때, 사복음서 중에서 아니, 신약성경 전체에서, 재물 문제가 가장 중요하게 다뤄지고 있는 누가복음에서, 우리가 발견할 수 있는 것은, 부자들에 의한 재물의 그릇된 사용을 경고하면서 아울러 재물의 바른 사용, 즉 구제를 강조하며 격려하고 있다는 것이다.

　이제 누가복음에 나타난 재물 관련 자료를 정리함에 있어 우리가 주목해야 할 부분이 있다. 그것은 누가복음에서 한 문맥 속에서 연속적으로 이어지면서 나타나고 있는 「부자 청년의 기사」와 「소경 치유 사건」과 「삭개오 사건」 사이의 관계성이다(18.18-19.10). 부자 청년은 재물에 대한 집착 때문에 그 재물을 포기하지 못하고 따라서 예수님의 제자로서 부르심을 받았으나 결국은 이를 거절하게 되었다. 여전히 그의 영안(靈眼)은 아직 어두웠다. 이 기사 다음에 이어지는 소경 치유 사건에서, 소경은 고침을 받자마자 즉시 예수님을 좇았다. 이는 곧 제자 됨의 표시였다. 이 두 기사에 뒤이어 등장하는 삭개오 사건은 누가복음의 특별자료의 마지막 대목이라는 점에서 그 의미가 특별히 큰데,33) 여기서 부자 삭개오는 영안이 어두워 재물을 포기치 못한 부자 청년과는 달리 자신의 소유의 절반을 가난한 자들에게 주겠노라고 예수님 앞에서 서원을 하였으며, 이로써 삭개오는 구원을 얻게 됨을 우리는 보게 된다. 이를 좀더 풀어 설명하면, 부자 청년(관원)은 자기 재산을 가난한 자들을 위해 포기하지 않는 실패한 청지기의 모델로 소개되고 있고, 그 뒤이어 소경

---

32) 탈버트(C.H. Talbert, *Reading Luke: A Literary and Theological Commentary on the Third Gospel* [New York: Crossroad, 1982], 142) 또한 이 문단 전체에서 이 두 구절이 차지하는 중요성을 인식하고 있다: "the section on possessions is climaxed by 12:33-34, a specific injunctioin to almsgiving". Cf. Evans, *Saint Luke*, 525.
33) 필그림은 적절하게 누가복음에서 삭개오 기사를 "as the most important Lukan text on the subject of the right use of possessions"로 간주하면서 "the Lukan theme of possessions here receives its fullest treatment"라고 주장하고 있다(*Good News*, 129). Cf. Schottroff & Stegemann, *The Hope*, 106-7.

치유 사건이 나오고, 그 다음에 삭개오가 가난한 자들을 위해 자기 소유를 포기한 성공적인 청지기의 모델로 소개되고 있다.34) 이같은 맥락에서 본다면, 누가복음의 소경 치유 사건은 비유적으로 부자 관원의 기사를 삭개오 사건과 연결짓는 가교(架橋) 역할을 하고 있다고 말할 수 있을 것이다.35)

결과적으로 이상의 사실들을 종합하여 볼 때, 이들 세 기사는 결국 누가 공동체 내의 부자 교인들에게 자신들의 재물을 바로 사용치 못할 경우 궁극적으로 구원까지 상실될 수 있으나, 반대로 이를 바로 잘 사용할 경우 삭개오처럼 구원과 동시에 주님의 칭찬을 받을 수 있다는 것을 보여주고자 하였던 것으로 이해할 수 있을 것이다.36)

---

34) 가난한 자들을 위해 재산을 팔라는 주님의 명령을 따르지 못했던 부자 관원과 삭개오를 대조시키면서, 아일랜드는 부자 관원을 "living illustration that an exception to 18.24-25('How hard it is') is always possible, 'the mode for the miracle of grace'(18.27)" (D.J. Ireland, *Stewardship and the Kingdom of God* [Leiden: E.J. Brill, 1992], 190).

35) Marshall, *Commentary*, 691: "In Luke the story [of the healing] is closely associated by means of the geographical location with the separate tradition of the conversion of Zacchaeus, so that we have a climax to the ministry of Jesus to the poor and the outcast". Cf. Creed, *St. Luke*, 228; Fitzmyer, *Commentary*, 1222.

36) 이런 주장을 '행위 구원'이라고 간주하는 것은 지나치고 성급한 판단이라고 생각한다. 누가가 그의 두 권의 책에서 강조하고자 하는 것은 구제라는 선행을 통하여 사람이 구원 얻을 수 있다는 사상을 전달하려는 것이 아니라, 구원받은 사람이면 그 결과로 하나님을 사랑하듯이 가난한 이웃을 구제라는 방편을 통하여 돌보아야 할 것을 권고하고자하였던 것이다.

그런데 만일 구원받았다고 하면서, 전혀 가난하고 불우한 이웃에 대한 관심이 없다고 하면, 우리는 과연 이 경우를 어떻게 이해해야 할까? 이에 대한 해답을 우리는 바로 누가복음 16장 19-31절에 기록되어 있는 사치스런 부자의 경우에서 찾을 수 있다고 생각한다. 여기서 부자는 단지 거지 나사로를 돕지 않았다는 이유 하나만으로 음부의 고통 속에 던져진 것으로 생각하기 쉽지만, 사실은 그렇지 않다. 만일 그렇다면, 논리적으로 우리도 구제하지 않으면 비유의 부자처럼 마찬가지로 지옥에 가야만 할 것이다. 과연 그러한가?

만일 그렇지 않다면, 즉 부자가 지옥에 던져진 것이 단지 구제하지 않았기 때문이 아니라면, 그러면 어찌하여 부자는 음부에 내려갔을까? 결국 부자는 하나님에 대한 불신앙 때문에 지옥에 내려갔음을 우리는 발견하게 된다. 이에 대한 증거를 우리는 30절에서 찾을 수 있다. 부자는 자기가 지옥에 온 것을 후회하면서 지상의 남은 형제들을 생각하였다. 그래서 아브라함이 죽은 나사로를 다시 살려 지상에 내려 보내면, 자기 형제들이 깨닫고 회개하여 자기처럼 지옥에 오지 않을 수 있을 줄로 생각하였다.

누가복음에서 드러난 이런 가르침은 그 속편인 사도행전에서도 발견되고 있다.

사도행전에는 개인으로서 가난한 자들을 위해 구제에 힘쓴 두 사람이 소개되고 있는데, 첫째로 가난한 과부들을 도운 여제자 다비다(9.36-43, 특별히 36절)와[37] 둘째로 항상 구제에 힘쓴 고넬료(10.1-48, 특별히 2, 4, 31절)이다.[38] 우리는 이 두 기사를 참작할 때, 누가복음 16장 9절에서의 주님의 말씀이 다비다와 고넬료의 경우에서 반영되어 있다고 말할 수 있을 것이다.[39] 이들은 재물을 통해 친구를 사귀었고, 그 결과

그러나 이런 요청에 대해, 아브라함은 "저희에게 모세와 선지자들이 있으니 그들에게 들을지니라"고 대답했다. 그러자 부자는 "그렇지 아니하니이다. 아버지 아브라함이여, 만일 죽은 자에게서 저희에게 가는 자가 있으면 회개하리이다"라고 대꾸하였다.

여기서 드러나는 것은 부자는 모세(율법)와 선지자, 즉 성경 말씀만으로는 자기 형제들이 회개하지 않을 것을 인정함으로써 스스로 말씀에 대한 불신앙을 드러냈다는 점이다; cf. Leon Morris, *Luke* (Tyndale NTC; Leicester: IVP, 1986), 253-4; Schweizer, *Luke*, 262.

말씀에 대한 불신앙은 곧 그 말씀을 주신 하나님 자신에 대한 불신앙으로 연결될 수밖에 없는 것이다. 사실 그 부자가 정녕 성경 말씀을 믿고 그대로 살았다면, 고아와 과부의 아버지로 자신을 소개하시는 여호와 하나님의 구제의 명령을 놓칠 수가 없었을 것이다. 결국 그 부자는 말씀을 믿지 않았기에 그 말씀대로 살지 않았고, 따라서 날마다 잔치를 차려 먹으면서도 자기 집 문 앞의 거지 나사로는 전혀 돌보지 않았던 것이다. 요컨대, 하나님에 대한 불신앙이 가난한 이웃에 대한 멸시로 나타나게 되었던 것이다. 이처럼 구제 및 선행은 구원의 결과이지 결코 조건이 될 수 없는 것이다. 그러므로 누가의 구제 사상을 행위 구원적 견지에서 이해하는 것은 위험한 오해일 수밖에 없는 것이다.

37) 누가는 다비다가 가난한 자들에 대한 선행과 구제 덕분에 다시 살아났다는 것으로 서술함으로써, 구제의 중요성을 강조하고자 하였던 것으로 보인다(G.A. Krodel, *Acts* [Augsburg Commentary on the NT; Minneapolis: Augsburg, 1986], 185). 한편, 뤼데만은 다비다에 관해 누가가 36절 후반부에서 "선행과 구제하는 일이 심히 많더니"라고 묘사한 것과 39절 후반부의 옷에 대해 언급한 것을 편집으로 하면서, "this is how the woman is meant to be shown worthy of the miracle(cf. Lk 7.2-5; 7.12; Acts 10.2, 4)" (G. Lüdemann, *Early Christianity according to the Traditions in Acts: A Commentary* [London: SCM, 1989], 121.

38) 고넬료의 후한 구제와 기도는 하나님의 인정을 받게 되었고, 그 결과 모교회가 이방인 선교를 공식적으로 승인하게 만드는 역사적 원동력이 되었음을 알 수 있다. 그러므로, 우리는 이로써, 누가가 예수님의 명령대로 구제를 실천하는 것이 얼마나 중요한 것인지를 그의 교회에게 보여주려 했다고 볼 수 있는 것이다. Cf. Beck, *Character*, 111; O. Cone, *Rich and Poor in the New Testament* (London: A & C Black, 1902), 146.

39) Kim, *Stewardship*, 220.

보상을 받은 것으로 보이기 때문이다. 즉 다비다의 친구들은 그녀가 소생하도록 도움을 주었으며, 고넬료의 친구들은 그가 그리스도의 교회에 받아들여지도록 도움을 주었던 것이다. 한편, 단체, 곧 교회로서 구제를 베푼 곳으로서는 기근(饑饉)을 당하여 고생하고 있는 모교회 예루살렘 교회에 부조(扶助)를 보낸 안디옥 교회가 소개되고 있다 (11.23-30).[40] 이와 더불어 예루살렘의 초대교회에서는 그 성도들이 가진 바 재물을 자기 것으로 생각지 아니하고 가난한 이웃들과 함께 나눠 썼으며, 또 재산을 팔아 교회에 바쳐『공동 기금(基金)』을 마련하였으며 이를 주관하던 사도들이 이를 각 사람의 필요에 따라 공평하게 분배하여 그 공동체 내에 가난한 사람이 하나도 없게 되었다(행 2.43-44; 4.32-35).[41] 구제를 목적으로 한 이『공동기금』의 구체적 용도로 기록되고 있는 것이 사도행전 6장 1-6절에 나오는 과부들에 대한 구제(식사 배분)였다.[42] 마지막으로 사도행전 20장 35절에서, 바울은 에베소 교회

---

[40] Josephus, *Ant*, 3.15.3; 20.2.5; 20.5.2. 유대 지방의 이같은 기근에 대해서는 예레미야스의 논문을 참조할 것; J. Jeremias, "Sabbatjahr und neutestamentliche Chronologie", *ZNW* 27 [1928], 98-103. 한편, 바울 서신 중 고린도전, 후서를 보게 되면, 연보(捐補)에 대한 언급이 많이 등장함으로 발견하게 된다. 바울은 이 연보를 모금하기 위해 남달리 애를 쓰고 있는데, 이것은 모두 팔레스타인 지방에 임한 기근이나 흉작 등으로 인하여 가난하게 된 예루살렘 교회에 대한 구제 헌금이었다(롬 15.25, 26; 고전 16.1-4; 고후 8.1-9:15; 갈 2.10). 사도행전과 바울 서신의 기록에 따르면 바울은 모두 세 번에 걸쳐 마게도냐 교회(빌립보, 데살로니가)와 아가야 교회(고린도)로부터 모금하여 이를 예루살렘 교회에 전달하였던 것으로 보인다.
[41] "그 중에 가난한(핍절한; ἐνδεής) 사람이 하나도 없으니"를 공상적인 이상화(理想化)로 간주하는 학자들도 있다; H. Conzelmann, *Acts of the Apostles* (Philadelphia: Fortress Press, 1987), 24; Krodel, *Acts*, 117-8; E. Haenchen, *The Acts of the Apostles; A Commentary* (Oxford: Basil Blackwell, 1971), 193-5. 그러나 이 요약 구절 이후에 등장하는 바나바와 아나니아/삽비라 사건들과, 엣센파나 쿰란 공동체와 같은 당대의 집단 생활을 참작할 때, 이 구절을 단순한 공상적 이상화로 치부(置簿)하는 것은 적절치 않다고 보여진다; Kim, *Stewardship*, 228-232.
[42] 사실「공동기금」을 통한 재산 공유는 본질적인 것이 아니다. 누가의 견지에서 볼 때, 정작 중요한 것은 구제가 초대 기독교 공동체와 같은 재산 공동체에서 공동체적 나눔(communal sharing)이라는 색다른 형태로 실현되었다는 사실이다; F.W. Horn, *Glaube und Handeln in der Theologie des Lukas* (Göttingen: Vandenhoeck & Ruprecht, 1983), 39-49. Cf. Schottroff & Stegemann, *The Hope*, 118; Krodel, *Acts*, 117.

의 장로들과 이별하는 자리에서 여러 가지 교훈을 남기는 가운데 친히 주님의 말씀이란 토(討)를 달며 "주는 것이 받는 것보다 복이 있다"는 가르침을 남겼는데, 이는 누가-행전에 기록된 예수님의 마지막 말씀이자 동시에 누가-행전에 나타난 재물 문제에 관한 자료 중 마지막이기도 하다는 점에서, 누가가 재물 문제와 관련하여 특별히 구제를 강조하였음을 결론적으로 확인하게 되는 것이다.[43]

1세기 그리스-로마 사회의 자선 제도

그러면 왜 누가가 이처럼 구제를 강조하였는지를 바로 알기 위하여, 여기서 잠시 우리는 주후 1세기 당시, 즉 복음서를 포함하여 신약 성경들이 기록되었던 사회-경제적 상황을 한번 살펴봄이 좋을 줄로 생각한다. 앞에서도 잠시 언급한 바와 같이, 한 마디로 1세기에는 어떤 도시나 지방 정부이건, 전 인구(人口)의 약 1%에 해당하는 소수의 부자들이 전 도시 혹은 지방 재산의 대부분을 소유하고 있었다.[44] 따라서 고대의 어느 사회, 도시, 지방이건 간에 그 행정 및 운영에 있어서 부자들을 의지하지 않을 수 없었다. 하여 시나 지방 정부는 부자들에게 공직(公職)을 하사하면서[45] 그들이 그 대가로 그들의 재산으로 시(市)나 지방

---

[43] 이 점에서 볼 때 필그림의 이 구절에 대한 논평은 매우 적절해 보인다: "We find this word from the Lord, 'It is more blessed to give than to receive', to be a most fitting conclusion to Luke's presentation of the theme of wealth and poverty and the proclamation of good news to the poor" (Pilgrim, *Good News*, 159).

[44] 이런 의미에서 볼 때, 그리스-로마 세계의 고대 사회는 특별히 그 사회의 엘리트 그룹을 위하여 만들어졌던 사회로 간주할 수 있으며, 반면에 그 사회의 나머지는 단지 특권층이 그 삶을 편리하게 향유할 수 있도록 돕기 위하여 존재했다고 말하는 것은 결코 지나친 과장이 아닌 것이다; Dill, *Roman Society*, 95-96. Cf. P.A. Brunt, *Social Conflicts in the Roman Republic* (London: Chatto & Windus, 1971), 40.

[45] 「곡물 공급 담당관」(curator annonae)이란 명예직은 식량 부족이나 기근의 시기에 부유한 시민들이 차지했던 주요 직책 중 하나였다; A.R. Hands, *Charities and Social Aid in Greece and Rome* (London: Thames & Hudson, 1968), 175-209. Cf. B.W. Winter,

정부의 경영을 도울 것을 요청하였던 것이다.46) 이런 현상은 특히 어떤 도시나 공동체가 위기를 맞았을 때, 즉 기근, 흉작, 전염병, 또는 전쟁 등을 당했을 때, 더욱 그러했다.47) 다시 말하면, 이런 위기 상황 하에서 부자들의 도움이 없으면, 많은 가난한 시민 혹은 국민들이 아사(餓死)하거나 질병으로 죽게 될 것이기에, 시나 지방 정부는 공동체 내의 부자들에게 도움을 요청하곤 하였던 것이다. 이런 관계 속에서 시(市)나 지방 정부와 부자들 간에 존재하였던 한 가지 묵계(黙契)는, 부자가 물질적으로 도와주면, 정부에서는 이에 대한 감사의 표시로 기념비(inscription)를 만들어 부자들에게 명예를 그 대가와 보상으로 선사했던 것이다.48) 이러한 교회 밖 상황은 교회 내에서도 마찬가지였던 것으로 보인다.

"Secular and Christian Responses to Corinthian Famines", *TynBul* 40 [1989], 86-106.

46) F.W. Danker, *Benefactor; Epigraphic Study of a Graeco-Roman and New Testament Semantic Field* (St Louis: Clayton, 1982), D.12, 17, 19, 20; Dill, *Roman Society*, 228ff.
"In case of necessity the city recurred also to the ancient practice of liturgies, that is, of compulsory contributions by rich citizens to aid in the execution of some important public work" (M. Rostovtzeff, *The Social and Economic History of the Roman Empire* [Oxford: Clarendon, 1957], vol. 2, 148. 이러한 의미에서 컨트리맨의 견해는 타당한 것으로 여겨진다: "Wealth, being associated with the upper orders, implied certain social rights and obligations" (L.W. Countryman, *Rich Christian in the Church of the Early Empire: Contradiction and Accommodations* [New York: Edwin Mellen, 1980], 25).

47) 기근은 고대인들에게는 끊임없는 위협이었는데, 비단 지나친 비, 한발(旱魃), 혹심한 겨울과 같은 자연 재해에 의해서 뿐 아니라 농경과 수송을 가로막는 전쟁에 의해서도 유발되었다. 그같은 곤경이 닥칠 때 부자들은 토지로부터 일체의 곡물을 거두어들이고 평민 대중들에게는 "기타 콩과(科)의 작물"을 남겨 놓음으로써 가난한 자들은 이같은 빈약한 음식 때문에 기아에 직면하는 동시에 각종 질병에 쉽게 걸렸던 것이다 (R. MacMullen, *Enemies of the Roman Order* [Cambridge, Mass.: Harvard Uni. Press, 1967], 249-54; Cf. Esler, *Community*, 177-8.

48) 자선 행위의 강력하고 근본적인 동기들 가운데 하나는 명예욕(philotimia 혹은 philodoxia) 이었으니, 곧 대중의 인정에 연연(戀戀)하는 것으로서 이는 호칭, 기념비, 조각상 및 기타 특권들로 표출되었다(Hands, *Charities*, 43, 48; Dill, *Roman Society*, 210, 214, 231). 따라서 자선가가 보상을 기대하는 것은 고대의 문화적 관습이었을 뿐 아니라 '하나의 법칙'이었으며(B. Winter, "The Public Honouring of Christian Benefactors: Romans 13.3-4 and 1 Peter 2.14-15", *JSNT* 34 [1988], 90), 따라서 구제는 일종의 대부로서 간주되었던 것이다(Seneca, *Ben*, 4.12.1; 1.1.3). 이런 견지에서 볼 때 고대 세계에서 순수한 인간애나 동정심에서 비롯된 자선이나 구제는 거의 없었다고 보아도 무방할 것이다; Hands, *Charities*, 80.

교회 내의 부자 교인들 역시 상호 호혜주의(互惠主義)에 따라 행동하며(눅 14.12-14),[49] 가난한 자들을 멸시, 천대하였다(눅 16.9). 이것이 주님의 제자이자 하나님의 종으로 자처(自處)하는 성도들의 바른 태도가 아님을 깨달은 누가는, 그 두 권의 저작을 통하여 그릇된 부자 교인들의 재물관을 시정하고자 하였던 것이다. 이러한 재물의 낭비, 집착, 축적에 대한 책망과 구제에 대한 권면의 배후에는 누가신학의 중요한 주제 하나가 숨겨져 있다. 그것은 바로 청지기도(道)이다.[50]

누가신학의 청지기도

청지기도는 누가복음에서 소위 「청지기 비유」라고 일컬어지는 세 개의 비유, 즉 누가복음 12.42-48(지혜로운 청지기 비유), 16.1-13(불의한 청지기 비유), 19.11-27(열 므나의 비유)를 통하여 소개되고 있다. 1세기 당시에 청지기는 그 신분이 종이기는 하나 주인의 위탁을 받아 휘하의 종들을 포함하여 주인의 전 재산을 맡아 관리하는 특별한 종이었다(눅 12.42; "지혜 있고 진실한 청지기가 되어 주인에게 그 집 종들을 맡아 때를 따라 양식을 나누어 줄 자가 누구냐?").[51] 「지혜로운 청지기 비유」에

---

[49] 당대 사회에서 만연했던 호혜주의에 대해서는 다음의 저서 및 논문들을 참고할 것; H. Bolkestein, *Wohltatigkeit und Armenpflege im vorchristlichen Altertum* (Utrecht: A. Oosthoek, 1939); W.C. Unnik, "Die Motivierung der Feindesliebe in Lukas 6.32-35", *NovT* 8 (1966), 282-300; Karris, "Poor and Rich", 120.

[50] 누가는 그 복음서를 기록할 때 마가복음을 참조하면서, 마가복음에 나타난 「제자도」 개념이 마가 공동체와는 다른 처지에 놓여 있던 자신의 공동체의 상황에 적절치 못하다는 판단에 따라, 십자가와 고난이 중심이 되어 있는 마가의 제자도 개념을 윤리적 실천이 중심이 되고 있는 「청지기도」로 변환시켰다고 보여진다. 즉 고난이나 박해가 없고 또한 종말이 연기된 상태에서 일상적 삶의 문제가 중요하게 부각되었던 누가 공동체에 필요한 것은 십자가 중심의 제자도보다는 실천적 개념의 청지기도였다고 생각된다; Kim, *Stewardship*, 128-130.

[51] 고대 세계에서의 청지기의 역할과 임무에 대해서는 다음의 저서 및 논문을 참고할 것; N. Brockmeyer, *Antike Sklaverei* (Darmstadt: Wissenschaftliche Buchgesellschaft, 1979); O. Michel, "οἰκονόμος", *TDNT*, vol. 5, 149-151.

서 청지기는 농장 관리인(farm manager)로서, 「불의한 청지기 비유」에서 청지기는 일종의 재산 관리인(financial agent)으로서 활동하고 있고,[52] 「열 므나의 비유」에서는 상인(trader), 혹은 은행가(banker), 회계 담당자(treasurer)[53] 등으로 일하는 것으로 나타나고 있다.

이들에게서 공통적인 점은 그들이 관리하는 농장 및 재산이, 비록 그들의 수중(水中)에 있기는 하지만(그런 까닭에 불의한 청지기처럼 그 재물을 허비도 하기도 하지만), 본질적으로 그 재산은 남의 것(16.12), 즉 주인의 것이라는 사실이다.[54] 따라서 이 재산은 반드시 주인의 뜻을 따라 사용되어야지, 청지기의 뜻대로 제 맘대로 사용되어서는 안 되는 것이다. 또 한가지 주목할 점은, 청지기는 마침내 그 한 일에 대한 평가가 반드시 있다고 하는 것이다. 즉, 그 직분을 잘 감당한 청지기에게는 큰 상급과 칭찬이 따르지만(19.17-19), 그렇지 않을 경우 무서운 심판을 받게 된다고 하는 것이다. 12장의 비유에서, 청지기는 도시에 사는 부재지주(不在地主) 주인이 갑자기 시골 농장을 방문할 때 맡은 바 일을 잘 이행하고 있으면 칭찬과 상급을 받게 되지만(12.43-44), 만일 그렇지 않고 먹고 마시고 취하며 노비들을 때리거나(12.45) 혹은 주인의 재산을 허비하거나(16.1) 혹은 전혀 일하지 않음으로써 주인에게 결국 손해를 끼치게 되는(19.20-23) 등 불성실하게 일하는 것이 드러나게 되면, 책벌과 함께 그 즉시 해고되고 마는 것이다(12.46; 16.2-3; 19.24-26). 끝으로, 청지기의 임기는 종신직이 아니라 임시직이라는

---

52) A. Plummer, *St Luke* (ICC; Edinburgh: T & T Clark, 1922), 381-2; Evans, *St Luke*, 595.
53) Plummer, *St Luke*, 439.
54) 이것은 눅 12.48에 나오는 두 개의 단어, ἐδόθη(given), παρέθεντο(entrusted)에서 확인되고 있는데, 이는 모두 수동적 의미인 것이다. 즉, 청지기가 소유하고 있는 모든 것은 그에게 속한 것이 아니고 다른 사람에 의해 주어지거나 맡겨졌음을 뜻하는 것이다. 이런 까닭에 에른스트는 이런 청지기직 개념을 "geliehene Autorität"라고 표현하였다 (Ernst, *Lukas*, 410).

것이다.55) 따라서 청지기는 언제 주인이 농장을 방문하여 심판할는지 모르는 까닭에 항상 긴장하며 깨어있으면서 자신의 직분을 바로 감당하여야 하는 것이다.56)

나오면서

결론적으로, 이제까지의 연구 내용을 종합해 볼 때, 우리는 다음과 같은 결론에 이를 수 있을 것이다.

1) 신약 성경에 나타나고 있는 재물관은 궁극적으로 청지기도와 연결되어 있다. 청지기가 그 가진 재물이 전혀 자신의 것이 아니듯이, 성도들의 가진 바 재물은 하나님께로부터 말미암은 것이지 그들 자신의 것이 결코 아닌 것이다.

2) 청지기는 반드시 그 한 일에 대한 평가를 받게 된다. 청지기인 성도가 그 위탁받은 재물을 잘 관리하면, 즉 주인인 하나님의 뜻에 따라 가난한 이웃들을 도우며 그 재물을 함께 나눠 쓰면 칭찬이 있을 것이나, 반대로 만일 이를 이기적으로 자기 쾌락과 욕망을 위해 낭비, 집착, 축적 등 그릇 사용할 경우에 이에 대한 책망이 있을 것이며, 그 정도가 심할

---

55) 12장과 19장의 청지기 비유에서 문제가 되는 것은 주인의 귀가 지연이 아니라 어느 때든지 일어날 수 있는 주인의 기대치 못한 귀가인 것이다(12.46; 19.15). 이와 관련하여, 에슬러는 말하기를, 비록 누가복음에서 임박한 파루시아와 관련된 것으로 보이는 여러 개의 비유가 있기는 하지만, "그러나 그 어느 것도 곧 임할 종말을 가리키는 것이 아니라 종말이 갑자기 임할 것을 가리키고 있다"고 주장한다(Esler, *Community*, 63).

56) 한편, 야고보서에서도 누가의 저작에서와 유사한 교훈들이 발견되고 있다. 가난한 이웃 멸시에 대한 책망(2.1-13), 구제에 대한 명령(2.14-18), 재물 축적에 대한 경고(5.1-3), 그리고 불의한 착취에 대한 책망이 있다(5:4-6). 그 공동체 부자 교인들에게 던져진 이러한 경고 및 명령을 고려해 볼 때, 우리는 누가의 저작과 야고보서의 사회적 배경이 대개 유사하였음을 추론할 수가 있을 것이다. 이를 좀더 확대한다면, 바로 이것이 신약 성경 저작 당시 그 시대의 사회적 상황이라 짐작할 수 있을 것으로 생각된다(cf. 갈 6.9-10; 히 13.16; 롬 12.8, 13).

경우 심지어는 구원까지도 상실될 가능성까지 있는 것이다.

3) 우리의 청지기직은 영원한 종신직이 아니라 임시직임을 기억해야 할 것이다. 청지기로서 성도가 제 역할을 바르게 감당하지 못하면 주인이신 하나님께서는, 언제든지 가진 바 모든 것을 압수(押收)하심으로써 모든 것을 잃게 될 수도 있다는 것이다. 종말에는 두 종류가 있습니다; 우주적인 종말과 개인적인 종말이다. 우주적 종말은 보편적이고 역사적이나, 개인적 종말은 하시(何時)라도 발생할 수 있다. 자신만을 위하여 이기적으로 재물을 축적하다가 그 생명을 잃게 된 누가복음 12장의 어리석은 부자가 바로 이 경우에 해당한다.

그러므로, 성도들은 가진 바 재물을 자기 노력의 결과라고 생각하여 자기의 것으로 간주하여, 제 마음대로 세속적 욕망을 좇아 재물을 낭비하거나, 다른 것 이상으로 지나치게 집착하거나 또는 이기적으로 축적하지 말고, 이 재물을 내 몸처럼 사랑하라고 주님께서 말씀하신 가난한 이웃들을 위해 사용하는 것, 이것이 우리가 살펴본 누가신학의 재물관이자 또한 그리스도인의 바른 물질 생활이라고 결론지을 수가 있을 것이다.

오늘 우리 사회는 집단 우울증에 걸릴 만큼 힘들고 어려운 시절을 살고 있다. 물론 일부 가진 사람들은 오히려 고금리(高金利)를 이용하여 또 다른 많은 부를 축적하며 즐기고 있지만, 다수의 서민들은 정리해고와 실직의 위협 아래 하루하루 불안한 가운데 살고 있으며, 아울러 깎여진 월급과 인상된 물가로 인한 이중고(二重苦)에 매일 시달리고 있다. 이런 시절에 세상의 빛과 소금으로 부름 받은 우리 그리스도인들은, 오늘 살펴본 성경의 교훈처럼, 무엇보다도 생활의 낭비를 철저하게 줄여야 할 것이다. 아울러 지나치게 재물에 집착한다든지, 혹은 자신만을 위하여 이기적으로 재물을 축적해서는 안될 것이다. 오히려 자신의 하나 밖에 없는 생명조차 아낌없이 우리 위해 희생하신 주님의 가르침을 좇아, 내 이웃을 내 몸처럼, 내 자신처럼, 사랑하면서, 힘써 절약하여 모은 재산을 기꺼이 함께 나눔으로써, 하나되기를 원하시는 하나님의 뜻을 이 땅에 이루어가야 할 것이다. 우리 각자에게 가장 고유한 목숨을 포함하여, 우리의 가진 모든 것(소유와 재산)이 결국 하나님의 선물이고, 그 선물을 잠시 위탁받아 관리하는 위치에 있다는 그리스도인의 청지기 신분을 분명히 명심하면서, 이제 성도들 각자는 하나님의 뜻에 합당한 물질 생활로 솔선수범하여 우리가 속한 사회와 이웃을 위하여 썩어지는 밀알들이 됨으로써, 어려운 경제 위기를 지혜롭게 극복하는 선봉장들이 되어야 할 것이다.

마태복음과 마가복음의 재물관 비교 연구[1]

1. 들어가는 말

다른 복음서와 비교할 때, 누가복음이 재물 주제를 심도있게 다루고 있다는 것은 학자들 사이에 이미 널리 알려진 사실이다.[2] 그러나 한편으로 안타깝게도, 공관복음의 두 책인 마가복음과 마태복음에서 재물 주제가 어떻게 나타나고 있는지에 대해서는 이제까지 많은 연구가 없어 왔다. 물론 재물 주제가 복음서 해석에 있어서 대단히 중요한 부분은 분명 아니지만, 인간 생활에 있어 실제적으로 가장 중요한 일부임에 틀림없는 재물에 대한 논의는 매우 유익한 연구가 아닐까 생각한다. 즉, 예수님의 사역과 교훈을 보여주고 있는 복음서에서 주님이 재물에

---

1) 이 논문은 『신약신학저널』 5(2001): 105-125에 게재되었다.
2) 누가복음의 재물 주제를 다룬 중요한 저서들은 다음과 같다: H.-J. Degenhardt, *Lukas Evangelist der Armen* (Stuttgart: Verlag Kath. Biblewerk, 1965); L. T. Johnson, *The Literary Function of Possessions in Luke-Acts* (Missoula: Scholar Press, 1977); W. E. Pilgrim, *Good News to the Poor* (Minneapolis: Augsburg Publishing House, 1981); D. P. Seccombe, *Possessions and the Poor in Luke-Acts* (Linz: SUNT, 1982); L. Schottroff & W. Stegemann, *Jesus and the Hope of the Poor* (New York: Orbis Book, 1986); P. F. Esler, *Community and Gospel in Luke-Acts* (Cambridge: University Press, 1987). 이 책들에 대한 비평적 논평은 김경진, 『누가신학의 제자도와 청지기도』 (솔로몬출판사, 1996), 15-41을 참조하기 바란다.

대하여 주신 교훈이나 재물과 관련하여 보여주신 태도에 대한 연구는 모든 그리스도인들에게는 매우 값진 가르침일 수 있다고 생각한다. 따라서 본 연구에서는 이제까지 많은 연구가 되어왔던 누가복음을 제외한 마태복음과 마가복음에서는, 비록 그것이 두드러지지는 않는다 할지라도, 이 재물 주제가 어떻게 나타나고 있는지를 살펴보고, 그 결과를 누가복음의 그것과 비교함으로써 공관복음의 재물 주제를 총체적으로 다뤄보고자 한다.

본 연구에 들어가기에 앞서서, 뒤에서 다시 자세하게 언급되기는 하겠지만, 특별히 공관복음서에 공통적으로 등장하고 있는 재물 관련 기사 세 가지를 먼저 고찰하고자 함으로써, 재물 주제에 관한 한 각 복음서 사이에서 발견되는 다양성 이전에 일치성 혹은 통일성을 고찰하는 것이 바람직하리라고 생각한다.

첫째로, 바로 「부자 청년의 기사(記事)」이다(막 10.17-31/ 마 19.16-29/ 눅 18.18-30).

여기서 예수님은 영생의 길을 알고자 하는 부자 청년에게 먼저는 성경(당시는 舊約)에 나타난 계명을 지킬 것을 말씀하셨는데, 그 청년은 이를 어려서부터 다 지켰노라고 말했다. 그러자 그를 사랑하시는 마음으로 주님께서는 그에게 부족한 한가지를 지적하셨는데, 그것은 바로 그가 가진 재물을 다 판 후 그것을 가난한 자들에게 나눠주고 그를 따르라는 것이었다. 여기서 "따르다 또는 좇는다"(avkolouqe,w)란 말은 당시 유대교 문헌 등에서도 확인된 바와 같이 그 자체가 제자 됨을 의미하는 전문적인 용어이다. 공관복음에서 예수님께서 한 개인에게 특별히 "좇으라"는 명령을 한 경우는 전부 두 번인데, 여기에서와 레위, 즉 마태에게 대해서이다. 여기서 이와 관련하여 우리가 한 가지 주목해야 될 것은, 공관복음에 나타나고 있는 재물관계 자료의 대부분이 사실상 제자도(弟子道)와 연결되어 있다는 점이다.

먼저 마가복음 1장 16-20절에서 예수님은 네 명의 첫 번째 제자들, 즉 베드로와 안드레 형제와 야고보와 요한 형제를 부르셨다. 그 때 베드로와 안드레 형제는 1장 18절에 의하면 배와 그물을 포기하고 주님을 따라나섰다. 누가복음 5장 1-11절에서 누가는 동일한 사건을 묘사하면서 11절에서 그들이 모든 것을 버리고 주님을 좇았다고 기록하였다. 누가복음 5장 27-28절을 보면 레위, 즉 세리 마태를 부르신 장면이 기록되어 있다. 예수님이 부르시자 레위는 역시 최초의 네 제자들처럼 모든 것을 포기하고 주님을 좇았다. 이와 같은 맥락에서 우리는 마가복음 10장 28절에서 베드로가 "주여, 우리는 우리의 다 가진 바 모든 것을 버리고 주를 좇았나이다"라고 고백한 것을 보게 된다. 이렇게 볼 때 주님께서 제자들을 부르실 때, 최초의 네 제자와 마태뿐만이 아니라 나머지 모든 제자들도 가족과 재산 등 자신의 소유 전부를 버리고 주님을 좇았던 것을 우리는 발견하게 된다. 이런 까닭에 예수님은 누가복음 14장 33절에서 "이와 같이 너희 중에 누구든지 자기의 모든 소유를 버리지 아니하면 능히 내 제자가 되지 못하리라"고 말씀하셨던 것이다.

이런 견지에서 볼 때, 예수님의 제자가 되기 위해서는 가진 바 모든 소유 및 재물을 무조건 포기해야 되는 것으로 보여진다. 그러나 이런 주장은 공관복음서 모두에 기록되어 있는「부자 청년의 기사」를 통해 균형을 찾게 된다. 즉, 이 기사에서 우리는 주님의 제자가 되고자 하는 자들이 무조건 재물을 포기하는 것으로 만족해서는 안 된다는 사실을 발견하게 된다; 주님은 부자 청년에게 재물을 팔아 가난한 자들에게 나눠주고 그 후 자신을 따르라고 말씀하셨다. 그렇다면, 무조건적인 재산의 포기가 제자도의 요건(要件)이 아니라, 그 재산의 의미 있는 포기, 곧 구제(救濟)가 요청되고 있는 것이다. 이것이 바로 예수님 살아생전에 주님을 따르고자 했던 역사적 제자들에게 재물 문제와 관련하여 주님께서 요구하셨던 조건이었던 것이다.

둘째로, 제자 파송 설교이다(막 6.8-11/ 마 10.5-15/ 눅 9.3-50).
여기서 예수님은 제자들에게 누가복음에서는 지팡이, 주머니, 양식, 신, 두 벌 옷을, 마가복음에서는 양식, 주머니, (전대의) 돈, 두 벌 옷을, 마태복음에서는 금, 은, 동, 주머니, 두 벌 옷, 신, 지팡이를 금지시키고 있다. 복음서 사이에 약간의 차이가 나기는 하지만, 여하튼 주님께서는 전도자들에게 매우 극단적인 금욕적 삶의 방식을 취할 것을 분부하셨다. 삶의 기본적인 필수품들, 예를 들면, 신이나 양식이나 돈 등을 전혀 휴대치 못하도록 금지시킨 사실에서 우리는 첫째로, 하나님의 나라의 복음을 전파하는 가장 중요한 목적을 위하여 전도자들은 인간적 수단을 의지하지 말고 전적으로 하나님의 도움을 의존해야 한다는 교훈을 얻게 된다.3) 이런 맥락에서 볼 때 지상의 재물은 천국 복음 전파의 우선적 목적을 위하여 얼마든지 희생되거나 포기될 수 있어야함을 발견하게 된다. 이런 까닭에 제자들은 주님의 부르심을 받을 때 모든 것을 포기하고 주님을 좇았던 것이다.

셋째로, 아리마대 요셉의 헌신이다(막 15.43-47/ 마 27.57-61/ 눅 23.50-54).4)
아리마대 사람 요셉은 자기 자신의 개인적 재산인 빈 무덤을 기꺼이

---
3) 참고, 김경진, 『제자와 제자의 길』(솔로몬출판사, 1997), 64-67.
4) 김경진, 『청지기도』, 150; Cf. R. J. Karris, "Poor and Rich: the Lukan Sitz im Leben", in *Perspectives on Luke-Acts* (ed., by C. H. Talbert [Edinburgh: T & T Clark, 1978], 123.

주님을 위하여 내놓았으며, 또한 주님의 시체를 싸기 위하여 비싼 세마포를 사용하였다. 재물을 주님을 위하여 기꺼이 사용한 매우 소중한 실례(實例)인 것이다. 이 사건은, 뒤에 다시 언급되겠지만, 어떤 천한 여인이 소중하게 모은 값비싼 향유를 주님께 부은 사건과 같은 맥락에 있다고 보여진다. 즉 재물은 구제만이 아니라 주님과 주님의 거룩한 사업을 위하여 얼마든지 활용되어야 마땅함을 보여주는 것으로 이해할 수 있을 것이다.

이제 그러면 재물 주제와 관련하여 마태복음과 마가복음에서 발견되는 독특한 특징들을 살펴보기로 하자.

2. 마태복음

일반적으로, 마태복음에는 재물 주제와 관련된 말씀들이 많지 않으며, 또한 누가복음에서 자세하게 발견되고 있는 부자에 대한 비판의 정도를 약화시키는 말씀들도 많이 발견되고 있지 않는 것으로 알려져 왔다.[5] 재물 주제에 관한 마태의 견해를 얻기 위하여, 아래에서 우리는 마가복음과 누가복음의 재물 주제와의 비교를 통하여 마태복음에서 드러나는 현저한 특징을 살펴보고자 한다.

첫째로, 마가복음과의 비교부터 시작해 보기로 하자.
재물 주제의 견지에서 마태복음을 마가복음과 비교할 때 우리는 다음과 같은 차이점들을 발견하게 된다.

---

5) D. L. Mealand, *Poverty and Expectation in the Gospels* (London: SPCK, 1980), 16, 21.

(1) 마가복음에 보존되어 있는 탐욕에 관한 주님의 말씀이 마태복음에는 생략되어 있다: "입에서 나오는 것들은 악한 생각과 살인과 간음과 음란과 도적질과 거짓 증거와 훼방이니"(마 15.19)[6]; "속에서 곧 사람의 마음에서 나오는 것은 악한 생각 곧 음란과 도적질과 살인과 간음과 <u>탐욕</u>과 악독과 속임과 음탕과 흘기는 눈과 훼방과 교만과 광패니"(막 7.21-22).

(2) 탐욕의 생략은 주께서 십계명을 소개할 때도 마가복음에는 보존되어 있는 반면에 마태복음에는 생략되어 있다: "가로되 어느 계명이오니까 예수께서 가라사대 살인하지 말라, 간음하지 말라, 도적질하지 말라, 거짓증거하지 말라, 네 부모를 공경하라, 네 이웃을 네 몸과 같이 사랑하라 하신 것이니라"(마 19.18-19/ 막 10.19). 즉 마가복음에 기록되어 있는 "속여 취하지 말라"는 구절이 마태복음에는 빠져있다. 마태복음에서 탐욕에 관한 언급이 이처럼 생략되어 있는 것은 재물 주제를 다룸에 있어 마태가 마가보다 온화(溫和)하다, 즉 부(富)에 대해 비판적이지 않다는 증거로 간주될 수 있을 것이다.

(3) 예수님께서 부자 청년을 부르신 기사와(마 19.16-22/ 막 10.17-22) 부자의 천국 들어감에 관한 말씀에서, 우리는 또한 마태와 마가 사이에서 차이점을 발견하게 된다. 즉 마태가 '소유'(19.21)와 '부자'(19.23)이란 단어를 사용하고 있는데 반해, 마가는 '네 있는 것'(10.21)과 '재물이 있는 자'(10.23)란 표현을 사용하고 있다. 여기서 마태는 마가처럼 직접적 표현을 사용하지 않음으로써 역시 부자에 대한 비판의 정도를 약화시키

---

[6] 마태복음의 악의 목록은 마가복음과 비교할 때 짧아지면서 십계명의 둘째판을 가리키는 것으로 간주된다. 이런 변화를 통해 마태는 율법이 예수님이 시작하신 새 시대에서 폐지되거나 없어지는 것이 아니라 여전히 유효함을 나타내 보이려 한 것이다(A. Verhey, *The Great Reversal: Ethics and the New Testament* [Grand Rapids: Eerdmans, 1987], 84).

고 있다고 보여진다.

(4) 더 나아가서, 마태는 바리새인들에 대한 비판적 말씀들을 일부 간직하고 있기는 하지만, 그들이 과부의 가산(家産)을 삼킨다는 예수님의 비판을 생략하고 있으며(cf. 막 12.40) 또한 과부가 전 재산인 두 렙돈을 성전에 바친 사건도 생략하고 있다(cf. 막 12.41-44). 바리새인들이 과부들의 가산을 삼킨다는 것은 과부들의 재산을 취한다는 의미인데, 이는 서기관들이 자신들의 일에 대하여 보수를 받을 수 없으므로 생활을 위하여 후원자들의 기부금에 의존하였는바, 특별히 돈이 많은 과부들은 탐욕스럽고 파렴치한 서기관들의 사취의 대상이 되었던 사례를 상기시킨다(마 23.25).[7] 그렇다면 이 구절의 생략은 부자들에 대한 긍정적 평가의 일부로 간주될 수 있을 것이다. 이러한 긍정적 평가는 그 다음에 이어지는 과부의 연보 사건의 생략에서 다시금 확인된다.[8] 즉 자기 생활비 전부를 바친 가난한 과부와는 대조적으로 탐욕스런 서기관과 같은 맥락에서 등장하는 부자는, 금액상으로는 더 많이 헌금하였음에도 불구하고 비판을 받고 있는 것이다.

마가복음과의 비교에서 얻어진 이러한 차이점들은 첫 번째 복음서기자 마태의 사소한 변화라고 쉽게 경시할 수만은 없다고 생각한다. 오히려 그 복음서를 기록하면서 염두에 두었던 복음서기자의 사상 및 의도의 반영(reflection)이라고 생각된다. 요컨대, 마태는 마가보다 부자와 재물 가진 자에 대해 덜 비판적인 것으로 나타나고 있다. 이런 현상에 대해, 나의 은사(恩師)인 에든버러 대학교의 데이빗 밀랜드 박사는 마태복음의 이런 경향의 원인은 (상대적으로) "재물을 가진 부자들이 많은 안정된 공동체의 가치를 암묵적으로 반영하고 있다"고 주장하고 있다.[9]

---

7) W. W. Wessel, *Mark* (EBC; Grand Rapids: Zondervan, 1995), 140.
8) Mealand, *Poverty,* 14: "Matthew does seem less critical of riches than Mark."
9) Mealand, *Poverty,* 92.

아울러 마태 공동체가 상대적으로 부자들이 많은 안정된 공동체였다는 주장의 근거를 밀랜드 박사는 예수님의 제자 파송 설교에서 찾을 수 있다고 말한다. 그 제자들을 전도를 위하여 파송하면서, 예수님은, 마가복음에서는 동전(銅錢; χαλκός, 6.8)을 누가복음에서는 은전(銀錢; ἀργύριον, 9.3)을 금지시킨 반면, 마태복음에서는 여기에다 금전(金錢; χρυσός, 10.9)을 더 추가하고 있다. 이처럼 다른 복음서에서는 나타나지 않은 금전을 추가시킨 사실을 통하여 우리는 마태 공동체 내에는 적어도 금전을 사용할 수 있는 경제적 능력을 가진 부자들이 존재했다고 추정할 수 있는 것이다. 이런 특징을 감안할 때 마태가 속했던 공동체의 경제적 환경은 마가나 누가가 속했던 공동체보다 상대적으로 부요하였던 것으로 여겨지며, 따라서 다른 복음서기자들보다 부자와 가진 자들에 대해서 덜 비판적이었던 것으로 추정되는 것이다.10)

그밖에도 마태는 마가나 누가와는 달리 복음서에서 가장 큰 화폐 단위인 달란트(τάλαντον)를 사용하는 유일한 복음서 기자이다. 특별히 마태복음의 달란트 비유에 상응하는 누가복음의 므나 비유에서 므나(μνᾶ)는 달란트의 약 60분의 1에 해당된다.11) 이런 특징을 감안할 때 마태가 속했던 공동체의 경제적 환경은 마가나 누가가 속했던 공동체보다 상대적으로 부요하였을 것으로 여겨지며, 그런 까닭에 다른 복음서 기자들보다 부자와 가진 자들에 대해서 덜 비판적이었던 것으로 추정되는 것이다.

---

10) 서중석 교수는 이런 특징에서 나타나는 마태복음의 상황을 일컬어 '자립 공동체'라는 표현을 사용한다. 그러나 공동체 내에 단지 부요한 멤버가 많다고 하여 그것을 자립 공동체라고 칭하는 것은 그다지 설득력 있게 들리지 않는다. 이는 마치 마태 공동체가 쿰란 공동체처럼 사회와 격리되어 별도의 공동체 생활을 영위하였던 것 같은 인상을 주기 때문이다: 서중석, 『복음서 해석』(서울: 대한기독교서회, 1995), 106-108.
11) J. A. Fitzmyer, *The Gospel according to Luke*, X-XXIV (AB 28A; New York: Doubleday, 1985), 1235.

이와 함께 여기서 우리가 짚고 넘어가야할 한 가지 사실이 있는데, 위에서 파송 설교 시 금지목록에 포함되어있는 것으로 알려진 돈에 대하여, 그것이 금이든 은이든 동이든 간에 주님께서는 주머니와 두 벌 옷과 신과 지팡이와 함께 이것들을 전도 여행 시 가져가지 말도록 분부하고 있다는 점이다. 한 마디로 이런 것들을 모두 포기하라는 말씀인 것이다. 그렇다면 마태 공동체는 복음 전파를 위하여 가진 바 모든 소유를 송두리째 포기해야 될 것인가? 이 문제에 대해 학자들의 견해는 이런 극단적인 재물에 대한 태도는 마태교회 내의 모든 성도들에게 적용되는 것이 아니라 일부 유랑 설교자 혹은 전도자들에게 해당되는 것으로 해석하고 있다.12)

둘째로, 재물 주제의 견지에서 마태복음을 누가복음과 비교해 보도록 하자.

마태복음과 누가복음을 비교할 때 부딪치는 문제 하나는 복음서의 출처 자료에 관한 것이다. 오늘날 많은 신약 학자들은 마태복음과 누가복음에 공통적으로 등장하되, 두 복음서보다 먼저 기록된 마가복음에는 나타나 있지 않은 자료들이 하나의 「공동 자료」(a common source)에서 비롯되었다고 주장하고 있다.13) 이 밖에도 각자의 복음서만의 독특한

---

12) Cf. Ulrich Luz, *The Theology of the Gospel of Matthew* (Cambridge: University Press, 1995), 75-80. 루츠는 마태복음 10장의 선교 명령과 관련하여 제기되어온 '두 단계 윤리'(two level ethics)를 비판하며, 마태는 그런 의도가 없었고 오히려 그가 의도하였던 것은 온전(perfection)에 이르는 것이었는데, 그것을 성취하기 위해서 유랑생활과 재물의 포기를 바람직한 방식으로 제기하였다고 주장한다(Ibid., 109-112). 그러나 이러한 그의 견해는 재물과 관련된 마태복음의 전체의 메시지를 충분히 반영하지 않은 결과로 보인다.
13) 학자들은 이 「공동자료」를 흔히 'Q' 문서 혹은 자료라고 부른다. 이에 대한 가장 전형적 예를 들면, 마태복음의 「산상설교」(마 5.1-7.27)와 이에 대응하는 누가복음의 「평지설교」(눅 6.20-49)를 가리킬 수 있겠다. 그러나 이 'Q' 자료는 여전히 하나의 가설(假說)일 뿐이지 정설로 인정받기에는 부족한 점이 너무 많은 것이 사실이다.

자료들도 적지 않게 발견되고 있다. 예를 들면, 누가복음의 중앙 부분, 소위 「여행 기사」(the Travel Narrative)에 밀집되어 있는 여러 개의 비유들과 「탄생 기사」, 마태복음의 「동방박사의 방문 기사」나 25장에 나오는 「양과 염소의 비유」 등이 바로 그것들이다. 이런 자료 문제와 관련하여서 길게 논하는 것은 이 소논문의 영역이 아님으로 논의를 생략하되, 한 가지 여기서 전제할 것은 자료 문제에 관한 한 학계의 일반적 경향은 있으되, 그것 역시 무조건 정설(定說)로 받아들일 수 있는 것이 아니기에, 여기서는 두 복음서의 차이점과 유사점을 파악하기 위해 현재의 형태를 근거로 한 비교를 통하여 우리의 의도를 얻고자 한다.14)

재물 주제와 관련하여 두 복음서를 비교할 때 드러나는 주요한 차이점 하나는 마태가 재물 관련 말씀들을 영적으로 해석하고 있다(spiritualize)는 점이다.15) 일례로, 누가복음에서는 "가난한 자는 복이 있나니 하나님의 나라가 너희 것임이요"(눅 6.20)라고 되어 있으나, 마태복음에서는 "심령이 (τῷ πνεύματι) 가난한 자는 복이 있나니 천국이 저희 것임이요"(마 5.3)라고 기록되어 있다. 이런 주장은, 누가복음에는 단지 "이제 주린 자는 복이 있나니 너희가 배부름을 얻을 것임이요"(눅 6.21)라고 되어 있는 반면에, 마태복음에는 "의에 (τὴν δικαιοσύνην) 주리고 목마른 자는 복이 있나니 저희가 배부를 것임이요"(마 5.6)라고 기록되어 있음으로 하여 더욱 지지를 받게 된다.16) 이들 두 가지 차이점 이외에

---

14) 이 문제에 관한 필자의 자세한 논의는 졸저, 『청지기도』, 44-45; 91-93을 참고하기 바란다.
15) H. J. Cadbury, *The Making of Luke-Acts*(London: Macmillan, 1927), 261.
16) 여기에 언급된 의(義)는 10절과 20절에도 다시 반복되고 있는데, 이는 마태가 제시하는 윤리의 핵심을 가리키는 것으로 알려져 있다: Graham Stanton, *A Gospel for a New People: Studies in Matthew* (Edinburgh: T. & T. Clark, 1992), 299-300; 버히, 『신약성경윤리』, 185-192.

마태가, 누가복음에는 나타나지 않는, 온유한 자(5.5), 긍휼히 여기는 자(5.7), 마음이 청결한 자(5.8), 화평케 하는 자(5.9)를 추가한 것은 "사회적 불이익보다는 도덕적 덕목"에 마태가 보다 깊은 관심을 가지고 있음을 시사하는 것으로 볼 수 있는 것이다.17)

이러한 네 가지 도덕적 덕목을 추가함으로써 마태는 결국 누가복음에 나타나 있는 부자들에 대한 네 가지 비판을 생략하는 결과를 낳게 되었다(눅 6.24-26). 누가복음에 소개되고 있는 부자들의 모습은, '부요한 자', '배부른 자', '웃는 자', '칭찬받는 자'로서 묘사되고 있다. 누가복음에서 이 네 종류의 묘사는 예수님으로부터 칭찬받는 가난한 자들의 모습과 직접적으로 대조되고 있다; '가난한 자', '주린 자', '우는 자', '핍박받는 자'. 마태복음에서 이러한 부자들에 대한 비판이 생략되어 있다는 것은 결국 마태가 부자들에게 덜 비판적인, 달리 말하면, 우호적인 태도를 취하고 있음을 드러내는 것이다.18)

산상설교에 덧붙여서, 부자들에 대한 마태의 덜 비판적인 또 다른 증거로서, 누가복음에 포함되어 있는 구제에 대한 언급이 마태복음에서 결여되어 있음 또한 우리는 주목해 보아야 할 것이다.

"소경된 바리새인아 너는 먼저 안을 깨끗이 하라 그리하면 겉도 깨끗하리라"(마 23.26)

---

17) Mealand, *Poverty*, 15: "the emphasis in Matthew is clearly on religious and moral attitudes rather than on the religious evaluation of actual want". Cf. Verhey, *Reversal*, 86. 많은 학자들이 마태가 누가복음에 보존되어 있는 공통자료를 영적, 윤리적으로 해석하였다고 주장한다. J. Lambrecht, *The Sermon on the Mount* (Good News Studies 14; Wilmington: Michael Glazier, 1985), 65; G. Strecker, *The Sermon on the Mount* (Edinburgh: T & T Clark, 1988), 31-32; Hagner, *Matthew 1-13*, 91-92; also Degenhardt, *Lukas Evangelist der Armen*, 46-50.
18) 로버트 귈리히, 『산상설교』(배용덕 역; 서울: 솔로몬, 1994), 98-99. 특별히 누가복음 6.20과의 비교를 통하여, 마태복음 5.3의 "가난한 자는 복이 있나니"에 대한 상세한 설명을 얻거나 참고하라(Ibid., 100-113).

"오직 그 안에 있는 것으로 구제하라 그리하면 모든 것이 너희에게 깨끗하리라"(눅 11.41);

"너희를 위하여 보물을 땅에 쌓아두지 말라 거기는 좀과 동록이 해하며 도적이 구멍을 뚫고 도적질하느니라. 오직 너희를 위하여 보물을 하늘에 쌓아 두라 거기는 좀과 동록이 해하지 못하며 도적이 구멍을 뚫지도 못하고 도적질도 못하느니라."(마 6.19-20)

"너희 소유를 팔아 구제하여 낡아지지 아니하는 주머니를 만들라 곧 하늘에 둔 바 다함이 없는 보물이니 거기는 도적도 가까이하는 일이 없고 좀도 먹는 일이 없느니라."(눅 12.33).

비교가 되는 이들 구절은 모두 재물을 쌓아 둘 만큼 부유한 자들을 상정(想定)하고 있다. 그런데 이 두 경우에서 누가는 분명히 구제를 강조하는데 반해 마태는 이에 대해 침묵하고 있음을 확인하게 된다. 구제란 결국 가진 자 즉 부자들의 몫임을 기억할 때 자신의 재물을 가난한 자들에게 나눠주라는 명령은 부자들에게는 부담스러운 일일 터인데, 이런 명령이 없다는 사실은 일단은 부자들에게는 우호적인 일로서 받아들여질 수 있을 것으로 여겨진다.[19] 이런 까닭에 마태복음에서 구제 명령의 침묵은 부자들에 대한 덜 비판적인 특징의 한 증거로 간주될 수 있는 것이다.

그밖에도 우리는 마태, 누가복음 모두에 등장하는 예수님 탄생기사에서, 아기 예수의 탄생을 축하하기 위해 방문한 사람들의 신분 또한 고려할 필요가 있을 것이다. 아다시피, 마태복음에서 그 축하 방문자들은 먼 나라에 장거리 여행 끝에 당도한 '동방 박사들' (μάγοι, 2.1)인데,

---

[19] Cf. Mealand, *Poverty*, 16; M. Goulder, *Luke: A New Paradigm*, vol. 2 (JSNTS Sup. 20; Sheffield: Sheffield Academic Press, 1989), 59. 참고, 김경진,『제자도와 청지기도』, 252-253.

고대세계에서 그런 장거리 여행을 하기 위해서는 많은 경비가 소요되었을 것이고, 그렇다면 그 동방박사들은 그만한 재력(財力)이 있는 부자들이었을 것이다.[20] 아울러 그들이 아기 예수께 드린 예물(황금, 유향, 몰약) 또한 값비싼 것으로서 그들의 경제적 신분을 드러내 주는 단서가 된다.[21] 한편 누가복음에서 방문자들은 한밤중에 들에서 양떼를 지키고 있던 목자들(ποίμην, 2.8)이다. 그들은 당대 사회에서 멸시 받았던 신분으로서, 물론 경제적으로도 가난한 자들이었다.[22] 그러므로 복음서 서두에서 아기 예수의 탄생을 축하하기 위해 등장하는 방문자들의 신분 또한 이 재물 주제와 무관하지 않을 것이다. 이는 곧 마태 공동체가 부요한 집단이었을 가능성에 대한 증거로 판단된다.[23] 아울러 공관복음 모두에서 공통적으로 등장하는 아리마대 요셉을 소개함에 있어서, 마태는 마가나 누가와는 달리 그가 부자(πλούσιους)임을 특별히 밝히고 있다(마 27.57; 막 15.43, 눅 23.50-51).[24] 이 역시 마태공동체 내에서 부유한 자들의 존재를 암시하는 단서로 보인다.

요컨대, 재물 주제와 관련하여 마태복음을 누가복음과 비교할 때 얻어지는 결과는 마태가 재물 주제 관련 자료들을 도덕적으로 그리고 영적으로 해석하고 있으며, 아울러 실제적 가난과 궁핍에 대한 관심이

---

[20] 게르트 타이센은 고린도교회의 사회적 상황을 분석하는 과정에서 경제적으로 부유한 사람들을 소개하면서, 그 중 한 부류로 '여행'을 할 수 있었던 사람들을 지적하고 있다. 이는 각박한 고대 세계에서 자유롭게 여행을 할 수 있다는 것 자체가 경제적 뷰유의 한 증거로 간주될 수 있었기 때문이다. Gert Theissen, *Social Setting of Pauline Christianity* (Edinburgh: T & T Clark, 1982), 73; cd. Wayne Meeks, *The First Urban Christians* (New Haven: Yale University Press, 1983), 55.
[21] '황금'과 '유향'은 이사야 60.6에 의하면 열왕이 바치는 헌물로 소개되고 있다. 그렇다면 그것이 당연히 값비싼 가치를 지녔다는 것은 자명하다고 하겠다(Hagner, *Matthew* 1-13, 31).
[22] 요아힘 예레미아스, 『예수시대의 예루살렘』(천안: 한국신학연구소, 1998), 383-5.
[23] Cf. 김경진, 『잃어버린 자를 찾아오신 주님』(서울: 한국성서학연구소, 2000), 34-35.
[24] 해그너는 요셉이 빌라도에게 예수의 시체를 달라는 요구를 하여 허락을 받아낼 정도의 영향력을 행사할 만큼 뷰유하였을 것으로 추정한다(Hagner, *Matthew 1-13*, 858).

덜하며, 가진 자들에 대해 상대적으로 우호적인(덜 비판적인) 태도를 취하고 있음이 드러나게 되었다는 사실이다.

셋째로, 마태복음의 특별자료에 나타난 재물 관련 자료를 살펴보자.
재물과 관련된 마태의 특별자료 가운데 우리의 주목을 끄는 두 개의 비유가 있다; 하나는 「밭에 감추인 보화 비유」(마 13.44)이고 다른 하나는 「진주 비유」(마 13.45-46)이다. 여기서 돈과 재물을 가진 자들은 하나님의 나라에 들어가기 위하여 그것들을 팔도록 요구받고 있다. 물론 이들 비유의 주된 초점은 재물 문제 자체가 아니라 천국에 들어갈 수 있는 기회인 것이다. 다시 말하면, 다가오는 천국은 "최고의 가치"25)이요 "지고선(至高善)"26)이므로 천국의 입성(入城)이 문제가 될 때에는 기존의 모든 가치나 재물은 상대화시킬 수 있어야 한다는 것이다.27) 그럼에도 불구하고 이들 구절 속에 재물이 언급되고 있다는 것은 쉽사리 간과될 수 없는 것이다. 달리 말하면, 이들 비유에서 재물과 부(富)에 대한 마태의 특별한 견해가 밝히 드러나고 있는 것이다.

이 점을 좀 더 풀이하자면, 재물과 부가 중요하기는 하되, 이것이 하나님의 나라 들어감에 방해가 된다면 기꺼이 포기할 수 있어야 한다는 것이다. 즉 믿는 신자의 우선적 가치는 돈이나 재물이 아니라 영적인 것이어야 하고, 땅엣 것이 아니라 위엣 것이어야 한다는 것이다. 이런 주장은 앞서 잠시 살펴보았던 마태 공동체의 경제적 상황과도 연결되는데, 마가나 누가의 공동체보다 상대적으로 보다 부요한 마태 공동체의

---

25) J. Jeremias, *The Parables of Jesus* (London: SCM, 1971), 121.
26) C. H. Dodd, *The Parables of the Kingdom* (New York: Charles Scribner's Sons, 1961), 87.
27) J. Jeremias, *New Testament Theology* (London: SCM, 1971), p. 223; cf. F. Hahn, "Pre-Easter Discipleship" in *The Beginnings of the Church in the New Testament* (Edinburgh: The St. Andrews Press, 1967), p. 20.

부자들은 재물과 부귀에 지나치게 집착하거나 얽매이지 말도록 권고 받고 있는 것이다. 왜냐하면 이로 인해 천국의 입성(入城)이 어려워질 수도 있기 때문인 것이다.

결론적으로 마가복음과 누가복음과 비교하여 마태복음의 재물 주제를 정리함에 있어서, 우리는 마가나 누가의 공동체보다 보다 부요한 상황에 놓였던 공동체에 속했던 마태가, 첫째로 누가복음과 비교할 때 재물 관련 자료들을 도덕적으로 영적으로 해석하고 있으며, 둘째로 다른 복음서기자들보다 재물 문제와 부자들에 대하여 덜 비판적이란 사실을 발견했으며, 아울러 가난한 자에 대한 관심이 상대적으로 부족하다는 사실을 확인하게 되었고, 셋째로, 마태는 상대적으로 가난한 자들에 대한 관심이 부족함이 드러나게 되었고, 넷째로, 천국에 들어가기 위하여 재물이 방해가 될 경우 기꺼이 이를 포기하거나 그 목적을 위하여 긴요하게 활용해야 한다는 것을 강조하였음을 확인하게 되었다.

그러면 마태복음에 나타난 재물과 부자들에 대한 이러한 견해가 의미하는 바는 무엇일까? 다시 말하면, 왜 마태는 재물과 부자들에 대하여 긍정적으로 묘사하고자 하였을까? 마태공동체는 이제까지 연구된 결과에 따르면, 외부적으로는 회당 유대교로부터 박해를 당하고 있었고,[28] 내부적으로는 한 구성원이 된 이방 그리스도인들의 반율법주의적 태도로 인해 상당한 어려움을 겪고 있었던 것으로 알려져 있다.[29] 아마도 이러한 마태공동체의 사회적 배경을 고려할 때 마태가 부(富)와 부유한 신자들에게 관대한 태도를 취한 것은, 그들이 그 공동체에서 차지하는

---

28) J. A. Overman, *Matthew's Gospel and Formative Judaism; the Social World of the Matthean Community* (Minneapolis: Fortress, 1990), 1-5; Stanton, *A Gospel for a New People; Studies in Matthew*, 113-145.
29) Ralph Martin, *New Testament Foundation*, vol. 1 (Exeter: Paternoster, 1975), 226-232. Cf. 김경진, "마태복음과 유대주의," 『그말씀』140(2001), 86-95.

비중이 컸고, 따라서 회당과 분리된 상황 아래 야기된 마태공동체의 정체성 위기를 극복하는 과정에서, 그들을 격려하면서 그들의 적극적 역할을 기대하였기 때문으로 풀이된다.

3. 마가복음

우리가 여기서 마가복음을 그보다 후대에 기록된 마태, 누가복음과 비교할 때에는 고려해야할 점이 하나 있다. 그것은 누가나 마태가 마가복음을 참고하면서 달리 표현하는 경우, 그 변화로 마가를 판단해서는 안 된다는 것이다. 다시 말하면, 마가복음은 타 복음서와의 비교 이전에 그 자체만으로 이해되어야 한다는 것이다.[30]

마가복음은 일반적으로 로마에서 로마관헌과 유대인들로부터 핍박 받고 있는 신앙 공동체를 위로하고 격려하기 위하여 쓰여진 것으로 알려져 있다.[31] 이런 위기적 상황에서 마가가 참 예수님의 제자들의 자격에 대하여 관심을 가지면서 제자도를 강조하게 된 것으로 당연한 것으로 생각된다.[32]

---

[30] 마가복음 연구의 이러한 문제점에 대한 보다 상세한 설명은, 김경진, 『누가신학의 제자도와 청지기도』, 91-93을 참고할 것.

[31] E. Best, *Mark: The Gospel as Story* (Edinburgh: T & T Clark, 1983), 51, 93; W. Lane, *The Gospel according to Mark* [NICNT] (Grand Rapids: Eerdmans, 1978), 15, 18; cf. M. Hooker, *The Message of Mark* (London: Epworth, 1983), 21. 이런 까닭에 이들 학자는 마가복음의 성격을 목회적(pastoral)이라고 규정하고 있다.

[32] 이런 이유로 많은 학자들은 제자도를 마가복음의 중심 주제로 간주하여 이를 근거로하여 마가복음을 해석하고 있다. 여기에 해당하는 학자들과 그들의 저서는 다음과 같다; E. Schweizer, *The Good News according to Mark* (London: SPCK, 1977); A. Stock, *Call to Discipleship* (Wilmington: Michael Glazier, 1982); E. Best, *Following Jesus* (Sheffield: JSOT, 1981); *Disciples and Discipleship* (Edinburgh: T & T Clark, 1986).
이외에 마가복음의 제자도에 특별한 관심을 갖고 연구한 이들은 다음과 같다; T. J. Weeden, "The Heresy that necessitated Mark's Gospel", *ZNW* 59(1969), 145-158; J. Tyson, "The Blindness of the Disciples", *JBL* 80(1961), 261-268; R. C. Tannehill, "The Disciples in Mark: the Function of a Narrative Role", in *The Interpretation of Mark* (ed. by W. Telford [London: SPCK, 1985]), 134-157; B. L. Melbourne, *Slow to Understand:*

이처럼 제자도가 주된 주제로 강조되다 보니, 누가복음과 비교할 때 재물 주제는 상대적으로 적게 언급되고 있는 것으로 나타나고 있으며, 설령 있다 해도 제자도 주제에서 파생된 형태로 등장하고 있음을 발견하게 된다. 예를 들면, 최초의 제자들의 부르심(1.16-20), 세리 레위의 부르심(2.13-14), 부자 청년의 부르심(10.17-31)33) 등이 바로 그러하다. 따라서 이들 기사에서 강조되고 있는 것은 재물 자체에 대한 어떤 의미가 아니라, 참 예수님의 제자가 되기 위한 조건의 일부로서 재물의 포기인 것이다. 다시 말하면, 하나님의 나라를 전파하는 예수님의 제자가 되기 위해서는 직업, 재물, 가족 등이 불필요할 뿐만이 아니라 오히려 방해의 요인이 될 수 있기에 예수님의 추종자들은 기꺼이 이런 것들을 포기하도록 요청받았던 것이다(마 10.28).34) 이런 견지에서 볼 때 마가의 부에 대한 태도는 대단히 비판적임을 발견하게 된다.35)

마가의 재물에 대한 견해를 상세하게 다루기에 앞서 마가공동체의 경제적 상황에 대하여 잠시 살펴봄이 유익하리라 생각된다. 앞에서 마태복음을 마가복음과 비교하였고, 그 결과 마태가 마가보다 재물과 부자들에 대하여 호의적임을 발견하였다. 이러한 결과는 상대적으로 마가의 부정적 태도로 연결될 수 있을 것이다. 왜냐하면 마가가 입에서 나오는 더러운 것들 중 '탐욕'을 포함시키고 있고(7.22),36) 또한 예수님께서 부자 청년에게 언급한 계명 중 "속여 취하지 말라"는 구절을 역시

---

the Disciples in Synoptic Perspective (Langam: University Press of America, 1988); D. J. Hawkin, "The Incomprehension of the Disciples in the Marcan Redaction", *JBL* 91(1972); L. Keck, "Mark 3:7-12 and Mark's Christology", *JBL* 84(1965), 341-358; C. C. Black, *The Disciples according to Mark* (Sheffield: JSOT, 1989).
33) 밀랜드는 이 기사에 대해 "아마도 초대교회에서 이 기사는 제자 후보생들을 위한 모범적 이야기로서 이용되었다"라고 주장하고 있다(Mealand, *Poverty*, 23).
34) Cf. 김경진, 『제자와 제자의 길』(서울: 솔로몬, 2002), 11-24.
35) Mealand, *Poverty*, 23.
36) Meand, *Poverty*, 23.

포함시키고 있기 때문이다(10.19). 아울러 과부의 가산을 '속여 취하는' 바리새인들을 비판하는 구절을 포함시키고 있고, 이어서 과부의 연보를 소개하는 것 역시 부자들에 대한 비판적 태도로 볼 수 있기 때문이다.

재물과 부자들에 대한 이러한 비판적으로 다소 부정적인 태도는 아마도 마가공동체의 경제적 상황과 무관하지 않으리라고 생각된다. 마가의 공동체는 대체로 가난한 자들이 다수였던 분위기였을 것으로 추정된다.37) 우선 마가는 복음서 가운데 가장 적은 동전의 명칭인 '렙돈'(λεπτόν)을 사용하고 있고(12.42),38) 선교 설교에서 사용된 돈 역시 동전(χαλκόν)이었다.39) 또한 대체로 마태, 누가복음과 비교할 때 마가복음은 도시 공동체가 아니라 시골 공동체를 드러내는 것으로 알려져 있다.40) 그 이유는 우선 마가복음에서는 도시(πόλις)라는 단어가 타 복음서에 비해 훨씬 적게 사용되고 있으며,41) 또한 도시인 예루살렘은

---

37) 키(Howard Clark Kee)는 마가공동체를 선지자적, 카리스마적 설교자들의 집단으로 규정지으며, 그들은 견유, 스토아 학파의 설교자들처럼, 그 사역을 위하여 자선에 의존하였다고 주장한다. 이 주장에 따른다면, 구제에 의존할 만큼 그들은 가난하였을 것임이 분명하다; H. C. Kee, *Community fo the New Age; Studies in Mark's Gospel* (London: SCM, 1977), 88; cf. M. A. Beavis, *Mark's Audience: The Literary and Social Setting of Mark 4.11-12* (JSNTSup 33; Sheffield Academic Press, 1989), 169.

38) 물론 누가도 과부의 연보 사건을 소개하면서 렙돈을 사용하고 있으나, 이는 그가 마가복음을 참고한 결과라고 보인다. 누가공동체는 그 안에 나타나고 있는 많은 증거들을 참작할 때 부자와 가난한 자들의 혼합공동체로 알려져 있으므로, 렙돈이 갖는 의미가 마가복음과는 다를 것으로 여겨진다; R. J. Karris, "Poor and Rich; the Lukan Sitz im Leben," in *Perspectives on Luke-Acts* (ed. C. H. Talbert; Edinburgh: T & T Clark, 1978), 112-125; Esler, *Community and Gospel in Luke-Acts*, 183-200; 김경진, 『누가신학의 제자도와 청지기도』, 59-71.

39) Cf. 막 12.41. 누가는 은전을, 마태는 금, 은, 동전을 모두 사용하고 있다. 물론 마가도 14.11에서 은전을 사용하기는 하지만, 이곳 한 번 뿐이고, 누가는 은전을 모두 4번 사용하고 있다. 이런 맥락에서 킬패트릭은 각 복음서에서 사용된 화폐의 단위를 근거로 하여 마태교회가 다른 마가, 누가 교회보다 더 부유하였다고 주장한다; G. D. Kilpatrick, *The Origins of the Gospel according to St. Matthew* (Oxford: Clarendon, 1950), 125-6; cf. M. D. Goulder, *Midrash and Lection in Matthew* (London: SPCK, 1974), 61-62, 109-111.

40) Kee, *Community*, 90-91.

41) 마태는 도시라는 단어를 27번 사용하고 누가는 37번 사용한 반면, 마가는 단지 8번 사용하고 있다.

예수님을 배척하고 죽이는 곳으로 부정적으로 묘사되고 있는 반면에, 시골인 갈릴리는 복음이 시작되었고 주님께서 다시 제자들과 해후(邂逅)하는 곳으로 긍정적으로 묘사되고 있기 때문이다.

마가복음에서 재물 관련 자료 속에 포함될 수 있는 두 개의 기사가 있는데, 하나는 마태복음에는 생략되어 있는「과부의 헌금 기사」(막 12.41-44)와 베다니에서의「향유부음 사건」이다(막 14.3-9). 그러나 이들 두 사건에 등장하는 부자와 가난한 자는 재물 주제와 직접적으로 연결되어 있지 않고 부차적 역할을 하고 있다. 다시 말하면, 이들 기사에 기록되어 있는 예수님의 말씀은 직접적으로 재물 주제에 관한 것이 아니라 어려운 중에서도 생활비 전부를 넣은 과부의 헌금과 어렵게 모은 향유를 기꺼이 주님을 위해 허비한 여인의 행실에 대한 칭찬에 관한 것이다. 그러면 이제 이들 기사를 차례차례로 살펴보기로 하자.

첫째로, 과부의 헌금 기사를 검토하여 보자. 이 기사는 마태복음에는 없지만 누가복음에는 등장하고 있는데, 누가복음과 다른 한 가지는 누가복음에는 "여러 부자는 많이(πολλά) 넣는데"란 구절이 빠져 있다는 점이다(눅 21.1-4). 누가복음에는 없는 이 구절로 인해 마가가 부자를 호의적으로 묘사하고 있다고 직설적으로 주장할 수는 없지만, 그렇다 할지라도 마가가 부자와 재물가진 자에 대해 덜 비판적임을 확인할 수 있다고 보여진다.[42]

과부가 성전의 연보궤에 넣은 이 헌금은 가난한 자들을 위한 구제의 용도로 사용되는 것으로 알려져 있다.[43] 그러나 이런 사실을 근거로

---

[42] 누가가 여기서 τὰ δῶρα를 사용한 것을 근거로하여, 쉬미트는 누가가 여기서 자선과 재산포기(dispossession) 사이를 구분 짓고 있다고 주장한다(T. E. Schimdt, *Hostility to Wealth in the Synoptic Gospels* [Shefffield: JSOT, 1987], 160).

[43] R. Brooks, *Support the Poor in the Mishnaic Law for Agriculture: Tractate Peah* (Chico, Calif.: Scholars Press, 1983), 147; 참고, 김경진,『누가신학의 제자도와 청지기도』, 385-190.

하여 가난한 자도 구제에 참여해야 한다고 주장하는 것은 무리가 있다고 본다. 왜냐하면 그 과부는 그 용도에 관계없이 그 헌금을 하나님께 바쳤기 때문인 것이다. 오히려 이 기사의 초점은 재물의 바른 사용, 즉 재물의 용도(用途)가 아니라 헌금을 드리는 정신 및 태도에 있다. 즉 부자들은 그 풍족한 중에 드렸지만, 가난한 과부는 "구차한 중에서 자기 모든 소유 곧 생활비 전부"를 연보궤에 넣었다. 이처럼 가난한 과부는, 비록 그녀 자신이 생활의 구차함으로 남으로부터 도움 받아야 할 형편임에도 불구하고 자신의 모든 것을 아낌없이 하나님께 바쳤던 것이고 이로 인해 주님으로부터 칭찬과 인정을 받았던 것이다.44) 특별히 주님이 43절에서 제자들을 대상으로 이 말씀을 하였다는 것을 참작할 때, 참 제자도는 예수님을 통하여 전개되는 하나님의 나라와 그 사역을 위하여 모든 것을 포기할 각오를 가질 것을 촉구하는 것으로 이해된다.45)

둘째로, 향유부음 사건을 검토해 해보자(막 14.3-9/마 26.6-13/눅 7.36-50/요 12.1-8). 이 사건은 매우 드물게 사복음서 모두에 기록되어 있는데, 상황과 등장 인물이 꼭 같지는 않으며, 또한 재물 주제와 직접적으로 관련되어 있지도 않다. 마태와 마가는 이 사건이 예수님의 죽음 이틀 전에 발생한 것으로서 묘사하면서, 수난기사에 포함시키고 있다. 한편 요한복음에서는 이 사건이 유월절 엿새 전에 발생한 것으로 기록되어 있으며, 또한 예루살렘 입성 이전에 발생한 것으로 기록되어 있다. 누가복음에서 이 사건은 예수님의 갈릴리 사역의 일부로 기록되어 있으며, 수난기사에 포함되어 있지 않다. 이런 까닭에 어떤 학자들은 주장하기를, 사복음서 전체에 기록되어 있는 이 기사는 같은 이야기가 아니라고 말한다.46)

---

44) D. B. Tayor, *Mark's Gospel as Literature and History* (London: SCM, 1992), 287.
45) H. Anderson, *The Gospel of Mark* (NCBC; Grand Rapids: Eerdmans, 1994), 287; W. Lane, *The Gospel according to Mark* (NICNT; Grand Rapids: Eerdmans, 1978), 443.

그러나 비록 그 내용이 다르다 할지라도, 우리의 주목을 끄는 점은 대체로 이 이야기의 구조가 같다고 하는 점이다. 여기서 우리의 관심을 끄는 것은, 첫째로, 마가가 "매우 값진"(막 14.3; πολυτελοῦς)이라고, 마태가 "매우 귀한"(마 26.7; βαρυτίμου)이라고 묘사하고 있는 향유의 값어치를 누가가 생략하고 있다는 점이다. 한편 누가의 이런 생략은 우리로 하여금 누가가 의도적으로 향유의 가치를 축소시키거나 경시하고자 하였다는 인상을 갖게끔 만든다. 재물 주제와 관련하여 여기서 발견되는 또 다른 사실은 마가복음과 마태복음에서는 여인이 향유를 예수님께 부은 것을 보고 '제자들이'(마태복음)나 '어떤 사람들이'(마가복음)이 분을 내었다고 기록되어 있으나, 누가복음에는 전혀 그런 기록이 포함되어 있지 않다는 것이다. 이 사건의 상황과 관련된 논의와는 별도로, 우리는 여기서 어찌하여 누가가 재물 사용에 관련된 분노를 언급하고 있지 않은지에 대해 물어야 할 것이라 생각한다.

외형적으로 볼 때, 예수님은 제자들에게는 불필요한 낭비처럼 여겨지는 여인의 행실을 인정하고 칭찬하였음이 분명하다. 그런데, 사복음서 모두에서 삼백 데나리온 이상의 가치를 지닌 것으로 평가된 귀중한 향유는 또한 분명히 가난한 자들을 위하여 허비되지 않았다. 아마도 이런 사실이 가난한 자에 대한 각별한 관심을 상기하면서 구제를 누구보다도 강조하고 있는 누가에게는 불편하게 여겨졌을 것으로 보인다. 이런 까닭에 아마도 누가는 그 복음서의 성격과 부합하지 않는 구절들, 즉 향유의 비싼 값어치나 여인의 행실에 대한 제자들의 분개 등을 생략하였을 것으로 추정하게 되는 것이다.47) 반면에, 누가와는 달리,

---

46) 이 문제에 대한 좀더 자세한 논의는, 김경진, 『누가신학의 제자도와 청지기도』, 243-244를 참조하기 바란다.
47) 두 권의 저작에서 재물 문제에 대한 남다른 관심을 보이고 있으며, 이와 병행하여 가난한 자들과 불우(不遇)한 이들에게 각별한 동정심을 보이고 있는 누가복음의 성격을

이 구절들을 적고 있는 마가는 재물이 반드시 가난한 자들만을 위해서만 사용될 필요가 없으며, 또 다른 중요한 목적, 즉 하나님과 하나님의 사업을 위한 거룩한 목적을 위해서도 마땅히 사용되어야함을 보여주고 있는 것이다.48) 이런 용도의 재물 사용 역시 예수님에 의해 인정과 칭찬을 받았던 것이다. 아울러 이 기사가 거의 가감없이 마태복음에도 그대로 소개되고 있다는 것은, 마태 역시 이러한 재물 사용을 격려하고 있는 것으로 볼 수 있을 것이다.49)

이상의 내용을 종합하여 우리는 다음과 같이 마가복음의 재물관을 정리할 수 있을 것이다. 첫째로, 재물은 하나님의 나라에 들어가기 위하여 그리고 예수님의 제자가 되기 위하여 마땅히 포기될 수 있어야 한다. 둘째로, 이런 의미에서 마가는 재물 및 부자에 대해 매우 비판적이었다고 간주된다. 셋째로, 재물은 하나님과 하나님의 사업을 위하여 사용되어야 마땅하다. 이 세 가지 항목 중 첫째와 둘째 항목은 마태복음과 누가복음에서도 발견되는 것이지만, 셋째 항목은 마가복음에서만 발견되는 특징적인 것이다. 그 이유는 과부의 헌금 사건은 마태복음에서 빠져있고, 향유부음 사건은 누가복음에서 예수님의 장사와 관련되거나 가난한 자에 대한 관심의 견지에서 기록되어 있지 않기 때문이다. 그런데 이 두 사건 모두 마가복음에 기록되어 있다는 것은 마가가 특별히 셋째 항목의 재물 사용에 관심을 가졌음을 보여주는 것이다.

기억할 때, 이들 두 사건, 즉 과부의 헌금과 향유부음 사건에서, 마가복음이나 마태복음에서 발견되는, 그런 동정심과 부자들에 대한 비판이 발견되지 않는다는 것은 누가에게는 놀라운 일이었을 것으로 추정된다.

48) Anderson, *Mark*, 306: "Their fault is that they cannot see beyond the level of good works to the deeper implications for life and conduct of devotion to Jesus."
49) Cf. B Malina & R. Rohrbraugh, *Social-Science Commentary on the Synoptic Gospels* (Minneapolis: Fortress, 1992), 266; A. E. J. Rawlinson, *St. Mark* (London: Mathuen, 1960), 176.

4. 맺는 말

　재물 주제와 관련하여 이제까지 우리는 마태복음과 마가복음의 재물 관련 자료들을 분석하여 보았다. 이제 우리는 이런 분석의 결과를 토대로 재물 주제와 관련하여 각 복음서의 특징들을 아래와 같이 발견해 내었다; 마가복음의 경우 재물 문제에 있어서 예수님과 복음을 위하여 기꺼이 포기되어야 함을 강조하는 엄격함이 발견되며, 부자들에 대해서도 비판적 태도를 찾아볼 수가 있다. 마태복음의 경우는 마가복음의 입장에서 약간 물러선 것으로 이해되는데, 즉 재물 주제가 영적으로 해석됨으로써 가난한 자들에 대한 관심이 약해지면서 부자들에 대해서도 덜 비판적인 태도가 발견되는 것이다. 반면 대체로 누가복음의 경우는 마가복음의 입장에서 좀더 나아가 부자들에 대해서 매우 비판적이면서 재물의 바른 사용, 즉 구제가 각별하게 강조되어 나타나고 있다.
　이처럼 재물 주제와 관련하여 복음서 기자들은 나름대로 그 공동체의 사회적 상황에 적합하게 독특한 변화를 주고 있지만, 이런 다양성에도 불구하고 공통적으로 발견되는 일치성을 우리는 발견하게 된다. 이것은 특별히 공관복음서 모두에 포함되어 있는「부자 청년 기사」,「제자 파송 설교」,「아리마대 요셉의 헌신」에서 집약적으로 드러나는데,
　첫째로, 재물은 예수님의 제자가 되기 위하여 포기되어야 할 속박으로서 부정적 이미지로 그려진다. 둘째, 그러나 단순한 포기가 아니라, 가난한 자들을 위해 의미 있게 쓰여져야 마땅한 것으로 묘사됨으로써 이제 긍정적 사용의 방향이 제시된다. 여기서 한 걸음 더 나아가, 셋째, 특히 마가복음에서 강조되고 있는 것처럼, 재물은 복음 전파와 하나님 나라를 위한 사역의 우선적 목적을 위하여 언제든지 기꺼이 사용될 수 있어야 한다는 것이다.

청지기職에 대한 신약성경의 이해[1]

　신약 성경에서 청지기와 청지기職에 대한 언급은 우리가 오늘날 이 단어를 사용하는 빈도에 비한다면 생각 밖으로 그렇게 많지 않다. 신약 성경에서 청지기(οἰκονόμος), 혹은 청지기직(οἰκονομία)와 관련된 단어는 모두 20회에 걸쳐 사용되고 있다. 복음서 중에는 오직 누가복음뿐이며,[2] 바울서신 중에서는 7개 서신, 즉 로마서, 고린도전서, 갈라디아서, 에베소서, 골로새서, 디모데전서, 디도서 등에서 이 단어가 등장하고 있고,[3] 이밖에 베드로전서에서도 한 번 사용되고 있다(4.10). 여기서 우리는 한가지 유념해야 할 부분이 있다. 그것은 누가복음에서 '청지기 직분'에 해당하는 οἰκονομία(한글 개역, '事務', 혹은 '직분': 눅16.2)란 단어가 바울서신에서는 고전9.17만 제외하고는 모두 '경륜'으로 번역되면서, 다른 의미로 소개되고 있다는 점이다(엡 1.9; 3.2; 3.9; 골 1.25; 딤전 1.4). 이렇게 볼 때, 신약 성경 전체에서 오늘날 우리가 일반적으로 사용하고 있는 청지기직과 직접적으로 관련하여 사용된 단어의 用例는 모두 15회라고 말할 수 있겠다.

　신약 성경이 말하는 청지기도 및 청지기 직분에 대한 바른 이해를

---

[1] 이 논문은 「그 말씀」 37(1995); 116-131에 게재되었다.
[2] οἰκονόμος = 12.42; 16.1, 3, 8; οἰκονομία = 16.3, 4; οἰκονομέω = 16.2
[3] 롬 16.23; 고전 4.1, 2, 9.17; 갈 4.2; 엡 1.10, 3.2, 9; 골 1.25; 딤전 1.4; 딛 1.7.

얻기 위하여, 무엇보다도 먼저 우리는 신약 성경과 성경 저자 당대의 사회 속에서 청지기가 어떤 인물이며 또 그의 기능과 역할이 어떤 것인지를 살펴볼 필요가 있을 것이다. 왜냐하면 누가, 바울, 그리고 베드로가 이 단어를 사용할 때 염두에 두었던 일차적인 개념은 당대의 청지기 제도에서 비롯되었을 것일 것이기 때문이다. 따라서 이제 우리는 성경 저자들 당대의 사회, 즉 1세기 그리스-로마 세계 속에서 청지기들이 과연 어떤 기능과 역할을 수행하였는가를 고찰함이 필요할 줄로 생각한다.

1. 1세기 그리스-로마 사회 내에서의 청지기(노예)제도

청지기는 특별한 종류의 노예이다. 따라서 청지기 제도를 바로 이해하기 위해서는 노예제도에 대한 이해가 先行되어야 할 것이다. 노예제도는 고대 그리스 시대 이후로 모든 고대사회에 걸쳐 존재하였는데, 그 전성기는 로마제국 시대일 것이다. 고대 그리스와 로마 사회에서 노예들은 국가와 부유한 개인들의 소유물이었다.[4] 그리하여 그 주인들의 관심사에 따라 노예들에게 배당된 직업들은 대단히 다양하였던 것으로 알려져 있다. 국가에 소속된 노예들은 보통 행정과 재정 분야에서 회계사나 회계 및 출납 담당자, 또는 고대 아테네 市에서는 경찰관 등으로 일하였다. 이런 까닭에 이들은 '公奴(civil servant)라고 불리웠는 바,[5] 여기서 우리는

---

[4] 황제들에게 귀속되었던 노예들 역시 '公奴'라 불리웠는데, 이들은 로마 제국의 공적 업무를 수행하였다(R. H. Barrow, *Slavery in the Roman Empire* [London: Methuen & Co., 1928], 130). Cf. T. Wiedermann, *Greek and Roman Slavery* (London: Croom Helm, 1981), 43-44.

[5] Wiedermann, *Slavery*, 41-43. Cf. J. Stambaugh & D. Balch, *The Social World of the First Christians* (London: SPCK, 1986), 66-67. 좀 더 자세한 정보는 Barrow, *Slavery*, 130-159을 참조하라.

오늘날 국가 공무원들을 '公僕'으로 부르는 그 기원을 찾을 수 있을 것이다. 부유한 개인들에 의해 소유된 노예들(家奴) 또한 집 안에서 여러 가지 다양한 업무를 수행하였다. 다음은 그리스-로마 세계에서 가정 노예들에게 할당된 업무들의 몇 가지 예이다.

1) **남자 노예들**: 안마사(unctor; masseur), 귀금속 보관인(auri custos; jewellery attendant), 목욕 시종(balneatores; bath attendant), 우편 배달부(nuntii & renuntii cursores; messengers), 노새 몰이꾼(muliones; mule drivers), 시종(pedisequus; διάκονος; attendant), 급사(salutigeruli pueri; pages), 마부(agaso; groom), 하인(calator; footman), 창고 관리인(cellarius; store-keeper), 어린아이들의 보호자(paedagogus; παιδαγώγος; chaperon of children), 요리사(coquus; cook), 세금 징수인(insularius; rent-collector), 청소부(lecticarii; letter-bearers), 창고지기(horrearius; warehouse man).

2) **여자 노예들**: 간호사(nutrix; nurse), 산파(obstetrix; obstetrician), 옷장지기(cistellatrix; wardrobe keeper), 옷보관인(vestiplica; clothes folder), 문지기(ianitrix; doorkeeper), 미용사(tonstrix; hairdresser), 하녀(pedisequa; attendant), 가수(cantrix; singer).[6]

소유주 문제와는 별도로, 가정 노예들은 또한 그들이 일하는 장소에 따라서 대체로 두 종류로 구분되었다; 즉 도시 노예와 시골 노예이다. 이들은 일하는 환경에 따라서 각기 다른 업무들을 배정받았다.[7] 보통

---

6) K. R. Bradley, *Slavery and the Rebellion in the Roman World, 140 BC - 70 BC* (London: Indiana Press, 1989), 29-30; Barrow, *Slavery*, 22-64; W. L. Westermann, *The Slave Systems of Greek and Roman Antiquity* (Philadelphia: The American Philosophical Society, 1955), 13. 브래들리는 이러한 노예들의 직업의 다양한 職種들은 후기 공화정과 초기 제국 시기에 확립되었다고 설명한다. 가정 노예에 대하여 보다 자세한 정보를 위하여서는 다음의 책들을 참고하라; Wiedermann, *Slavery*, 122-153; R. P. Saller, "Slavery and the Roman Family", in *Classical Slavery* (ed. by M. I. Finley [London: Frank Cass, 1987], 65-87.
7) 가정 노예들의 조건에 대하여는, J. M. G. Barclay, "Paul, Philemon and the Dilemma

농장과 목장에서 근무하는 시골 노예들에 관하여, 우리는 카토(Cato)의 『농사에 관하여』(De Agricultura)로부터 시골 노예들의 직업의 종류가 다음과 같았음을 알 수가 있다; 경작자(bubulci; ploughmen), 돼지치는 자(subulcus; swineherd), 목동 두목(opilio; head shepherd), 당나귀 몰이꾼(asinarius; donkeyman), 목동(pastores; shepherds), 청소부(politer; cleaner), 기름 수거인(capulator; oil drawer), 올리브따는 자(leguli, strictores; olive pickers), 현장 감독(custodes; overseers), 토지관리인(vilicus, vilica; bailiff).

여기에 소개된 개인에게 속한 가정 노예들 가운데 우리의 관심을 끄는 것은 '토지(농장)관리인'이다. 왜냐하면 이들의 역할이 우리가 현재 다루고 있는 청지기의 역할과 유사하기 때문이다. 카토가 쓴 『농사에 관하여』에 따르면, 토지관리인은 업무 영역에서 다른 노예 일꾼들을 감독해야 하는 그 일의 성격 때문에 농장에서 일하는 노예 일꾼들 중 가장 지위가 높은 인물이었다.8) 플라우투스(Plautus)는 그의 희곡 『카시나』(Casina)에서 농장관리인의 한 모범적 예로 올림포(Olympo)를 소개하였다;

> "그의 지휘 영역은 감독직(praefectur)이다. 그는 부재 중 그의 대리인을 임명할 수 있으며, 농장의 일들을 다른 노예 일꾼들에게 배당해 주며, 그들의 음식과 잠자리를 감독하는 역할을 한다. 그가 칼리누스를 구속하거

---

of Christian Slave-Ownership", *NTS* 37(1991), 165-170을 참고할 것.
8) Bradley, *Rebellion*, 27; cf. Barrow, *Slavery*, 75-76; Westermann, *Slave Systems*, 68-69; Stambaugh & Balch, *Social World*, 68-69. 주전 184년 감찰관이었던 카토(BC 234-149)는 그의 농장의 생산량을 늘이기 위하여 농장관리인의 중요성을 인식하였다. 그 이유는 카토 자신과 같은 주인이 도시에서의 개인적인 업무로 인해 농장을 자주 방문하는 것이 쉽지 않았기 때문이다. 그리하여 카토는 그의 아들을 위해 저술한 『농사에 관하여』란 책에서, 농장관리인(청지기)이 주인의 재산과 노예들을 돌보며 지켜야 할 행위 규범을 기록하여 놓았다(『농사에 관하여』, 2.1-5).

나, 또는 물지게꾼으로 만들겠다고 위협하는 것을 통하여 우리는 농장관리인의 역할이 어떠해야 하는지를 깨닫게 된다."9)

농사에 관하여 열두 권의 조직적인 논문을 저술한 콜루멜라(Columella)는 농장관리인 또는 청지기의 역할과 기능에 대하여 소중한 작품을 남겼다. 그 책에서 콜루멜라는 청지기와 일꾼들의 선택과 그들의 임무에 관한 조언을 기록하였다.10) 콜루멜라가 언급한 청지기의 역할은 카토의 『농사에 관하여』와 플라우투스의 희곡에서 살펴본 바 있는 토지관리인(vilicus)의 역할과 매우 유사한 것으로 나타났다. 더욱이, 그리스-로마 문헌의 청지기의 이러한 기능은 랍비 문헌에 등장하는 בֶּן בַּיִת의 기능, 즉 "주인의 전 재산을 돌보며 가정 일을 감독하는 일종의 우두머리 노예의 기능"과도 유사한 것으로 보인다.11)

농장(토지)관리인 혹은 청지기의 역할과 기능에 관한 고대 세속 문헌을 검토한 결과, 우리는 아래와 같은 결론을 내릴 수 있겠다; 청지기는, 신분은 다른 종들과 마찬가지로 부유한 주인의 私奴이나, 주인의 선택을 받아 주인의 재산과 소유 전체를 관리하는 총책임을 맡은 특별한 노예인 것이다.

이제 그러면 우리는 신약 성경이 말하는 청지기직의 성격을 주의 깊게 고찰해 볼 필요가 있겠다. 그런데 여기서 우리가 한가지 기억해야 할 것은, 비록 바울과 베드로 역시 청지기란 단어를 사용하고 있고, 또한 청지기직과 관련된 단어들을 역사적으로 처음 사용한 것이 바울이기는 하지만, 청지기란 인물이 어떤 존재이며 또 그 기능과 역할이

---
9) Casina, 52, 99, 103, 105, 109, 117-131, 255-9, 418.
10) Columella, 1.8.1-20; 1.7.1-7. Cf. N. Brockmeyer, *Antike Sklaverei* (Darmstadt: Wissenschaftliche Buchgesellschaft, 1979), 184-190.
11) O. Michel, "Οἰκονόμος", *TDNT*, 5:149.

어떠한지에 대해서는 거의 설명해 주고 있지 않고, 이미 어떤 개념을 전제로 하여 은유적으로(metaphorically) 이를 사용하고 있다는 점이다. 따라서 청지기직의 올바른 이해를 얻기 위해서는, 바울과 베드로 서신보다는 오히려 청지기의 기능과 역할을 구체적이고 실제적인 이야기 속에서 잘 설명해 주고 있는 누가복음을 의존하는 것이 적절하리라고 생각된다. 그러므로 이하에서는 누가복음에 등장하는 세 개의 청지기 비유를 차례로 검토함으로써 청지기직의 성경적 개념을 얻고자 한다.

2. 신실하고 지혜로운 청지기 비유(눅 12.41-48 / 마 24.45-50)

누가복음의 이 비유는 청지기와 관련된 주제와 청지기직과 관련된 교훈을 공관복음 가운데서는 제일 먼저 소개하고 있다. 이 비유에서 청지기는 家事 전체(θεραπεία, 42절; 한글 개역, '집 종들'; RSV, household)를 주관하고 있는 것으로 보인다. 그리하여 그의 역할은 마치 적절한 시간에 음식을 배분해 줌으로써 주인의 다른 노예들을 돌보는 全權을 가진 감독과 같은 인물로 나타나고 있다.[12] 만일 청지기가 그 일을 성공적으로 잘 수행하면, 그는 더 큰 책임을 맡게 될 것이며 아울러 주인의 소유와 재산(ὑπάρχοντα, 44절)을 관리하는 권세까지도 부여받게 될 것이다.

이 비유는 마태복음에는 유사한 내용이 나오기는 하지만 몇 가지 다른 점이 있다. 그 다른 점 가운데서 먼저 우리는 누가와 마태가 이

---

[12] 청지기가 일반 노예들 중 하나가 아니라 집안의 우두머리 노예라는 사실은 다른 노예들에 대한 누가와 마태의 표현을 비교함으로써 밝혀질 것이다. 누가는 눅12.45에서 παῖδας(παιδίσκας)를 사용하고 있으나 마태는 마 24.49에서 σύνδουλοι를 사용하고 있다. 크리드(J. M. Creed)는 그의 누가복음 주석에서 누가가 앞서 "δοῦλος 를 οἰκονόμος로 바꾼 것에 적합하게 의도적으로 이와 같이 변화시켰다"고 주장한다(*The Gospel according to St. Luke* [London: Macmillan & Co., 1950], 177).

비유에 등장하는 종을 칭함에 있어 사용한 용어들, 즉 οἰκονόμος(청지기; 누가복음)와 δοῦλος(종; 마태복음)를 비교 및 검토함이 유용하리라고 생각한다. 누가는 공관복음서 중 누가복음에만 등장하는 구체적인 용어인 οἰκονόμος를 사용한 반면, 마태는 모든 복음서 기자들이 일반적으로 사용하는 용어인 δοῦλος를 사용함으로써 그 종의 특별한 기능과 역할을 규정하는 것을 어렵게 만들고 있다.[13] 이 점과 관련하여 우리는 οἰκονόμος가 불특정 용어인 δοῦλος보다 앞서 단락의 시작에서 이미 사용되었다는 것과(42절), 이 비유에서 발견하는 종의 기능과 역할이 보다 일반적이고 포괄적인 용어인 δοῦλος보다 전문 용어인 οἰκονόμος에서[14] 보다 더 잘 드러난다고 하는 점에 주의를 기울여야 할 것이다. 그러므로 이런 용어 선택 및 배열을 통하여 누가는 단락의 冒頭에 사용된 οἰκονόμος가 그 이하 문장에서 사용되고 있는 δοῦλος의 기능을 규정하고 있음을 보여주고자 하였던 것으로 보여진다.[15]

1) 청지기직 주제와 관련하여 우리는 비유 본문으로부터 청지기직의 중요한 특징 중 첫 번째 요소를 얻을 수 있다; 청지기는 그 자신의 재산이나 소유를 전혀 갖고 있지 않으며, 단지 임시적으로 그에게 맡겨진 주인의 소유물을 관리할 뿐이다(42절).

청지기직의 이런 요소는 그 독특한 표현과 함께 누가복음에만 등장하

---

[13] 누가복음에서 δοῦλος가 οἰκονόμος보다 더 빈번히 사용되고 있음을 근거로 하여, 어떤 이들은 누가의 οἰκονόμος 사용이 누가의 οἰκονόμος에 대한 강조를 반영하는 것이 아니라고 주장하기도 한다(S. J. Kistemaker, *The Parables of Jesus* [Grand Rapids: Baker, 1985], 126). 그러나 이런 주장은 누가가 δοῦλος 앞에 οἰκονόμος를 먼저 위치시킨 점을 간과하고 있으며, 누가가 여기서 마태복음의 δοῦλος 대신 οἰκονόμος를 사용한 것에 대한 적절한 이유를 제시하지 못하고 있다(cf. C. H. Dodd, *The Parables of the Kingdom*, [New York: Charles Scribner's Sons, 1961], 125).
[14] 앞서 살펴본 바와 같이 οἰκονόμος는 노예들 중의 한 노예이나, 가정 일 전체(θεραπεία, 눅 12.42), 때때로는 그 주인의 전 재산(ὑπάρχοντα, 눅 12.44)을 돌보는 권위를 부여받았다(Michel, "Οἰκονόμος", 5:150; cf. Kistemaker, *Parables*, 126).
[15] "그 종의 기능은 청지기(οἰκονόμος)의 기능이다" (Dodd, *Parables*, 125).

는 이 단락의 결론 부분(47-48절), 특히 48절에서 잘 표현되고 있다: "알지 못하고 맞을 일을 행한 종은 적게 맞으리라. 무릇 많이 <u>받은</u> 자에게는 많이 찾을 것이요 많이 <u>맡은</u> 자에게는 많이 달라 할 것이니라". 이 문장에서 누가가 특별히 사용하고 있는 두 단어는 청지기직의 중요한 특징적 요소를 증거해 준다; ἐδόθη(한글 개역, "받은")는 부정과거 수동태로서 "주어졌다"는 뜻이고, παρέθεντο(한글 개역, "맡은")는 부정과거 중간태로서 "맡겨졌다"는 의미이다. 따라서 이들 단어가 시사하는 바는 청지기가 소유하고 있는 모든 것은 그에게 속한 것이 아니고 다른 사람에 의해 주어지거나 맡겨졌다는 것이다. 이런 까닭에 에른스트(Ernst)는 이런 청지기직의 개념을 "빌려받은 권위(geliehene Autorität)"라고 표현하였다.16). 또한 우리는 "이를 때에"(ἐλθών, 43절)와 "더디 오리라"(χρονίζει, 45절)는 단어로부터, 청지기에게 허락된 시간(혹 기간)이 무한정하지 않고 제한되어 있음을 발견하게 된다. 이것은 청지기직의 특별한 책임의 기간을 가리키는 것으로 이해할 수 있을 것이다 - 순종은 어려운 일이나 주인의 부재 중 더욱 중요한 것이다.17) 이와 같이 누가는 청지기를, 주인의 재산과 소유가 임시적으로 주어지거나 맡겨진 특별한 종으로서, 그 주인의 뜻에 따라 그 재산과 소유를 사용해야만 되는 인물로서 소개하고 있다(47절).

2) 여기서 언급되어야 할 청지기직의 두 번째 요소는 청지기로서의 그 의무를 수행함에 있어 청지기가 지녀야 할 청지기의 행동 자세이다. 누가복음 12장 42, 43, 45절은 청지기의 태도를 제시하는 구절들로 간주될 수 있다; 이들 구절들은 청지기가 어떻게 그 책임과 의무를 이행해야만 하는 방법을 제시하고 있다.

---

16) J. Ernst, *Das Evangelium nach Lukas* (Regensburg: Friedrich Pustet Regensburg, 1976), 410.
17) Ibid.

첫째로, 누가는 42-45절에서 주인의 재산과 소유를 잘 관리하며, 적절한 때에 주인의 노예들에게 糧食을 나누어주는(이것이 바로 주인의 뜻과 명령인 것이다) 신실하고 지혜로운[18] 청지기를 소개하고 있다.[19] 그 결과로서, 신실하고 지혜로운 청지기는 그 주인에게 칭찬을 받으며 주인의 전 재산과 소유를 넘겨받는 영예를 수여받게 된다(44절). 이것은 누가가 그 공동체 교인들에게 소개하고자 하는 선한 청지기의 모델을 분명하게 밝혀 주고 있다.

둘째로, 45절은 청지기로서의 그의 의무를 게을리하고 주인의 노비들을 때림으로서[20] 그 위치를 남용하며 주인이 올 때까지 먹고 마시어 취하게 된 악한 청지기를 소개하고 있다. 그는 주인의 귀가의 일시적 지연을 이용하여 방탕스런 행위를 일삼는 매우 악한 종으로 묘사된다. 이 악한 청지기는 그의 통제 아래 있는 모든 것이 그의 것이며, 따라서 다른 사람의 유익을 전혀 고려함이 없이 그것들을 제 마음대로 처리하고 있다. 이 청기지의 악한 행동은 마침내 엄격한 심판을 초래한다(46절).[21]

---

18) 봐이저(Weiser)는 이 청지기에게 붙여진 형용사들이 <신실하다(πιστός), 지혜롭다(φρόνιμος)> "청지기직 임명에 필요한 품성을 가리킨다기 보다는 청지기가 수행해야 할 행위의 성격을 묘사한다"라고 주장한다; cited from I. H. Marshall, *Commentary on Luke [NIGTC]* (Exeter: Paternoster Press, 1989), 541).

19) C. F. Evans, *Saint Luke* [TPI NTC] (London: SCM, 1990), 536: "이 언어의 배후에는 지혜로운(φρόνιμος=prudent) 자의 유대적 모델으로서 바로에 의해 그 國事(household; θεραπεία 42절; cf. 창 45.16; 41.33, 39이하; 시105.21)를 돌보도록 임명받아 물자 공급을 담당한(창47.12-14, σιτομέτριον, 칠십인 역에서 이 단어는 여기서는 사용되었다) 요셉의 형상이 존재한다".

20) "Τύπειν(때리다, 45절)은 주인 행세를 하며 그 스스로 주인의 위치에 앉아 있다고 생각하는 자의 행동이다" (Marshall, *Commentary*, 542).

21) 문자적으로 말하면, 주인은 그 악한 종을 둘로 쪼개기를 원하고 있다(διχοτομήθει). 이 단어가 문자적으로 해석되어야 하는지(A. Plummer, *St. Luke* <ICC> [Edinburgh: T & T Clark, 1922], 332-3), 아니면 은유적으로 해석되어야 하는지는(Evans, *Commentary*, 537) 쉽게 결정될 수 있는 문제가 아니다. 최소한 분명한 것은 불충성한 청지기는 엄격한 심판을 받아야만 한다는 것이다(Kistemaker, *Parables*, 125). 한편, 핀들리(J. A. Findlay)는 이 비유가 내용의 유사성을 근거로 Ahikar 이야기에 근거한 것이라고 주장한다(*Jesus and His Parables*, [London: Epworth, 1951], 58). Cf. R. H. Charles, *Apocrypha and Pseudepigrapha* (Oxford: Clarendon Press, 1977), 2:715.

이 심판의 표현 중 유의할 부분은 주인의 재산을 마음대로 처리한 악한 청지기를 누가는 마태처럼 '외식하는 자'(ὑποκρίται; 마 24.51)가 아니라 '불신자'(한글 개역, '신실치 아니한 자'; ἀπίστοι)로 묘사하고 있다는 점이다. 여기서 누가의 ἀπίστοι 사용은 주인의 뜻을 거슬리게 행동하는 불성실한 청지기는 불신자와 같이 취급되어 마땅하며, 반면에 신실한 청지기는 신자들의 모델로 소개되어야 함을 가리키는 것이다.22)

3) 종말론 모티프가 이전의 비유에서와 마찬가지로(눅 12.35-40) 이 비유에서도 확연하게 나타나고 있다.23) 그렇다면 우리는 이 종말론 모티프를 어떻게 청지기직과 연결시킬 수 있을까? 누가복음의 삶의 정황(Sitz im Leben)24)을 보여주는 45절("주인이 더디 오리라")에도 불구하고, 여기서 문제가 되는 것은 주인의 귀가 지연이 아니라 어느 때든지 일어날 수 있는 주인의 기대치 못한 귀가인 것이다(46절).25) 따라서 이 비유는 또한 주인의 일시적인 귀가 지연과 주인의 재산을 돌보도록 맡겨진 자신의 위치를 남용하지 말 것을 청지기에게 경고하고 있다.

---

22) 존 드러리(John Drury)는 눅 12.45에서 κακός가 생략되어 있음에 착안하여 말하기를 이 비유에서 누가는 두 명의 다른 청지기를 말하는 것이 아니라 한 청지기가 두 가지 다른 방식으로 행동하는 것을 묘사하고 있다고 주장한다(*The Parables in the Gospels* [London: SPCK, 1985], 119). Cf. M. Goulder, *Luke: A New Paradigm*, (Sheffield: JSOT, 1989), 2:550. 한편, 단커(F. Danker)는 45-46절이 누가 당대 교회의 좀더 어두운 면을 묘사하고 있다고 주장한다(*Jesus and the New Age* [St. Louis: Clayton Publishing House, 1974], 154).
23) E. Schweizer, *The Good News according to Luke* (London: SPCK, 1984), 214. 누가복음에는 종말론 모티프, 즉 임박한 파루시아와 관련된 것으로 보이는 비유들이 여러 개 등장하고 있다. 예를 들면, 노아와 롯의 기사(17.26-32), 잠자는 두 사람과 맷돌가는 두 여인(17.34-37), 불의한 재판관 기사(18.1-8) 등이다. Cf. P. F. Esler, *Commentary and Gospel in Luke-Acts* (Cambridge: University Press, 1987), 63.
24) 여기서 본 논문의 성격상 누가복음의 Sitz im Leben을 상세하게 논의할 수는 없다. 단지 그 핵심적 내용만 간단히 요약하여 소개하면, 주요 구절들인 눅 9.23(막 8.34과는 달리 "날마다" [καθ' ἡμέραν]가 추가되어 있다)과 눅 19.11을 근거로 할 때, 종말이 연기된 상황을 누가 공동체가 직면하고 있다고 말할 수 있겠다.
25) 에슬러는(*Community*, 63) 말하기를, 비록 누가복음에 임박한 파루시아와 관련된 것으로 보이는 여러 개의 비유가 있기는 하지만, "그러나 그 어느 것도 곧 임할 종말을 가리키는 것이 아니라 종말이 갑자기 임할 것을 가리키고 있다"(cf. 눅 12.46)라고 주장한다.

왜냐하면 아무도 언제 주인이 돌아올는지 모르기 때문이다. 그러므로 이 구절은, 종말론적 파국의 위기가 집주인이 결혼 잔치로부터 늦게 귀가하는 것처럼 불현듯 기대치 않게 발생할 수 있기 때문에(눅 12.35-40, 46), 청지기는 그 의무를 수행함에 있어서 항상 깨어 있어야만 된다는 점을 분명하게 밝히고 있다.[26] 이런 종류의 사건의 전형적인 모델로서, 누가는 45절에서 종말론적 위기 의식을 상실했거나 경시한 불성실한 청지기의 경우를 소개하고 있다.

4) 이런 종말론 모티프와 연결하여, 우리는 누가복음의 청지기직의 또 다른 요소를 발견하게 된다; 청지기는 마침내 자신의 일에 책임을 져야만 한다는 것이다(43-48절). 달리 말하면, 청지기는 그가 한 일에 의하여, 그리고 그에게 주어졌거나 맡겨진 것을 그가 어떻게 관리했는가에 의하여, 종국에는 심판받아야 한다는 것이다. 그러므로 허락된 기간 동안의 업무에 따라서 청지기는 칭찬받거나 처벌받을 것이다; "왜냐하면 주인은 맡겨진 것의 관리에 대한 보고를 요구하기 때문이다".[27]

3. 불의한 청지기 비유(눅 16.1-13)

이 비유는 복음서에 등장하는 비유 중 가장 이해하기 어려운 비유로 알려져 있다. 그러나 여기서의 관건은 비유의 해석보다는 청지기직 이해에 있음으로, 해석 상의 문제는 다음 기회로 돌리기로 하겠다. 이 비유에서 청지기는 주인을 대신하여 주인에게 상당한 금액의 빚을

---

[26] 쉬바이쳐는 42-46절과 39-40절을 대조시키고 있는데 적절한 것을 보여진다; "39-40절에서 예수님의 도래는 모든 사람이 항상 준비해야만 할 위협적인 파국으로 묘사된다 …. 반면 42-46절은 기다리는 기간 동안에 (청지기는) 다른 사람들을 위해 책임있게 행동해야 함을 묘사한다"(*Luke*, 214).
[27] W. Grundmann, *Das Evangelium nach Lukas*, [ThHK] (Berlin: Evangelische Verlagsanstalt, 1974), 267.

진 채무자들과 재정적인 거래를 수행하는 자로서, 주인으로부터 위임된 권한을 부여받은 회계사(treasurer; accountant)의 역할로 나타나고 있음이 발견된다.28)

청지기직과 관련하여 우리는 앞선 비유('신실하고 지혜로운 청지기 비유')에서 이미 도출해 낸 바 있는 몇 가지 중요한 요소들을 여기서도 발견할 수 있다. 첫째로, 청지기직의 제한성이다; 청지기는 그 자신만의 재산이나 소유를 갖고 있지 않고, 주인이 청지기 사무를 회계하도록 갑자기 소환할 때까지 주인의 재산을 관리하는 것으로 묘사되고 있다(1-2절). 따라서 청지기로 있을 동안에 그 기회를 선용하는 것이 중요한 관건이며, 그 일의 결과에 따라서 칭찬이든 처벌이든 적절한 심판을 받게 되는 것이다. 이 점과 연계하여 우리는 또한 이 기사의 나머지 절반을 구성하는 富에 대한 예수님의 가르침(9-13절)의 한 부분인 12절에서 청지기직에 관한 의미심장한 개념을 발견한다. 여기서 우리의 관심은 다른 사람에게 속한 소유를 뜻하는 "남의 것"(ἀλλοτρίον)이란 단어에 쏠린다.29) 이 단어는 1-2절에서 청지기에게 맡겨진 주인의 재산과 소유를 생각나게 한다. 그런데 그 청지기는 주인의 재산을 낭비함으로써 그 관리에 불성실함을 드러내었다. 그러므로 이 단어는 청지기직에 대한 누가의 개념을 잘 드러내 주는 전문적 용어로서 간주될 수 있다고 여겨진다; 청지기가 소유하고 있는 것은 그의 것이 아니라 남의 것,

---

28) Vulgate역은 여기서 vilicus를 사용하고 있다. 그리고 플러머는 이 비유에 등장하는 청지기를 dispensator와 vilicus에게서 감독을 받는 procurator로서 이해하고 있다 (*Commentary*, 381-2). 한편, 에반스는 'the factor of an estate' 혹은 'a financial agent'로 간주하고 있다(*Commentary*, 595). Cf. H. J. Cadbury, "Erastus of Corinth", *JBL* 50(1931), 42-58.

29) "지상적 富는 대수롭지 않으며 실제적인 것이 아니다. 또한 우리에게 속한 것도 아니다. 그것은 우리 것이로되 대부금 혹은 신탁물과 같이 언제든지 회수될 수 있는 것이다. 반면 천상적 富는 무한하고 실제적이며 영원히 안전한 것이다" (Plummer, *Commentary*, 386). cf. Grundmann, *Lukas*, 322.

즉 그 주인의 것이다. 그 자신의 것은 하나도 없는 것이다.30)

둘째로, 이 비유는 우선적으로는 청지기의 어두운 면을 보여주고 있다. 왜냐하면 그는 주인의 재산과 소유를 자기 마음대로 사용함으로써 낭비하였기 때문이다. 자신에게 맡겨진 재산을 낭비하는 그런 청지기는 참 청지기일 수 없고, 따라서 마침내는 그 직분으로부터 해고될 수밖에 없는 것이다. 청지기의 이런 부정적 묘사는 마침내 청지기 직분을 빼앗긴 누가복음 12장의 비유에 나오는 불성실한 청지기에 대한 묘사와 일치하고 있다(2절).

위의 두 교훈은 누가복음 12장에서도 발견된 것이므로, 우리는 이 두 요소가 누가의 청지기직 개념의 발전적인 연속성을 보여 준다고 결론지을 수 있겠다. 결과적으로 두 비유에서 청지기에 대한 이 두 그림은 위에서 언급된 바 있는 요소들이 청지기직에 있어 근본적이고 주요한 것임을 확증한다고 말할 수 있을 것이다. 이 두 요소에 추가하여, φρόνιμος(16.8 = 12.42, 형용사)의 반복적 사용은 '지혜로움'(prudence, 신중함)을 착한 청지기에게 요구되는 필수 불가결한 요소로서 포함시키려는 누가의 의도를 가리키는 것으로 볼 수 있을 것이다.

마지막으로, 청지기직과 관련하여 우리의 관심을 끄는 것이 한가지 있는데, 그것은 청지기직을 가리키는 용어들을 누가가 다양하게 사용하고 있다는 점이다; 청지기(οἰκονόμος, 1, 3, 8절; 세 번), 청지기 사무(직분;

---

30) Cf. D. J. Ireland, *Stewardship and the Kingdom of God* (Leiden: E. J. Brill, 1992), 110-1; T. E. Schmidt, *Hostility to Wealth in the Synoptic Gospels* (Sheffield: JSOT, 1987), 155; C. H. Talbert, *Reading Luke: A Literary and Theological Commentary on the Third Gospel* (New York: Crossroad, 1982), 155; L. Morris, *The Gospel according to St. Luke* [Tyndale NTC] (Leicester: IVP, 1986), 249-50; N. Geldenhuys, *The Gospel of Luke [NICNT]* (Grand Rapids: Eerdmans, 1977), 417; Marshall, *Commentary*, 623. 여기에 언급된 이들 중 마샬과 탈버트는 '청지기직의 개념'을 분명하게 명시하고 있다. 여기서 "너희의 것"(τὸ ὑμέτερον)은 주인되신 주님이 마지막 날 성실한 청지기에게 주실 상급을 뜻하는 것일는지 모른다.

οἰκονομία, 2, 3, 4절; 세 번), 청지기 사무를 하다(οἰκονομέω, 2절). 누가복음에만 나오는 이 한 비유에서 관련된 용어들의 거듭된 사용은 누가가 이 청지기직에 대해 각별한 관심을 가졌음을 시사해 주는 것으로 볼 수 있는 것이다.

4. 열므나 비유(19.11-27 / 마 25.14-30)

이 비유의 의미를 밝히기 위해서는 왜 이 열므나 비유가 청지기직 주제 아래서 논의되어야 하는지에 대한 답변이 먼저 있어야 할 것으로 여겨진다. 따라서 다른 무엇보다 먼저 이 문제를 다룸이 필요할 줄로 생각된다.

분명히 이 비유에서는 청지기직과 관련된 용어는 전혀 나타나고 있지 않다. 그럼에도 불구하고 이 점이 우리의 주장을 반대하는 것으로 보여지지는 않는다. 그 이유는, 비록 여기에서 구체적인 용어들이 사용되고 있지는 않지만, 이 비유의 열 종들은 앞서 언급된 비유들에 등장하는 청지기들과 그 기능과 역할의 견지에서 볼 때 매우 유사하기 때문이다. 다음은 열므나 비유의 종들과 앞선 두 비유의 청지기들 사이의 유사점들을 정리한 것이다.

1) 누가복음 12장과 16장에서 청지기들이 그 주인들로부터 재산을 위탁받아 관리하도록 명령을 받은 것처럼, 이 비유에서 종들은 주인의 여행 동안에 임시적으로[31] 관리하도록 주인의 재산의 일부를 각각 위탁받는다. 이 비유에서 열 종들은 상인(trader)이나 은행가(banker)의 역할로 등장하고 있다[32]; 그들은 같은 금액, 즉 한 므나를 배당받았으며,

---

31) "내가 올 때까지"(ἐν ᾧ ἔρχομαι, 13절)는 청지기직의 제한적 기간(temporality)을 가리키는 것으로 볼 수 있겠다.
32) Plummer, *Commentary*, 439.

그것으로 주인을 위하여 이익을 남기도록 요청받았다.

2) 세 비유는 종들이 한 일에 대한 평가에 있어서 일관성을 보여주고 있다; 불성실한 종들에 대한 심판과 관련하여 세 비유는 그들로부터 청지기직을 빼앗고 있다(12.46; 16.2; 19.24). 성실한 종들에 대한 칭찬에 있어서, 두 비유는 그들에게 맡겨진 재산을 잘 관리할 수 있음을 입증한 자들에게 더 많은 재산과 책임을 맡기고 있다(12.44; 19.17, 19).33) 이 점과 관련하여 "작은 것에 충성하였으니"(πιστὸς ἐν ἐλαχίστῳ)란 語句가 두 비유에서(19.17; 16.10) 똑같이 사용되고 있음에 주목할 필요가 있는데, 이는 두 비유의 연결을 명시적으로 보여주는 것이다.34)

3) 청지기에게 요구되는 행동 자세의 견지에서 볼 때, 이 비유에서 주인의 재산을 增殖시킨 두 종은 주인의 뜻에 따라 그 의무를 신실하게 수행한 착한 청지기(12.43-44)와 비교될 수 있을 것이다. 왜냐하면 만일 그 종들이 그 의무를 성실하게 수행치 아니하였다면 주인의 재산을 증식시킬 수가 없었을 것이기 때문이다. 한편, 주인의 엄한 성격을 두려워한 나머지 주인을 위해 이익을 전혀 남기지 못한 종은 주인의 재산을 낭비하고(16.2), 휘하의 종들을 때리고 먹고 마심으로써 자신의 직분을 남용한 종(12.45)과 비교될 수 있을 것이다. 그 이유는 그는 주인의 뜻과 명령에 따라 그 의무를 성실하게 수행하지 않았기 때문이다.35)

---

33) Schmidt, *Hostility*, 160. Cf. Drury, *Parables*, 156.
34) Schmidt, *Hostility*, 160.
35) 세 번째 종은 잘못한 것이 없는 것처럼 보인다. 실제로 그는 주인이 두지 않은 것을 취하고 심지 않은 것을 거두기 때문에 그 주인을 가혹하다고 비난하고 있다(21절). 그런데 이 점을 주인 역시도 인정하고 있다(22절). 그러나 이 문제와 관련하여 한가지 질문이 생긴다; 그렇다면 왜 주인은 세 번째 종을 정죄하였는가? 본문에 따르면 정죄의 근거는 다음과 같다; 만일 그 종이 그 주인이 어떤 인물임을 알았다고 한다면, 즉 두지 않은 것을 취하고 심지 않은 것을 거둘 만큼 그 주인이 엄한 인물임을 알았고, 자신이 그런 주인의 종임을 알았다고 한다면, 그는 그 주인을 위하여 모든 수단과 방법을 동원하여 이익을 남기도록 힘써야만 하였던 것이다(Evans, *Commentary*,

4) 이 열므나 비유는 예수님께서 예루살렘에 접근해 가자 하나님의 나라가 곧 나타날 것으로 사람들이 기대하고 있을 때 가르쳐진 것이다. 따라서 이 비유를 통하여 누가는 하나님의 나라의 도래에 관한 교훈을 당대 사람들에게 주고자 하였던 것으로 보인다. 이 파루시아의 주제는 서론에 언급되고 있는데, 여기서 예수님은 하나님의 통치의 완성이 아직 임박하지 않다고 하는 것을 밝히고 있다(19.11). 누가의 이 서론에 의하면 열므나 비유는 하나님의 통치에 대한 그릇된 기대를 수정하기 위하여, 그리고 주님의 첫 번째 도래와 두 번째 도래 사이에는 시간적 간격이 있는데,36) 파루시아 이전의 이 간격은 시험의 기간으로서, 그 중간 기간 동안의 일의 성격에 따라 사람들은, 이 비유에서 열 종들이 심판을 받듯이, 심판을 받게 될 것임을 가르치기 위하여 의도된 것으로 보여진다.37) 여기서 우리는 누가복음 12, 16장에서 관찰된 종말론적 특징을 발견한다.38) 따라서 앞서의 두 비유와 일치하게, 열므나 비유에서 청지기는 그 직무를 수행함에 있어서 깨어 있어야 하며, 중간 기간이 시험의 기간이며 그 후에는 그 일에 따라 심판이 있을 것이므로 그 직분에 성실해야만 하는 인물로 소개되고 있다.

667; cf. D. P. Seccombe, *Possessions and the Poor in Luke-Acts* [Linz: SUNT, 1982], 192). 세 번째 종의 非行과 관련하여 또 다른 중요한 요소는 그가 13절의 주인의 명령("내가 돌아오기까지 장사하라")에 전혀 주의를 기울이지 않았다는 점이다. 여기서 πραγματεύσασθε는 "특별히 상인 또는 은행가로서 비지니스를 계속하라"는 뜻을 담고 있다(Plummer, *Commentary*, 439). 그 주인이 엄하든 엄하지 않든 좋은 종으로서 주인의 뜻과 명령에 따라 행동해야만 하는 것이다. 그러나 만일 그가 그렇게 하지 않았다고 한다면, 주인의 처벌에는 전혀 잘못됨이 없는 것이다.

36) Marshall, *Commentary*, 702; A. M. Hunter, *Interpreting the Parables* (London: SCM, 1960), 81.
37) Creed, *Commentary*, 232; Jeremias, *Parables*, 59. 이 점과 관련하여, 단커는 "이 비유는 또한 누가의 양면적 천국의 교리를 요약하고 있다. 누가는 천국이 현재적 실재임을 부인하는 것이 아니라 임박한 파루시아에 대한 오해를 교정하기 위해 이 비유를 사용하고 있는 것이다"라고 주장한다(*Jesus*, 193). 한편, 쉬바이쳐는 "누가의 관심은 천국의 지연에 있는 것이 아니라 천국의 현재성, 무엇보다도 중간 기간 동안 누가의 공동체가 무엇을 해야 하는지에 있는 것이다"(*Luke*, 292)라고 주장한다.
38) Cf. Dodd, *Parables*, 120; Jeremias, *Parables*, 63.

5) 요약하자면, 비록 청지기직과 관련하여 이 비유에서 구체적인 용어들이 사용되지는 않았지만, 청지기직과 관련하여 앞서의 두 비유에서 발견된 특징들의 견지에서 볼 때, 이 열므나 비유는 청지기적 주제와 연결되어 있음이 분명한 것이다.[39]

5. 사도 바울(베드로)의 청지기직 이해

바울은 청지기직을 누가와 마찬가지로 일반적(세속적) 의미로 사용하고 있기도 하지만(갈 4.2; 롬 16.23), 대체로 '사도직'을 포함하여 교회의 직분 개념으로 이해하고 있다(고전 4.1; 9.17; 딛 1.7). 다시 말하면, 바울(베드로)에게 있어 청지기는 복음의 보물(재산)을 위탁받은 종이다. 이런 까닭에 청지기는 하나님의 구원의 계획의 지식을 갖고 있는 것으로 소개된다.[40]

바울은 교회의 일꾼으로서, 맡은 바 그 직분과 恩賜와 하나님의 비밀이 하나님의 것임을 명심하면서, 하나님의 신령한 은사와 비밀을 신실하게 (πιστός) 잘 관리하는 것이 청지기의 바른 자세라고 소개하고 있다(고전 4.1, 2; cf. 벧전 4.10). 이는 누가복음의 세 청지기 비유에서 착한 청지기에게 요구되었던 바로 그 덕목인 것이다(눅 12.42; 16.10f.; 19.17). 따라서 미셸의 지적처럼 누가복음의 비유에 나타나는 청지기 자료가 초기 기독교 신앙과 생활에 영향을 미쳤던 것으로 여겨진다.[41] 이런 맥락에서

---

[39] 쉬미트는 이 점을 명확하게 인정하고 있다: "본문에서 재물의 청지기직은 심판을 위한 중요한 기준이다. 19.17은 의심할 여지없이 16.10-11의 메아리인 것이다"(*Hostility*, 160).

[40] Michel, "οἰκονόμος", 5:150-1. 바울은 청지기 직분을 뜻하는 οἰκονομία를 여섯 번씩이나 사용하고 있는데, 고린도전서 9장 17절을 제외하고는 모두 '하나님의 구원의 계획', '구원의 경영'(administraton of salvation)을 뜻하는 '經綸'으로 해석되고 있다. 이는 οἰκονομία의 '家事의 경영'(administration of household)이라는 일반적 의미에서 유래된 것으로 볼 수 있겠다.

우리는 디도서 1장 7절("감독은 하나님의 청지기로서 책망할 것이 없고 제 고집대로 하지 아니하며 급히 분내지 아니하며 술을 즐기지 아니하며 구타하지 아니하며 더러운 이를 탐하지 아니하며")과 베드로전서 4장 10절("각각 은사를 받은 대로 하나님의 각양 은혜를 맡은 선한 청지기 같이 서로 봉사하라")을 이해할 수가 있을 것이다.

이렇게 볼 때, 바울 및 베드로는 누가가 사용하고 있는 일반적 의미의 청지기직을 기독교 신앙에 도입하면서 기독교적으로 해석하여 활용하고 있는 것으로 보여진다. 따라서 누가가 주로 재물과 소유와 관련하여 청지기직 개념을 사용하였다고 한다면, 바울은 이를 靈的으로 해석하면서 일반화시켜 놓음으로써, 오늘날 우리가 일반적으로 사용하는 보편적 청지기직 개념의 근거를 제공하였다고 생각된다. 결과적으로 우리는 바울의 청지기직 관련 용어들의 사용으로부터 누가와는 전혀 다른 개념을 얻기보다는 일반적 의미의 영적 해석의 견지에서 바울의 청지기직을 이해할 수 있을 것으로 생각한다.

7. 신약 성경의 청지기직에 대한 요약과 결론

이제까지 우리는, 신약 성경이 말하고 있는 청지기직과 관련하여, 먼저 청지기란 인물과 청지기직의 성격의 바른 이해를 위해서, 성경 저자 당대 사회에서 통용되던 청지기 제도를 고대 세속 문헌을 통해 살펴보았다. 그 결과, 비록 이런 인물들을 칭하는 명칭들이 신약 성경에 등장하는 οἰκονόμος와 비교하여 다르다 할지라도,[42] 청지기의 역할과

---

41) Ibid.
42) 농장관리인(vilicus; ἐπίτροποι)과는 별도로, 노예로서 감독의 일을 하였던 것으로 전해지는 청지기적 인물을 가리키기 위해 다른 용어들이 사용되었는데, 예를 들면, 옷을 관리하는 노예들을 감독하는 dispensator와 a veste 등이 바로 그것이다. 그런데 그들의

기능은 신약 성경의 그것과 거의 다름이 없음을 발견하였다. 따라서 이런 결과를 근거로 하여, 우리는 당대 사회 내에서의 개인적인 체험을 통하여 청지기의 역할을 알고 있었던 성경 저자들(누가, 바울, 베드로)이 그들의 독자들 혹은 그들의 교회 성도들에게 기독교적 청지기도를 설명하기 위하여 당대에 蔓延하였던 청지기의 역할을 이용하고자 하였을 것이라고 말할 수 있을 것이다.

이어서 우리는 누가복음에 등장하는 세 개의 청지기 비유를 살펴보았다. 바울과 베드로 또한 청지기직과 관련된 단어들을 사용하고 있기는 하지만, 청지기직 개념을 보다 구체적이고 실제적으로 소개하고 있는 것이 누가복음이기 때문이다. 각 비유는 청지기직에 관한 중요한 개념들을 간직하고 있는 것으로 나타났으며, 우리 연구의 결과로 청지기직과 관련하여 세 비유에 공통적인 몇 가지 중요한 요소들이 확인되었다. 따라서 이제 누가복음의, 아니 신약 성경의[43] 청지기직을 전체적으로 바라볼 수 있도록 이 공통적 요소들을 체계적으로 정리하는 것이 유용하리라 생각한다.

1) **기능 및 역할**: 누가복음에서 청지기는 주인으로부터 그 재산과 소유를 관리하도록 위탁받은 종이다(12.42; 16.1; 19.13). 따라서 청지기는 그 자신의 재산을 전혀 갖고 있지 않으며 그가 소유한 모든 것은 그 주인의 재산인 것이다.

역할은 농장관리인과 유사한 것으로 나타나고 있다(*Saller*, "Slavery", 78). Οἰκονόμος 그 자체 역시 고대 문헌에서 사용되었고, 그 기능 및 역할 또한 위에서 언급된 명칭의 그것과 다름이 없는 것을 알려져 있다. Cf. J. Reuman, "'Stewards of God' - Pre-Christian Religious Application of οἰκονόμος in Greek", *JBL* 72(1958), 339-349; "OIKONOMIA -terms in Paul in Comparison with Lucan Heilgeschichte", *NTS* 13(1966), 147-167; W. Tooley, "Stewards of God", *SJT* 19(1966), 74-86; D. Webster, "The Primary Stewardship", *ExpTim* 72(1960-61), 274-276; S. Belkin, "The Problem of Paul's Background, *JBL* 54(1935), 52-55; Michel, "οἰκονόμος", 149-150.

43) 왜냐하면 앞서 지적한 바와 같이 바울과 베드로 역시 이런 개념 하에서 이 단어를 사용하고 있기 때문이다.

2) **평가 및 심판**: 청지기직이 평가를 수반한다는 것은 필요한 것으로 보인다. 자신들의 한 일의 결과에 따라서, 성실한 청지기는 칭찬을 받으며 보다 많은 책임과 보다 넓은 봉사의 기회가 주어진 반면에(12.44; 16.8; 19.17, 19), 불성실한 청지기는 책망을 받으며 그 직분, 즉 봉사의 기회를 박탈당하고 만다(12.46; 16.2; 19.24, 26).

3) **태도 및 자세**: 청지기는 주인의 재산을 임시적으로 위탁받았으므로, 청지기 직분은 제한된 시간대 내에 놓여져 있는 것이다. 청지기직의 이 요소는 세 비유에서 일관성있게 나타나는 종말론적 특징과 긴밀히 연결되어 있다. 요컨대, 그 의무를 수행함에 있어서 청지기가 유념해야 할 중요한 사실은 그 직분이 영원하지 않고 임시적이며, 언제든지 주인의 요구가 있을 때는 끝날 수밖에 없다는 것이다(12.43. 46; 16.2; 19.13, 15). 그러므로 청지기에게 요구되는 것은 청지기 직무 기간 동안, 즉 시험의 기간 동안, 그 의무를 지혜롭게 이행하여야 하며, 그의 일에 대한 심판 날이 반드시 다가올 것임을 의식하며 항상 깨어 있어야 한다는 것이다.

메시아 칭호로서의 '인자' 연구[1]

들어가는 말

복음서에서 예수님에 대한 칭호는 매우 다양하다. 우선 히브리어 메시아를 가리키는 '그리스도'(Χριστός), 헬라적 신성의 의미를 함축하고 있는 '주'(κύριος), 약속된 유대인의 왕으로서의 '다윗의 자손'(ὁ υἱὸς Δαυίδ), 예수님의 신성을 단적으로 보여주는 '하나님의 아들'(ὁ υἱὸς τοῦ θεοῦ), 그리고 이에 상응하는 칭호로서 이해될 수 있는 '사람의 아들'(ὁ υἱὸς τοῦ ἀνθρώπου) 등이 그 대표적 칭호들일 것이다. 이 가운데 다른 칭호들은 대체로 그 칭호가 의미하는 바를 제대로 표현하고 있으나, 사실 우리말로 '인자(人子)'라고 표현되어 있는 '사람의 아들'은 그 표면적 의미와 그 본래의 의미가 다르게 나타나고 있는 까닭에 이제껏 많은 학자들의 연구의 대상이 되어 왔다. 그러나 그보다 더 학자들이 인자칭호를 연구하게 된 이유는, 여러 칭호 가운데 예수님 자신이 친히 자신을 가리키는 칭호로, 즉 소위 자아칭호(self designation)로 '인자'를 선택하였기 때문일 것이다. 어찌하여 예수님은 이러한 다양한 메시아 칭호 중 유독 자신을 가리키는 칭호로 '인자'를 선호하였을까?

---

[1] 이 논문은 「기독신학저널」 2(2002); 63-84에 게재되었다.

일반적으로 복음서에서 인자 칭호의 직접적인 기원으로 다니엘 7장 13절의 「인자 같은 이」를 들고 있다.[2)]

즉 예수님께서 복음서에서 이 칭호를 사용하실 때 그는 바로 이 다니엘서의 인자를 염두(念頭)에 두고 사용하신 것이다. 사실 마태복음 26장 64절("예수께서 가라사대 네가 말하였느니라. 그러나 내가 너희에게 이르노니 이 후에 인자가 권능의 우편에 앉은 것과 하늘 구름을 타고 오는 것을 너희가 보리라") 말씀은 다니엘 7장 13절의 표현과 방불할 정도로 유사하다.[3)] 바로 이러한 연관성은 복음서의 인자와 다니엘서의 인자를 직접적으로 연결하는 열쇠인 것이다.

본 논문은 이제까지의 연구 결과를 토대로 예수께서 인자 칭호를 사용한 의의를 검토한 후, 그 결과에 근거하여 마가복음의 기독론을 살펴보고자 한다. 논지의 전개를 위하여 먼저 복음서에서 인자칭호가 사용된 용례(用例)를 분석함으로써, 예수님의 인자 칭호의 선택 및 선호의 이유를 찾아볼 것이고, 이어서 그 결과를 마가복음의 신학과 연관시켜 궁극적으로 타 복음서와 구별되는 마가복음의 기독론을 이해하고자 한다.

용례에 따라 인자칭호를 구분 지을 때, 대체로 크게 세 개의 범주로 나누어 생각한다. 첫째는 지상에서의 그의 사역의 견지에서 사용된 용례이고, 둘째는 다가올 영광의 미래의 견지(見地)에서 종말론적으로 쓰인 용례이며, 셋째는 임박한 고난과 죽음 등을 가리키는 고난 당하는 종으로서의 용례이다.[4)] 이상의 구분은 공관복음서를 기준으로 분류하였

---

2) '인자 같은 이'로서 묘사된 인물은 유대 묵시문학서인 다니엘 7장, 제1 에녹서 37-71장, 제4 에스라 13장 등에도 언급되고 있다(김세윤 [홍성희/정태엽역], 『"그 '사람의 아들"(人子) - 하나님의 아들』 [서울: 엠마오, 1992)], 33).
3) 참고, 막 14:62; 눅 22:69.
4) W. B. Tatum, *In Quest of Jesus* (London: SCM, 1973), 119; G. E. Ladd, *A Theology of the New Testament* (Grand Rapids: Eerdmans, 1977), 245.

다. 그 이유는 요한복음은 독립적인 전승(傳承)을 따라 저술되어 이러한 분류를 따르지 않기 때문이다.5) 따라서 대개 인자를 연구함에 있어서는 주로 공관복음서를 중심으로 하여 착수하게 된다. 그러나 요한복음과 공관복음이 서로 독립적인 전승을 따른다 할지라도 서로 대립되는 것은 아니고 상호 보완적(補完的)인 것이다.6) 그러면 이제 사용되어진 용례를 중심으로 하여 인자 개념의 의의(意義)를 살펴가면서 본고(本考)의 목적에 접근하도록 하겠다.

1. 지상(地上) 사역을 이행하는 인자(人子)

이 용례에 속하는 성경구절들은 다음과 같다; 죄를 사유하는 권세를 가진 인자(막 2:10, 마 9:6, 눅 5:24; 안식일의 주인으로서의 인자(막 2:27, 마 12:8, 눅 6:5); 먹고 마신 인자(마 11:19, 눅 7:34); 머리 둘 곳이 없는 인자(마 8:20, 눅 9:58); 인자를 말로 거역하는 자의 사유(마 12:32, 눅 12:10); 사람들이 인자를 누구라 하더냐?(마 16:13); 좋은 씨를 뿌리는 인자(마 13:37); 인자를 위한 핍박(눅 6:22); 인자의 온 것은 잃어버린 자를 찾아 구원하려고 오심(눅 19:10); 유다가 입맞춤으로 인자를 팔려고 함(눅 22:48).

인자 칭호는 메시아 칭호의 하나이기 때문에, 메시야직(職)과 긴밀한 관련을 맺고 있음이 사실이다. 대체로 메시아로서의 예수님의 사역은 그의 공생애 가운데 가이사랴 빌립보 사건을 기점으로 하여 크게 양분된다. 그 이전까지는 메시아로서의 자신의 모습을 구체적으로 시사하지 않았으나 가이사랴 빌립보 사건 후부터는 자신의 메시아적 모습을 구체

---

5) Ladd, *A Theology*, 245.
6) Ibid., 246.

적으로 여러 차례에 걸쳐 표명(表明)하기 시작하였다. 그 때 예수님께서 제자들에게 물으신 질문은 다음과 같은 것이었다: "사람들이 인자를 누구라 하느냐?"(τίνα με λέγουσιν οἱ ἄνθρωποι εἶναι;). 이 질문은 제자들의 일차 답변이 끝난 후에 다시 이렇게 던져졌다: "너희는 나를 누구라 하느냐?"(ὑμεῖς δὲ τίνα με λέγετε εἶναι;). 물론 이전에도 자신을 가리켜 인자라고 말한 적이 있었기는 하지만 여기에서처럼 인자와 자기 자신을 직접적으로 연결한 곳은 없다. 또한 이 구절이 중요한 이유는 제자들이 바로 이 가이사랴 빌립보에서 비로소 예수님, 자기들의 스승이 구약에서 예언된 오실 메시아임을 깨닫게 되었기 때문이다.7) 따라서 가이사랴 빌립보 이전에 사용된 인자의 의미를 제자들은 아직 메시아 칭호로 생각지 못하였던 것이다. 그저 단지 예수님께서 자기 자신을 지칭하는 명칭으로만 간주하였을 것이다. 그런데 이제 여기 가이사랴 빌립보에서 비로소 이 인자와 메시아를 결합·연결시키려 하자, 전통적인 유대적 메시아 상을 기대하고 있었던 제자들은 당황하며 놀라며 두려워하게 되었다(막 8:32, 9:32; 10:32).8) 이 부분에 대해서는 「고난 당하는 인자」부분에서 좀더 논의하기로 하고, 우선 여기서 기억하여야 할 것은, 비록 예수님은 인자 칭호를 이미 시작에서부터 특별한 의미로 사용하였지만, 제자들과 무리들은 가이사랴 빌립보 이전에 사용된 인자칭호에 대하여 그 의미를 바르게 인식하지 못하였다는 사실이다. 그러므로 적어도 제자들과 무리들은 지상 사역에 사용된 인자의 용례의 정확한 의미를 제대로 파악할 수 없었을 것이다. 이러한 이유는 예수님이 자기 자신을 메시아로 공공연하게 드러내지 않고 은닉한데서 일부 찾아볼 수 있을 것이다. 분명 예수님의 메시야직(職) 은닉(隱匿)은 역사적 사실이다. 이에

---

7) Cf. E. Best, *Disciples and Discipleship* (Edinburgh: T & T Clark, 1986), 3-4.
8) Best, *Disciples*, 4.

대해서는 여러 가지 학설이 많이 있으나 단적으로 핵심을 지적한다면, 수난과 메시야직(職)은 불가분의 관계이기 때문이다. 따라서 메시야직에 대한 예수님의 주장 내지 시사(示唆)는 그의 수난(受難)이 가까운 시기에 본격적으로 나타나게 된 것이다.9) 이런 까닭에, 가이사랴 빌립보 이전(以前)까지 제자들은 예수님을 메시아로 제대로 인식하지 못하였고, 따라서 그들의 인자관(人子觀) 역시 바른 것이 못되었던 것이다.

이 용례에서 중요한 구절은 누가복음 19장 10절이다: "인자의 온 것은 잃어버린 자를 찾아 구원하려 함이니라". 이것은 메시아로서의 인자의 사명의식을 분명하게 반영하여준 것이라 하겠다.10) 또 한 곳의 주요(主要)구절은 마태복음 9장 6절(눅 5:24)이다: "그러나 인자가 땅에서 죄를 사하는 권세가 있는 줄을 너희로 알게 하려 하노라". 이 구절에 대해 Stonehouse는 말하기를 주님이 "땅에서"(ἐπὶ τῆς γῆς) 죄를 사하는 권세를 가지고 있다고 공언(公言)한 것은 자기 인격의 천상적(天上的)인, 그리고 초월적인 성격을 의식한데서 비롯된 것이라고 말했다.11) 그러므로 이 구절은 메시아로서의 인자의 초월적인 성격을 매우 잘 드러내 주고 있는 것이다. 한편 인자의 지상 사역에 대해 Cullmann은 하나님의 나라와 관련지어서, 그리스도 인격 안에서 미래의 하나님의 나라가 이미 이 땅에 임하였다는 사상이 이 용례의 근저에 흐르고 있다고 말하였다.12) 즉, 인자의 지상 사역은 종말론적인 측면만 기대하였던 유대인의 사상과는 반대로, 사람들 중의 한 사람으로 이미 이 땅에 도래한 메시아로서의 신분을 밝혀주는 것이라는 주장이다.13)

---

9) 朴允善, 『共觀福音 주석』 (서울: 靈音社, 1967), 449.
10) Ladd, *A Theology*, 155.
11) N. B. Stonehouse, *The Witness of Matthew and Mark to Christ* (London: Tyndale Press, 1944), 111.
12) O. Cullmann, *The Christology of the New Testament* (London: SCM, 1980), 159.
13) Ibid.

이상의 내용을 종합하여 볼 때, 일견(一見) 지상 사역을 이행하는 인자는 메시아와의 관련성이 희박한 것처럼 보이기도 한다. 마치 그저 3인칭으로 자기자신을 표현한 듯한 인상을 주는 것도 사실이다. 사실 이러한 이유들로 하여 이 부분(部分)의 용례를 예수님의 수욕(受辱; humiliation)적 측면에 포함하여 생각하는 사람도 있기는 하다.14) 그러나 지상 사역을 이행하는 인자는 분명 천상적(天上的)인 권세를 가지고 활동하시는 초월적 성격의 메시아인 것이다.

2. 종말론적인 인자(영광의 인자)

우선 이 용례에 속하는 성경구절들을 살펴보면 다음과 같다: 인자가 거룩한 천사들과 함께 아버지의 영광으로 올 때에(막 8:38, 마 16:27, 눅 9:26); 인자가 구름을 타고 큰 영광 가운데 오심(막 13:26, 마 24:30, 눅 21:27); 인자가 전능자의 우편에 앉은 것과 하늘 구름을 타고 오심(막 14:62, 마 26:64, 눅 22:69); 인자가 기대치 않을 때에 오심(눅 12:40, 마 24:44); 번개가 하늘 아래서 번뜻하듯이 인자의 날도 그러하리라(눅 17:24, 마 24:27); 이스라엘의 모든 동네를 다 다니지 못하여 인자가 오리라(마 10:23); 그의 천사들을 보내는 인자(마 13:41); 너희 중 어떤 이들은 죽기 전에 인자가 그 주권을 가지고 오는 것을 볼 자들도 있느니라(마 16:28, 막 9:1); 인자가 그의 영광스러운 보좌에 앉으리라(마 19:28); 하늘의 권능들이 흔들리며, 그 때에 인자의 징조가 보이리라(마 24:30); 인자의 임함도 이와 같으리라(마 24:39); 인자가 그의 영광으로 오실 때에(마 25:31); 누구든지 사람 앞에서 나를 시인하면 인자도 하나님의 사자들 앞에서 저를 시인하리라(눅 12:8); 인자의 날 하루를 보고자

---

14) W. Hendriksen, *The Gospel of Matthew* (NTC; London: Banner of Truth, 1976), 405.

하되 보지 못하리라(눅 17:22); 인자의 나타나는 날에도 이러하리라(눅 17:30); 인자가 올 때에 세상에서 믿음을 보겠느냐?(눅 18:8); 인자가 앞에 서도록 항상 기도하며 깨어 있으라(눅 21:36).

예수님이 다니엘서의 인자를 염두에 두고 사용하신 인자는 주로 종말론적인 영광의 인자와 관계(關係)된다고 볼 수 있다. 즉 "권능자의 우편에 앉은 것과 구름을 타고 권능과 큰 영광으로 오리라"는 예수님의 말씀은 다니엘 7장 13-14절의 "그에게 권세와 영광과 나라를 주고"의 인용이라고 할만큼 유사하다. 그러나 물론 이러한 개념이 다니엘에서만 나오는 것은 아니다. 가경(假經)인 에녹서와 에스라(IV)에서도 발견된다. 그러나 이들 가경은 다니엘서의 영향을 받아 2세기 경에 기록된 것이므로,[15] 유대인의 메시아에 대한 기대를 표현 내지 반영(反映)한 것으로 복음서의 인자와는 직접적인 연관을 찾는 것은 어렵다고 생각된다.[16]

예수님은 가이사랴 빌립보 사건 이후 인자로서 자신이 영광으로 올 것이란 예언(豫言)을 자주 했다. 종말론적 영광의 인자에 대해 잘 나타내 주고 있는 것은 대제사장이 예수님에게 그가 메시아, 곧 하나님의 아들이냐고 물었을 때에 한 답변에서 찾아볼 수 있다. 이에 대해 마가복음 14장 62절에는 "내가 그니라"(ἐγώ εἰμι)고 하였고, 마태복음 26장 64절에는 "네가 말하였느니라"(σὺ εἶπας) 라고 표현되어 있는데 물론 그 의미는 같다.[17] 그는 곧 이어 자신이 곧 메시아 즉 하나님의 아들이라고 말하며, "이후에 인자가 권능의 우편에 앉은 것과 하늘 구름을 타고 오는 것을 너희가 보리라"(마 26:64막 14:62/눅 22:69)고 하였다. 여기서 앉은 것(καθήμενον)과 오는 것(ἐρχόμενον)은 현재분사로 이는 예수님께서

---

15) 김세윤, 『그 사람의 아들』, 33.
16) *The Interpreter's Dictionary of the Bible*, Vol. 2 (Nashville: Abingdon, 1982), 104; cf. *New Bible Dictionary* (Leicester: IVP, 1982), 334.
17) 최갑종, 『나사렛 예수』 (서울: 기독교문서선교회, 1996), 118.

그러한 영광의 자리에 이미 앉아 있음을 시사하여 주는 것이라 볼 수 있다.18) 여기서의 인자는 절대적이고 신적이며 초자연적인 위엄을 지니고 나타난다. 즉 인자는 메시아이자 다윗의 자손인 것이다. 다시 말하면 이는 지상적 왕의 의미에서가 아니라 신적이고 절대적인 권세를 지닌 다윗의 자손인 것이다. 이러한 인자의 개념은 유대인들이 다니엘의 예언을 잘 알고 있었기 때문에 그들에게는 매우 친숙한 것이었다. 따라서 예수님이 다만 이러한 개념의 인자로 자신을 그들에게 나타내었다면 결코 그들은 예수님을 배척하지 않았을 것이다. 오히려 기다렸던 메시아의 도래로 알고 환희에 넘치며 환영하였을 것이다.19) 그러나 예수님에게 있어서 이러한 종말론적인 영광의 인자개념과 더불어 중요한 것은 λύτρον(대속물)으로서의 인자개념이다. 즉 예수님의 지상에서의 사명 중 가장 중요한 문제인 죄의 문제를 해결하기 위한 자신의 희생, 고난, 죽음으로서의 인자상(人子像)인 것이다. 이러한 개념의 인자 즉 메시아상은 전혀 그들이 예상하지 못하였던 것이다. 따라서 그들은 이러한 예수님에 대해 일부는 메시아로 인정(認定)하였고, 일부는 신성 모독적(blasphemia)발언을 하는 종교적 죄인으로 간주하였던 것이다.

3. 고난과 죽음 당하는 인자

이제까지 제자들은 예수님께서 진정한 의미에서 이스라엘의 예언적(豫言的) 소망을 성취시킬 메시아로 확신하여 왔다. 이러한 그들의 생각이 구체적으로 드러난 곳이 바로 가이사랴 빌립보였다. 이 때 예수님은 그들에게 전혀 새로운 사실을 말씀하기 시작했다: "인자는 많은 고난을

---

18) 한기태, 『人子論』 (서울: 성광문화사, 1983), 135.
19) 요한의 기록에 따르면, 오병이어의 기적에 놀란 백성들은 예수님을 억지로 그들의 왕을 삼고자 하였다(요 6:15).

받고(πολλὰ παθεῖν) 장로들과 대제사장들과 서기관들에게 버린 바 되어 죽임을 당하고 사흘만에 살아나리라"(막 8:31). 특별히 가이사랴 빌립보 이후에 예수님은 수 차례에 걸쳐 인자라는 칭호를 되풀이하여 자신의 고난과 죽음에 관련시켜 사용하였다. 이는 완전히 새로운 것이었다.[20] 지금까지 한번도 고난과 인자가 연결되어 언급된 곳은 없었다. 즉 예수님은 인자로서 기대되는 위엄과 권세를 가진 자라는 의식에서 묘사되지 않고, 한 편으로 그의 역사적 삶 속에서 인자의 권위와 능력 그리고 위엄을 가졌지만, 다른 한편으로 수난 당하고 사람들에게 거절당하는 모습으로 묘사되고 있는 것이다. 따라서 예수님의 이 말씀을 들은 제자들은 충격을 받고 의혹을 품지 않을 수 없었다. 이 사실이 처음 가이사랴 빌립보에서 발설(發說)되었을 때 베드로의 반응이 이를 잘 설명하여 준다: "베드로가 예수님을 붙들고 항변하여 이르되, 주여, 그리 마옵소서. 이 일이 결코 주에게 미치지 아니 하리이다"(마 16:22/눅 9:22/막 8:32).[21] 이는 놀라고 무서워하는 것 이상이다. 베드로에게 있어서 인자가 고난을 받고 죽임을 당한다는 것은 있을 수 없는 일이다. 보순된 말이요 믿을 수 없고, 이해할 수 없는 사실이었다. 바로 이 같은 사실은 예수님의 의식과 전통적인 민족주의의 메시아관 사이의 차이를 단적으로 드러내 주는 것이라 하겠다.[22] 이 베드로의 간청에 대해 예수님은, "사단아,

---

20) 한기태, 『인자론』, 108.
21) 여기서 항변하다는 말은, *에피티마오*(ἐπιτιμάω)로써, 영어로는 rebuke로 번역되었다. 동일한 단어가 마가복음 8:33에서 이제는 주님이 베드로에 대한 사용하는데, 이때는 "꾸짖다"로 번역되어있다. 그렇다면 한 마디로, 베드로는 주님의 수난 예언에 대하여 주님을 책망한 것이다. 이것은 베드로를 비롯하여 제자들이 주님의 수난예언을 얼마나 곡해하였는지를 보여주는 단적인 예라고 말할 수 있을 것이다; cf. Vincent Taylor, *The Gospel according to St. Mark* (London: Macmillan, 1052), 379.
22) Taylor는 당대의 보편적인 메시아 개념을 다윗 왕과 같은 warlike leader로 이해하며, 따라서 메시아에 대한 주님의 생각과 당대 유대인들의 생각과는 전혀 무관하였다고 지적함으로써, 당대의 보편적 메시아 개념을 공유했던 제자들 역시 주님의 수난예언을 제대로 이해하지 못한 이유를 적절하게 설명하고 있다(*Mark's Gospel*, 200-2). Cf, 한기태, 『인자론』, 109.

내 뒤로 물러가라. 너는 나를 넘어지게 하는 자로다. 네가 하나님의 일을 생각지 아니하고 도리어 사람의 일을 생각하는 도다"(마 16:23)라고 말씀하였다. 이 말씀은 이렇게 의역할 수 있을 것이다; "너희 메시아는 정복자이나, 하나님의 메시아는 고난당하는 종이니라."23)

이처럼 제자들을 포함한 당시 유대인들과 예수님의 견해는 상이(相異)하였고, 따라서 그들은 이 엄청난 사실을 제대로 수용할 줄을 몰랐다.24) 그리하여 마가복음 9장 32절에서 다시 예수님께서 이 사실을 말하였을 때, 그들은 이 말씀을 깨닫지 못하고 묻기도 무서워하였다. 마태복음 17장 23절에서 제자들은 이 일로 '심히 근심까지' 하였다. 이 장면은 복음서의 모든 이야기 중에서 가장 수수께끼 같은 장면이다. 예수님은 자신의 수난과 죽음을 여러 차례 되풀이하여 가르쳤건만(마 16:21),25) 그런데도 제자들은 왜 거기에 대해서 전혀 마음의 준비도 하지 않았던가? 왜 십자가는 제자들의 마음을 뒤집어 놓을 만큼 충격적이었는가?

제자들은 예수님을 전통적인 개념의 메시아, 민족의 소망을 성취시킬 정치적인 메시아로 생각하였다. 구약시대에 있어서 "메시아"(משׁיח; the anointed)는 하나님의 특별한 명령을 수행하는 왕을 중심으로 고려되어 왔고26), 그 메시아는 하나님께서 약속하신 다윗의 자손과 연결되어, 신약시대 유대인들에게 정치적 메시아로 나타났다.27) 반면에 인자는

---

23) C. H. Dodd, *The Founder of Christianity* (New York: Macmillan, 1970), 105.
24) Schweizer는 이 메시아 비밀에 대하여, 제자들이 예외가 아니었음을 밝히면서, 이런 견지에서 기독교를 쿰란 공동체나 혹은 당대의 다른 묵시록적 단체들과의 차이점을 지적하고 있다(E. Schweizer, *The Good News according to Mark* [Atlanta: John Knox, 1970], 174).
25) 여기서 "가르치다"는 διδάσκειν으로 확장된 훈육과정을 의미하는 것으로, 그는 이제 그들에게 알리는 것 이상으로 몸소 행하셨음을 뜻하는 것이다(한기태, 『인자론』, 123).
26) Cullmann, *Christology*, 114.
27) 다윗의 자손으로서의 메시아에 대하여, 가장 분명하게 언급하고 있는 곳은 마태복음이다. 마태는 1장 1절에서부터 시작하여, 예수님이 다윗의 자손임을 10회 이상 언급하고 있는데(마 1:1, 20; 9:27; 12:23; 15:22; 20:30, 31; 21:9, 15; 22:42), 그 중 주목할만한 것은 주님의 족보를 14대 씩 세 시대로 구분 짓고 있는 근거가 바로 다윗(דוד)이란

유대인들에게는 다니엘서와 에녹서에 나타난 것과 같은 선재적(先在的)이고, 천상적(天上的)이며, 종말론적인 형태를 가진 존재로 이해되었다.28) 즉 유대인들은 스스로 자신을 인자라 부르신 예수님을 메시아로 알기는 하되, 그 인자개념에서 종말론적인 측면은 무시해 버리고, 이스라엘의 원수들을 정복하는 세속적인 측면을 확대 해석하여 수용하려 하였던 것이다. 따라서 그들의 인자 개념은 민족주의적 개념의 메시아로서, 사실 다니엘서의 인자개념과도 거리가 있는 것이 사실이다. 즉 단편적이고 왜곡된 개념의 인자였던 것이다. 그런데다가 이러한 인자에 다시 고난과 죽음의 개념을 첨가시키는 것은 너무도 혁신적이고 지금까지 전해 내려오고 받아들여진 신앙과는 모순된 것이었기 때문에 제자들은 이것을 마음에 새기고 소화시킬 수가 없었던 것이다.29) 인자가 고난당하고 죽는다면, 종말론적 꿈을 가졌던 사람들에게 인자는 결코 메시아가 될 수 없는 것이었다.30) 여기에 제자들의 갈등과 고민이 있었던 것이다.

구약의 선지자들은 메시아에 대하여 두 가지 측면을 예언하였다. 즉 승리적 측면(이사야 11장)과 고난적 측면(이사야 53장, cf. 눅 24:26, 벧전 1:10, 11)이 그것이다.31) 그러나 유대인들은 전자의 세속적이고 정치적인 개념만을 기대하고, 편리하게도 후자의 영적 의미는 무시하거나 배척하였다. 즉 자기 민족을 로마의 압제에서 해방시켜 주는, 정치적이고 현실적인 메시아관만을 갖고 있었던 것이다. 따라서 이 기대를 유대인이었던 제자들도 똑같이 품고 있었고, 그리하여 그들 역시 예수님의

이름에서 비롯되었다는 사실이다(리차드 버릿지[김경진역], 『네 편의 복음서, 한분의 예수』 [기독교연합신문사, 2000], 113). Cf. Ralph P. Martin, *New Testament Foundations, Vol.1: The Four Gospels* (Exeter: Paternoster, 1975), 226.
28) R. Bultmann, *Theology of the New Testament*, vol. I. (London: SCM, 1978), 49.
29) 윌리암 바클레이(정용섭역), 『예수의 마음』 (서울: 성문학사, 1972), 209.
30) 朴允善, 『聖經神學』 (서울: 靈音社, 1974), 125.
31) 존 브라이트(김철손역), 『하나님의 나라』 (서울: 컨콜디아사, 1984), 264.

고난과 죽음의 말씀을 이해할 수 없었던 것이다. 그러나 예수님의 고난과 죽음은 그가 메시아로서의 사명을 완수하기 위하여 영광에 들어가기 전에 반드시 거쳐야만 되는 과정이었다. 이는 죄인인 인간들을 구원하기 위한 가장 중요한 사실로써, 이미 하나님께서 예정하신 것이었고, 구약 선지자들에 의해 무수히 예언되었던 것이다. 즉, 예수님은 전능과 영광의 인자이지만, 또한 인류 구원을 위해 아버지 하나님의 뜻에 복종하고 따르는 여호와의 종이었던 것이다. 따라서 인자는 동시에 「여호와의 종」인 것이다.32)

그러나 이 중요한 사실을 당시 사람들은 전혀 깨달을 수가 없었다. 이 예수님의 Via dolorosa에 관해 성경에는 "이는 성경을 이루려 함이니라"(ἀλλ' ἵνα πληρωθῶσιν αἱ γραφαί, 막 14:49). 혹은 δεῖ(must)란 표현을 쓰고 있다. 이 δεῖ란 단어는 신적 필요성(divine necessity)을 나타내고 있는 것으로, 예수님의 Via dolorosa가 구원의 계획과 구약 예언의 성취에 긴요한 것이라는 사실을 보여주는 것이다.33) 이 예수님의 고난과 죽음에 대한 가장 선명한 진술은 마가복음 10장 45절에 나타나는데, 여기서 주님은 사람을 위해 죽는 것이 인자로서의 메시아 사명이라고 말하고 있다. "인자가 온 것은 섬김을 받으려 함이 아니라 도리어 섬기려 하고 자기 목숨을 많은 사람의 대속물로 주려 함이니라(καὶ γὰρ ὁ υἱὸς τοῦ ἀνθρώπου οὐκ ἦλθεν διακονηθῆναι ἀλλὰ διακονῆσαι καὶ δοῦναι τὴν ψυχὴν αὐτοῦ λύτρον ἀντὶ πολλῶν". 이 구절은 다니엘서의 인자와 이사야서의 고난당하는 여호와의 종의 두 역할을 극명하게 반영하고 있다.34)

---

32) Herman Ridderbos, *The Coming of the Kingdom* (Philadelphia: The Presbyterian and Reformed Publishing Co., 1962), 156.
33) Norval Geldenhuys, *The Gospel of Luke* (NICNT; Grand Rapids: Eerdmans, 1977), 275.
34) A. M. Hunter, *The Gospel according to Saint Mark* (London: SCM, 1959), 106; cf. David Bruce Taylor, *Mark's Gospel as Literature and History* (London: SCM, 1992), 253-4.

여기서 λύτρον (ransom)은 죄 아래 팔려 잃어버린 바 된 영혼을 위해 값을 치르기 위해 자신을 희생함으로써, 죄의 상태로부터 인간을 해방시키는 것을 말한다.35) ἀντί(instead of)란 단어도 그리스도의 대속적 성격을 잘 나타내고 있다. πολλῶν이란 단어는 구약(사 53:11, 12a, 12b, cf. 52:15)과 신약 여러 곳에서 이 구절과 관련되어 많이 쓰이는데, 이는 예수님의 고난의 종(suffering servant of Yahweh)에 대한 구약 선지자들의 표현이 언어적으로 일치됨을 보여주는 것이다.36)

사실 이러한 예수님의 말씀은 묵시론적, 종말론적 인자개념과 대립되는 것처럼 보인다. 그러나 이 말씀은 고통에 대한 인간적 경험에 관한 평범한 발언이 아니다. 그것은 예수 그리스도의 독특한 사역의 방법에 관해 언급하고 있는 것이다. 즉 인간적 이해를 초월하고 인간적 관점과 일치하지 않은 방법을 통하여, 예수 그리스도는 거룩한 구속사역을 성취하기 위하여, 고통과 수난의 길을 겸허하게 받아들인 것이다.37) 예수님은 자신의 메시아 사명이 고난당하는 여호와의 종의 견지에서 성취되어야 함을 알고 있었던 것이다.38) 그리하여 이 두 개념은 예수님의 가르침에 있어서 혼합되어 나타난다. 즉 때로는 "권능자의 우편에 앉은 것과 하늘 구름을 타고 오는" 인자를 말하는가 하면(막 14:62), 한편으로

---

35) 결백한 죽음이 자신의 죄만이 아니라 다른 이들의 죄를 담당한다는 개념은 사실 유대교인 것이었다. 이런 까닭에 λύτρον을 신약저자들은 자주 사용하지 않았던 것이다. 그러나 이런 개념에 추가하여, 주님이 말하는 바 λύτρον은 새 시대가 도래하였다는 "종말론적" 고난의 개념이 포함되어 있다는 점에서 유대교인 개념과 차이가 있는 것이다(Schweizer, *Good News*, 222-223). Cf. Ridderbos, *Kingdom*, 168.

일부 학자들은(Wellhausen, Weiss, Bousset, Bultmann, Loisy) 마가의 이 표현이 누가복음 22:27을 바울 신학의 영향을 받아 교리적으로 각색한 것이라 주장하며 그 진정성을 부정하기도 한다. 그러나 Taylor는 바울 신학 또한 초대 기독교의 뿌리에서 비롯된 것이므로, 그 역사적 진정성은 부정될 수 없다고 훌륭하게 반박하고 있다(*St. Mark*, 445-6).

36) Ridderbos, *Kingdom*, 167.
37) N. B. Stonehouse, *Origins of the Synoptic Gospels* (Grand Rapids: Baker, 1979), 187.
38) F, F. Bruce, *Second Thoughts on the Dead Sea Scrolls* (Grand Rapids: Eerdmans, 1975), 89.

는 "고난을 받고 멸시를 당하는" 인자를 말하기도 한다(막 9:12). 따라서 예수님은 다니엘 7장 13절의 인자를 해석하기를 하나님의 심판의 이행자로서 뿐만이 아니라 인간의 죄를 위해 고통당하는 이사야의 여호와의 종으로서도 이해하였던 것임을 알 수가 있다.39) 결론적으로 말한다면, 다니엘이 그 환상 가운데 보았던 인자는 이사야서의 여호와의 종의 또 다른 모습이었던 것이다.

    예수님은 다니엘서의 인자를 분명하게 알고 있었다. 그러나 그에 앞서 그는 Via dolorosa를 거쳐야 했다. 그래서 제자들에게 사람들이 자기를 누구라고 하느냐고 질문한 뒤에 자신이 메시아임을 알리는 동시에, 이 같은 인식으로써는 충분치 못하여 오해의 소지가 있기 때문에 인자라는 칭호를 재해석하였던 것이다. 즉 인자는 단지 천상의 선재적(先在的)인 존재만이 아니라, 또한 고난과 죽음의 운명을 수행하기 위해 사람들 사이에 한 사람으로 나타나 굴욕의 단계를 거쳐 마침내 죽음에 이르는 것으로 설명하였던 것이다. 결론적으로 말하여, 예수님은 영광과 권세를 뜻하는 인자개념에 방법론적인 측면에서의 여호와의 종의 개념을 첨가하여 이 양자를 하나로 결합시킴으로써, 구주(救主) 메시아로서의 예수님의 사명을 분명하게 보여주었던 것이다.40)

    여기에서 그러면 왜 예수님이 여호와의 종 대신에 인자 칭호를 선호하였는지에 대한 의문이 생길는지 모른다. 이에 대해 Cullmann은 인자 칭호가 여호와의 종 보다 더 포괄적이라고 설명한다.41) 즉 인자는 예수님의 미래 사역(종말론적 측면)과 지상사역 양자를 포함하는데 반해, 여호

---

39) Ibid., 114.
40) 영국의 신학자 빈센트 테일러는 이 점을 매우 적절하게 잘 표현하여 놓았다; Taylor, *St. Mark*, 378: "The teaching is based on a unique combination of the idea of the Suffering Servant of Isa. liii with that of the Son of Man". Cf. Cullmann, *Christology*, 160.
41) Ibid., 160-161.

와의 종은 지상 사역만을 가리킨다는 것이다. 따라서 여호와의 종이 인자에 종속적이라고 말한다. 물론 유대주의 내에도 이미 "고난당하는 종"과 "인자" 사상은 존재하고 있었지만, 이 두 칭호를 정확하게 결합한 것은 전적으로 새로운 개념이었다.[42] 바로 이처럼 새로운 개념이었기에, 이 사상은 오해 없이 사람들에게 전달될 수 없었던 것이다. 메시아로서의 인자나 고난당하는 여호와의 종 어느 하나만을 택하여 사용했다고 하면, 그 전달하고자 하는 의도나 사상이 제대로 표현되지도 못하였을 뿐만 아니라, 자칫 오해를 불러 일으켜 예수님의 사역에 큰 지장과 어려움을 초래하였을지도 모를 일이다. 따라서 여기서 고난의 인자에 대한 기원(起源)의 문제를 한 번 살펴봄이 좋을 것 같다.

고난당하는 인자의 기원을 간접적으로 다니엘서에서 찾으려는 시도가 있었다.[43] 거기에는 성도의 심한 고통이 예견되어 있다(단 7:25). 만일 인자가 그 성도와 동일시된다면 그들의 고통이 인자에게까지 미친다고 생각할 수 있겠다(그가 성도의 대표가 된다 해도 마찬가지다)[44]. 혹은 좀 더 간접적인 방법으로 다음과 같이 생각하여 볼 수도 있을 것이다. 즉 사람 같은 형상은 거만한 짐승의 태도와는 대조적으로 하나님께 대한 복종과 순종의 정신을 상징하고 마침내는 고난 받을 운명을 암시한 것이라는 것이다. 그러나 이 두 견해 다 그럴듯하게 보이지는 않는다. 왜냐하면 "인자 같은 이"가 겪어야 할 고난에 대해서 다니엘서에는 아무 것도 나타나지 않기 때문이다. 또한 복종과 순종의 의미가 단순히 고난과 죽음의 의미를 가리킨다고 말할 수 없기 때문이다. 고난의 표현에

---

42) Ibid., 161.
43) G. Vos, *The Self-Disclosure of Jesus* (Phillipsburg: Presbyterian & Reformed Pub. Co., 1953), 235-236.
44) F. F. Bruce, *The New Testament Development of Some Old Testament Themes* (Exeter: Paternoster, 1968), 90-91.

δεῖ가 빈번히 사용되는 것은 위와 같은 인자 개념에 있어서의 고난의 의미를 가리키는 것이라고 볼 수 없다. 왜냐하면 이 δεῖ는 성경말씀 성취의 필연성을 위한 단순한 표현이기 때문이다. 구약에는 고난에 대해 예언한 것이 많이 있으나, 그것이 꼭 인자란 이름 아래 그렇게 특별하게 이루어진다고 의미하는 것은 아니다. 고난과 죽음의 개념을 또한 인자(ὁ υἱὸς τοῦ ἀνθρώπου)라는 칭호로부터도 밝힐 수는 없다. 예수 그리스도는 인자이기 때문에(because) 굴욕과 고난과 죽음을 겪어야 하는 것이 아니라, 비록 그가 인자이지만(although) 역설적(逆說的)으로 그런 운명을 감수해야 하는 것이다.[45] 보통 생각하기에는 인자라는 칭호가 고난과 슬픔으로 연관지어졌다고 생각하지만, 사실 그것은 신성(神性)에 대조되어 인성(人性)을 우선적으로 가리킨다는 선입견 때문이다. 교부들을 비롯하여 많은 사람들이 이러한 개념을 갖고 있었다. 그러한 대조(對照)에 있어서 나약(懦弱)과 비천(卑賤)을 뜻하는 인성은 쉽게 이 칭호에 이 같은 면을 부여한 것이다. 그러나 인자나 하나님의 아들의 칭호들이 단순히 각각 하나님과 사람을 가리키는 그리스도의 양성(兩性)을 지칭하는 것은 아니다. 그것은 사용된 용법을 보면 분명하게 알 수 있다. 즉 인자가 고난과 죽음과 함께 부활과 관련하여 언급된 것은 그 문장에서 인자개념이 반드시 비천과 굴욕만을 의미하는 것이 아니라는 사실을 나타내는 것이다.[46] 일례(一例)로 변화산상에서 하나님의 아들로 나타났을 때, 그 칭호는 고난 뒤의 영광을 이미 암시하고 있었던 것이다.[47]

---

45) Vos, *Self-Disclosure*, 236.
41) Ibid., 237.
47) Schweizer는 인자로서의 예수님의 고난의 기원을 에스겔서에서 찾고 있다. 즉 에스겔에 나오는 인자의 겸손한 사명과 고난이 바로 주님의 인자로서의 고난과 연결된다고 하는 것이다(Schweizer, *Good News*, 166-171). 그러나 에스겔에서의 인자는 선지자 에스겔 자신을 가리키고 있는데, 그렇다면 에스겔이 과연 메시아의 예표로서 적당한가

4. 요약 및 결론

이제 우리는 다음과 같이 결론지을 수 있겠다. 역사적·종교적 배경에 의해 해석된 인자라는 칭호를 사용함으로써 예수님은 메시아적 권위와 역할을 동시에 주장했다. 사실 그 주장은 암암리에 단순한 메시아 위엄 이상을 포함하고 있었다. 왜냐하면 그것은 본질적으로 신성(神性)과 그 근원의 함축적인 의미를 내포하고 있었기 때문이다. 당시 사람들이 가졌던 메시아 개념을 예수님이 시정(是正)하려 한 것은 그가 당시 메시아에 대해 일반적으로 알려진 다른 칭호를 피하고 다른 부분의 구약 예언(다니엘서)에 나타나는 조금 익숙하지 않은 칭호를 사용하였다는 것으로 알 수 있다. 사실 당대 사람들의 메시아 개념은 구약의 모든 예언을 고려하지 않아서 그에 관한 기대에 있어서 전혀 잘못된 부분이 있었던 것이다. 예수님은 흔히 생각하듯 사무엘서의 다윗의 자손이나 또한 에녹서의 그릇된 인자가 아니라 다니엘서의 인자(Danielic Son of Man)이다. 물론 이 하나의 칭호로 메시아 사명에 대해 예수님이 생각했던 전체적 의미를 다 표현할 수는 없다. 예수님은 그의 메시아 개념을 결정하는데 있어서 유익했던 표현들의 한 부분으로 이 칭호를 사용하였던 것이다. 예수님은 분명히 처음 복음을 전할 때, 그들이 지녔던 그릇된 메시아 상의 시정(是正)을 의도하면서 지상에 천국의 건설을 위해 다니엘의 인자 상을 선택했던 것이다.[48]

결국 인자란 '다윗의 자손', '하나님의 아들', '주', '그리스도' 등과 같은 다른 칭호들과 같이 예수님의 메시아 칭호이다. 예수님이 이를 특별히 선택한 이유는 당시 사람들이 메시아라는 인물에 기대했던 정치

하는 의문이 생긴다. 이런 까닭에, 고난당하는 인자의 직접적이고 유일한 기원으로 에스겔서를 언급하는 것은 설득력이 약한 주장이라 여겨진다.

[48] B. B. Warfield, *The Lord of Glory* (Grand Rapids: Baker, 1976), 27.

적·민족적인 그릇된 소망과는 다른 개념을 내포하고 있었기 때문이다. 그것은 바로 "고난 당하는 여호와의 종" 개념이었다. 예수님은 인자의 역할에 고난의 종의 역할을 연결시킴으로 메시아로서의 자신의 사명을 잘 감당하였다. 제자들이, 비록 새로운 종류의 메시아이지만, 예수님이 자신들이 기대했던 메시아라는 것을 고백하게 되자, 주님은 그들에게 인자의 운명에 대해 비로소 가르치기 시작하였다. 이러한 사실을 처음부터 분명하게 밝히지 않았던 것은 오해와 곡해의 소지를 남기지 않기 위함이었다.49) 그리하여 점차적으로 인자의 정체를 밝혀 나갔는데, 처음에 그들은 인자를 에스겔서에 나오는 단순한 사람정도로 생각했다가 점차적으로 그 속성이 분명하게 드러내자 "이 인자가 누구냐?"(τίς ἐστιν οὗτος ὁ υἱὸς τοῦ ἀνθρώπου; 요 12:34)고 질문하기에 이르렀다. 그 후 점차적으로 그들의 마음은 열려지기 시작했다. 그래서 주님은 구체적으로 자신을 나타내어, 그가 먼저 고난을 받고 죽은 연후에, 능력과 영광으로 하나님의 나라를 시작한다고(inaugurate) 예언되어 있는 다니엘 7장의 모습으로 올 것이라는 사실을 가르쳤다. 인자라는 용어에 의해 예수님은 천상의 위엄과 그 자신의 선재성을 주장하면서, 어느 날 영광스런 천국을 열 장본인이라고 주장했다. 그러나 이것을 이루기 위해서 먼저 인자는 고난의 종이 되어 죽음에 이르러야만 했던 것이다.50)

인자란 칭호는 예수님께서 자기 자신을 친히 가리켜 부른 자아칭호 (self-designation title)이었다. 주님이 이 칭호를 선호(選好)하신 것은 다른 여타의 칭호보다 메시아 직무(Messiahship)의 오해를 막고, 가장 효과적으로 그 직무를 수행할 수 있는 성격의 칭호였기 때문이다.51)

---

49) Hendriksen, *Matthew*, 407; Taylor, *St. Mark*, 379.
50) Ladd, *A Theology*, 158.
51) Vos, *Self-Disclosure*, 254.

이런 점에서 인자란 칭호는 어떤 다른 메시아 칭호보다 예수님의 전 사역을 폭넓게 포함하는 포괄적 칭호로서, 예수님의 메시아 사역에 가장 적합한 칭호라고 말할 수 있을 것이다. 요컨대, 우리는 이 인자의 형상에서, 칭호에 있어서 뛰어난 방법으로 나타난 영적이고 신적인 메시아를 발견하게 되는 것이다.

사도행전의 설교와 누가공동체[1]

1. 들어가는 말

사도행전의 1,000절 가운데 약 300절이 설교이다. 따라서 사도행전에서 설교를 삭제한다면, 매우 삭막한 책이 되고 말 것이다. 사도행전에서 설교의 기능 및 특징을 크로델은 다음과 같이 명료하게 표현하고 있다.[2]

> "설교는 사도행전에서 누가의 이야기에 내용과 깊이를 더하고 있고, 사건들을 해석하며 복음을 선포하고 불순종을 책망하며 신자들을 격려하고 거짓 혐의에 대해 방어하고 사건 배후에 역사하시는 하나님의 능력을 드러내고 있다."

사도행전의 설교는 사도들이 행한 설교의 전체 내용을 빠짐없이 정확하게 기록하고 있는 것이 아니라[3] 누가가 사도들의 실제 설교를

---

1) 이 논문은 「그 말씀」 62(1997); 55-65에 게재되었다.
2) Gerhard A. Krodel, *Acts* [Augsburg Commentary on the N.T.] (Minneapolis: Augsburg Publishing House, 1986), 34.
3) 누가는 베드로 혹은 바울의 모든 설교를 다 소개하고 있는 것이 아니다. 예를 들면, 행20:1에서 "바울이 제자들을 불러 권하였다"고 기록되어 있으나 그 내용은 전혀 소개되고 있지 않다; 또한 20:7에서는 바울이 드로아에서 밤중까지 설교했다고 기록되어

그의 독자들을 위하여 잘 정리하여 모아 놓은 것이다. 그 일례로, 바울의 회심을 누가는 세 차례에 걸쳐 소개하고 있는데(행 9, 22, 26장), 예수님이 바울이나 아나니아에게 한 말씀이 항상 똑같이 나타나고 있지 않음을 들 수 있겠다. 10장에서 천사가 고넬료에게 전한 메시지를 비교할 때도 우리는 같은 결과를 만나게 된다. 그러므로 사도행전의 설교는 사도들의 설교의 문자적 기록을 아니라 그의 독자들을 위하여 누가가 적절히 정리하여 소개한 것이다.[4]

이처럼 사도행전의 설교는 역사적인 구체적 상황을 재현하는데 목표가 있는 것이 아니라 오히려 그 독자들에게 목표를 두고 있다. 이런 사실은 우선적으로 7장의 스데반의 설교에서 드러나게 되는데, 사실 그 설교는 스데반 자신에 대한 혐의를 언급하고 있는 것이 아니다. 또한 바울의 설교 중 26장 10절에서 핍박자 사울이 그리스도인들을 "성도"라고 부르는 것은 전혀 어울리지 않는 부분이다.

이 글을 풀어감에 있어서 우선적으로 그리고 하나의 전제로서 밝혀야 할 점이 있다; 본 소논문에서 필자가 의도하는 목표는, 사도행전의 설교자들, 이를 테면 베드로, 바울, 스데반, 그리고 야고보 등이 역사적으로 그들의 설교의 주된 청중이었던 팔레스타인, 좁게는 예루살렘의 유대인들에게 미쳤던 영적(靈的) 혹은 사회적 영향이나 결과를 여기서

있으나, 역시 그 내용은 전혀 언급되고 있지 않다. 이런 맥락에서 누가는 바울이 데살로니가에서 행한 설교의 내용을 밝히고 있지 않다(행 17:2-3). 이는 아마도 데살로니가에서의 설교가 비시디아 안디옥에서의 설교와 유사하였기 때문이었을 것으로 추정되기 때문이다.

[4] 누가 당대 헬라의 역사책들에 나타나는 설교 혹은 연설은 오늘날 신문과 같은 보도의 기능을 갖고 있지 않았다. 오히려 헬라 시대의 역사책들은 한 인물의 중요한 사상을 보여주고, 사건들의 의미를 해석하며, 도덕적 교훈을 주기 위하여 설교 및 연설을 수록하였던 것이다(Krodel, *Acts*, 35). Cf. 스와미도스는 사도행전에서의 역사 기록을 누가 당대의 역사책과 비교하여 유익한 설명을 하고 있다: Andrew W. Swamidoss, *The Speeches of Paul in Acts 13, 17, and 20* (unpublished Ph.D. thesis of Fuller Theological Seminary, 1979), 327-462.

논하는 것이 아니라는 것이다.5) 오히려 유대인들을 대상으로하여 선포하였던 베드로나 바울의 설교를 그 후 약 30-40년이 지난 연후에 누가가 이방인들인 그의 공동체 성도들을 위하여 그의 두 번째 책에 기록한 까닭, 혹은 목적이 무엇인가를 밝히는 것이 이 소논문의 의도하는 목표인 것이다.

여기서 한 가지 우리가 유념해야 할 점은 누가가 사도행전을 단지 초대교회의 역사를 기록한다는 입장에서 저술하지는 않았다는 사실이다. 이것은 누가가 사도행전을 기록함에 있어서 그 자료를 선택적으로 사용하였다는 사실을 통하여 입증될 수 있을 것이다; 사실 사도행전, 즉 사도들의 행전(行傳)이라고 말하지만, 주지하다시피 사도행전에는 크게 두 사도, 즉 전반부(1-12장)의 베드로 사도와 후반부(13-28장)의 바울 사도의 행적을 중심으로 전개되고 있는 것이다. 그밖의 다른 사도들의 행적은 거의 나타나고 있지 않다.6) 그러나 초대교회의 역사를 이들 두 사도의 사역에만 제한시킬 수는 없을 것이 분명하다. 이 말이 사실이라면, 복음서에서 그러했듯이 누가는 사도행전을 기록함에 있어서도 초대

---

5) Hans Conzelmann, *Acts of the Apostles* [Hermenia series] (Philadelphia: Fortress Press, 1987), xliv.
6) 이런 까닭에 사도행전을 성령행전, 즉 사도들의 행적이 주 관심사가 아니라 성령의 사역이 주관심사라고 주장되기도 한다(cf. William H. Willimon, *Acts in Interpretation Series* [Atlanta: John Knox Press, 1988], 8-9). 그러나 이처럼 겉으로 나타난 결과만을 중요시하여 베드로와 바울 외의 다른 사도들은 기록에 남길만한 특별한 사역이나 업적이 없었다고 속단하여서는 안될 줄로 생각한다. 다른 사도들이 주목할만한 사역을 하지 않아서가 아니라, 다른 사도들의 사역이 누가가 염두에 두고 있는 기록 목적의 방향과 조화되지 않았기에 선택되지 않았다고 말할 수 있을 것이다.
이를 구체적으로 말하면, 누가는 복음서에서는 예수 그리스도의 복음이 갈릴리에서 예루살렘으로 전파된 것을 기록하고 있고, 사도행전에서는 이 예수 그리스도의 복음이 예루살렘에서 로마로 많은 방해와 장해에도 불구하고 어떻게 성공적으로 전파되었는가를 목적하고 기록하였던 것이다(cf. E. F. Harrison, *Interpreting Acts* [Grand Rapids: Academic Books, 1986], 20). 따라서 이러한 기록 방향과 조화되지 않는 다른 사도들의 사역은 누가에게는 사도행전의 기록 목적에 그다지 적절하다고 판단하지 않았을 것으로 생각된다. 이런 까닭에 사도행전의 기록만을 근거로 하여 이 책에 기록되지 않은 다른 사도들의 행적을 폄하(貶下)하는 것은 경솔한 행동이 아닐까 생각한다.

교회의 모든 역사를 기록하려 한 것이 아니라 그의 공동체에 적합하고 유익하다고 인정된 부분을 선택적으로 발췌하여 기록하였다고 말할 수 있을 것이다.[7]

이 글의 주제를 바로 다루기 위하여는 먼저 누가복음을 포함하여 사도행전의 독자들이 어떤 사람들이었고, 또한 어떠한 상황과 형편 가운데 놓여 있었는지를 아는 것이 필요할 줄로 생각된다. 그러므로, 우리는 무엇보다도 누가가 속하였고, 또한 누가가 대상으로 삼았던 그 공동체의 사회적 상황을 살펴보는 것이 긴요하다고 생각한다. 왜냐하면 누가는 일차적으로 그의 공동체를 염두에 두고 그의 두 권의 책을 기록하였기 때문이다.

2. 누가공동체의 사회적 상황

1) 누가공동체의 구성원들

이 문제에 대하여 학자들의 견해는 크게 둘로 나뉘어지고 있다; 일부 학자들은 누가공동체가 유대인과 이방인으로 구성된 혼합 공동체라고 주장하지만, 또한 다른 학자들은 이방인들만의 공동체라고 주장하는 것이다.[8] 두 견해 모두 나름대로의 일리가 있기는 하나, 필자의 견해로는 다른 그 어떤 복음서보다도 보편주의 주제가 강조되어 나타나고 있는 누가-행전의 특징을 고려할 때 유대인들과 이방인들의 혼합 공동체보다는

---

[7] 참고, R.E.O. 화이트(김경진 역), 『누가신학 연구』 (서울: 그리심, 1995). 누가의 이런 의도는 요한복음 20장 30-31절에서 사도 요한의 말씀 가운데서도 확인될 수 있을 것이다.

[8] M. A. Moscato, "Current Theories Regarding the Audience of Luke-Acts", *Currents in Theology and Mission*, 3(1976), 355-361.

이방인들만의 단일 공동체라고 보는 것이 더욱 적절할 것으로 생각된다.

물론 누가-행전에는 이방인들이 이해하기에 어려운 용어 및 내용들이 나타난다. 예를 들면, 하나님의 나라, 인자(人子) 등이 그렇고, 또한 누가복음 4장을 보면 나사렛 회당에서의 예수님의 취임설교에서 나아만 장군과 사렙다 과부가 소개되고 있는데, 이는 이스라엘의 역사를 전제로 하고 있는 것이다. 그렇다면 과연 누가-행전의 독자들은 유대인들에게나 적절하였을 법한 이런 용어나 이스라엘의 역사를 어떻게 알 수 있었을까? 이런 것들을 근거로 하여 앞서 소개한 에슬러(P. F. Esler)는 누가공동체를 유대인과 이방인의 혼합 공동체로 간주하는 것이다.9)

그러나 위에서 제기된 사실들로 인해 반드시 누가공동체를 혼합 공동체로 인정해야 할 필요는 없다고 본다. 오히려 이런 내용들은 이방인 성도들이 이방 종교에서 기독교로 개종할 때 받았을 기독교 기초 교육, 이를 테면 요리문답과 같은 교육을 받을 때 그들의 지도자들로부터 들어서 알고 있었을 수도 있는 것이다. 누가가 그의 두 권의 책을 한 인물, 데오빌로에게 헌정하면서 기록한 서문인 누가복음 1장 1-4절 중 4절에서 누가는 누가-행전을 기록한 목적을 데오빌로의 "그 배운 바 확실함을 알게 하기 위함"이라고 적고 있다. 그렇다면 데오빌로와 같은 이방 그리스도인들은 요리문답과 같은 기독교 기본 교육을 통하여 기독교에 대하여 어느 정도는 알고 있었을 것으로 인정될 수 있는 것이다. 이를 받아들일 수 있다면, 누가-행전의 보편주의적 특징에 반(反)하는 혼합 공동체를 주장하기보다는, 이방인들만의 단일 공동체를 인정하는 것이 오히려 보다 더 자연스러울 수 있다고 생각한다.10)

---

9) Philip F. Esler, *Community and Gospel in Luke-Acts* (Cambridge: University Press, 1989), 30-45; Allen Verhey, *The Great Reversal: Ethics and the New Testament* (Grand Rapids: Eerdmans, 1984), 97-101.
10) 다수의 학자들이 지지하는 이 견해에 대하여 좀 더 알고자 하면, 졸저 『누가신학의

그러나, 그럼에도 불구하고, 이 문제를 양자택일(either/or)적 시각에서 바라보는 것은 적절치 않다고 생각된다. 특별히 사도행전에서 야기되고 있는 식탁교제 문제와(행 10장) 유대 그리스도인들로 말미암아 야기된 문제들(행 15장), 즉 율법을 비롯하여 유대인들의 문화적 관습을 이방 그리스도인들로 하여금 준수하도록 만드는 요구들을 참작할 때 우리는 다수는 아닐지라도 적어도 소수의 유대인들이 누가의 공동체 내에 존재했을 가능성을 전혀 배제할 수는 없을 것으로 보인다.[11]

2) 연기된 종말

이 짧은 글에서 이 주제에 대한 깊이있는 논의는 부적절하다고 여겨진다. 따라서 이제까지 일반적으로 학계에서 수용되고 있는 내용을 소개하는 것이 바람직하다고 생각된다.[12]

누가신학에 있어서 한스 콘첼만(Hans Conzelmann)의 기념비적 저술, 즉 『Die Mitte der Zeit』[13]가 출판되어 그의 신학이 소개된 이후, 물론 그의 견해에 반대하는 사람도 많고, 또한 그의 주장의 전부를 받아들이지 않는 사람도 여전히 많지마는, 누가공동체의 사회적 상황에 대한 그의 분석 하나는 여전히 유효한 것으로 받아들여지고 있는데, 그것은 누가-행전에서 종말은 연기(延期)되었다는 그의 주장이다. 콘첼만에 의하면, 누가는 구속사(Heilsgeschichte)를 누가복음 16장 16절을 근거로하여

제자도와 청지기도』 (서울: 솔로몬, 1996), 제 2 장을 참고하기 바란다.
11) Cf. Vernon K. Robbins, "The Social Location of the Implied Author of Luke-Acts", *The Social World of Luke-Acts* (Peabody: Hendricksen, 1991), 305-332.
12) 물론 필자가 여기에서 소개하는 내용이 모든 누가신학 학자들이 동의하는 바는 아니다. 일부 필자의 견해와 다른 주장을 펴는 분들도 있으나, 그러나 대체로 다수의 학자들은 필자의 견해와 같은 피력하고 있음으로 보다 안정된 주장일 수 있을 것이다.
13) 이 책은 영어로 다음과 같이 번역되었다: *The Theology of St. Luke* (London: Faber & Faber, 1960). 그러나 아직 우리말로 번역되지는 못했다.

세 시대, 즉 이스라엘 시대, 예수 시대, 교회 시대로 구분짓고 있는데,14) 그의 공동체를 위하여 저술하고 있는 누가의 관심은 교회시대에 머물고 있었다. 그런데 누가 당시 그의 교회는 도래하지 않는 종말에 대하여 동요하고 있었고, 이로 인해 사회적으로 혼란이 야기될 가능성이 있음으로 하여 누가는 이 문제를 해결하고자 하였던 것이다.15) 이 문제에 대한 누가의 답변은 예수께서 속히 오리라고 예언하신 종말은 당장 임할 것이 아니라 불확실한 미래로 연기되었다는 것이다.16) 이러한 누가의 답변은 누가복음 3장 12-13절과 19장 11절, 21장 7절 이하, 그리고 사도행전 1장 6-7절 등의 구절에서 발견될 수 있을 것이다.17)

누가복음 3장 12-13절, "세리들도 세례를 받고자 하여 와서 가로되 선생이여 우리는 무엇을 하리이까 하매 가로되 정한 세 외에는 늑징치 말라 하고". 이 구절은 3장 7절-9절에 나오는 세례 요한의 종말론적인 불같은 설교를 듣고 나아온 세 부류의 사람들(무리, 세리, 군병) 중 세리들의 질문과 그에 대한 요한의 답변을 기록하고 있다. 만일 종말이 임박하였다고 한다면, 당대에 일반적으로 불의하다고 인정된 세리들에게 세례 요한은 "정한 세 외에는 늑징치 말라"고 답하기는 보다는 "이제 종말이 임박하였으니, 당장 그 불의한 직업을 집어치우라"고 말하였을 법한 것이다. 그러나 그렇게 기록되어 있지 않았다는 것은 곧 아직 종말이 임박하지 않았다는 증거로 간주될 수 있는 것이다.

누가복음 19장 11절, "저희가 이 말씀을 듣고 있을 때에 비유를 더하여 말씀하시니 이는 자기가 예루살렘에 가까이 오셨고 저희는 하나님의 나라가 당장에 나타날 줄로 생각함이러라". 여기서 누가는 마태복음의

---

14) Conzelmann, *Theology*, 150; *Acts*, xlv.
15) Conzelmann, *Theology*, 95-136.
16) 콘첼만의 주장에 대한 적절한 논평은 Willimon의 *Acts*, 10-11를 참고하기 바란다.
17) Conzelmann, *Theology*, 121.

달란트 비유와 유사한 열 므나의 비유를 소개함에 있어서 서론을 달고 있는데, 이는 마태복음에는 전혀 없는 내용이다(참고, 마 25:14). 그런데 그 내용을 보면 임박한 종말을 기대하는 자들의 견해를 수정할 목적으로, 즉 종말이 그들의 기대처럼 임박하지 않았다는 것을 가르쳐 주기 위한 것이다.[18]

누가의 신학적 주장이 여실하게 나타나 있는 이러한 몇몇 구절들을 고려할 때 드러나는 것은 누가-행전에서 종말은 임박한 것이 아니라 불확실한 미래로 연기되었다는 사실이다. 그럼으로 누가공동체의 교인들은 예언된 종말이 도래하지 않음으로 하여 동요하거나 혼란에 빠질 것이 아니라, 종말이 연기된 상황 속에서 오늘 그들에게 주어진 시간들을 종말이 올 때까지 의미있게 보내는 것이 바람직하다고 누가는 권면하고 있는 것이다.

3) 핍박이나 환란이 없는 상황

일반적으로 알려진 바대로, 마가복음은 로마 관헌으로부터의 핍박에 노출되어 있는 공동체를 위하여 기록되어졌고, 마태복음은 회당으로부터의 박해에 직면해 있는 공동체를 위하여 기록되어졌다고 보고되고 있다. 이에 반해, 누가복음은 이러한 환란이나 박해와 거리감이 있는 상황에 처하여 있는 공동체를 위하여 기록된 것으로 알려져 있다. 그 하나의 증거로 우리는 누가복음 9장 23절을 언급할 수 있을 것이다: "아무든지 나를 따라 오려거든 자기를 부인하고 날마다 제 십자가를 지고 나를 좇을 것이니라". 이 구절에서 "날마다"는 다른 복음서에서는 발견되지 않는 것인데,[19] 이는 곧 누가공동체가 십자가가 의미하는

---
18) Conzelmann, *Theology*, 113.

바 핍박이나 환란 등에 직면해 있지 않음을 가리키는 것으로 볼 수 있는 것이다.[20] 이것은 또한 임박한 종말의 연기의 한 증거로도 간주될 수 있을 것이다.[21]

잘 알려진 바와 같이, 누가복음의 독특한 특징 가운데 하나는 구제에 대한 강조에 있다.[22] 이런 특징은 다른 복음서들과 비교할 때(예를 들면, 눅 12:33/ 마 6:20; 눅 11:41/ 마 23:26), 그리고 다른 복음서에는 없는 누가만의 독특한 자료에서(예를 들면, 10장의 선한 사마리아인의 비유; 16장의 불의한 청지기 비유와 부자와 나사로 비유) 발견하게 된다. 로버트 카리스(Robert Karris)라는 학자는 누가공동체 역시 마태, 마가공동체와 마찬가지로 핍박에 직면해 있었다고 주장하고 있는데,[23] 박해를 통하여 가진 바 전 재산과 소유를 빼앗길 수 있는 상황에서 구제하라는 명령이 과연 유효한 것일까를 고려할 때, 카리스의 주장은 별로 설득력이 없어 보인다.

결과적으로, 누가가 누가-행전을 쓰면서 염두에 두었던 공동체는 핍박이나 환란이 없는 상황 가운데 있었고, 이와 함께 종말이 연기된 상태에서 무엇보다도 이제는 '어떻게 살아야 하는가?' 하는 윤리적 문제가 주 관심사가 되었던 공동체였던 것이다.

그러나 한편, 누가공동체의 교인들을 위시하여 당대의 이방 그리스도인들은 크게 두 종류의 공격 및 압력에 직면하여 있었다.[24] 즉 외적으로

---

19) 참고, 마가복음 8장 34절과 마태복음 16장 24절.
20) Conzelmann, *Theology*, 233.
21) 누가복음의 주기도문에서 "날마다"(καθ' ἡμέραν)가 마태복음의 "오늘날"(σήμερον)을 대신하여 쓰이고 있다는 점을 또한 감안할 때 이 역시 핍박과 박해적 상황이 아님에 대한 증거로써 제시될 수 있을 것으로 보인다(눅 11:4; 마 6:11).
22) 누가신학의 있어서 이 주제에 대한 보다 상세한 내용은, 졸저 『누가신학의 제자도와 청지기도』를 참고하기 바란다.
23) Robert J. Karris, "Poor and Rich: The Lukan Sitz im Leben", *Perspectives on Luke-Acts* (Edinburgh: T & T Clark, 1978), 121.
24) 여기서 우리는 '박해' 또는 '핍박'이 아니라 '공격' 또는 '압력'이라는 단어가 사용되고

는 유대교로부터 공격을 받았고(cf. 4:5ff.; 24:3-8), 내부적으로는 유대 그리스도인들로부터 율법을 비롯하여 유대인의 전통과 관습, 즉 할례, 음식법, 안식일을 비롯한 절기 등을 준수하라는 압력을 받고 있었던 것이다(cf. 15:1). 이 점은 특히 사도행전에서 두드러지게 나타나고 있다.

3. 사도행전의 설교들의 특징

사도행전이 기록되었던 배경이 되는 누가공동체의 사회적 상황이 밝혀진 후, 이제 우리는 그런 상황 가운데서 누가가 왜 사도들의 설교를 사도행전 속에 소개하고 있는지를 살펴보고자 한다. 사도행전에는 중심 인물인 베드로와 바울을 비롯하여 스데반, 야고보 등의 사도 및 전도자들의 설교 외에도 6명의 다른 인물들의 연설도 수록되어 있다.[25] 물론 각 설교에 있어서 각 설교자들의 강조점이 약간씩 다르기는 하지만, 대체로 공통적 주제로서 제시되고 있는 것들은 주 예수 그리스도의 죽음과 부활과 이방인 선교의 정당성이다. 이제 우리는 사도행전의 설교들이 누가공동체에서 어떤 의미를 가졌는지를 알기 위하여, 먼저 사도행전에 나타난 사도들의 설교들의 특징을 고찰함이 필요할 것으로

있음에 유념해야 할 것이다. 마태의 공동체는 확실히 회당 즉 유대교로부터 물리적이고 육체적인 핍박을 받았고, 마가의 공동체는 로마 관헌들로부터 또한 그러한 박해를 당했으나, 앞에서 검토한 바와 같이 누가의 공동체는 공격이나 압력은 있었으나, 그것이 죽음의 공포를 수반하는 박해와 핍박으로까지는 연결되지 않았던 것으로 생각된다.

물론 사도행전에서 초대교회의 사도들은 유대 및 로마 관원과 그 동류들로부터 육체적인 핍박을 당하기도 하였으나, 지리적으로 팔레스타인이 아니고 시대적으로도 이미 수십 년이 지난 이방 지역에서 사도행전에 기록된 것과 똑같은 상황이 발생하였을 것이라고 간주하기에는 무리가 따른다고 생각된다.

25) 가말리엘(5.35-39); 데메드리오(19.25-27); 에베소 서기장(19.35-40); 더둘로(24.2-8); 벨릭스(24.22, 25); 베스도(25.14-21, 24-27).

여겨진다. 이를 위하여 이제까지 학자들이 연구해 온 결과 잠시 검토해 봄이 좋을 줄로 안다.

우선, 사도행전의 설교를 문학적으로 해석하는 견해를 살펴보도록 하자. 이런 주장을 펴는 학자는 마틴 디벨리우스(Martin Dibelius)인데, 그는 사도행전에서의 바울 설교가 바울서신의 내용과 유사성이 없음을 근거로하여, 누가는 순수하게 그가 속한 공동체에게 전도를 격려하고 교훈을 주고자 하는 문학적 목적을 갖고 이들 설교를 소개하고 있다고 주장한다.26) 한편 브루스(F. F. Bruce)는 사도행전과 바울서신 사이의 유사점들을 주목하면서, 누가가 의도적으로 무(無)에서 창조해 낸 것이 아님을 강조한다. 즉 사도행전에서의 바울 설교의 역사성을 주장하되, 또한 누가가 액면 그대로 단지 바울의 설교를 보고하는 것이 아니라, 역사적 전승 자료를 담고 있되, 여기에 저자로서의 자기 나름대로의 목회적 목적을 담고 있다고 주장하는 것이다.27) 필자의 견해로는 문학적 목적만을 강조하여 설교의 역사적 실재를 부정하는 디벨리우스보다는 브루스의 견해가 성경적이라고 판단된다.

1) 베드로의 설교

사도행전에서 베드로의 설교는 모두 일곱 번 나타난다.28) 베드로의 설교는 그 내용을 근거로하여 크게 두 그룹으로 묶어질 수 있다. 즉

---

26) *Studies in the Acts of the Apostles* (London: SCM, 1956). 여기에는 사도행전의 설교를 다룬 "The Speeches of Acts and Ancient Historiography", "Paul on the Areopagus" 등의 논문이 포함되어 있다. Conzelmann 역시 이 견해 동의하고 있다(*Acts*, xliv). 한편, 벨트만(Fred Veltman)은 사도행전의 설교를 고대의 방어 연설(defense speeches)의 장르와 비교할 때, 설교 중간에 중지되는 것만을 제외하고는 별로 다를 바가 없다고 주장한다; "The Defense Speeches of Paul in Acts", *Perspectives on Luke-Acts*, 243-256.
27) *The Speeches in the Acts of the Apostles* (London: Tyndale Press, 1942).
28) 2:14-36; 3:12-26; 4:8-12; 5:29-32; 10:34-43; 11:5-17; 15:7-12.

2, 3, 4, 5장을 하나로 묶어 초기 설교로 구분짓고, 10, 11, 15장을 또 하나로 묶어 후기 설교로 구분지을 수 있다. 초기 설교의 특징은 유대인들이 부인하고 있는 예수 그리스도의 죽음과 부활에 대한 변증에 초점을 두고 있고, 후기 설교에서는 고넬료 사건을 기점으로하여 이방인 선교의 정당성을 설득하는데 그 초점을 맞추고 있다.[29)]

베드로의 설교들의 역사적 배경은 예루살렘에 있는 유대인들에게, 예수 그리스도의 죽음과 부활을 강조하면서, 예수 그리스도가 그들의 성경인 구약에서 예언한 바로 그 메시야임을 역설하는 것이었다. 이런 내용은 할례당인 유대인들의 사도로서 매우 적합하였다고 생각된다. 즉 설교의 대상에 합당한 내용으로 설교의 주제와 내용을 다루었던 것이다. 그러면, 베드로의 이 설교들을 사도행전에 수록함으로써 누가가 기대하였던 목적은 무엇일까? 무엇보다도 이방인이 절대 다수인 신앙 공동체에서 역사적으로 유대인들을 대상으로 하였던 설교를 소개함으로써 기대하였던 목적이 있다면, 그것은 다음의 두 가지 내용이 될 수 있을 것이다. 즉 공동체 외적으로는 유대교의 공격에 대한 정당한 방어이고, 내적으로는 유대 그리스도인들의 압력에 대한 변호였을 것이다.

첫째로, 역사적으로 볼 때 유대교는 수천년의 역사적 전통의 토대 위에 서있으면서 또한 현재 로마 정부로부터 religio licita(합법적 종교)로서 인정받은 상태에 있었지만, 반면에 기독교는 이제 막 태어난 신생 종교였고, 게다가 로마가 팔레스타인에서의 유일한 공식 종교로 인정한 유대교로부터 그들의 신앙을 왜곡한 이단으로 낙인찍힌 상태에 있었던 것이다. 이런 상태는 이방인들이 중심이 되어 있었던 누가공동

---

29) 본 특집의 다른 논문에서 베드로와 바울의 설교에 대하여 상세하게 다룰 것이기에 본 논문에서는 베드로와 바울의 설교의 자세한 설명 및 분석은 생략하도록 한다.

체에도 역시 예외는 아니었을 것이다. 그런데 유대인의 사도였던 베드로가 유대인들의 성경에서 예언한 메시야가 자신들이 믿고 있는 나사렛 예수임을 강조하면서 자신들이 이 모든 일에 증인이라고 주장하는 설교를 하자, 이는 내,외적으로 유대인들로부터 압력과 공격을 겪고 있었던 누가공동체 교인들에게는 대단한 위로가 되었을 것이다. 결국 사도행전에서 베드로의 설교가 누가의 공동체를 위하여 갖는 의미는 기독교와 갈등 상태에 있었던 유대교를 완성시킨 것이 바로 기독교라는 변증적 내용이라고 하겠다. 이를 통하여 누가의 공동체는 자신들의 신앙을 성경적으로 또한 사도들의 증거를 통하여 정당화(justification) 할 수 있게 되었고, 이방인임에도 불구하고 하나님의 백성이 된 자신들의 신분(identity)을 확인할 수 있게 되었던 것이다.30)

둘째로, 내부적으로 유대 그리스도인들의 압력에 대하여, 10, 11, 15장에서의 베드로의 설교는, 그리스도인들이 예수를 믿은 후에도 여전히 유대인들처럼 할례를 행하고 음식을 가려 먹으며 안식일을 비롯하여 여러가지 유대인들의 절기를 지켜야만 한다는 유대 그리스도인들의 주장이 결코 성경적으로 정당하지 않다는 것을 입증하는 것으로 볼 수 있겠다. 이들 설교를 소개함으로써 누가는 이방인의 공동체에서 이런 문제는 더이상 문제가 될 수 없고, 따라서 교인들이 이런 문제에 얽매임이 없이 그리스도 안에서 자유함을 누릴 것을 권면하고 있는 것으로 볼 수 있을 것이다. 즉 그들의 현재의 삶의 방식이 결코 비성경적이지 않다는 인정을 받게 된 것이다. 이를 통하여 사도들의 설교로 말미암아 그 신분 및 삶의 양식이 합법적으로 인정받은 누가 공동체 교인들은 이제 위로를 받으면서 자신감을 갖고 적극적으로 나아가 다른 이방인들에게 전도할 수 있는 튼튼한 토대를 획득하게 되었던

---

30) Cf. Esler, *Community*, 71-109.

것이다.31)

이상에서 볼 때 누가는 사도행전에서 예수님 다음으로 그 권위가 인정되고 있는 사도들의 여러 설교들을 통하여 그 공동체에서 문제가 되고 있는 이슈들에 대한 적절한 답변을 제시하고 있는 것이다. 한 마디로, 베드로의 설교에서 누가의 공동체 교인들이 얻었던 것은 역사적으로 갓 태어난 신생 종교인 기독교의 합법성과 동시에 그와 함께 교인들의 하나님의 백성으로서의 신분 확인과 그 삶의 방식에 대한 인정이었던 것이다.

2) 바울의 설교

사도행전에서 바울의 설교는 구분짓기에 따라 여덟 혹은 아홉 차례 등장하는 것으로 나타난다.32) 바울의 각각의 설교에 대한 자세한 분석은 본 특집의 다른 곳에서 이뤄질 것이므로, 여기서는 바울 설교의 전체적 성격 및 특징을 다루고자 한다.

사도행전에서 바울의 설교는 그 내용상 권면(exhortation)과 변증(apology)의 범주로 나누고 있겠다.33) 바울의 설교를 좀더 자세하게 분석해 볼 때, 13, 17, 20장의 설교는 권면적 설교로서 간주되는데, 이 권면 중 13장과 17장의 설교는 전도적(kerygmatic) 목적을 지닌 권면이고,34) 20장은 동역자인 에베소의 장로들을 격려하는 교훈적

---

31) 15장 13-21절에서 나타나고 있는 야고보의 유일한 설교는 그 내용이 이방인 선교의 정당성을 인정하는 것으로, 사실상 바로 앞서 있었던 베드로의 설교에 대한 지지(支持)의 의미가 있다고 하겠다.
32) 13:16-41, 46-47; 14:14-17; 17:22-31; 20:17-35; 22:1-21; 24:10-21; 26:2-27; 28:17-20.
33) Swamidoss, *Speeches*, 464.
34) 베드로의 설교를 포함하여 바울의 변증 설교는 대체로 다음과 같은 형식을 띠고 있음을 보게 된다; ① 유대인들의 행위(예수님을 배척함); ② 신실하신 하나님의 행위(예수님을 죽은 자 가운데서 살리심); ③ 예수님의 이름으로 세례받음으로써 하나님께

(paraenetic) 목적을 지닌 권면이라고 말할 수 있겠다.35) 한편 22, 23, 24,, 25, 26, 28장에 등장하는 설교들은 바울이 핍박자에서 전도자로서 변신한 자신의 사역의 정당성을 변증하고 또한 자신의 복음의 내용, 즉 예수 그리스도의 죽음과 부활을 구약을 들어서, 혹은 이 역사적 사실을 목도한 증인들의 증거를 들어서 변증하고 있다.36) 그러나 이러한 변증은 또 다른 의미에서 그리고 넓은 의미에서 전도의 한 방법으로 충분히 간주될 수 있다고 볼 때, 이 역시 전도적 목적 속에 포함시킬 수 있을 것이다. 그렇다면 바울의 설교는 결국 전도와 교훈이란 두 가지 목적을 갖고 기술되었다고 말할 수 있겠다.

다시 말하면, 그 공동체의 문제를 직시하며 돌보고 있는 목회자로서 누가는 전도와 교훈의 목회적 목적을 전달하기 위하여 바울 사도의 설교를 소개하고 있는 것이다. 전도적 설교를 통하여서 누가는 교회의 전도적 목적을 강조하면서 그 신자들에게 전도를 격려하고자 하였을 것이다. 한편 교훈적 설교를 통하여서는 동역자들이 그들의 사역에 있어서 보다 철저한 헌신과 책임성있는 행실을 갖도록 격려하고자 하였을 것이다.37) 이를 달리 표현하면, 누가는 목자로서 사도들의 규칙(norms; 설교)들을 따라서 백성들을 권면함으로써 그의 성도들을 섬기고자 하였던 것이다.38)

돌아오도록 부르심. 한편, 7장에 나오는 스데반의 설교도 부분적으로 이런 패턴을 따르고 있다고 보여진다. 일부 학자들은 이런 형식은 누가가 고안해 낸 것이 아니라 누가 이전의 전승 가운데 이미 확립된 것이라고 주장하고 있다; cf. Krodel, *Acts*, 37.
35) Swamidoss, *Speeches*, 464.
36) 22장과 26장의 바울의 변증적 설교는 다음과 같은 형식을 띠고 있다; ① 정통 바리새인인 사울이 ② 그리스도인들을 핍박하였고 ③ 부활하신 주님을 만나게 되었으며 ④ 주님은 그에게 선교의 사명을 주셨다.
37) 랄프 마틴 박사는 이 점을 다음과 같이 표현하고 있다; "It is clear that Luke's 'main interest is to aid the church in his lifetime by prpclaiming the kerygma and by offering pastoral counsel and encouragement to his fellow believers'" (Ralph Martin, *The New Testament Foundations*, Vol. I, [Grand Rapids: Eerdmans, 1990], 249.
38) Martin, *Foundations*, 260.

이상에서 간략하게 살펴 본 바에 따르면, 바울 역시 베드로처럼 주로 유대인들을 상대로 하여 설교하고 있고, 그 내용도 따라서 다분히 변증적 요소를 담고 있는 것으로 나타나고 있다. 한 가지 두드러지는 것은 바울은 베드로와는 달리 랍비 후보생으로서 핍박자였던 자신이 어떻게 예수를 전파하는 전도자가 되었는지를 설명함으로써 자신의 사역 및 복음 전도의 정당성을 주장하면서 아울러 자신과 같은 처지에 있는 동포 유대인들을 설득하는데 열심을 기울이고 있다는 사실이다.

4. 사도행전의 설교가 오늘날 우리에게 주는 의미

사도행전은 그 성격상 이 책과 한 쌍이 되는 누가복음과 분리하여 다뤄질 수가 없다. 누가복음과 사도행전을 함께 고려하여 이 두 권의 책이 대상으로 하고 있는 공동체의 사회적 상황을 분석한 결과, 우리는 누가공동체가 이방인이 다수로되 유대인들 역시 무시할 수 없는 위치를 점하고 있는 이방적 경향의 공동체로서, 종말이 연기된 상황 속에서 임박한 핍박이나 환란의 위험이 없는 분위기에 처하였음을 발견하게 되었다. 그러나 사도행전을 특별히 고려할 때, 비록 직접적인 환란이나 박해는 없었을지라도, 공동체 외적으로 유대교의 공격과 공동체 내적으로 유대 그리스도인들의 압력이 적지 않은 문제가 되고 있었음을 아울러 발견하게 되었다.

누가-행전의 대상이 되는 이러한 공동체의 사회적 상황에 대한 지식과 함께 사도행전에 소개되고 있는 설교들의 실제적 내용을 분석한 결과, 우리는 설교들의 특징이 변증을 포함한 전도적 권면이 중심을 차지하고 있음을 발견하게 되었다.[39] 변증을 통하여 누가공동체가

---

[39] 물론 교훈적 권면이 바울의 설교 중 한 차례 등장하기는 하나, 한 차례인 까닭에

얻는 혜택은 유대교에 대항하여 기독교의 정당성을 확인하게 되었고, 또한 신자들의 신분과 삶의 방식 및 양식의 정당성도 아울러 인정받게 되었던 것이다. 이러한 정당성은 결국 신자로서의 현재의 그들의 삶에 힘을 북돋우며, 사도행전의 기록 목적 중 하나인 복음의 진보, 즉 전도에 그들로 하여금 동참하도록 격려하게끔 만들었던 것이다.

사도행전에서 저자인 누가는 직접 설교하지 않았다. 그러나 분명한 것은, 그의 복음서에서 자료의 선별적 선택과 배열 및 구성을 통하여 나름대로의 신학을 천명하였던 누가는 이제 복음서 후편에서는 사도들의 설교를 적절하게 선택하고 배열함으로써, 비록 자신의 설교는 아닐지라도 사도들의 설교를 통하여 그 공동체에게 주고자 하는 메시지를 분명하게 전달하였다는 사실이다.[40] 그렇다면 결국 목회자인 누가는 사도들을 통하여 그의 교인들에게 설교하였던 것이다.[41]

그러면 이런 사실이 오늘날 우리에게 주는 의미는 무엇일까?

오늘날 설교자들은, 초대교회 당대의 누가처럼, 그가 목회하는 교회 공동체 속에서 문제들을 느끼면서 그 문제들을 해결하고자 하는 열망을 갖고 있을 것이다. 그 열망은 결국 그 회중들에게 전하고자 하는 설교자의 메시지가 될 것이다. 그러나 우리가 주의해야 할 사실이 하나 있다; 누가가 자신의 공동체의 문제점에 대한 답을 예수님과 사도들의 행적 및 설교에서 찾았듯이, 오늘날의 설교자도 자신의 회중의 문제점에 대한 답을 성경에서 찾아야 할 것이다. 따라서 설교자의 메시지는

그 비중이 그다지 크지 않음을 기억해야 할 것이다.
40) Cf. Conzelmann, *Acts*, xliv. 어떤 학자들은 사도행전에서 누가가 설교들을 기록한 주된 관심 및 이유는 사도들의 가르침을 보존하기 위함이었다고 말한다. 누가복음는 복음서에서 예수님의 가르침을 보존하였고, 사도행에서는 베드로와 바울의 가르침을 보존하였던 것이다. 그러나 어쨋든 이를 통하여 누가는 누가공동체를 바르게 가르치고자 하였던 것이다.
41) Cf. Krodel, *Acts*, 38: "All speeches, short or (relatively) long, express Luke's point of view".

무엇보다도 먼저 성경의 메시지이어야 한다. 다시 말하면 성경이 말하는 메시지를 전하여야 옳지, 자신이 말하고자 하는 메시지를 성경을 이용하여 말해서는 안된다는 것이다.

　설교란 성경을 빌미삼아 설교자 자신의 견해와 사상 및 주장을 펼치는 것이 아니다. 설교란 철저하게 처음부터 끝까지 성경을 통하여 하나님이 말씀하시는 것이 되어야 한다. 그런 설교가 마침내 인생을 변화시키고 교회 및 세계를 변화시키는 것이다.

섬김의 신약적 의미 고찰[1]

1. 들어가는 말

우리는 기독교의 덕목을 말할 때 대개 사도 바울이 그 서신(고린도전서 및 데살로니가 전서)에서 소개한 믿음, 소망, 사랑을 언급한다. 예수님을 우리의 인격적인 하나님으로 섬기는 믿음과, 그 주님을 믿고 세상의 온갖 역경과 고난을 참으며 내세를 기다리는 소망과, 온 율법과 선지자의 강령으로써 우리의 마음과 뜻과 정성을 다하여 하나님과 이웃을 내 자신처럼 섬기는 사랑을 우리는 찬미하고 실행에 옮긴다. 그러나 예수님의 교훈과 행적을 기록한 복음서에 의하면, 주님이 이 땅에 잠시 살면서 보여주신 모습 가운데 가장 인상적이고도 특징적인 것은 바로 섬김(διακονία)이라고 말할 수 있을 것이다. 물론 이러한 특징은 주님의 사역에서만이 아니라 주님의 가르침에서도 충분히 발견된다. 예수님에 대한 최초의 전기라고 볼 수 있는 마가복음에서 우리는 그 증거를 확보한다.

"인자가 온 것은 섬김을 받으려 함이 아니라 도리어 섬기려 하고 자기

---

[1] 이 논문은 「백석신학저널」 22(2012); 173-198에 게재되었다.

목숨을 많은 사람의 대속물로 주려 함이니라." (막 10:45)

그런데 누가는 그 복음서의 병행구절에서 이에서 더 나아가 섬김의 주제를 더욱 힘주어 강조하고 있다:

"앉아서 먹는 자가 크냐 섬기는 자가 크냐 앉아서 먹는 자가 아니냐 그러나 나는 섬기는 자로 너희 중에 있노라." (눅 22:27)

다시 말하면 누가는 그리스도를 '많은 사람의 대속물'로서 제시하는 마가복음의 구속적 기독론을 대신하여 섬김을 강조하는 봉사적 기독론을 소개하고 있는 것이다. 이것은 특별히 누가복음의 또 하나의 중요한 특징이기도 한 사회복음(social gospel)적 특징과 맞물리며 누가신학의 사회성을 잘 드러내주고 있다고 하겠다.

이러한 특징을 염두에 둔 채, 이 글에서 나는 우리 주 예수 그리스도께서 보여주신 행하심과 가르치심에 착안하여(행 1:1) 신약성경에서 말하는 섬김의 주제를 풀어가고자 한다. 신약성경에서 복음서보다 먼저 기록된 바울 서신은, 비록 역사적으로 먼저 등장하기는 하였지만, 성격상 여전히 공관복음서에 기록된 예수님의 교훈 및 행적에 대한 해석으로써 부차적이므로 우선적으로 복음서의 내용을 중심으로 살펴보고, 필요한 경우 요한복음과 서신 및 바울 서신의 내용을 참고하도록 하겠다.

2. 기독론 해석의 또 다른 방향

우리는 일반적으로 공관복음서를 통하여 예수님을 이해할 때, 달리 말하면 기독론을 언급할 때, 다분히 구원론적으로 해석하는 경향이 많다. 물론 주님이 말씀으로서 육신이 되어 이 땅에 오신 궁극적 목적이 인류를 죄와 사망과 사탄의 세력에서 구원하고자 함인 까닭에 이러한 접근은 지극히 당연한 일이라 생각되지만, 공관복음서에 묘사된 주님의 모습은 이것만이 전부가 아니라는 사실을 우리로 하여금 깨닫게 한다. 사실 공관복음서에는 우리가 일반적으로 생각하는 것만큼 구원론을 구성하는 주님의 구속적 죽음에 대한 강조가 그리 많지 않은 것이 사실이다. 그 좋은 예로, 주님이 가이사랴 빌립보에서 예루살렘으로 향하는 여정에서(소위 '여행기사' [travel narrative], 막 8:27-10:52) 말씀하신 수난예언을 보면, 한결 같이 주님이 예루살렘에 올라가 죽으실 것을 예언하는데, 그 목적과 이유가 무엇인지에 대해서는 함구(緘口)하고 있음을 지적할 수 있다: "인자가 많은 고난을 받고 장로들과 대제사장들과 서기관들에게 버린 바 되어 죽임을 당하고 사흘 만에 살아나야 할 것을 비로소 그들에게 가르치시되." (막 8:31; 참고 막 9:31; 10:33-34) 여행기사에서 세 번에 걸쳐 기록된 이 수난예언에서 공관복음서기자들은 예외 없이 주님이 예루살렘에 올라가 죽으실 것이란 사실만을 언급할 뿐 그 목적 및 이유에 대하여는 함구하고 있는 것이다.

그러나 한편 마가와 마태복음에 의하면, 주님은 지상 사역 중 두 번에 걸쳐 자신의 죽음의 의미를 밝히고 있다. 하나는 위에서 언급한 예루살렘 입성(入城) 직전의 일이고(막 10:45//마 20:28)이고, 다른 하나는 최후의 만찬 석상에서이다(막 14:24, "이르시되 이것은 많은 사람을 위하여 흘리는 나의 피 곧 언약의 피니라." 마태는 여기에 "죄 사함을 얻게 하려고"[마 26:28]를 추가함으로써 보다 더 구속의 의미를 강조하고 있다.) 공관복음 전체에서 이 두 번의 경우를 제외하고는 주님 죽음의 의미를 밝히고 있는 곳은 없다. 이런 견지에서 볼 때, 주님의 죽음을 구원론적으로 해석하려는 이들에게 이것은 제법 문제가 될 법한 일이다. 어찌하여 주님은 자신의 죽음의 목적 혹은 이유에 대하여 별로 발설하지 않은 것일까?

아마도 이에 대한 답변 중 하나는, 복음서 보다 먼저 기록된 바울 서신에 그리스도 죽음의 구원론적 의미가 이미 충분히 설명되어 있기에 공관복음 기자들이 이를 반복하고자 하지 않았을 가능성을 고려할 수 있겠다. 이것은 바울서신과 비교할 때 대체로 복음서에 교리적 진술이 적게 나오는 것에 대한 설명이 될 수도 있을 것이다. 또 다른 이유를 들자면, 바울 서신 저술 이후 교회가 어느 정도 안정되면서 그리스도인의 생활 및 실천의 문제가 더욱 주목을 받게 된 까닭에, 구원론을 포함하여 교리적 설명보다는 제자도 혹은 청지기도 등과 같은 그리스도인의 삶의 주제가 강조되었을 것으로 풀이된다.

이 같은 객관적 사실을 인정한다면, 이제 우리는, 그렇다면 공관복음 기자들은 과연 주님의 교훈과 사역을 어떻게 제시하고자 하였는지를 물어보아야 할 것이다. 이 질문에 답하기 위해 공관복음의 내용을 세밀하게 살펴보면, 우리는 주님의 지상 사역의 목적이 단순히 인간 영혼의 구원만이 아님을 발견하게 될 것이다. 물론 그것이 주님 사역의 궁극적 목적이기는 하지만, 공관복음에 기록된 대로 주님의 사역과 교훈을 들여다보면, 주님은 그보다 더 많은 시간과 공(功)을 들여 각종 병자들을 치유하고, 귀신 들린 자를 낫게 하며, 배고픈 자들에게 떡과 고기를 먹이고, 죽은 자들을 살리는 등 육신적인 일들도 많이 행하셨다. 이런 사실을 Scotland의 Glasgow 대학교의 성서학자였던 윌리암 바클레이는 다음과 같이 바르게 지적하였다.

"예수님이 전한 복음은 말씀으로 멈추지 않았다. 그것은 행동으로 번역되었

다. 만일 우리가 복음서 전체를 읽는다면, 예수님이 단지 하나님에 대하여
말씀하는 것보다 병자를 고치고, 배고픈 자들을 먹이며, 슬픈 자들을 위로하
는데 더 많은 시간을 보냈다는 것을 발견하게 될 것이다."[2]

이런 맥락에서 우리는 공관복음 기자들이 복음의 선포와 병 고침을
병행해서 기록한 사실에 또한 관심을 가져야 할 것이다.

"제자들이 나가서 회개하라 전파하고, 많은 귀신을 쫓아내며 많은 병자에게
기름을 발라 고치더라." (막 6:12-13, 참고; 눅 9:6; 마 4:23, 9:35)

이러한 제자들의 사역은 주님의 자신의 사역에서 그 원형을 찾을
수 있을 것이다.

"예수께서 온 갈릴리에 두루 다니사 그들의 회당에서 가르치시며 천국
복음을 전파하시며 백성 중의 모든 병과 모든 약한 것을 고치시니, 그의
소문이 온 수리아에 퍼진지라." (마 4:23-24a)

요컨대 주님과 그의 제자들은 하나님 나라의 복음을 전파하는 것만을
그 사역의 유일한 목적으로 삼지 않고 귀신을 쫓아내고 병자들을 고치는
것을 또한 병행하였던 것이다. 이처럼 사람들의 질병을 고치고, 귀신을
쫓아내며, 굶주린 이들에게 양식을 제공하는 것은 분명 섬김의 표현인
것이다.

이런 맥락에서 공관복음을 읽을 때 놓치지 말아야 할 것은 공관복음이

---

[2] William Barclay, *The Gospel of Matthew*, vol. 1 (Daily Study Bible; Philadelphia: Westminster, 1975), 354.

영혼 구원에 대해 직접 언급하는 것보다는 오히려 제자로서의 그리스도인들의 삶에 대하여 더 많이 말하고 있다는 점이다.3) 그러므로 우리는 예수님 사역에 대한 이러한 사실들을 신중하게 참작할 때, 주님 사역의 목적이 영혼 구원만이 아니라 그와 동시에 각종 질병 치유를 포함하여 오병이어(막 6:30-44), 칠병이어(막 8:1-10) 등의 급식(給食) 기적들에 나타난 그리스도의 관심과 배려를 함께 고려해야 할 것이다.

신약성경에서 이러한 사회적 구원에 대해 남다른 관심을 보이는 책은 누가복음과 야고보서이다. 특별히 누가복음은 일명 '가난한 자들을 위한 복음'(the Gospel for the Poor)라고 불릴 정도로 사회적 약자에 대해 많은 자료를 포함하고 있다. 누가복음에만 기록된 L 자료 중 대부분이 빈부(貧富) 문제와 관련된 재물 주제를 다루고 있다는 것은 누가를 통한 성령 하나님의 관심을 잘 드러낸다고 말할 수 있다. 야고보서 역시 부자와 가난한 자 사이의 차별을 언급하면서 약자로서의 가난한 자들에 대한 관심을 촉구하는 사회적 성격을 강하게 나타내고 있다(약 2.1-13). 그리하여 야고보서를 또한 일명 '가난한 자를 위한 서신'(the epistle for the poor)라고 부르기도 하는 것이다.

3. 왜 바울서신에는 사회적 관심이 희소한가?

그러면 기독교 교리의 책이라고 부를 수 있는 바울서신의 경우는 어떠한가? 사도행전과 바울서신의 기록에 따르면, 사도 바울의 사역에서 사회 구원적 요소는 그리 많이 발견되지 않는다. 즉 바울서신들은 복음서와 비교할 때 가난한 자와 사회적 약자에 대한 관심이 상대적으로

---

3) "Union of care for men's bodies with care for their souls is characteristic of Christ and of Christian missions."; A. Plummer, *The Gospel according to St. Luke* (International Critical Commentary; Edinburgh: T & T Clark, 1922), 240.

적은 편이라는 것이다.[4] 이런 현상에 대해서는 두 가지 설명이 가능하다.

첫째로, 사도 바울이 세운 초기 교회들에서 빈부의 차이에 따른 갈등은 크게 문제가 되지 않았을 것이다. 얼핏 보면 - 가령 고린도전서 1장 26-29절 같은 경우 - 바울이 세운 교회들 안에 빈부의 차이로 인한 갈등이 있었던 것처럼 보이지만, 사실 고린도전서 전체를 읽어보면 그런 문제는 크게 두드러지지 않는다. 사실 바울 서신 중에서 '빈궁한 자'의 문제를 다루는 것은 오직 고린도전서 11장 17-34절뿐이다. 이것은 아마도 바울 공동체, 즉 바울이 직접 개척하여 세웠거나, 바울이 서신을 보냈던 교회들의 사회적 상황(Sitz im Leben)과 연관이 될 것이다. 고린도 교회를 비롯하여 이들 바울 공동체를 사회적 혹은 사회학적으로 분석한 타이센(Theissen)과 믹스(Meeks)의 주장에 따르면, 바울 공동체는 우리가 일반적으로 아는 바와 같이 가난한 농민이나 노동자들로 구성된 가난한 공동체라기보다는 오히려 기술자(skilled workers)나 상인(traders) 혹은 장인(artisans) 등의 중간계층으로 구성된 공동체였다고 한다.[5] 따라서 바울의 공동체 안에서는 가난한 자들에 대한 관심이 누가 공동체의 그것보다 적을 수밖에 없었을 것이다.

둘째로, 바울로서는 선교사로서 복음을 증거하면서 신학적 문제에 대한 해답이 우선적이었을 것이다. 초기 신앙공동체 역시 바울에게 신학적인 질문을 던졌을 것이고(고전 7:1; 8:1; 12:1; 16:1), 따라서 서신의 주된 내용은 율법에 대한 견해 및 행위와 믿음에 관한 논의를 비롯하여 신학적 내용이 중심이 되었던 것이다. 물론 바울 서신 전체가 모두

---

4) 알렌 버히, 『신약성경 윤리』(김경진 역; 서울: 솔로몬, 1997), 250-251. 이에 대한 좀 더 자세한 설명은 다음의 글을 참조하시오. 김경진, "고린도 교회에서 발생한 빈부 간의 경제적 갈등과 처방," 『신약논단』 18/2 (2011), 619-621.

5) Gerd Theissen, *The Social Setting of Pauline Christianity: Essays on Corinth* (Philadelphia: Fortress, 1982), 70-73; Wayne Meeks, *The First Urban Christians: The Social World of the Apostle Paul* (New Haven: Yale University Press, 1983), 51-53.

교리적 진술이라는 것은 분명 아니다. 알다시피, 대부분의 바울 서신 후반부에는 전반부의 교리적 진술에 뒤이어 윤리적 교훈이 소개되고 있다(예, 롬 12-16장). 즉 그리스도인의 삶의 문제를 언급하고 있는 것이다. 그러나 그것이 가난한 자들을 포함하여 사회적 약자들을 우선적으로 섬기셨던 것으로 알려진 공관복음서의 사회 구원적 성격과는 거리가 있음을 우리는 지적하는 것이다(참고, 눅 4:18-19). 이런 측면에서 볼 때 예수님과 바울의 신학 사이에는 약간의 불연속성도 있는 것으로 보인다. 어쩌면 이것은 예수님 및 복음서 기자들과 바울이 활동했던 지역적, 사회적 배경과 전혀 무관하지 않을 것이다.

4. 공관복음에 따른 주님의 섬김 사역

복음서의 증거에 따르면, 주님은 한결 같이 이 땅의 인류를 섬기러 오셨다. 물론 그 섬김의 극치는 십자가에서의 대속적 죽음을 통한 인류의 영혼 구원이지만, 그와 함께 이 땅에 잠시 머무는 동안 주님이 보여주신 삶의 궤적은 가난한 자들과 불우한 자들에 대한 일방적인 사랑을 통한 섬김이었다. 그러면 과연 주님이 보여주신 섬김은 신약성경에서 어떻게 소개되고 있는가? 이 질문은 주님의 교훈과 사역에 근거한 것임으로, 그 범위가 복음서로 제한될 수밖에 없을 것이다.

마태복음에서 산상설교를 마치고 하산하신 후 주님이 대면한 사람들의 면모 역시 주님의 섬김 사역의 특징을 잘 드러낸다: 나병 환자(8:1-4), 백부장의 노예(8:5-13), 베드로의 장모(여자, 8:14-17), 귀신 들린 사람(8:28-34). 그 원치 않는 질병으로 인해 마을 밖에 살아야만 했던 버림 받은 나병 환자들, 사람은 사람이되 인권이 보장되지 못함으로 사람답게 살 수 없었던 노예, 2급 인간으로 간주되어 늘 멸시와 천대를 받았던 여자, 그리고 귀신에 사로잡혀 공동묘지에서 살아야만 했던 저주받은 사람 - 바로 이들이 주님이 산상설교 이후 공적 사역을 시작하실 즈음 처음 상대한 사람들이라는 사실은 구원과 복음의 보편성만을 시사하는 것이 아니라, 불우한 이들을 섬기는 주님 사역의 본질적 성격을 너무도 잘 밝혀주고 있는 것이다.

마태복음에서 발견되는 이런 특징은 사실 1장의 족보에서 이미 암시되었다고 볼 수 있다. 알다시피, 마태복음의 족보는 가장 유대적인 특징을 지님과 동시에 또한 비유대적 성격을 아울러 지니는 양면성을 드러내는데, 이 비(非) 유대성은 곧 주님의 섬김 사역의 특징을 잘 표현하고 있다. 여기서 말하는 비유대성이란, 족보에 여자들이 등장하는 것(다말, 룻, 라합, 우리야의 아내, 즉 밧세바), 그 여자들이 이방인이라는 것, 그리고 그들이 비정상적인 성관계를 가진 사람들로서 유대인들에게는 부정한 사람들로 보였을 것이란 사실을 가리킨다. 누가복음의 족보에는 이러한 여자들, 이방인 및 부정한 자들이 등장하지 않음을 참작할 때, 참으로 마태복음의 족보는 매우 파격적이고 급진적이지 않을 수 없다.6) 메시야이신 주님의 족보에 그처럼 천한 이방 여자들의 이름이 올라있고, 또한 그들이 성적(性的)으로 문제가 있는 이들임을 고려할 때, 이처럼 문제 있는 여자들을 마태가 주님의 족보에 포함시킨 것은 신분의 고하(高下)와 귀천(貴賤)을 막론하고 적용되는 복음의 보편성과 아울러 장차 주님이 바로 이러한 낮고 천한 자를 섬기실 것에 대한 예시라고 볼 수 있을 것이다. 유대인의 왕으로 오셨으나 왕으로 대접 받기를 즐겨하기보다는 오히려 낮고 천한 자들을 찾아오시어 그들을 돌보시고 마침내 십자가의 죽음으로 구속하신 것은 최고 및 최상의 섬김의 모습이라

---

6) Richard A. Burridge, *Four Gospels, One Jesus?: Symbolic Reading* (김경진 역:『네 편의 복음서, 한 분의 예수』(서울: UCN, 2000), 113-4.

아니할 수 없을 것이다.

주님이 부자와 배부른 자와 웃는 자와 칭찬 받는 자들을 저주하시며 오히려 가난한 자와 주린 자와 우는 자 및 핍박 받는 자들을 옹호하신 것은(눅 6:20-24; 참고 눅 1:51-53) 주님을 왕으로 주인으로 섬기는 모든 그리스도인들에게 우리가 진정 섬겨야할 대상이 누구인지를 분명하게 보여준다. 주님은 이 땅에 왕으로 오셨지만(마 2:2), 왕으로서 대접 받기보다는 오히려 자신을 종처럼 낮추어(막 10:45; 빌 2:7), 사회로부터 버림받고 소외당한 가난하고 불우한 이들을 상대하면서 그들을 섬기시는 겸손함을 친히 보여주셨다.

영국 런던대학교 신과대학(King's College)의 신약학 교수인 리차드 버릿지는 그의 책 『네 편의 복음서, 한 분의 예수』에서 에스겔 1장 10절과 요한계시록 4장 7절에 등장하는 네 생물, 즉 사람, 사자, 소, 그리고 독수리를 네 복음서에 적용하여 복음서의 특징과 아울러 각 복음서의 기독론을 설명하고 있는데, 누가복음의 이미지는 소, 즉 짐꾼(burden bearer)으로 제시한다.[7] 그러나 짐꾼인 소가 자신의 짐이 아니라 남의 짐을 지듯이, 자신이 져야할 짐이 없으신 주님도 남의 짐을 대신 지신다. 누가복음에서 남이란 누가복음 16장에 나오는 나사로와 같이, 바로 다른 사람의 도움이 없으면 생존이 불가능한 가난한 자, 지체장애인, 맹인들로 나타난다. 즉 이들이 바로 황소이신 주님이 그 짐을 대신 짐으로써 섬기는 사람들인 것이다. 이런 맥락에서 누가복음은 가난한 자를 위한 복음의 성격을 띠면서, 봉사적 기독론의 특징을 잘 드러낸다. 이처럼 주님이 남의 짐을 지고 나름으로 섬김의 도를 보여주셨다면, 오늘 우리들 역시 내 짐 지기에만 몰두할 것이 아니라, 혹 우리의 도움이 없으면 생존이 어려운, 혹은 생계가 막막한 그런 이웃들을 돌아보

---

[7] Burridge, 『네 편의 복음서, 한 분의 예수』, 157-160.

아 그 짐을 대신 져야할 것이고, 이것은 오늘날 교회가 짊어져야 할 사명이기도 한 것이다.

버릿지에 의하면, 마가복음의 상징은 사자가 되는데, 알다시피 사자는 백수(百獸)의 왕으로 알려져 있고, 이는 바로 온 인류의 왕으로서의 메시야 예수 그리스도의 모습인 것이다.[8] 왕으로서 주님은 마가복음의 전반부(1-8장)에서 무리들의 육신적 필요, 즉 각종 질병과 굶주림을 해결하기 위해 각종 치유 및 급식(給食) 기적을 베풀면서 백성들을 먹이시고 돌보시다가, 후반부(9-16장)에 들어서는 영적 필요, 즉 인류의 영적 구원을 달성하기 위하여 친히 고난의 길을 걸으시다가 마침내 십자가에 달려 죽음으로써, 그들을 섬기셨다. 왕으로 오셨으나 군림하기보다는 오히려 자신을 종처럼 낮추어 인류를 섬기시다가 끝내는 십자가 죽음으로 섬김의 절정을 보여주셨던 것이다(막 10:41-45). 죽음보다 더한 섬김이 어디 있으랴? (요 10:15)

마태복음의 상징을 버릿지는 사람, 구체적으로 가르치는 선생으로 풀이한다. 마태복음은 다른 복음서보다 교육과 배움을 강조하는 것으로 알려져 있다. 마가, 누가복음과는 달리 제자 파송이 실제 발생하지 않은 것은 (마 10:5-11:1) 마지막 파송(마 28:18-20) 때까지 계속적인 교육을 강조하기 위한 의도로써 풀이될 수 있을 것이다. 이런 맥락에서 주님이 승천하실 때 내린 지상(至上) 명령("너희는 가서 모든 민족을 제자로 삼아 아버지와 아들과 성령의 이름으로 세례를 베풀고 내가 너희에게 분부한 모든 것을 가르쳐 지키게 하라….” 마 28:19-20)에 "제자로 삼으라"는 명령과 "가르치라"는 명령이 포함된 것은 매우 적절한 연결인 것이다. 이처럼 마태복음에서 주님은 하나님의 학교에 입학한 제자들을 인내를 갖고 가르치시는 선생으로 소개되고 있는데, 이것은

---

8) Burridge,『네 편의 복음서, 한 분의 예수』, 63-106.

교육을 통해 제자들, 즉 따르는 이들을 섬기는 모습인 것이다.

그러나 무엇보다도 주님의 섬김에 대하여 신약성경에서 가장 두드러지게 소개하고 있는 누가복음이다. 그리하여 이제 우리는 누가가 그 복음서에서 어떻게 주님을 묘사하고 있는지를 충분히 다룸으로써 우리의 주제를 설명하고자 한다.

5. 섬기는 자 예수 (눅 22:27)

마가, 마태복음의 취임설교는 도래하는 하나님의 나라와 그를 위한 준비로서 회개를 강조하는 반면에(막 1:15; 마 4:17), 누가복음의 취임설교에는 그러한 언급 대신 가난한 자, 눌린 자, 포로된 자, 눈 먼 자 등이 복음의 우선적 대상으로 소개되고 있다(눅 4:18). 이런 맥락에서 누가는 가난한 자, 몸 불편한 자, 맹인, 저는 자(눅 14:13, 21), 귀먹은 자, 나병 환자(눅 7:22), 우는 자, 주린 자(눅 6:20-21) 등과 같은 사회적 약자들의 명단을 자주 언급하며, 그 공동체 내의 부자 그리스도인들에게 이들을 구제할 것을 권면하고 있다(눅 11:41, 12:33). 특히 누가복음 12장 33절은 마태복음 6장 19-20절의 병행구절로서 구제를 강조하는 누가신학의 사회성을 드러내는 대표적 진술이다: "너희 소유를 팔아 구제하여 낡아지지 아니하는 배낭을 만들라. 곧 하늘에 둔 바 다함이 없는 보물이니 거기는 도둑도 가까이하는 일이 없고 좀도 먹는 일이 없느니라." 가난한 자들에 대한 관심과 구제에 대한 강조는 주님 사역의 성격을 잘 반영하고 있는 것으로써, 가난하고 불우한 이들이 주님의 섬김의 대상이었음을 밝히 보여준다.

이처럼 누가복음은 마가, 마태복음보다는 사회 복음적 특징이 강한 것으로 알려져 있다. 이런 특징을 배경으로 하여 누가복음에서 소개되고 있는 예수님의 이미지는 다른 복음서와 비교할 때 사회 봉사적 경향이 짙은 모습으로 제시되고 있음을 발견하게 된다. 즉 하나님의 백성인 양떼를 섬기는 종의 모습이 특히 부각되고 있는 것이다. 여기서 주의할 것은, 마가복음에서도 섬기는 종으로서 예수님의 이미지가 중요하게 등장하고 있는데, 거기서의 섬김은 다분히 영혼 구원을 위한 대속물(?)로서의 특징이 강하게 표현되고 있다는 점이다(막 10:45). 그러나 누가복음에는 마가복음의 이 중요한 구절이 생략되어 있다. 이에 대하여 쉬바이처는 마가복음 본문(10:45)이 누가복음에서 생략된 사실을 들어(눅 22:24-27), 마가복음 구절이 '인자'란 칭호와 함께 후대 교회에 의해 추가되었다고 주장하였다.9) 아울러 그 말씀이 주어진 상황을 고려할 때, 누가복음 본문(눅 22:27)이 본래의 역사적 상황을 잘 보존하고 있다고 추정하기도 한다.10) 그러나 사실 이런 그의 견해는 이미 불트만과 쉬르만에 의해 지적된 바 있는 것이다.11) 그러나 역사적 상황을 반영하는 것이 어느 쪽이든 간에 오늘 우리에게 중요한 것은 텍스트 자체이며, 그렇다면 양쪽의 다른 표현은 결국 복음서 저자의 신학의 반영으로 이해할 수 있을 것이다. 이와 관련하여, 에반스는 누가가 이 본문을 자신의 전승에서 가져왔을 것이며, 또한 마가복음 구절보다 더 선호하여서 두 복음서 사이에 이런 차이가 생겨났을 것이라고 주장한다.12) 한편 마샬은 누가가 마가복음 구절을 신학적 이유로 생략하지 않았다면, 본문이 그의 자료에 없었던가, 아니면 현재의 문맥에 불필요한 것으로 간주했을 것이라고 주장한다.13) 여기서 우리의 관심은 '왜 누가가 구속적

---

9) Eduard Schweizer, *The Good News according to Luke* (London: SPCK, 1984), 333.
10) Eduard Schweizer, *The Good News according to Mark* (Atlanta: John Knox, 1970), 219-220.
11) Rudolf Bultmann, *Die Geschichte der synoptischen Tradition* (Göttingen: Vandenhoeck, 1921, 1931), 154; Heinz Schürmann, *Das Lukasevangelium* (Herders theologischer Kommentar zum NT; Freiburg: Herder, 1969), 19, 92.
12) C. F. Evans, *Saint Luke* (TPI NT Commentaries; London: SCM, 1990), 797.

기독론이 함축되어 있는 마가복음 구절을 불필요한 것으로 간주하여 생략하였느냐?' 하는 것이다.

이 질문과 관련하여, 포웰은 누가복음 22장 27절이 마가(마태)복음과는 달리 구속적 의미를 담고 있지 않음을 지적하면서, 그 이유는 누가에게 있어서 구원은 이미 이 땅에 실현되어 맛볼 수 있기 때문이라고 주장한다. 이런 의미에서 포웰은 누가의 구원은 영적인 성격만이 아니라 또한 육적 혹은 사회적인 성격을 띠고 있다고 말한다.[14] 그러나 그에게 아쉬운 것은, '그러면 왜 누가가 구원을 그와 같이 해석하고 있는가, 혹은 그렇게 해석했어야 했는가?'에 대한 답이 없다는 점이다. 이 질문에 대한 나의 답은 마가 공동체와는 다른 누가 공동체의 삶의 상황과 관련이 있다는 것이다. 아직까지는 누가복음의 이 구절을 해석함에 있어서 이런 시도는 없었던 것으로 보인다. 한 마디로, 그것은 섬김을 강조하는 특징이다. 이런 측면에서 볼 때, 누가복음의 사회봉사적 섬김의 특징은 마가복음의 구속적 섬김의 특징하고는 구별될 수 있는 것이다.

5.1. 가난한 자들을 위한 복음

누가복음이 사회적 성격을 띠고 있다는 특징은 예수님의 취임설교부터 찾을 수 있을 것이다. "주의 성령이 내게 임하셨으니 이는 가난한 자에게 복음을 전하게 하시려고 내게 기름을 부으시고 나를 보내사 포로된 자에게 자유를, 눈 먼 자에게 다시 보게 함을 전파하며 눌린 자를 자유롭게 하고, 주의 은혜의 해를 전파하게 하려 하심이라 하였더라" (눅 4:18-19). 주지하는 대로, 마가와 마태복음에서 주님의 취임설교의 주제는 하나님의 나라와 이를 맞이하기 위한 준비로서의 회개에

---

13) I. Howard Marshall, *Commentary on Luke* (NIGTC; Grand Rapids: Eerdmans, 1989), 814.
14) Mark Allan Powell, *Fortress Introduction to the Gospels* (Minneapolis: Fortress, 1998), 104-7.

대한 강조이다. (막 1:15; 마 4:17).15) 반면에 누가복음에는 이러한 내용이 나사렛 회당에서 주님이 이사야 본문을 인용하는 것으로 바꾸어졌는데, 거기에는 하나님의 나라나 회개에 대한 언급이 전혀 나타나지 않는다. 오히려 가난한 자, 포로된 자, 눈 먼 자, 그리고 눌린 자의 해방과 치유가 주제로 등장하고 있다. 이것이 누가복음에서 예수님이 메시아로서의 사역을 시작할 즈음에 행하신 취임설교라는 것은 누가복음에서 주님의 사역의 성격을 단적으로 잘 드러내주고 있다고 하겠다.

그러면 여기서 우리는 과연 누가복음에서 예수님이 종의 모습으로 섬기는 대상이 누구인지를 살펴볼 필요가 있을 것이다. 그것은 앞서 잠시 언급한 취임설교에서 찾을 수 있다. 가난한 자, 포로된 자, 눈 먼 자, 눌린 자. 이런 언급이 마가, 마태복음에서는 전혀 등장하지 않음으로 이것은 온전히 누가복음만의 독특한 특징임을 알 수 있겠다. 이밖에도 누가복음에는 위와 같은 사회적 약자들이 자주 반복하여 등장하고 있음을 발견한다. 다음은 그 중 중요한 구절들을 소개한 것이다.

눅 4:18, "주의 성령이 내게 임하셨으니 이는 <u>가난한 자</u>에게 복음을 전하게 하시려고 내게 기름을 부으시고 나를 보내사 포로된 자에게 자유를, 눈 먼 자에게 다시 보게 함을 전파하며 눌린 자를 자유롭게 하고".

→ 가난한 자, 포로된 자, 눈 먼 자, 눌린 자

눅 6:20-21, "예수께서 눈을 들어 제자들을 보시고 이르시되 너희 <u>가난한 자</u>는 복이 있나니 하나님의 나라가 너희 것임이요, 지금 주린 자는 복이 있나니 너희가 배부름을 얻을 것임이요 지금 우는 자는 복이 있나니 너희가 웃을 것임이요, 인자로 말미암아 사람들이 너희를 미워하며 멀리하고 욕하고 너희 이름을 악하다 하여 버릴 때에는 너희에게 복이 있도다."

---

15) 막 1:15, "이르시되 때가 찼고 하나님의 나라가 가까이 왔으니 회개하고 복음을 믿으라 하시더라."

→ 가난한 자, 주린 자, 우는 자, 핍박 받는 자.

눅 7:22, "예수께서 대답하여 이르시되 너희가 가서 보고 들은 것을 요한에게 알리되 맹인이 보며 못 걷는 사람이 걸으며 나병환자가 깨끗함을 받으며 귀 먹은 사람이 들으며 죽은 자가 살아나며 <u>가난한 자</u>에게 복음이 전파된다 하라."

→ 맹인, 못 걷는 사람, 나병환자, 귀먹은 사람, 죽은 자, 가난한 자.

눅 14:13, "잔치를 베풀거든 차라리 <u>가난한 자</u>들과 몸 불편한 자들과 저는 자들과 맹인들을 청하라."

→ 가난한 자, 몸 불편한 자, 저는 자, 맹인

눅 14:21, "종이 돌아와 주인에게 그대로 고하니 이에 집 주인이 노하여 그 종에게 이르되 빨리 시내의 거리와 골목으로 나가서 <u>가난한 자</u>들과 몸 불편한 자들과 맹인들과 저는 자들을 데려오라 하니라."

→ 가난한 자, 몸 불편한자, 맹인, 저는 자.

이 다섯 개의 구절 가운데 6장 20-21절과 7장 22절을 제외하고는 세 개의 구절이 오직 누가복음에만 등장한다는 사실에 우리는 주목해야 할 것이다. 그만큼 누가복음에서 예수님은 불우한 자들에 대하여 깊은 관심을 갖고 있다는 증거인 것이다. 이와 함께 또 한 까지 우리의 주의를 끄는 대목은, 가난한 자들이 문장의 맨 뒤에 위치해 있는 7장 22절을 제외하고는 가난한 자들(?)이 문장의 맨 앞에 위치해 있다는 점이다. 그렇다면 결국 가난한 자들은 이 다섯 개의 문장에서 문장의 맨 앞 혹은 맨 뒤에 위치하고 있음으로써, 이 구절들에서 소개된 불행한 자들의 대표적으로 포괄적 용어로써 제시되고 있음을 보게 된다.[16] 이러한

---

[16] Joel B. Green, *The Gospel of Luke* (New International Commentary on the New Testament; Grand Rapids: Eerdmans, 1997), 209-211.

이유로 일반적으로 누가복음을 가리켜 '가난한 자들을 위한 복음'(the gospel for the poor)이라고 부르는 것이다. 결과적으로 이러한 명칭은 그만큼 누가복음에서 예수님이 가난한 자들과 장애인 같은 사회적 약자들에 대하여 큰 관심이 있다는 것을 단적으로 입증하는 것이다.

누가복음의 예수님의 이러한 관심을 우리는 어떻게 이해할 수 있을까? 사실 누가 당대의 고대 사회에서 위에 언급한 가난한 자들과 장애인들은 사회적 약자로서 인간으로서의 합당한 인권을 거의 존중받지 못하였다. 특히 몸 불편한 자, 맹인, 저는 자 등과 같은 지체 장애인들은 그 신체적 결함으로 말미암아 제사를 비롯하여 종교적 제의(祭儀)에도 참석할 수 없었다. 이런 견지에서 볼 때, 가난한 자를 비롯하여 이러한 사회적 약자들은 경제적으로, 종교적으로, 사회적으로, 모든 측면에 있어서 당대 사회로부터 철저하게 멸시와 천대를 받으며 배척당하였고 그만큼 소외되었다. 이러한 근거를 우리는 누가복음의 다음 이야기에서 발견할 수 있다.

안식일에 주님이 한 바리새인의 지도자의 초청을 받아 함께 식사하게 되었는데, 그 때 특별히 초청된 사람들이 잔치의 상석(上席)에 앉는 것을 보시고 주님은 이렇게 말씀하셨다.

> "네가 누구에게나 혼인 잔치에 청함을 받았을 때에 높은 자리에 앉지 말라 그렇지 않으면 너보다 더 높은 사람이 청함을 받은 경우에, 너와 그를 청한 자가 와서 너더러 '이 사람에게 자리를 내주라.' 하리니 그 때에 네가 부끄러워 끝자리로 가게 되리라. 청함을 받았을 때에 차라리 가서 끝자리에 앉으라. 그러면 너를 청한 자가 와서 너더러 '벗이여 올라앉으라.' 하리니 그 때에야 함께 앉은 모든 사람 앞에서 영광이 있으리라. 무릇 자기를 높이는 자는 낮아지고 자기를 낮추는 자는 높아지리라. 또 자기를

청한 자에게 이르시되 네가 점심이나 저녁이나 베풀거든 벗이나 형제나 친척이나 부한 이웃을 청하지 말라 두렵건대 그 사람들이 너를 도로 청하여 네게 갚음이 될까 하노라. 잔치를 베풀거든 차라리 가난한 자들과 몸 불편한 자들과 저는 자들과 맹인들을 청하라. 그리하면 그들이 갚을 것이 없으므로 네게 복이 되리니 이는 의인들의 부활 시에 네가 갚음을 받겠음이라 하시더라." (눅 14:7-14).

이 대목에서 우리는 당대 사람들이 누구를 초청할 때 사회적 신분이나 지위를 고려하여, 자신과 유사한 신분이나 지위를 가진 사람들을 초대한다는 사실을 목도하게 된다(12-13절). 그 이유는 자신들의 초대를 도로 갚을 수 있는 능력이 있는 사람들을 초대하기 때문이다('벗, 형제, 친척, 그리고 부한 이웃').[17] 이처럼 신분이나 지위가 유사한 사람들끼리 음식이든 선물이든 서로 주고받고 하는 이러한 1세기 중동 지방의 관습을 '호혜주의'(reciprocity)라 부른다.[18] 이런 맥락에서 당연히 13, 21절에 언급된 가난하고 불행한 자들은 부유한 자들의 초대를 되갚을 수 있는 능력이 없으므로, 잔치에 초대를 받지 못하였던 것이다. 결과적으로 가난하고 불행한 사회적 약자들은 당대 사회로부터 철저하게 배척을 받고 소외를 당하고 있었던 것이다. 그런데 이러한 호혜주의가 만연된

---

17) Charles T. Talbert, *Reading Luke: A Literary and Theological Commentary on the Third Gospel* (New York: Crossroad, 1982), 183.
18) 누가 당시의 헬레니즘 사횡에서는 사회 전체가 주로 호혜적인 관계의 영향 아래 있었으며, 후대에도 여전히 마찬가지였다(Stählin, "ἴσος / ἰσότης", *TDNT*, III, 343-355). Cf. J. Kloppenborg, "The Dishonoured Master", *Bib* 70 (1989), 491; Robert J. Karris, "Poor and Rich: The Lukan Sitz im Leben," in Perspectives on Luke-Acts (ed. by C. H. Talbert [Edinburgh: T & T Clark, 1978], 120-1; P. Gächter, "The Parable of the Dishonest Steward after Oriental Conceptions", *CBQ* 12 (1950), 130; H. Moxnes, *The Economy of the Kingdom* (Philadelphia: Fortress, 1988), 141-3.

현실을 배경으로 하여, 누가복음의 예수님은 그러한 관습과는 전혀 상반된 태도를 갖도록 누가 공동체의 구성원들에게 요청하고 있다. 즉 당대 세속 사회 및 비기독교 집단에서 철저하게 외면당하고 소외당하는 그러한 사회적 약자들을 교회는 포용하고 끌어안으라는 것이다. 다시 말하면, 세상 사람들 혹은 비기독교 집단의 사람들처럼 호혜주의 원칙에 따라 사람을 판단하지 말고, 오히려 무시당하고 멸시당하는 가난한 자들을 교회가 용납하라는 것이다.[19] 사실 부유하고 신분이 높은 사람들을 제쳐놓고 가난하고 비천한 자들을 초대하라는 이러한 누가복음의 메시지는 당대 사회에서는 용납될 수 없는 매우 과격한 메시지였을 것이다.

5.2. 운명의 역전

그런데 이러한 누가복음의 메시지는 누가복음의 또 다른 특징인 운명의 역전(reversal of fortune)과 연결되어 있다고 하겠다. '운명의 역전' 개념은 역시 누가복음에서 특히 강조되어 나타나는 특징인데, 가장 대표적인 말씀은 다음과 같다. "보라 나중 된 자로서 먼저 될 자도 있고 먼저 된 자로서 나중 될 자도 있느니라 하시더라"(눅 13:30).

그 밖에 이 개념과 관련된 누가복음의 본문들은 다음과 같다.

"그의 팔로 힘을 보이사 마음의 생각이 교만한 자들을 흩으셨고, 권세 있는 자를 그 위에서 내리치셨으며 비천한 자를 높이셨고, 주리는 자를 좋은 것으로 배불리셨으며 부자는 빈손으로 보내셨도다"(눅 1:51-53). 이 구절은 마리아의 찬가(Magnificat)에 나오는 말씀으로, 마리아가 자신의 복중에 메시아를 잉태한 것을 염두에 두고 부를 찬양

---

19) Kyoung-Jin Kim, *Stewardship and Almsgiving in Luke's Theology* (JSNTSup 155; Sheffield: Academic Press, 1998), 187.

중 한 구절이다. 여기서 마리아는 메시아가 도래하게 되면 시행될 새로운 천상(天上)의 질서에 대하여 이렇게 노래하였던 것인데, 교만한 자들과 권세 있는 자들과 부자는 버림을 받고, 오히려 비천한 자와 주리는 자들이 좋은 대접을 받는 것으로 묘사하고 있다.[20]

이밖에, 누가복음에서 운명의 역전 개념을 잘 드러내주는 비유가 있는데, 누가복음에만 기록된 바로 '부자와 나사로' 비유인 것이다(눅 16:19-31). 잘 알려진 대로, 비유에서 부자는 값진 의복을 입고 날마다 잔치를 베풀며 호화 호식하였다. 반면에 가난한 거지 나사로는 가난한데다가 몸까지 불편하여 부자의 상에서 떨어지는 부스러기마저 개들에게 빼앗겨 마침내 굶주려 죽고 말았다. 한마디로, 하늘과 땅의 차이만큼이나 차이가 나는 두 사람의 상반된 삶이었다. 그런데 비유의 그 다음 장면에서 두 사람의 운명은 완전히 역전이 되어 다르게 나타난다. 이승에서 호화 호식하며 부귀영화를 누렸던 부자는 이제 저승에서 음부에 떨어져 물 한 모금을 동냥할 만큼 고통스런 시간을 보내고 있었다(24절). 반면에 살아생전에 굶주려 죽었던 거지 나사로는 이제 저승에서 아브라함의 품에 안겨 행복한 삶을 누리고 있었다(23절). 이러한 두 사람의 운명의 역전은 앞서 우리가 살펴본 대로, 부자들이 낮아지고 가난한 자들이 높아지는 말씀과 맥을 같이하면서, 누가복음의 사회 복음적 성격을 여실하게 드러내고 있는 것이다.

5.3. 가난에 대한 해석

여기서 우리는 누가복음의 사회 복음적 성격을 소개함에 있어서 풀어야 할 과제가 하나 있다. 그것은 '가난한 자'의 정체성 문제이다. 그 이유는 어떤 이들이 누가복음의 가난한 자들이 경제적으로 어려운 사람

---

[20] Kyoung-Jin Kim, *Stewardship and Almsgiving in Luke's Theology*, 190.

들을 가리키는 것이 아니라고 주장하기 때문이다. 만일 이들의 주장이 옳다면, 누가복음의 사회봉사적 성격과 주님의 섬김의 이미지는 달리 해석되어야 함으로 우리는 이 문제를 해결해야만 하는 것이다.

누가복음의 가난한 자들을 문자적으로 해석하지 않고, 풍유적으로 상징적으로 해석하는 대표적인 학자들이 있다. 그들에 따르면, 누가복음의 가난한 자들은 실제로 배고프고 헐벗은 거지같은 사람들이 아니라, 주님을 영접하지 않는 자들을 상징적으로 묘사한 것이라고 주장한다. 물론 이들의 주장이 잘못되었다고 단정적으로 말할 수는 없지만, 우리는 누가복음에서 그에 반하는 증거들을 제시함으로써 그 논리를 반박할 수 있을 것이다. 그 가장 대표적인 증거를 우리는 평지설교와 산상설교의 비교에서 얻을 수 있겠다.

마태복음의 8복 설교에는 누가복음의 4복 4화 설교에는 없는 표현들이 덧붙여져 등장한다. 그것들은 다음과 같다.

> **마 5:3**, "심령이 가난한 자는 복이 있나니 천국이 그들의 것임이요."
> **마 5:6**, "의에 주리고 목마른 자는 복이 있나니 그들이 배부를 것임이요."
> **마 5:10**, "의를 위하여 박해를 받은 자는 복이 있나니 천국이 그들의 것임이라."

한편 이와는 달리, 누가복음에서는 마태복음에 상응하는 구절에서 밑줄 친 표현이 등장하지 않는다.

> **눅 6:20**, "예수께서 눈을 들어 제자들을 보시고 이르시되 너희 가난한 자는 복이 있나니 하나님의 나라가 너희 것임이요."
> **눅 6:21**, "지금 주린 자는 복이 있나니 너희가 배부름을 얻을 것임이요

지금 우는 자는 복이 있나니 너희가 웃을 것임이요."

눅 6:22, "인자로 말미암아 사람들이 너희를 미워하며 멀리하고 욕하고 너희 이름을 악하다 하여 버릴 때에는 너희에게 복이 있도다."

그러면 두 복음서 사이의 이러한 차이점은 무엇을 의미하는가? 마태가 누가복음에 없는 '심령'과 '의'를 추가한 것은 가난과 굶주림의 의미를 확실히 다르게 바꾸어 놓은 것이다. '심령이'(?) 가난하다는 것은 그냥 문자적으로 가난하다는 말이 아니다. 사실 대단한 재산과 소유를 가진 부자라 할지라도, 마태복음에 따르면 얼마든지 심령으로는 가난할 수 있을 것이다. 그렇다면 심령의 가난은 이제 경제적인 문제가 아니라 겸손과도 같은 영적인 문제가 되어버리는 것이다.[21] 또한 굶주림을 말하면서 '의'(?)를 추가한 것은 굶주림이 실질적인 배고픔이 아니라 정의와 공의의 추구로 바꾸어지는 것이다. 이러한 비교를 통하여 우리는 마태복음에서 말하는 가난과 굶주림은 문자적인 의미가 아니라 상징적이고 영적인 의미를 띠고 있는 반면에,[22] 누가복음에서 말하는 가난과 굶주림은 문자 그대로 경제적이고 실제적인 의미를 갖는다고 말할 수 있을 것이다.

이러한 결론을 확인할 수 있는 또 다른 증거를 우리는 누가복음과 마태복음에 함께 등장하는 혼인잔치의 비유를 통해서 얻을 수 있다(눅 14:15-24; 마 22:1-20). 마태복음에 따르면, 어떤 임금이 그 아들의 결혼을 위해서 잔치를 베풀기로 하고 손님들을 초대하였는데, 처음에는 참석하겠다고 말한 손님들이 잔치 당일에 모두 불참하게 되었다. 그러자 잔치의 주인은 화가 잔뜩 나서 그 종들에게 네거리 길에 나가서 아무나 데려오라

---

21) 버히, 『신약성경윤리』, 186-7.
22) Cf. T.E. Schmidt, *Hostility to the Wealth in the Synoptic Gospels* (JSNT Sup. 69; Sheffield: Sheffield Academic Press, 1987), 121-134.

고 명하였고, 종들이 그 명을 따라 데려온 사람들은 '악한 자나 선한 자'이었다(마 22:10).[23] 그러나 이에 상응하는 누가복음에서는 이야기의 골격은 유사하나 내용은 사뭇 다르다. 그러나 그 가운데 우리의 주목을 끄는 대목은 본래 초청된 손님들 대신에 나중에 초대 받은 사람들에 대한 언급이다. 누가복음에서 그들은 더 이상 마태복음의 '악한 자나 선한 자'가 아니라, '가난한 자들과 몸 불편한 자들과 맹인들과 저는 자들'로 바꾸어졌다(눅 14:21).[24] 불행한 자들의 이 목록은, 앞서 우리가 잠시 살펴본 바와 같이, 식탁 자리에서 주님이 가르치신 교훈 중에 등장하는 바로 그 목록과 동일하다(눅 14:13). 이처럼 마태복음과의 비교에서 드러나는 차이를 고려할 때, 마태복음은 선이나 악과 같은 윤리적이고 영적인 문제에 관심이 있는 반면에,[25] 누가복음은 여전히 굶주리고 헐벗은 가난한 자들에 대하여 각별한 관심을 갖고 있는 것으로 드러난다. 이상의 내용을 종합할 때, 누가복음에서 가난과 주림의 의미는 마태복음과는 달리 문자적이고 실질적이며 경제적인 뜻을 함축한다는 것을 알 수 있을 것이다. 이러한 결과에 의존할 때, 누가복음에서 주님이 가난한 자를 위한 복음을 선포할 때 그것은 거지 나사로와 같은 사회적 약자 및 불행한 자들을 위한 복음으로써 사회적 성격을 띤 것이라고 말할 수 있는 것이다.

끝으로, 취임 설교와 함께 누가복음에서 가난한 자와 약자를 섬기는 사회봉사적 섬김의 특징을 제대로 관찰할 수 있는 곳은 최후의 만찬 장면에서이다. 누가복음의 이 장면은 사실 먼저 기록된 마가복음과

---

23) 마 22:10, "종들이 길에 나가 악한 자난 선한 자나 만나는 대로 모두 데려오니 혼인 잔치에 손님들이 가득한지라."
24) 눅 14:21, "종이 돌아와 주인에게 그대로 고하니 이에 집 주인이 노하여 그 종에게 이르되 빨리 시내의 거리와 골목으로 나가서 가난한 자들과 몸 불편한 자들과 맹인들과 저는 자들을 데려오라 하니라."
25) 버히, 『신약성경윤리』, 186.

비교할 때 확연히 차이가 난다(막 10:41-45, 눅 22:24-27). 마가복음에서 이 기사는 최후의 만찬 자리에서가 아니라 예루살렘 입성 전에 발생한 사건이었다. 그리고 앞서 언급한 것처럼 온 인류의 죄를 대속하기 위한 대속물로서의 모습이 부각되고 있다.[26] 그러나 누가복음에서 이 기사는 이제 최후의 만찬 자리에서 발생한 것으로 바꾸어졌을 뿐 아니라, 그 내용도 마가복음과는 사뭇 다르다. 특히 우리의 주목을 끄는 곳은 마가복음 10장 45절에 대응되는 구절이다.[27] : "앉아서 먹는 자가 크냐? 섬기는 자가 크냐? 앉아서 먹는 자가 아니냐? 그러나 나는 섬기는 자로 너희 중에 있노라"(눅 22:27). 누가복음에서 예수님은 마가복음처럼 구원을 위한 대속주의 모습이 아니라 제자들을 종처럼 노예처럼 섬기는 모습으로 묘사되고 있다. 바로 여기에는 우리는 마가, 마태복음과는 구별되는 누가복음만의 독특한 섬김의 리더십을 발견하게 되는 것이다.[28]

6. 나가는 말

섬김이란 스스로를 낮추지 않고서는 이뤄질 수 없는 미덕이다. 즉 마음이 교만하고 방자한 사람에게는 어울리지 않는 덕인 것이다. 따라서 섬김이란 본래 노예와 같이 신분이 낮고 천한 이들이 행하는 사역인데,

---

26) Powell, *The Gospels*, 41. 한편, 돌로프는 이사야 53장을 배경으로 하여 성만찬에서의 살과 피를 나눔과 연계시켜 본문을 마가복음 10:45과 함께 묶어 예수 죽음의 구원론적 의미의 시작으로 해석하고 있다(Jürgen Rolof, "Anfänge der soteriologischen Deutung des Todes Jesu(Mk. X. 45 und Lk. XXII. 27)," *New Testament Studies* 19(1972): 38-64.
27) 이것은 마태복음 역시 마찬가지이다(마 19:24-27). "예수께서 이르시되 내가 진실로 너희에게 이르노니 세상이 새롭게 되어 인자가 자기 영광의 보좌에 앉을 때에 나를 따르는 너희도 열두 보좌에 앉아 이스라엘 열두 지파를 심판하리라"(마 19:28).
28) 월터 라이트는 그의 저서에서, 이 섬김을 다양한 관계를 통해 성장을 가져오는 리더십으로 규정하면서 섬기는 리더십을 리더십의 모델로 제시하고 있다. Walter Wright, *Relational Leadership* (Carlisle: Paternoster, 2000), 『관계를 통한 리더십』, 양혜정 옮김, (서울: 예수전도단, 2002).

우리가 왕과 주인으로 섬기는 예수 그리스도께서는 왕과 주인의 그 높은 위치에서 내려와 종의 신분이 되어(빌 2:5-8), 오히려 제자들의 발을 씻기시는 행위를 통하여(요 13:1-20), 거지와 맹인처럼 남의 도움이 없이는 생존 및 생계가 어려운 이들의 짐을 대신 짐으로써 육신적 필요를 채우심을 통하여(눅 22:24-27), 영생 및 그리스도인의 바른 삶의 진리를 바르게 가르침을 통하여(마 28:18-20), 그리고 마침내 당신에게도 하나뿐인 목숨을 기꺼이 온 인류를 위하여 포기하심을 통하여(막 10:45), 오고 오는 모든 세대의 그리스도인들에게 참 섬김의 도가 무엇인지를 가르쳐주셨다.

자신보다 남을 낫게 여기는 겸손이 없으면 섬김이란 존재할 수 없다. 한 없이 높으신 주님이 낮고 천한 인간들을 위하여 그 온 몸과 마음으로 보여주신 이 아름다운 섬김의 진리는 이 땅에서 예수님을 닮아 살기로 작정한 그리스도인들의 삶 가운데 반드시 발견되어야 할 최상의 미덕인 것이다.

> "형제들아, 너희가 자유를 위하여 부르심을 입었으나 그러나 그 자유로 육체의 기회를 삼지 말고 오직 사랑으로 서로 종 노릇 하라." (갈 5:13)

주제어: 섬김, 봉사, 누가복음, 공관복음, 기독론, 사회복음.

Abstract

Reflections on the Significance of "διακονία" in the New Testament

When we talk about the christian virtues, it is stereotyped for us to mention faith, hope and love as Paul the Apostle stated in Corinthians and Thessalonians. According to the Gospels which record the words and works of Jesus Christ, however, the most impressive and characteristic feature in the ministry of Jesus Christ during his earthly life on earth is to serve like a servant or slave the peoples he met and visited including his own disciples. This feature can be seen in his serving acts as well as teachings, which we can observe in the earliest gospel such as Mark. "For even the Son of Man did not come to be served, but to serve, and to give his life as a ransom for many." (Mk 10.45) It is so interesting to see that Luke brings the διακονία motif into bold relief in his gospel. "For who is greater, the one who is at the table or the one who serves? Is it not the one who is at the table? But I am among you as one who serves." (Lk 22.27) In other words, Luke really wants to emphasize serving christology that accents devotional service instead of redemptive christology as Mark shows us in his gospel. This aspect overtly seen in Luke's gospel is in a good harmony with Luke's theology of christian socialism from which the nick name of "the Gospel for the Poor" is derived eventually. Bearing these findings into my mind, I wish to indulge myself in investigating the theme of διακονία in the New Testament focusing on the ministry and teachings of Jesus Christ which Acts 1.1 shows us succinctly.

HISTORY & INTERPRETATION

제2부
바울서신 연구

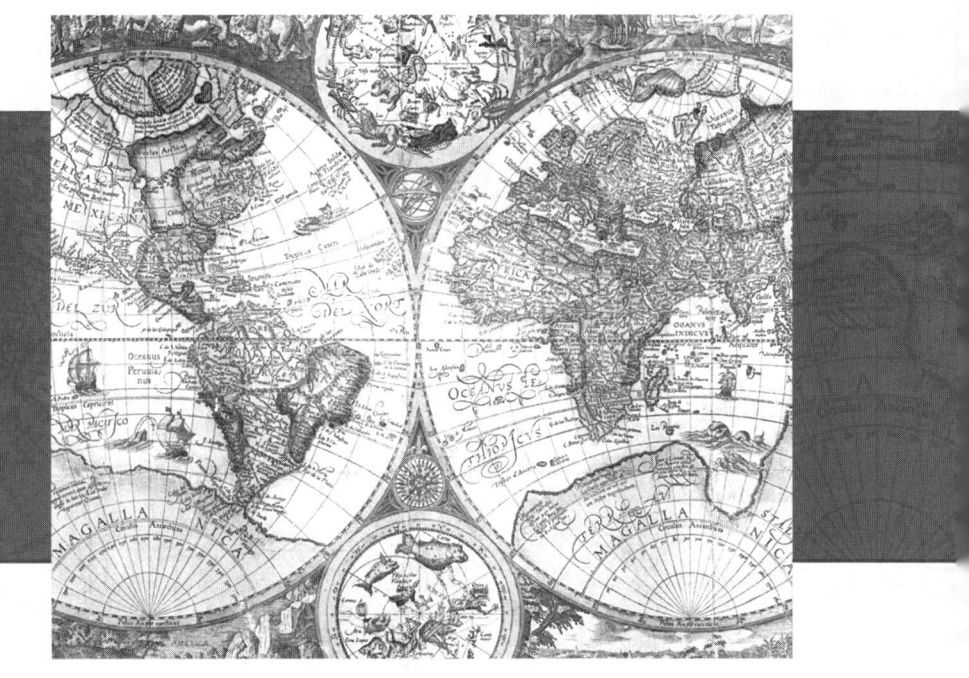

HISTORY & INTERPRETATION

바울 신학의 사회적 배경[1]

1. 들어가면서

　바울서신에 나타나 있는 사도 바울의 신학과 그의 선교 및 목회 사역의 바른 이해를 위해서는 사도 바울이 살았던 시대의 사회(社會)에 대한 이해가 필수적이라 여겨진다. 현실 세계를 초월해 있는 신(神)이 아닌 이상 바울은 그가 속하였던 시대적, 사회적 배경의 영향을 받았을 것이 분명하며, 그런 시대적, 사회적 영향은 그의 사상(思想)과 사역(使役)에 필히 반영되었을 것으로 보는 것이 적절하다고 생각된다.

　사실 이제까지 바울 신학 이해의 주요 창구(窓口, channel)는 철학적이고 종교(신학)적이었다. 따라서 바울 신학의 배경 및 원천으로서 그의 종교인 유대교와 헬라 철학(신비주의, 영지주의, 스토아-견유 철학)이 주로 거론되어 왔고,[2] 따라서 이 방면에서는 어느 정도 상당한 연구 결과가 쌓여져 있는 편이다. 상대적으로 이제까지 경시 혹은 무시되어온

---

[1] 이 논문은 『진리가 너희를 자유케 하리라』(서울: 백석출판사, 2001) 135-147에 게재되었다.
[2] Cf. John Zielser, *Pauline Christianity* (Oxford: University Press, 1991), 8-23; Joseph Plevink, S.J., *What are they saying about Paul?* (New York: Paulist Press, 1986); 헤르만 리델보스, 『바울신학』(Paul: An Outline of His Theology) [서울: 개혁주의 신행협회, 1993]; D. E. H., 화이틀리, 『바울신학』(*The Theology of St. Paul*) [서울: 나단출판사, 1993].

분야가 있다면, 그것은 바울이 속해 살았던 공동체, 즉 사회에 대한 연구이다. 예수님에 대한 연구 역시 그가 속해 살았던 팔레스타인 지역 사회에 대한 이해 없이 불가능하다면,3) 바울에 대한 연구에 있어 그가 속해 살고 활동 및 사역하였던 사회에 대한 이해는 가히 필수적이라 말하지 않을 수 없다.

이런 맥락에서 최근 신약 성경의 연구 추세(trend) 가운데 하나는 사회학적 성경 연구이다. 이는 인간이 속해 사는 사회에 대한 바른 이해를 통해 그 개체인 인간을 보다 더 잘 이해하기 위해 취해진 학문적 방법인데, 그 결과인 사회학의 방법론을 성경 연구에 도입한 것이다. 이런 시도(試圖)의 배후에는, 성경 연구에 있어 기존의 문법적, 신학적, 역사적 방법론의 한계에 대한 인식(認識)이 있었던 것이다. 물론 이제까지 취해져 온 문법적, 신학적, 역사적 방법으로 많은 결과를 얻은 사실이지만, 성경 말씀의 보다 나은 이해를 위해서 새로운 방법을 모색하게 되었고, 그 중 하나가 오늘날 인간 및 사회 이해에 매우 유용한 도구(道具)가 된 사회학(社會學)이었던 것이다.

신약신학 연구, 특히 바울 신학의 배경 연구에 사회학적 방법론을 도입한 개척적인 인물은 뉴질랜드 출신의 학자인 E. A. Judge이다. 그는 1960년 『1세기 기독교 공동체들의 사회적 양식(樣式)』이란 저서를 발표하였다.4) Judge는 사실상 2세기 이교도인 Celsus의 이론에 대한 반발을 그 책의 시발점으로 하였다. Celsus는 그 당시에 발견된 문헌들(주로, 파피루스)의 내용을 근거로 하여 초대 그리스도인들은 사회의 가장

---

3) 이 방면의 연구에 대한 기념비적 작품으로는 요아힘 예레미아스의 『예수시대의 예루살렘』(천안: 한국신학연구소, 1993)을 들 수 있을 것이다.
4) E. A. Judge, *The Social Pattern of Christian Groups in the First Century* (Guildford: Tyndale Press, 1960). Cf. Derek Tidball, *An Introduction to the Sociology of the New Testament* (Exeter: Paternoster Press, 1983).

낮은 계층들에 속하였고, 무지하고 가난하며 남의 말을 쉽게 믿는 단순한 사람들이었다고 주장하였다. 즉, 기독교가 "무식하고 천하여 멍청한 사람들, 노예들, 여자들, 그리고 어린이들"에게만 매력적이었기 때문에 서 교회가 의도적으로 교육받은 사람들을 배척했다고 주장했다.5) 또한 기독교 복음 전도자들은 "모직공, 구두 수선공, 세탁공, 그리고 가장 무식한 양치는 시골뜨기들"이었다고도 주장하였다. 이에 반대하여, Judge는 신약 배경 공동체의 사회적 양식을 근거로 하여 그 공동체는 사회적 혼합체로서, 특별히 높은 사회적 지위와 부(富)를 소유한 영향력 있는 이들이 후견인(patron)으로서 경제적 후원자로서 역할 할 것이 기대되었다고 주장하였다. 그리하여 이후로 기독교가 로마 세계의 도시 사회로 유입되었을 때, 기독교는 가난하고 헐벗은 이들의 운동이라기보 다는 오히려 그리스-로마 사회의 모든 계층을 포함하는 운동이로되, 가장 높은 계급과 가장 낮은 계층은 제외된다고 주장하였다.6)

이후 개척자로서의 Judge를 이어 신약 연구에 사회학적 방법을 동원한 이들은 많지만, 최근 들어 이를 보다 심도 있게 발전시켜 그 업적을 인정받은 대표적인 사람은 독일 Tübingen 대학교의 Gerd Theißen7)과 미국 Yale 대학교의 Wayne Meeks이다. Theißen은 특별히 고린도 교회를 중심으로 하여 바울 공동체의 사회적 상황을 연구하였는데, Judge의 반(反)셀수스 주장에 합세하여 사회학적 방법론을 이용하여 구체적인

---

5) Celsus의 이런 비판은 오리겐의 Contra Celsum에 기록되어 있다(Wayne Meeks, *The First Urban Christians* [New Haven: Yale University Press, 1983], 51; 이 책은 우리말로는 황화자씨에 의하여 『바울의 목회와 도시 사회』라는 제명(題名) 하에 '한국 장로교 출판사'에서 1993년 출판되었다.
6) Judge, *Social Pattern*, 49-61.
7) Gerd Theißen, *The Social Setting of Pauline Christianity* (Edinburgh: T & T Clark, 1982); Social Reality and the Early Christians (Edinburgh: T & T Clark, 1993); *The Shadow of the Galilean* (London: SCM, 1987); 『原始 그리스도교에 대한 사회학적 연구』 [Studien zur Soziologie des Urchristentums] (서울: 대한기독교출판사, 1994).

증거를 제시하였다. 그가 고린도 교회의 사회적 상황 분석에 사용한 사회학적 도구는 사회-정치적 요소들(socio-political factors), 사회-경제적 요소들(socio-economic factors), 사회-생태적 요소들(socio-ecological factors), 사회-문화적 요소들(socio-cultural factors)들인데, 이를 통하여 내린 결론은, 비록 수효는 적다 할지라도 부유하고 세력 있는 학식 있는 자들이 그 공동체 내에 존재하였으며, 그들은 "우세한 소수(a dominant minority)"였다고 주장하였다.8) 한편 Meeks는 관직(官職)을 가졌다던가, 교회를 도왔다던가, 여행이 가능하였다던가 등의 항목을 이용하여 바울 서신에 나타난 바에 의거해서 바울이 목회했던 공동체를 조사한 결과 이런 유(類)의 일이 가능했던 인물 약 65명을 발굴해 냈으며, 이를 근거로 하여 바울의 공동체는 최상층과 최하층이 제외된 중산층9)으로 이루어진 공동체라고 결론지었다.10)

  이제 여기서는 이들 학자들의 연구 결과를 토대로 하여 바울이 전도하고 사역하였던 사회의 상황 및 배경을 분석해 보기로 하겠다. 1세기 당시 유럽 대륙의 대부분은 로마제국의 통치하에 있었다. 로마제국은 사실 그리스(헬라)의 뛰어난 예술적, 지적 문화 유산이 로마의 우수성, 즉 기술, 정치, 행정력과 합쳐서 이룬 결과라고 볼 수 있다. 먼저 당시 로마사회의 분위기를 요약적으로 소개하면, 사회적 신분은 경제적 수준과 긴밀한 관계를 맺고 있었다. 즉 사회적 신분은 곧 경제적 풍요를 거의 필수적으로 수반하였던 것이다. 그러나 경제적 풍요나 빈곤보다도 오히려 가문(家門)과 법적인 신분이 더 중요하게 간주되었던 것이 당대 사회의 지배적 분위기였음을 우리는 기억해야 할 것이다.11)

---

8) Theißen, *Social Setting*, 70-73.
9) 여기서 중산층이란 단어를 오늘날의 현대적 의미로 이해해서는 안 된다. 당시 사회 계층 구조상 중간에 위치했다는 의미에서 이렇게 불려지는 것이다.
10) Meeks, *Urban Christians*, 51-53.

2. 고대 그리스-로마사회의 사회계층 구조

1 세기 당시 그리스-로마 사회의 계층 구조를 살펴보기 위해서는, 하나의 피라미드(pyramid)를 상정(想定)함이 유용할 것이다.12) 먼저 로마사회의 최상층에는 소위 귀족(貴族) 계급(nobility)이 존재했다. 여기에는 황제 가문을 포함한 원로원(senator)과 기사(技士, equestrian)13) 계급이 있었다. 원로원은 로마 제국의 가장 높은 공직(公職)과 종교적 위치에 오를 수 있었다. 한편 기사 계급은 제국 행정의 두 번째 서열로서, 이에 해당하는 성경 상의 인물은 본디오 빌라도, 벨릭스와 베스도(행 23-25장), 구레뇨와 같은 수리아 원로원 계급의 수하에 있었던 유대 총독들(눅 2.2) 등을 들 수 있겠다. 램지 맥뮬런(Ramsay MacMullen)에 따르면, 원로원 계층의 숫자는 5천만 로마제국 인구 중 2000분의 1%에 해당하였고, 기사 계층의 숫자는 아마도 약 10분의 1%에 해당하였다고 한다.14) 이들은 로마 제국 전체 인구 중 이처럼 지극히 적었지만, 전 로마제국의 재산의 90% 이상을 차지하고 있었는데, 이는 고대 사회가 얼마만큼 불균등하였다는 것을 단적으로 보여 주는 것이다.15) 이들 귀족계급이 내란이나 정치적 숙청 등으로 사라질 때는 점령지역의 토박이 귀족(decurion)들이 대신 활동하였다고 한다.

귀족계급에 이어 등장하는 계층은 소위 중간층인데, 이는 대체로

---

11) Carolyn Osiek, *What are They Saying about the Social Setting of the New Testament?* (New York: Paulist Press, 1992), 53-54. (한역: 김경진역, 『신약의 사회적 상황』 [서울: 기독교문서선교회, 1996]).
12) P. F. Esler, *Community and Gospel in Luke-Acts* (Cambridge: University Press, 1987), 171; Wayne Meeks, *The Moral World of the First Christians* (London: SPCK, 1987), 33-38.
13) 이들은, 영어 명칭에서 볼 수 있듯이, 중세 시대의 기사계급(knight)과는 전혀 다르다.
14) R. MacMullen, *Roman Social Relations: 50 BC to AD 284* (New Haven: Yale University Press, 1974), 88-89.
15) Esler, *Community and Gospel*, 171.

상인(商人; merchant, trader)들과 기술자(技術者, skilled worker)들로 구성되어 있었다. 먼저 상인들의 경우를 살펴보면, 사회가 점차 복잡해지고 인구가 늘어나면서 여러 종류의 상업적 활동이 생겨나게 되었는데, 재물에 관심이 있는 귀족들이 법적으로 상업 및 장사에 종사하는 것이 금지되어 있으므로 자신들의 노예 중 상업 활동에 적절한 이들을 선별하여 자신들의 대리인으로 상업을 하도록 하였다.16) 이는 일종의 합작(合作) 사업으로 귀족, 즉 주인은 자본을 대고, 그 종은 기술 및 노동력을 제공하여 함께 상업 활동을 전개하였던 것이다. 여기서 나오는 이익금은 서로의 계약에 의하여 혹은 7 대 3, 혹은 6 대 4 등으로 나눠가졌다. 노예들은 자기들 앞으로 돌아오는 이런 이익 배당금을 저축하여 마침내는 해방 받기 위한 속전(贖錢)으로 활용하곤 하였다. 이렇게 해방된 노예들을 우리는 해방노예, 영어로는 freedman이라 부르는데, 고대 사회에서 그 활동 및 영향력이 무시될 수 없는 무리들이다.17) 그러나 모든 상인들이 다 해방노예들은 아니었으며, 소위 자유민들도 많이 있었다. 이 범주에 속하는 성경 상의 인물로는 사도행전 16장 14절 이하에 나오는 두아디라 성(城)의 자주 장사 루디아를 들 수 있겠다.18)

중간 계층 중 두 번째 그룹은 기술자들과 장인(匠人)들, 그리고 서비스업에 종사하는 이들(짐 마차꾼, 사공[沙工])이다. 이 부류의 사람들로는 장막제조업19), 목수(木手), 피장이, 여관주인(눅 10.35), 도살업자, 빵

---

16) Cf. John Stambaugh & David Balch, *The Social World of the First Christians* (London: SPCK, 1986), 118.
17) 행 6.9의 리버디노는 freedmen으로, 바로 해방노예를 가리킨다. 이들은 기원전 63년 폼페이우스에 의해 로마 군대의 포로가 되어 부역으로 끌려갔다가 풀려나 자유인이 된 유대인의 후손을 말한다(김경진, 『성서주석 사도행전』 [서울: 대한기독교서회, 1999], 173).
18) Ibid., 71.
19) 바울과 브리스길라 및 아굴라의 직업이었던 이 업(業)은 사실상 단지 장막만을 만드는 것은 아니었다. 영어로 tent-maker로 번역된 σκηνοποιός는 가공된 가죽을 다루는 모든 종류의 일, 즉 천막을 꿰매는 일, 신발 만드는 일, 가죽을 연결하는 일 등을 포함하였다

제조업자, 이발사, 고리대금업자, 은장색(행 19.24) 등이다.[20] 대체로 이들은 자기들만의 조그만 가게를 운영하기도 하였고, 목수나 석공(石工) 같은 경우는 자가(自家) 영업보다는 성전 공사와 같은 공적인 사업에 참여하는 형태가 많았다.[21] 이 중간계층에 속하는 또 다른 그룹은 자유민들이다. 이들은 신분상 노예도 아니고 외국인도 아닌 자들로, 도시의 시민으로서 자유 노동력을 제공하였다. 그러나 특별한 직업이나 기술이 없는 경우 대부분 생활이 매우 어려웠고 따라서 종종 이들 시민계급(citizenry)을 대상으로 하여 로마 제국의 정부나 헬라의 도시 국가(πόλις)에서는 무료로 곡식을 배급하였던 적도 있었다.[22] 또한 이들을 위로하기 위해 공공 기관이나 귀족들이 연회, 축제, 여흥 등을 제공하기도 하였다.

사회 계층 구조의 맨 아래에는 소작농(小作農), 날품팔이, 그리고 노예가 존재했다. 먼저 소작농(tenant farmer)의 경우를 보면, 이들은 도회지의 부자들을 위해 농사를 지어주는 일종의 노예와 같은 사람들이었다. 당시에도 부자들의 재산 축적과 증식의 주요한 방법 중의 하나는 바로 땅이었다. 부자들은, 따라서, 시골에 땅을 많이 사 모았고, 그곳에 농장(農場)을 만들어 자기 노예들 중 믿을만한 종을 그 우두머리로 삼아 책임을 맡겼다.[23] 누가복음 12장 42절 - 48절에 나오는 "지혜롭고 진실한 청지기

(Ronald Hock, *The Social Context of Paul's Ministry* [Philadelphia: Fortress Press, 1980], 20-21).
20) Stambaugh & Balch, *Social World*, 117; Esler, *Community and Gospel*, 173.
21) 당시 풍습에 의하면 집안의 대부분의 일들은 가장(家長)이 처리하는 경우가 많았고, 특별히 목수의 전문적 기술이 필요할 경우에 라야 목수를 불렀다고 한다. 이는 목수를 부르는데 따르는 비용과도 무관하지 않았을 것이다. 한편, 복음서에서 목수라고 번역되는 테크톤(τέκτων)은 또한 석공으로도 해석될 수 있는 단어이기도 하다.
22) P. Gansey, *Famine and Food Supply in the Graeco-Roman World* (Cambridge: University Press, 1988), 79; A. R. Hands, *Charities and Social Aid in Greece and Rome* (London: Thames & Hudson, 1968), 96-97.
23) 고대 사회에서 부자들은 문화시설이 발달된 도시에 주로 거주하였으며, 자신의 농장이 있는 시골은 신뢰할만한 청지기 노예에게 맡기고는 가끔씩 그곳을 방문하곤 하였다. 그러다가 만일 도회지에 질병이 생기게 되면, 고대 사회에서는 마땅한 치료 책이 없는 경우가 대부분이므로, 질병 예방의 가장 좋은 방법으로 시골 농장으로 피신하였다.

비유"는 바로 이런 농장을 배경으로 하여 전개되고 있다. 여기에 등장하는 "청지기"(οἰκονόμος)는 노예이되 휘하에 주인의 재산 및 다른 노예들을 거느리는 우두머리 격 노예로 나타나고 있다(눅 12.42: "... 지혜 있고 진실한 청지기가 되어 주인에게 그 집 종들을 맡아 때를 따라 양식을 나누어 줄 자가 누구냐?").

두 번째 경우는 날품팔이(unskilled worker)인데, 이들은 자신들의 노동을 팔아 생계를 유지하는, 그야말로 하루 벌어 하루 사는 하루살이 인생들이다. 이들이 주로 하는 일은 미천한 일로, 짐꾼, 편지배달부, 가축몰이꾼, 땅파는 일꾼 등이다.[24] 마태복음 20장 1절에서 16절에서 우리는 이런 일당(日當) 노동자들을 만나게 된다. 이들은 하루가 밝으면 저자 거리, 즉 장터에 나가 앉아 자신의 노동이 팔리기를 기다린다. 다행히 포도원 주인과 같은 사람을 만나 고용되면 하루의 생계는 해결되나 만일 그렇지 못하면 자신과 그에게 달린 온 가족은 그 하루를 굶어야만 되었다. 당시 하루의 일당은 1 데나리온(드라크마)였는데(마 20.19), 하루 분의 빵 값은 1/12 데나리온이었다고 한다.[25] 그렇다면 1 데나리온은 적지 않은 금액으로 볼 수 있을 것 같은데, 사실은 그렇지 못했다. 그 이유는 그 1 데나리온으로 빵만 산다면 그렇게 볼 수도 있겠으나, 어찌 사람이 빵만으로 살 수 있겠는가? 부식으로 기름이나 기타 다른 것들이 필요할 것이고, 또한 의복 등 기타 생활에 필요한 것들을 사야만 하였을 것이다. 또한 독신(獨身)이 아니고 기혼자일 경우는 산아제한이

그리하여 도회지의 질병이 가라앉게 되면, 다시금 도시로 들어와 살곤 하였다(A. H. M. Jones, *The Roman Economy: Studies in Ancient Economic and Administrative History* [Oxford: Basil Blackwell, 1974], 42). Cf. Stambaugh & Balch, *Social World*, 68. 이를 놓게 볼 때, 그 때나 지금이나 부자들의 생활 방식은 많이 유사한 것을 발견하게 된다.

24) G. Sjoberg, *The Preindustrial City* (Glencoe, Ill.: The Free Press, 1960), 122.
25) 예레미아스, 『예수시대의 예루살렘』, 153-4; 167.

현실상 불가능했던 때이므로 많은 딸린 가족들을 고려한다면, 이는 결코 큰 금액일 수 없는 것이다. 게다가 이런 고용의 기회마저도 흔치 않아서, 당시 많은 막 노동자들 혹 날품팔이들은 "한 끼 식사를 한 후에는 다음 끼의 식사가 어디서 올지를 염려해야만 하였다."

세 번째 경우는 노예이다. 이들은 신분상 당시 사회에서 가장 밑바닥에 처하였던 존재들이며, 모든 법적 권리가 부인됨으로서, 이론상 사람이 아니었다. 그러나 적어도 의식주(衣食住) 문제가 해결되었기에 어쩌면 날품팔이들보다는 경제적으로 나을 수 있었다. 당시 노예가 되는 길은 여러 가지가 있었는데, 나면서부터, 버려진 아이들, 전쟁 포로들, 빚 때문에,[26] 유괴되어 노예가 된 아이들, 죄를 노예가 된 이들 등을 거론할 수 있겠다. 이들은 여러 종류의 천한 노동을 하였는데, 광산, 노예선 등에서, 혹은 소작농으로 사역하기도 하였다. 고대 사회의 노예는 크게 둘로 구분되었다; 첫째는 사노(私奴) 혹은 가노(家奴)이고, 둘째는 공노(公奴)이다.[27] 가정 노예들은 그 능력에 따라서 마구간지기나 때밀이, 혹은 물길어오는 일 등을 감당하는 천한 일꾼들도 있었으나, 혹은 교사나[28] 재정 관리인들의 직무를 맡아 활동하는 노예들도 있었다.[29] 주인의

---

[26] 마태복음 18장 25절: "갚을 것이 없는지라 주인이 명하여 그 몸과 처와 자식들과 모든 소유를 다 팔아 갚게 하라 한대"; 누가복음 4장 18절: "주의 성령이 내게 임하셨으니 이는 가난한 자에게 복음을 전하게 하시려고 내게 기름을 부으시고 나를 보내사 포로된 자에게 자유를 눈먼 자에게 다시 보게 함을 전파하며 눌린 자를 자유케 하고". 에슬러는 이 구절 중 "포로된 자에게 자유를 ... 전파하며"(κηρύξαι αἰχμαλώτοις ἄφεσιν) 에서 '포로'를 ἄφεσιν과 연결시켜 이를 빚으로 인한 구속으로 본다(Esler, *Community and Gospel*, 181). Cf. 마태복음 18.23-35.

[27] R. H. Barrow, *Slavery in the Roman Empire* (London: Methuen & Co., 1928), 130; T. E. J. Wiedemann, *Slavery* (Oxford: Clarendon Press, 1987), 43-44.

[28] 갈라디아서 3장 25절에 나오는 「蒙學선생」은 우리말이 시사하는 바 선생의 개념은 전혀 갖고 있지 않다. παιδαγωγος는 일종의 保姆(a personal slave-attendant)로서, 學齡 전 아동들을 맡아 돌보는 노예의 한 형태였던 것이다(John Ziesler, *The Epistle to the Galatians* [London: Epworth, 1992], 49).

[29] 로마제국 시대에 가정 노예의 종류와 역할 및 기능에 대한 보다 자세한 정보는 다음의 책들을 참고하기 바란다; K. R. Bradley, *Slavery and the Rebellion in the Roman World, 140 BC - 70 BC* (London: Indiana Press, 1989); W. L. Westermann, *The Slave Systems*

인정을 받은 이런 종들은 상당한 독립과 책임을 동시에 누렸는데, 누가복음 12장 42절 - 48절과 누가복음 16장 1절 - 13절에 나오는 청지기가 이런 유(類)에 속한다고 말할 수 있겠다.30) 공노(公奴)들은 신분상 황제에게 속한 노예들로서, 제국 행정의 주요한 일들을 맡아서 수행하였다. 오늘날 국가의 공무원들을 공복(公僕, civil servant)이라고 부르는 것은 그 기원이 이미 로마제국에 있었던 것을 여기서 우리는 알 수가 있다.31)

이들 노예들의 신분(status)은 대단히 미천하였으나, 세월 흐르며 법과 관습들은 노예를 잔혹 행위로부터 보호하는 쪽으로 발전하였다. 사실, 어떤 경우에는 사회적으로 주인들의 가문(家門)이나 신분에 묻혀 파생적으로 주인들의 신분을 공유하기도 하였다. 예컨대 누가복음 16장의 '불의한 청지기 비유'에서 등장하는 청지기는 주인의 재산을 도맡아 관리하는 재정관리인으로 사실상 주인의 채무자(債務者)들에게 주인 행세를 하고 있음을 보게 된다.

고대의 문헌에 따르면 많은 해방 노예들은 사업이나 공직(公職)에서

---

of Greek and Roman Antiquity (Philadelphia: The American Philosophical Society, 1955); Wiedermann, *Slavery*, 33, 38; R. P. Saller, "Slavery and the Roman Family", in *Classical Slavery* (ed. by M. I. Finley [London: Frank Cass, 1987]), 65-87. 당시의 가정 노예와 성경에 등장하는 청지기와의 관계성에 대해서는, Kyoung-Jin Kim, *Stewardship and Almsgiving in Luke's Theology* (JSNTS 155; Sheffield: Sheffield Academic Press, 1988), 145-150을 참고할 것.

30) 누가복음 12장의 청지기는 일종의 관리인의 역할(farm manager)을 띠고 있으며, 누가복음 16장의 청지기는 재정 담당자로서 주인의 대리인(agent)의 역할을 하고 있다고 보여진다. 이들이 모두 항상 노예였던 것은 아니고 경우에 따라서는 해방 노예들이 이런 일들을 맡기도 하였다. 아마 후자의 경우라면 오랫동안 주인을 위해 봉사한 대가(對價)로 주인이 해방시켜 주었을 것으로 추정된다.

사실 고대의 碑文의 증거에 따르면, 많은 수의 노예들이 中年에 이르는 자유를 얻게 되었는데, 남자 노예인 경우는 전 주인의 재산 관리인이 되었고, 여자 노예들인 경우는 합법적인 아내가 되었다고 한다. 여자 노예들은 주인의 재산의 한 부분이므로 남자 주인의 同寢 요구를 거절하지 못하였을 것이고, 이런 경우 마치 첩과 같이 생활하였을 것으로 여겨진다(John M. G. Barclay, "Paul, Philemon and the Dilemma of Christian Slave-Ownership", *NTS* 37(1991), 167).

31) Wiedermann, *Slavery*, 41-43; Cf. Stambaugh & Balch, *Social World*, 66-67. 公奴에 대한 보다 자세한 정보를 위해서는, Barrow, *Slavery*, 130-150을 참고할 것.

성공을 거두었다고 한다. 이는 경제적으로나 사회적으로도 발전하여 富와 힘을 아울러 소유하게 되었음을 의미하는 것이다. 따라서 노예였던 가족이 2, 3대 후에 경제적으로 유복하며 아울러 상당한 사회적 수준에 도달하게 되는 경우도 생겨났고, 기사 계급 혹은 그 이상으로의 출세도 가능하였다. 그리하여 2세기 해방된 노예 철학자였던 에픽테투스(Epictetus)는 당시 노예들이 해방되어 돈을 벌고, 기사가 되고, 군사 지도자가 되어, 마침내는 원로원이 되려는 꿈만 꾸고 있다고 비탄하였다. 이는 단지 철학적 풍자만이 아니라 당대 사회 상황을 반영하고 있는 것이다. 노예로서 출세하여 돈을 번 노예들, 즉 '졸부'(猝富, nouveaux riches)들은 부(富)로 겉치장하며 자신들의 부(富)를 뽐내었는데, 이 시기의 문학에는 이들의 허식을 역겨워하는 귀족들의 분개한 목소리가 많이 담겨 있다. 부자가 된 해방된 노예들이 대단히 많았던 것은 아니나, 적어도 이런 평가 내릴 정도만큼은 존재하였다.[32]

해방된 노예들은 부자가 되었다하여 前 주인과의 관계가 완전히 단절되는 것은 아니었다. 소위 그들은 Patron-Client Relationship(전주인과 예속민의 관계)라는 새로운 관계에 들어가게 되었다.[33] 이들 근거로 할 때 고대에는 두 개의 체계(體系), 즉 법률적으로 계급 구조적으로 이해된 계층과, 부(富)와 영향력에 기초한 개인 능력을 나타내주는 것으로서의 사회 계층으로 구성되어 있었다고 볼 수 있다. 고린도전서 1장 27절은 이런 두 체계를 시사(示唆)하고 있다. 즉 교양과 힘(교육, 문화, 부, 영향력 반영)을 가진 자들, 또한 부유하게 출생(가문에 의한 계급 구조적 사회 신분)한 자들이 소수(小數)라고 말하면서 그렇지 못한 자들을 상대적으로 드러내주고 있는 것이다. 한편 당시 여성들은 사업,

---

32) Osiek, *Social Setting*, 55.
33) Ibid., 56.

무역에 참여하여 富와 사회적 위치를 통해 상당한 영향력을 행사하기도 하였으나, 그러나 어떤 여성도 정치적, 행정적으로 중요한 위치에 오른 적 없었다. 왜냐하면 이런 것들은 오직 소수의 엘리트 남자들만을 위한 것이었기 때문이었다.

이상의 내용을 종합해 볼 때, 우리는 "모든 사람이 평등하게 창조되었다"는 개념은 고대 사회에서는 전혀 non-sense였음을 알게 된다. 즉 출생, 가문, 지위 등과 같은 불평등의 요인들에 의해 철저하게 사람들은 차별화 되고 나뉘어져 있었다. 요컨대 절대 다수의 가난한 천민들이 소수의 엘리트 계층(귀족)을 위해 존재하였던 사회가 바로 바울이 사역했던 그리스-로마 시대였다. 다시 말하면, 귀족 계급들의 오락적, 문화적, 예술적 활동을 유지키 위해 가난한 하층의 천민들은 온갖 종류의 농업, 상업 및 공업의 생산 활동을 감당을 하였던 것이다.34)

3. 도시문화의 영향

이런 1세기의 그리스-로마 사회의 계층 구조를 근거로 하여 이제 이런 도시 문화가 신약 성경에 미친 영향을 한번 생각해 보기로 하자. 우리는 크게 세 가지의 영향을 거론할 수 있을 것이다; patron-client 관계, 다양한 사회조직, 유동성의 기능이 그것들이다.

첫째로, patron-client 관계를 보면, 부유한 귀족들은 하류 계층민들을 위한 호의와 관대한 보호를 제공하였다. 그 대가로 자신들에게 의존하는 이들로부터 감사, 아첨, 충성을 기대하였다.35) 따라서 이들이 제공하는 물질적 호의는 결코 자선(慈善)은 아니다. 선물에 대한 반대급부(反對給

---

34) Stambaugh & Balch, *Social World*, 116-7; Meeks, *Moral World*, 33.
35) Stambaugh & Balch, *Social World*, 64.

付), 즉 일종의 명예욕을 충족을 기대하였고, 그 선물을 받은 하층민들은 그것을 충족시켜 주었기 때문이다. 이런 까닭에 당시 사회적으로 진보와 출세를 하기 위해서는 힘있는 사람들의 마음에 드는 것이 절대 필요했다. 심지어 왕들까지도 더 강한 자에게 clients로서 충성을 다짐하기도 하였는데, Herod 왕가(王家)와 로마 황제 가문 사이의 관계는 이런 전형적인 경우이다.36) 부자들은 종종 한 도시나 마을의 patron으로도 활동하기도 하였다. 즉 당시 시민의 이익을 위한 공공사업이나 체육행사는 부유한 귀족들(patrons)이 그 비용을 부담하였다. 사실 지방 행정부는 이런 일들을 추진할만한 충분한 재원(財源)을 갖기 못하였기 때문에 종종 부자들에게 의존하곤 하였고, 부자들은 그 지방 정부가 자신들에게 명예를 보상하는 조건으로, 즉 감사패에 해당하는 碑文을 만들어 주는 조건하에 이런 경제적 부담을 떠맡곤 하였다. 이럴 경우 그 지방의 시민 전체가 이들의 clients의 위치에 놓임을 의미하는 것이었다.37)

둘째로, 여러 종류의 사회적 조직(모임)이 있었다(collegia, 혹은 club, θίασοι).38) 이들 모임들은 평민들의 상호 교류를 촉진하기 위해 만들어 졌는데, 크게 세 종류로 구분할 수 있겠다. 첫째, 특정한 신(神)을 믿는 종교적 성격(cult)의 모임이 있었고, 둘째, 같은 직업을 가진 사람들끼리의 모임이 있었다. 사도행전 18장 1절 - 4절에서 바울과 브리스길라와

---

36) 누가복음 19장 11절 - 27절. 이 비유는 마태복음 25장에 나오는 '달란트 비유'에 하나의 역사적 史實이 결합된 것으로 보여지는데, 그 사건은 다음과 같다, BC 4년에 부친 헤롯대왕의 사후 헤롯 아켈라오가 로마정부로부터 왕위를 인정받기 위해 로마로 갔을 때, 아켈라오의 暴政때문에 이를 반대하는 유대 지도자들이 로마황제 아우구스투스에게 진정하기 위해 50명의 사절단을 역시 로마로 보내었는데, 실제로 로마황제는 유대 사절단의 호소보다는 자신의 client king인 아켈라오를 인정하여 이두매와 유대와 사마리아의 분봉왕(ethnarch)으로 승인하게 되었다. 그러자 유대에 돌아 온 아켈라오는 자기를 반대한 유대 지도자들을 모두 처형하고 말았던 것이다(Josephus, *J.W.*, 2.80; *Ant.*, 17.299f.).

37) Stambaugh & Balch, *Social World*, 75

38) Ibid., 140-1.

아굴라가 서로의 업(業)이 같으므로 함께 모여 일하였다는 것은 이런 맥락에서 이해할 수 있을 것이다. 셋째, 장례 준비 단체들(burial society; club)이 있는데, 이는 천민들이 적절하고 품위 있는 장례를 위해 기금을 만들기 위해 마련한 것이었다.39) 천민들, 특히 노예들은 생전 온갖 천대를 받으며 살다가 죽어서도 제대로 인간다운 대접을 받지 못한 채 길가에 그 시신(屍身)이 내던져지는 것을 보면서, 그래도 죽을 때만큼이라도 인간답게 죽어 매장되기를 바라는 마음에서 이런 단체를 조직하게 되었다. 즉 다른 모임과 마찬가지로 회원들 사이에서 회비를 걷어, 회원 중 사망자가 생기는 경우 그 때까지 모아둔 돈으로 그를 인간답게 매장하는 것이 그들의 주목적이었다. Waltzing에 의하면 이런 종류의 모임이 1세기와 2세기 사이에 로마제국 각처에서 대단히 많이 생겨났다고 한다.40) 물론 세 양식이 결합된 단체도 있었다.

  이들 각 모임은 거의 모두가 부유한 남자 혹은 여자 후원자를 후견인(patron)으로 추대하였고 또 그들의 재정적, 정치적 지원을 받았다. 고린도에서 스데바나는 이런 후견인 역할을 하였던 것으로 보여지며(고전 16.15-18), 집사(διάκονος)와 보호자(προστάτις)로 알려진 뵈뵈 역시 겐그레아에서 후견인으로서 활동하였을 것으로 여겨진다(롬 16.1-2).41) 그 구성원들은 자유민도 있었고, 해방된 노예들, 혹은 노예들(남, 여)도 있었다. 각 클럽은 구성원의 의무와 권리를 규정한 나름대로의 회칙을 가졌고, 회비를 징수하였으며, 또한 재미있는 것은 신분상 자신들이 정치에 참여하는 것이 불가하여 갖게 된 서러움을 대리 만족코자 하여 그 클럽의 임원들의 칭호를 정치적 직함을 사용하여 불렀다. 여기서

---

39) S. Dill, *Roman Society from Nero to Marcus Aurelius* (London: Macmillan & Co., 1904), 258-9.
40) Esler, *Community and Gospel*, 175.
41) Stambaugh & Balch, *Social World*, 140.

한 가지 명기(明記)할 것은 직업적 클럽의 경우 중세의 상공 길드(guild)나 현대의 노동 조합과는 그 성격이 전혀 다르다는 것이다. 길드나 노동조합은 어느 정도 압력단체(pressure group)의 역할을 띠고 있지만, 고대의 클럽은 전혀 그렇지 않았고 또한 전혀 정치성을 띨 수도 없었던 것이 만일 그럴 경우 지체없이 해체되었기 때문이다. 한마디로 이들 클럽의 목적은 대부분 친목이 중심이 되었다. 이런 종류의 클럽이 도시 기독교 공동체의 기본 모델이 되지 않았느냐 하는 의견이 제시되기도 하지만, 분명히 초대 기독교 공동체는 또 다른 유(類)의 클럽은 결코 아니었다.

셋째로, 유동성 역시 로마제국이 신약 성경 및 초대 기독교에 큰 영향을 미치었다. 로마제국은 어느 지역을 점령하든지 항상 두 종류의 길을 만들었다; 하나는 육로(陸路)이고 다른 하나는 수로(水路, aqueduct)였다. 전자는 통치용으로 점령 지역에서 일어나게 될지도 모르는 반란, 폭동, 소요에 대비해 만든 것이고, 후자는 그들의 목욕 문화와 관련하여 만들었던 것이다.[42] 로마의 도로 체계는 대단히 잘 발달되어서 약 2천년이 지난 오늘날까지 이용되고 있는 곳이 있을 정도다. 이런 발달된 도로는 결국 엄청난 상업적 번영과 무역의 성행(盛行)을 가져오게 되었다. 이 시기 교역의 중심지들은 안디옥, 데살로니가, 고린도, 그리고 로마였으며, 이 도로를 통하여 상인이나 무역상들이 온갖 종류의 상품들을 전하기도 하고, 또는 많은 여행자들과 철학자들과 학자들이 거쳐가면서 문학적, 지적 대화를 제공하기도 하였다.[43] 그리하여 이런 무역의 중심지들에서는 외국 상품 및 새로운 사상과의 만남이 가능하였다. 성경에

---

[42] 로마인들은 특히 沐浴(bath)을 좋아하여, 세계 어느 곳을 가든지 커다란 일종의 대중 목욕탕을 만들었다. 영국 남부지방의 '바쓰'(Bath)라는 도시에는 로마인들이 만든 거대한 목욕탕이 있고, 심지어 북쪽 스코틀랜드에도 그들이 만들어 논 야외 목욕탕이 오늘날까지 전해 내려오고 있다. 그리하여, 로마장교의 부인들은 남편이 자기를 목욕시켜 줄 수 있느냐 없느냐 하는 것으로 자기 남편의 有能, 無能을 판단하였다고 한다.
[43] Osiek, *Social Setting*, 57-58.

등장하는 여행 중의 그리스도인들을 한번 살펴보면, 바울 및 선교 동행자들(바나바, 마가, 실라 등), 브리스길라와 아굴라(행 18.2, 18), 빌립보의 자주 장사 루디아(행 16.14), 로마로 향하던 겐그레아의 뵈뵈(롬 16.1-2), 알렉산드리아의 아볼로(행 18.24; 고전 1.12) 등을 우선적으로 들 수 있을 것이다. 아마도 이들은 사업상의 이유로 여행을 하면서 선교 사역의 유익을 얻었을 것으로 보여진다.

4. 나가면서

앞서의 논의를 종합해 볼 때, 기독교 및 신약성경 이해에 있어 대단히 중요한 비중을 차지하고 있는 바울서신을 해석함에 있어서, 역사적, 문법적, 그리고 신학적 해석이 매우 중요한 것은 사실이지만, 그와 함께 사회학적 해석 또한 매우 유용한 방법론임이 최근의 연구 결과로 드러나게 되었다. 왜냐하면 기본적으로 바울서신이 기록된 당대의 사회적 상황에 대한 이해가 우선될 때에, 기타 역사적, 문법적, 신학적 방법론 또한 의미를 가질 수 있기 때문이다. 다시 말하면, 사회적이고 사회학적인 방법론은 바울서신이 제시하고 있는 많은 신학적 명제들을 담고 있는 주변 상황에 대한 바른 이해를 가능케 함으로 말미암아 그 신학적 명제들이 바르게 해석될 수 있는 여건을 제시하는 것이다. 이런 견지에서 볼 때, 사회학적 해석 방법론은 신약성경 이해에 대한 우리의 시각을 입체적으로 확대시켜줌으로써, 보다 깊으면서도 바른 해석을 돕는 도구라고 말할 수 있을 것이다.

겸직사역론의 성경적 조명[1]

　목회[2]를 전임 사역으로 담당하고 있는 목사 혹은 전도사들이 목회 외에 다른 세속적 직업을 갖는 것은 과연 성경적인가? 다시 말하면 교회의 생활비에 의존하지 않은 채 목사 스스로 생활비를 벌어 생계를 영위하면서 사역하는 것이 성경적인가? 성경적이라면 그 근거는 무엇인가? 이 두 가지 질문이 이 짧은 글에서 필자가 답해야 할 문제로서, 아울러 이 글의 방향을 제시해 주고 있다고 하겠다.

　주제의 성격상 이 글은 구약보다는 신약에 치중할 수밖에 없을 것 같다. 왜냐하면 대체로 구약에서는 성직, 즉 제사장직은 한 가문(家門), 곧 처음에는 아론 가문에 이후 다윗과 솔로몬 시대에는 사독 가문에 집중되면서 그들은 전혀 다른 직업을 가질 수 없었기 때문이다.[3] 이런 세습적 전통이 예수님 당대에도 이어져서 예루살렘 성전의 멸망 전까지 사두개파는 제자장 족속으로서 성직을 담당하였던 것이다. 그러나 주지하는 바와 같이, 예루살렘 성전의 파괴 이후 그 중심점을 잃은 사두개파는

---

[1] 이 논문은 「목회와 신학」 102(1999/12) : 56-65에 게재되었다.
[2] 여기서 목회란 일정한 지역에서 일단의 성도들을 목양(牧羊)하는 제한적 의미만이 아니라, 목사가 하나님의 나라를 위하여 수행하는 모든 일을 총칭하는 것을 전제로 함을 모두에 밝혀둔다.
[3] 제자장들은 이스라엘 백성들이 바치는 십일조를 기업으로 받은 레위인들의 십일조 중의 십일조와 희생 제물 가운데 일부를 취하여 생활하였다(민 18.8이하).

지리멸렬하여 역사의 무대에서 사라지고 말았던 것이다.[4]

먼저 오늘날 목회자라 할 때 그 기원을 어디에서부터 찾느냐 하는 것을 짚고 넘어가야 할 것인데, 우리가 대체로 인정하는 바와 같이, 예수님과 예수님이 선택한 제자들에서 그 기원을 찾을 수 있다고 생각한다. 왜냐하면 예수님과 그 제자들이, 비록 제한된 특정한 무리는 아닐지라도, 무리 및 군중을 대상으로 하여 하나님의 말씀을 가르치며 복음을 선포하고, 병자를 치유하는 사역을 담당하였기 때문이다(마 4.23-25; 막 6.12-13). 따라서 목회의 보다 근본적인 성격을 고려할 때 예수님께서 수행하신 이런 사역들, 즉 교육, 설교, 치유 또한 목회라고 충분히 부를 수 있다고 생각한다. 이런 까닭에 예수님은 열 두 명의 제자를 교인으로 삼아 목회하였다고도 말할 수 있을 것이다. 이런 견지에서 예수님을 목회자의 원형(原形; archtype)으로 보는 것에 큰 무리가 따르지 않는다고 생각한다.

1. 목회자의 원형으로서의 예수님

예수님의 경우 공(公)과 사(私)는 분명히 구분되었다. 30 세 이전 주님은 육적 부친인 요셉의 뒤를 이어 목수로서[5] 활동하시며 홀어머니 마리아를[6] 모시면서 여섯 명 이상이나 되는 동생들을 부양하였다(막 6.1-6).

---

[4] 요아킴 예레미아스, 『예수시대의 예루살렘』 (천안: 한국신학연구소, 1993), 237-258. 레위인들은 하급성직자들로서 성전에서 봉사하는 직분을 맡아 수행하였으나, 제의 자체에는 참여치 않았고, 성전의 허드렛일에 종사하였다(예레미아스, 『예루살렘』, 269-276). 따라서 이들이 오늘날의 목회자와 같은 기능을 가졌다고 보는 것에는 무리가 따른다고 생각한다.

[5] 목수(木手)를 의미하는 헬라어 τέκτων은 석공, 목수, 달구지 목수, 가구장이 등을 통틀어 가리키는 용어였다; 마틴 헹겔(송영의 역), 『초대교회의 문제; 부와 재산』 (서울: 지평서원, 1993), 46-49. 소위 숙련공이었던 예수님은, 따라서, 날품팔이나 소작농과 같은 프롤레타리아 출신이 아니었고, 어부 및 세리였던 그 분의 제자들 또한 마찬가지임을 우리를 기억해야 할 것이다.

아마도 맏아들로서 예수님은 일찌감치 가정의 생계를 담당한 까닭에 육체적으로 많이 수고하여 그 모습이 나이보다 훨씬 더 겉늙어 보였을 것으로 여겨진다.7) 그러나 세례 요한에게서 세례를 받으신 이후부터 주님은 가정과 직업을 버리고 유랑하며 천국 복음을 전하였다(눅 8.1). 아울러 사역 초기에 함께 자신의 사역을 도울 열 두 제자들을 선택하였고 이후 이들과 함께 사역하게 되었다(막 1.16-20).

이러한 성경적 사실들을 고려해 볼 때, 목회자로서의 예수님은 분명히 공과 사를 구분지으면서 목회 이외의 다른 직업을 갖지 않았다. 이런 까닭에 주님은 '머리 둘 곳조차 없을 정도로 궁핍한 삶'을 사셨던 것이리라(눅 9.58). 또한 제자들을 파송하시면서 '전대, 주머니, 신, 두 벌 옷, 양식' 등을 휴대하지 말도록 명령하신 것은 복음 전도 이외의 다른 세속적 일에 몰두하지 말라는 당부로도 충분히 이해할 수 있을 것이다(마 10.4). 이와 함께 '그 집에 유하며 주는 것을 먹고 마시라 일군이 그 삯을 얻는 것이 마땅하니라'(마 10.7)는 말씀 역시 자신을 포함하여 모든 복음 사역자들에게 목회 이외의 겸직을 금지하는 근거로서 이해될 수 있는 것이다.

직업을 버린 까닭에 경제적으로 궁핍하였을 예수님의 공적 사역은, 그러나, 팔레스타인 이곳 저곳에 흩어져 있었던 많은 후원자들의 도움으로 큰 어려움 없이 수행될 수 있었다; 예를 들면 누가복음 8장 1-3절에 등장하는 갈릴리 여인들은 자신들의 소유로 예수님 일행을 섬겼고,

---

6) 예수님의 육적 부친 요셉은 탄생 기사에만 나오고, 그후 복음서에서 다시 등장하지 않음으로 학자들은 그가 일찍이 죽었을 것으로 추정한다.
7) 예수님과 유대인들이 참 아브라함의 자손에 대하여 논쟁을 벌이다가 주님이 그들의 조상 아브라함이 주님의 때 볼 것을 즐거워하다가 보고 기뻐하였다고 말하자 유대인들은 '네가 아직 오십도 못되었는데 아브라함을 보았느냐'(요 8.57)라고 반박하였다. 아마도 그들이 보기에 주님이 약 오십세 쯤 되어 보였기에 요한이 이처럼 기록하지 않았을까 생각된다.

마르다와 마리아 자매는 전도 여행에 심신(心身)이 지친 주님 일행들을 자신들의 집으로 초대하여 음식과 안식처를 제공함으로써 휴식을 드렸으며(눅 10.38-42), 여리고의 세리장 삭개오 또한 자신의 집으로 주님과 그 제자들을 초대하여 선교 여행의 피로를 풀게끔 도왔던 것이다(눅 19.1-10). 이밖에도 주님은 복음서에서 종종 부유한 바리새인들의 식사 초대를 받아 잔치에 참여하는 경우도 있었다(눅 7, 14장).8) 이런 후원자들의 성원(聲援)이 있음으로 하여 주님은, 비록 목회 이외의 다른 세속적 직업이 없을지언정, 전혀 불편함 없이 하나님 나라의 일을 수행할 수 있었던 것이다.

2. 목회자로서의 사도/제자들

하나님의 일을 위하여 가정을 포기하고 동시에 직업 및 재산을 포기한 채 목회에 전념하셨던 예수님의 사역은 그대로 모범이 되면서 사도로 불리웠던 열 두 제자들의 삶에 영향을 미쳤다. 그들은 자신들을 불렀던 예수님처럼 가정과 재산과 모든 소유를 버리고 주님을 따라 하나님의 일에 헌신하였다(막 1.16-20; 2.13-14; 10.28; 눅 14.33). 알려진 바와 같이, 네 명의 어부, 베드로, 안드레, 야고보와 요한은 그물과 배와 함께 어부로서의 자신들의 천직(天職)을 포기했고,9) 마태는 세리직을 단념하였는데, 비록 그밖의 제자들의 전직(前職)에 대하여는 알 길이 없으나, 마가복음 10장 28절('베드로가 여짜와 가로되 보소서 우리가 모든 것을 버리고 주를 좇았나이다')을 참고할 때 그들 또한 주님을 따르기 위하여 가진 바 모든 것과 함께 당연히 직업을 포기하였을

---

8) 헹겔, 『부와 재산』, 48-49.
9) 요한복음 21장 1-3절을 볼 때, 여기에 등장하는 다른 제자들, 디두모라 하는 도마, 나다나엘, 그리고 다른 제자 둘 또한 어부였을 가능성이 있는 것으로 보인다.

것이 분명하다.10) 그리고 주님과 함께 그 분의 제자로서 약 3년여에 걸친 전도 여행에 참여하는 동안 일체의 다른 직업을 갖지 않았음이 또한 분명하다.11)

앞서 예수님의 사역과 관련하여 잠시 언급되었지만, 주님의 파송을 받아 전도 여행에 나섰을 때 주님이 제자들에게 주신 명령은 의식주를 위하여 아무 것도 준비하지 말고, 단지 그들을 영접하는 사람들의 접대만을 의지하도록 하라는 것이었다.12) 이런 명령의 배후에는 '일군이 저 먹을 것 받는 것이 마땅하다'(마 10.10b)는 주님의 뜻이 담겨져 있었던 것이다. 결과적으로 이 사실은 사도들이 주님과 함께 사역하는 동안 목회 이외에 전혀 다른 직업에 종사하지 않았다는 것을 확증하는 것으로 볼 수 있을 것이다.13)

---

10) Gerd Theissen, *Social Reality and the Early Christians* (Edinburgh: T & T Clark, 1992), 60-93.
11) Wayne Meeks, *The Moral World of the First Christians* (London: SPCK, 1987), 106; Gerd Theissen, *Sociology of Early Palestinian Christianity* (Philadelphia: Fortress, 1978), 8-16; 여기서 타이센은 유랑 설교자들의 삶의 특징을 다음의 네 가지로 소개하고 있다; homelessness, lack of family, lack of possessions, lack of protection. Cf. G. 타이센(김명수 역), 『원시그리스도교에 대한 사회학적 연구』 (서울: 대한기독교출판사, 1994), 259.
12) 쉬바이쳐는 이러한 접대가 당대에 용인(容認)된 사회적 관습이라고 지적하였다(Eduard Schweizer, *The Good News according to Luke* [Atlanta: John Knox Press, 1984], 152). 초대교회 당대에 유랑 설교자들에 대한 접대의 관습은 요한삼서에서도 확인된다; 여기서 요한은 복음 전도자를 따뜻하게 영접할 것을 권면하면서 이런 권면을 따르지 않은 디오드레베를 악한 자로 간주하는 것을 발견한다(5-12절; 로버트 헐버[김영봉 역], 『이해를 위한 신약성서연구』 [서울: 컨콜디아사, 1994], 240). Cf. John Koenig, *New Testament Hospitality* (Philadelphia: Fortress Press, 1985), 35-36; Meeks, *Social World*, 104-8; Theissen, *Sociology*, 17-23("The Role of Sympathizers in the Local Communities"); 졸저, 『누가신학의 제자도와 청지기도』 (서울: 솔로몬, 1996), 148.
13) 요한복음 21장을 보게 되면, 우리는 다소 놀라운 사실을 발견하게 된다. 주님이 부활하신 후 아직 제자들에게 나타나시기 전, 베드로는 스승을 잃은 실망과 허탈감에 이제는 다시 전직으로 돌아가겠다고 말하는 모습이다: '시몬 베드로 나는 물고기 잡으러 가노라 하매 저희가 우리도 함께 가겠다 하고 나가서 배에 올랐으나 이 밤에 아무 것도 잡지 못하였더니'(요21.3). 그러나 이러한 외도(外道; ?)는 잠시 뿐이었고 사도들은 부활하신 주님으로부터 곧 선교대명을 받아 결국 복음 전도의 일에 종신토록 헌신하게 된다(행1장). 사실 이 때의 사도들은 더 이상 사도로서 활동하고 있지 않았기에 목회자라고 볼 수도 없을는지 모른다. 따라서 목회자로서의 사도들은, 엄격히 말할 때, 그

이런 까닭에 사도행전에서 베드로와 요한이 성전에 기도하러 올라갈 때 만나게 되었던 앉은뱅이 거지에게 '은과 금은 내게 없거니와….'(행 3.6)라고 말한 것은 결코 빈말이 아니었던 것이다. 즉 실제로 한때 어부였던 그들은 지금 명목상 그리고 실질적으로 실업자들이었던 것이다.

이와 관련하여 우리는 사도행전 2장 42-47절과 4장 32-37절에 나오는 초대교회에서 시행되었던 「공동기금」(common fund)의 모금(募金) 목적을 한 번 고찰할 필요가 있다고 생각한다. 물론 이 공동기금의 주요 목적은 초대교회 내에 의지할 데 없는 과부들과 같은 가난한 이웃들을 돕는데 있었지만,14) 동시에 주님이 아니 계신 상황에서 직업이 없는 형편에, '기도하는 것과 말씀 전하는 것에 전무(專務)'하였던(행 6.4) 사도들을 재정적으로 지원하는 것도 그 목적 중 하나에 포함되었을 것으로 보는 것도 큰 무리(無理)는 아니라고 생각한다.

한편, 바울서신에 제시되어 있는 사도들의 모습 또한 이와 유사한 것으로 보인다. 고린도전서 9장에서 바울은 자신이 주의 형제들, 예를 들면 야고보와 그리고 게바와 같은 다른 큰 사도들과 조금도 다름이 없는 사도로서 그들처럼 고린도 교회의 헌금을 받을 권(權)이 있음에도 불구하고 자신과 바나바는 이 권리를 쓰지 않았음을 상기시키고 있다; '어찌 나와 바나바만 일하지 아니할 권이 없겠느냐 누가 자비량하고 병정을 다니겠느냐 누가 양떼를 기르고 그 양떼의 젖을 먹지 않겠느냐(고전 9.6-7); 이것은 데살로니가 교회에서도 마찬가지였다; '우리에게 권리가 없는 것이 아니요 오직 스스로 너희에게 본을 주어 우리를

사역 기간 동안 어떤 형태로든 겸직하지 않았다고 말하는 것이 옳다고 본다.
14) Bruce Winter, *Seek the Welfare of the City; Christians as Benefactors and Citizens* (Grands Rapids: Eerdmans, 1994), 62, 66-67; Koenig, *Hospitality*, 110-114; 졸저, 『청지기도』 312-327을 참조할 것.

본받게 하려 함이니라'(살후 3.9). 이들 구절을 참작할 때 우리는 바울과 바나바는 자비량하며 복음 전도 및 목회를 한 반면, 야고보나 베드로와 같은 사도들은 심지어 그 아내를 동반하면서 그 사역의 대가로 생활비를 교회에 의존한 채 오직 목회에만 전념하였던 것으로 보여진다.[15] 결과적으로, 주님의 직접 택한 사도들은 주님의 지상 사역 기간이나 주님의 승천 이후를 포함하여 어떤 형태로든 목회 외의 다른 직업에 종사한 적이 없다는 결론에 이르게 된다.

3. 특수한 경우로서의 사도 바울

부르심의 견지에서 열 두 사도와 분명하게 구별되고 있는 사도 바울은 사실상 우리의 주제와 관련하여 특수한 경우에 속한다고 보여진다. 비록 유대 그리스도인들 중 일부와 이방 교회 내의 교인들 중 얼마가 유대주의자들의 영향을 받아 바울의 사도권을 부인하였고 이에 대한 반박으로서 그 서신 내용 중 상당부분이 이 문제를 다루고 있기는 하지만, 바울이 사도임에는 이론의 여지가 없는 것이다(참고, 고전 9.1-2).

이 문제와 관련하여 우선 우리는 '사도'의 범위와 한계에 대하여 논의할 필요가 있다고 생각한다. 일반적으로 우리는 사도란 주님께서 지상 사역 중 친히 선택한 열 두 제자라고만 생각한다. 물론 옳은 말이다. 그러나 성경을 유심히 살펴볼 때 우리는 이 열 두 명의 제자 외에 사도로서 불리워진 이들이 더 있음을 알 수 있다. 누가는 사도행전

---

15) John Stambaugh & David Balch, *The Social World of the First Christians* (London: SPCK, 1986), 144-5. 주님 살아 생전에 사도들은 아내까지도 포기한 채 주님의 일에 헌신하였다(눅18.29). 그러나 주님 승천 후에는 전도 여행에 아내를 동반하였던 것으로 보인다(고전 9.5; '우리가 다른 사도들과 주의 형제들과 게바와 같이 자매된 아내를 데리고 다닐 권이 없겠느냐').

14장 1절과 4절에서 바울과 바나바를 사도라고 부르고 있고, 로마서 16장 7절에는 안드로니고와 유니아가 역시 사도라고 불리워지고 있다. 또한 이외에도 맛디아(행 1.26)와 실라(살전 2.6) 등도 사도라 불리우고 있다. 분명 이들은 주님이 직접 선택한 사도들은 아니지만, 그럼에도 불구하고 이들은 엄연히 성경에서 사도라고 불리우고 있다. 이런 경우들을 고려할 때 우리는 사도의 범위가 협의적으로 열 두 명의 제자를 가리킬 때도 있지만, 광의적으로는 열 두 사도 이외의 사람들, 즉 교회가 택한 일군들(복음사역자들)을 가리킬 때도 사용되고 있음을 알게 되는 것이다. 이런 맥락에서 에바브로디도 역시 빌립보 교회의 택함을 받은 사도로서 불리워질 수 있는 것이다(빌 2.25[16]). 결과적으로, 초대교회에는 주님이 직접 택하신 열 두 명의 사도 외에 교회가 택한 사도들도 분명히 존재하였음을 발견하게 된다.[17]

그런데 앞서 살펴본 바와 같이, 주님이 선택한 사도들은 목회 외의 다른 직업을 전혀 갖지 않았으나, 교회가 택한 사도들, 적어도 바울과 바나바는 목회 외의 다른 직업을 갖었던 것으로 나타나고 있다(고전 9.6-7, 12). 즉 바울과 바나바는 자비량하며, 풀어 말하면 스스로 생활비 및 경비를 부담하면서 목회하였다는 것이다. 그러나 여기서도 우리가 한 가지 주의해야 할 부분이 있다. 바울이 그 사역 기간 내내 모든 이방교회로부터 전혀 재정적 도움이 받지 않았던 것은 아니라는 사실이다. 빌립보서를 검토하면 바울은 모두 세 번 정도 마게도냐 지방의 빌립보 교회로부터 재정적 지원을 받았고, 빌립보서를 쓰게 된 것도 이런 빌립보 교회의 후의(厚誼)에 감사하고자 뜻이 담겨져 있었던 것이다

---

[16] 물론 한글 개역에서는 '사자(使者)'라고 번역되어 있지만, 원문은 ἀπόστολος로 기록되어 있다.
[17] 졸저, 『제자와 제자의 길』 (서울: 솔로몬, 1996), 184-5; cf. *New Bible Dictionary*, "Apostle" (Leicester: IVP, 1982), 59-60.

(빌 4.15-16: '빌립보 사람들아 너희도 알거니와 복음의 시초에 내가 마게도냐를 떠날 때에 주고 받는 내 일[교제]에 참예한 교회가 너희 외에 아무도 없었느니라 데살로니가에 있을 때에도 너희가 한 번 두 번 나의 쓸 것을 보내었도다'; cf. 빌 2.25).

그러나 빌립보 교회로부터는 이처럼 세 번씩이나 재정 지원을 받았으면서도 정작 고린도 교회로부터의 지원을 바울은 거절하였다. '내가 너희를 섬기기 위하여 다른 여러 교회에서 요(料)를 받은 것이 탈취한 것이라 또 내가 너희에게 있어 용도가 부족하되 아무에게도 누를 끼치지 아니함은 마게도냐에서 온 형제들이 나의 부족한 것을 보충하였음이라 내가 모든 일에 너희에게 폐를 끼치지 않기 위하여 스스로 조심하였거니와 또 조심하리라'(고후 11.9-10). 바울 자신의 이 말은 누가의 기록인 사도행전에서도 확인된다. 사도행전 18장에 의하면 바울은 아덴을 떠나 고린도에 이르러 직업이 같은 브리스길라/아굴라 부부와 함께 거하며 장막을 만드는 일에 종사하면서 안식일마다 회당에서 강론하였던 것으로 나타난다(행 18.1-4). 행간(行間)의 의미를 놓고 판단할 때 바울은 주중(週中)에는 tent maker로 일하다가 안식일이 되면 복음을 전하였던 것으로 보여진다. 또한 밀레도에서 에베소 교회의 장로들과 헤어질 때 남긴 설교 중 '너희 아는 바에 이 손으로 나와 내 동행들의 쓰는 것을 당하여 범사에 너희에게 모본을 보였노니…'(행 20.34-35a)란 바울의 말씀 가운데서도 우리는 바울이 에베소 교회에서 사역할 때에도 에베소 교회로부터의 생활비를 의존하지 않은 채 스스로 일하여 생계를 영위했음을 발견하게 된다. 오히려 '주는 것이 받는 것보다 복이 있다'(행 20.35)는 주님의 말씀을 인용하면서 권면하는 것을 볼 때 바울 자신이 친히 돈을 벌어서 남을 돕기까지 했을 가능성까지 생각할 수 있을 것이다.[18] 바울의 이런 모습은 데살로니가 교회에서도 발견된다. 바울은 데살로니가 교회 내에 일도 안 하고 먹고 노는, 소위 무위도식(無爲徒食)하는 무리들의 규모 없는 생활을 책망하면서, 자신이 데살로니가에서 '양식을 값없이 먹지 않고 애써 주야로 일한' 사실을 상기시키면서 자신을 본받을 것을 권면한다. 즉 바울은 데살로니가 교회로부터의 경제적 도움에 의존하지 않았던 것이다(살후 3.6-12). 이처럼 교회에 생활비를 의존하지 않고 일하며 목회했던 바울의 이러한 목회(선교) 철학이 일반화되어 표현된 곳이 바로 고린도전서 4장 12절이다; '또 수고하여 친히 손으로 일을 하며 후욕을 당한즉 축복하고 핍박을 당한즉 참고'.

여기서 우리는 한 가지 중요한 질문에 답해야 할 것이다; '어찌하여 바울은 빌립보 교회의 헌금은 받은 반면, 고린도나 데살로니가 (그리고 에베소) 교회의 헌금은 거절하였을까?' 이 질문과 관련하여 위에서 논의된 내용을 정리할 때 우리는 다음과 같은 결론을 얻게 된다; 바울은 자신이 목회하고 있는 동안, 즉 어느 한 지역에 머무는 동안에는 그 지역 교회로부터 전혀 경제적 지원을 받지 않았지만, 그 지역 교회를 떠난 후에는, 빌립보 교회의 경우처럼, 경제적 도움을 받았던 것이다.[19] 그렇다면, 그 이유는 무엇일까?; '왜 바울은 그 지역에 머무르는 동안에는 그 지역 교회로부터 물질적 후원 받기를 거절하였을까?'

여기서 우리가 주목해야 할 부분이 있다. 그것은 바울 자신도 인용하고 있는 바와 같이, 주님께서는 복음전도자의 받을 물질적 몫을 사도의 권리로서 인정하였다는 점이다. '이와같이 주께서도 복음 전하는 자들이 복음으로 말미암아 살리라 명하셨느니라'(고전 9.14; cf. 마 10.10b). 이 점을 바울은 이보다 앞에서 신명기 25장 4절에 기록된 구약 율법의 한 구절을 인용하면서 자신의 권리의 증거로 제시하고 있다(고전 9.8-10).

---

[18] Gerhard A. Krodel, *ACTS* [Augsburg Commentary on the NT] (Minneapolis: Augsburg Publishing House, 1986), 392. Cf. 졸저, 『누가신학의 제자도와 청지기도』, 310-2.
[19] Best, *Paul and Money*, 100-1.

그러나 그럼에도 불구하고, 바울은 게바와 같은 다른 사도들과 마찬가지로 자신이 개척하여 설립한 교회로부터 물질적 후원을 받을 권리가 있었지만, 그 권리를 사용하기를 원치 않았다는 것이다(고전 9.1-12; 살후 3.9).[20] 사실 오히려 바울은 게바와 같은 다른 사도들처럼 고린도 교회로부터 생활비를 받지 않는다는 이유로 인해 사도권을 의심받고 있었다(고전 9.1-18; 고후 11.7-11; 12.13-16).[21] 그러나, 이러한 오해에도 불구하고, 바울은 끝내 자신이 결심하여 정한 정책/철학을 굽히지 않았다(고전 9.15).

그러면 과연 바울이 이처럼 자신의 주장을 굽히지 않은 이유는 무엇일까? 다시 말하면, 어찌하여 바울은 구약 율법에서도 인정되었고, 또한 예수 그리스도께서도 인정한 복음전도자 자신의 고유한 권한(權限)을 끝내 사용하지 않았을까? 이에 대한 이유로 바울은, 첫째로는 아직 신앙이 어린 교회에게 누(累) 혹은 폐(弊)를 끼치지 않기 위함이요(고전

---

20) 특별히 고린도 교회가 제공한 생활비를 바울이 고집스럽게 거절한 것은 아마도 고린도 교회에서 모금한 예루살렘의 가난한 성도들을 위한 막대한 헌금(고후 8-9장)의 오용(誤用)에 대한 그들의 오해, 즉 바울이 이 헌금을 착복하여 사적인 목적으로 사용하지나 않을까 하는 오해를 불식(拂拭)시키고자 하는 의도도 담겨있다고 생각한다; cf. Best, *Paul and Money*, 99.

21) 고린도 교인들은 게바와 같은 예루살렘의 사도들이 고린도에서 와서 사도의 권리로서 생활비를 요구하자 자신들의 사도인 바울의 경우를 들어 이를 부인하게 되었다. 그러자 이 예루살렘의 사도들은 고린도 교인들로 하여금 바울의 사도권을 의문시하게끔 만들었던 것이다. 이로 인해 고린도 교회 내에서 바울의 사도권에 대한 문제가 제기되었고, 바울은 고린도전서 9장에서 매우 장황하게 이 문제를 설명하고 있는 것이다: '내가 자유자가 아니냐 사도가 아니냐 … 다른 사람에게는 내가 사도가 아닐지라도 너희에게는 사도니 나의 사도됨을 주 안에서 인친 것이 너희라'(고전 9.1-2). 이 문제에 대한 보다 자세한 논의는 타이센, 『원시그리스도교』 245-286('사도적 정당성과 생계')를 참조할 것.

이밖에도, 고린도 교회는 다른 사도들과는 달리 바울이 사도의 신분에 걸맞지 않는 장막 만드는 일에 종사하는 것을 달갑게 생각지 않았던 것으로 보인다. 왜냐하면 바울이 하는 그런 노동은 사도로서의 품위를 떨어뜨린다고 그들은 생각했기 때문이었을 것이다. 또 다른 이유는 바울이 경제적으로 독립함으로서 사도로서 자신들에 대한 책임을 소홀히 할 것으로 생각했기 때문이었을 것이다. Cf. 캐롤라인 오시에크(김경진 역), 『신약의 사회적 상황』 (서울: 기독교문서선교회, 1996), 86.

9.1-12; 고후 11.9-10; 12.13-15; 살후 3.8), 둘째로는 생계 유지가 대단히 힘겨웠을 고대 세계에 전도자 자신이 열심히 일함으로써 자신의 생계를 꾸림으로 말미암아 그리스도인으로서 건전한 생활에 대한 본을 주고자 함이요(살후 3.6-12; cf. 살전 4.9-12; 행 20.32-35), 셋째로는 복음 전도가 방해를 받지 않고, 자신의 전도의 자랑을 헛된 데로 돌리지 못하게 하기 위함이라고 말하고 있다(고전 9.13-15; 고후 6.3; 11.10).

이러한 바울 서신 내에서의 설명 외에, 바울의 이런 태도를 사회학적 방법론을 동원하여 연구한 로날드 호크(Ronald Hock)의 주장은 한번쯤 고려해 볼만한 가치가 있다고 보여진다.[22]

고대 세계에서 철학자이든 교사이든 전도자이든 새로운 도시에 도착할 경우 그 생계를 위하여 취할 수 있는 방법을 네 가지였다고 한다[23]; 강의 및 연설(설교)에 대한 강의료 혹은 수업료를 받는 것, 구걸하는 것(가장 어려운 사람들만이 선택하는 가장 극단적인 방법),[24] 부유한 후원자를 구하는 것, 즉 부요한 후원자의 집에 들어가 가정 교사가 되는 것, 그리고 일하는 것, 즉 일정한 직업에 종사하면서 육체적 필요를 충족시킬 만큼만 벌고 나머지 시간은 가르치고 연구하는 일에 몰두하는 것. 이 가운데서 바울이 취한 것은 가장 고상한 마지막 방법, 즉 일하면서 가르치는 것이었다. 사실 tent maker[25]로서의 작업 도구는 휴대하기에

---

22) Ronald Hock, *The Social Context of Paul's Ministry* (Philadelphia: Fortress Press, 1980).
23) 오시에크, 『신약의 사회적 상황』, 84-85. Cf. Best, *Paul and Money*, 101; Meeks, *Moral World*, 107; Stambaugh & Balch, *Social World*, 144-5.
24) 구걸은 보통 견유학파(Cynic-Stoic) 철학자들이 즐겨 사용했던 생계 유지 방법으로, 이로 인해 그들은 대중으로부터 좋지 않은 평판을 받았다. 그리하여 Musonius, Dio Chrysostom, 랍비들은 노동하여 생계를 영위했고, 바울의 자비량 사역의 동기 중 하나도 자신을 평판 나쁜 견유학파 철학자들과 동일시하는 것을 막기 위함이었을 것이라는 주장도 있다(Stambaugh & Balch, *Social World*, 144-5).
25) 바울의 직업, 즉 장막 만드는 일에 해당하는 σκηνοποιός는 '가공된 가죽을 다루는 모든 종류의 일'을 가리킨다, 천막을 꿰매는 일, 신을 만드는 일, 가죽을 연결하는 일 등(오시에크, 『신약의 사회적 상황』, 84).

힘겨울만큼 무겁지 않았기에 쉽사리 바울은 여러 지역을 순회하면서 일할 수 있었을 것이다.26) 또한 대중들에게 공개된 작업장에서 일하는 것은 많은 사람들과 접촉할 수 있는 계기를 가질 수 있었고, 바울이 이를 전도의 기회로 삼았을 것이라고 추측하는 것은 결코 무리가 아닐 것이다.27)

그러면 이처럼 교회의 도움을 거절한 채 자급자족(自給自足)하면서 전도(목회)하는 것을 원칙으로 삼았던 바울의 이런 태도는 과연 어디서 비롯되었을까? 아마도 이것은 고대 세계의 고상한 삶의 이상(理想)을 반향하고 있는 것으로 생각된다. 소크라테스 이래로 고대 세계에서 참 현자(賢者)는 돈을 받고 자신의 지혜나 학문을 팔지 않는다는 사상이 존재하였다.28) 따라서 스토아 철학자들이나 유대의 학자(랍비 포함)들은 스스로 일하면서 자급자족하는 것을 자랑스럽게 생각하였고,29) 이런 맥락에서 다소 출신으로서 헬라 철학을 배워 전도 및 설교에 활용하였던 바울 역시 자족(αὐταρκεία)을 자랑하고 있는 것이다(빌 4.11-12; cf. 살전 4.12).30) 또한 바울은 자신의 신분을 노예로 간주하면서 노예는 급료를 받지 않는다는 것을 인식하고 있었던 것으로 보인다(고전 9.17; 눅 17.7-10). 그리고 이것은 복음을 값없이 받았으니 값없이 전한다는 바울의 복음 이해와도 관련이 있는 것으로 생각된다(고전 9.16-18). 그런데 만일 어떤 형태로든 경제적 도움을 받으면 곧 그 사람에게 예속됨으로써

---

26) Hock, *Paul's Ministry*, 20-25.
27) Best, *Paul and Money*, 102; Stambaugh & Balch, *Social World*, 118.
28) Theissen, *Pauline Christianity*, 39; 타이센, 『원시그리스도교』, 261.
29) Stambaugh & Balch, *Social World*, 114.
30) 사실 바울을 처음 대한 이방인들은 그를 유랑하는 철학자로 알았으므로(행 17.16-31), 바울은 자신의 메시지가 이방인들에게 어필할 수 있도록 하기 위하여 헬라 세계의 철학자의 이상적 삶의 원리인 자족, 즉 경제적 독립과 근본적인 자유를 추구하였을 것으로 보인다; 타이센, 『원시그리스도교』, 261-2. 아마도 이것은 바울이 이방인 전도를 위하여 안디옥 교회의 파송을 받은 이후부터 '사울'이라는 히브리식 이름을 쓰지 않고 '바울'이라는 로마식 이름을 쓴 것과 무관하지 않을 것으로 생각된다(행 13.1-3, 9).

전도자의 자유를 잃는다는 생각을 가졌던 것으로 보인다.[31]

결론적으로, 이상에서 제시된 여러 가지 이유들로 인하여 사도 바울은, 전혀 교회로부터의 경제적 후원을 받지 않은 것은 아니었지만, 어쨌든 열 두 사도들과는 달리 스스로 생활비를 벌어가면서 목회 및 선교 사역을 수행하였던 것이다.

4. 맺는 말

이상 위에서 논의된 내용들을 정리해 본다면, 예수님은 하나님의 나라를 위해 일하면서 어떤 형태로든 직업을 갖지 않았으며, 몇몇 후원자들의 도움을 힘입어 메시야로서의 사명을 수행하셨다. 그리고 주님이 택한 열 두 사도들 역시 사역을 위하여 별도의 직업을 갖지 않고 교회의 후원에 의지한 채 목회 및 전도에 전념하였다. 그러나 열 두 사도들과는 달리 바울을 비롯하여 바나바, 그리고 브리스길라/아굴라 부부와 같은 교회가 택한 사도 및 전도자들은 복음 전도가 효과적인 성공을 거두기 위하여, 또는 복음 전도가 경제적 문제로 인해 방해받지 않도록 하기 위하여, 또는 전도 대상자들에게 삶의 본이 되기 위하여, 그리고 당대 사회의 철학자(교사)에 대한 이상을 추구하면서 많은 오해에도 불구하고 직업을 이용하여 생활비를 벌어가면서 사역을 수행하였던 것이다. 여기서 우리가 중시해야 할 대목 하나는 바울이 복음 전도자의 당연히 받아야할 물질적 몫을 인정하면서도 본인 자신은 그 권리를 즐겨 사용하지 않았다는 것이다. 그럼에도 불구하고 빌립보 교회의 헌금은 향기로운 제물(빌4.18)이라고 말하면서까지 칭찬한 것을 우리는 또한 보게 된다.

이런 내용에서 우리가 얻을 수 있는 결론은, 목회자의 겸직, 또는

---

31) Best, *Paul and Money*, 103; Winter, *Welfare*, 51-53("Dependent on Nobody").

자비량 사역과 관련하여 어떤 획일적인 판단은 사실 불가하다고 보여진다. 결국 바울은, 율법 및 할례 문제에 대하여 그가 보여준 태도처럼(고전 9.19-23), 이 문제와 관련하여서도 가능한 많은 사람들을 구원하고자 하는 선한 욕심을 좇아 자신의 목회 사역이 방해받지 않게끔 하기 위해 직업을 갖고 열심히 일을 하되, 때때로 역시 복음 전도의 목적을 위하여 교회로부터의 물질 지원 또한 흔연히 받았던 것이다.

오늘날 대부분의 목회자들은 구약의 제사장적 전통의 연속선상에 자신들을 위치시키면서 목회자는 전혀 목회 외의 다른 직업을 갖지 않아야 한다고 알고 있고, 또한 대부분 그렇게 행하고 있다. 아울러 목사가 목회 외의 다른 직업을 갖는 것 그 자체가 비성경적인 것으로까지 생각하는 분들도 있기도 하다. 예수님께서 직접 선택한 사도들의 경우만을 고려할 때 이것은 옳은 말이다. 그러나 최소한 초대교회 당시 이방 선교를 주도적으로 수행했던 사도 바울의 경우를 한 예로 들 때 이런 보편화된 개념이 절대시될 수 없다고 보여진다. 그러므로 이제까지 앞에서 살펴본 내용에서 드러난 성경적 원리에 입각할 때, 바울처럼, 오늘날의 목사 및 복음사역자들도, 원리적으로, **효과적인 복음 전도를 위하여** 단지 교회로부터의 사례비에만 의존하지 않고 때로 목회 이외의 다른 직업을 가질 수도 있는 것이며, 이런 견지에서 자비량 사역은 충분히 성경적이라고 말할 수 있을 것이다.

데살로니가와 고린도[1)]
바울 기독교의 사회적 다양성

존 바클레이(John M. G. Barclay) 박사

사도행전에 의하면, 바울은 유럽에서의 첫 번째 선교 여행 동안 다섯 개의 교회를 설립하였다. 사도행전 16-18장은 빌립보, 데살로니가, 베뢰아, 아덴 그리고 고린도에서의 성공적 선교를 기록하고 있다. 이들 기사(記事)의 자세한 내용을 확인할 수 있는 성경 밖의 증거들을 우리는 갖고 있지 않다. 그러나 이들 중 세 교회, 즉 빌립보, 데살로니가 그리고 고린도 교회에 대해서는 바울 서신으로부터 직접적인 역사적 증거를 발견할 수 있다. 즉 바울 서신의 내용은 우리로 하여금 사도행전의 기사들을 확인할 수 있을 만큼 이들 교회의 설립에 관한 적절한 정보를 충분하게 제공하고 있는 것이다. 특별히 데살로니가 전서는 누가가 전해주는 정보 즉 바울이 빌립보로부터 데살로니가에 이르렀다는 것, 그가 원하는 것보다 더 빨리 그 도시를 떠나야 했다는 것, 그리고 바울이

---

1) 이 논문은 「목회와 신학」 105(1998/3) : 149-151에 〈정선 해외 논문〉시리즈 중 하나로 게재되었다.

남쪽으로 내려가 아덴을 방문하였다는 것 등을 확인시켜주고 있다. 따라서 사도행전과 데살로니가 전서 사이의 이러한 관련성은 바울이 데살로니가를 떠난 후 몇 주 (또는 많아야 몇 달 정도) 후 데살로니가인들에게 편지를 썼을 때[2] 그가 이미 고린도에서 선교 활동을 벌이고 있었다는 것을 충분히 확인시켜 주고 있는 것이다.

그러므로 우리는 데살로니가 교회의 탄생과 바울의 고린도 교회 설립 사이에 단지 약간의 시간적 간격이 있었음을 확인할 수 있을 것이다. 그런데 이들 두 신앙 공동체는 기독교 신앙을 전혀 다른 방향으로 해석하고 발전시켜 나갔다. 이들 두 형제 교회에 대한 바울 서신의 기록을 조금만 주의 깊게 읽게 되면 우리는 이들 교회가 매우 다른 특징을 간직하였음을 알게 될 것이고, 또한 이러한 특징적 차이를 관심 있게 분석하게 되면 이 차이가 단지 피상적 문제에서 비롯된 것이 아니라, 그들이 바울로부터 배웠던 신앙에 대한 전체적 이해에서 비롯된 것임을 알게 될 것이다. 이 소논문의 목적은 바울 기독교에서 발견되는 이러한 차이점들을 분석하여 그 원인들을 탐구하고자 하는 것이다. 이러한 탐구는 특별히 이제까지 학계에서 별로 큰 주목을 받지 못한 요인(要因) 하나에 초점을 맞추고자 하는데, 그것은 다름이 아니라 그리스도인들과 비그리스도인들 사이의 사회적 관계이다. 이것이 유일한 중요 요인이라고 주장하지는 않지만, 나는 외부인(비그리스도인)들과의 사회적 교제에 있어서 갈등이 있느냐 없느냐 하는 것이 이들 두 교회의 발전과 기독교인으로서의 신분 이해에 중요한 영향을 미쳤다는 가정을

---

2) E. Best, *The First and Second Epistle to the Thessalonians* (London: A. & C. Black, 1972), 7-12을 보라. 바울의 생애의 완벽한 연대기에 대한 차이에도 불구하고, G. Lüdemann (*Paul: Apostle to the Gentiles; Studies in Chronology* [London: SCM, 1984])와 R. Jewett (*Dating Paul's Life* [London: SCM, 1979])은 데살로니가 전서의 저작 시기를 이즈음의 바울 선교와 연결시키는데 동의하고 있다.

발전시키고자 한다. 지면(紙面)의 제한으로 인해, 나는 가장 이른 증거를 보여주고 있는 데살로니가 전서와 고린도 전서를 주로 분석할 터이나, 결론이 제시할 것이지만, 후속 편지들, 즉 데살로니가 후서와 고린도 후서 역시 우리의 결론을 수정하기 보다는 오히려 강화하게 될 것이다.

1. 데살로니가 교회: 묵시론적 희망과 사회적 갈등[3]

1) 바울의 묵시록적 메시지와 그 수용

우리는 바울이 데살로니가에서 선포한 복음 메시지를 어느 정도 확실하게 확인할 수 있을 것이다. 데살로니가 전서에서 바울은 그의 설교의 내용들을 매우 여러 번 언급하고 있고 또한 그의 개종자들에게 그가 그들에게 전하여준 전승을 매우 자주 상기(想起)시켜주고 있기 때문에, 우리는 바울의 선교 메시지의 자세한 내용과 그 도시의 어린 교회에 대한 바울의 기본 교육에 대하여 적절한 정보를 얻을 수 있게 된다. 그 정보의 전체적 윤곽과 그 핵심적 초점은 분명하게 묵시록적이다. 데살로니가인들은 하나님의 아들이신 예수님에 대하여, 그가 어떻게 죽었고('우리를 위하여', 5.10), 어떻게 살아났는지(4.14)에 관하여 들었다. 매우 특별하게 개종자들은 그들이 몹시 기대하고 있는 예수님의 재림(파루시아)에 관하여 교육을 받았다(1.10). 주 예수는 한밤중의 도둑처럼(5.1-11), 그의 성도들과 함께(3.13) 갑자기 나타날 것이고, 그의 재림을 항상 준비하는 것은 그들의 책임인 것이다. 바울은 그의 개종자들이 그들의 생전에 주님의 파루시아를 보게 될 것으로 믿도록 만들었다고 보여진다. 이것이 바로 그들 가운데 일부가 죽게 되었을 때 그 교회가

---

[3] 나는 *CBQ*에 게재될 "Conflict in Thessalonica"에서 보다 자세하게 데살로니가의 상황에 대하여 언급하였으며, 따라서 이에 대한 보다 자세한 문헌은 그곳을 참고하기 바란다.

맞게 된 충격의 한 이유일 것이다(4.13-18); 즉 죽은 자들은 그들 모두가 기대하고 있었던 바로 그 순간을 놓쳤던 것이다.

데살로니가인들은 또한 하나님의 진노가 나머지 사람들에게 임할 것을 기대하도록 가르침 받았다; '저 다른 사람들이' '평화와 안전' 중에 있다고 생각하고 있지만, 그들은 곧 갑작스럽고 피할 길 없는 파멸에 빠지게 될 것이다(5.2-3). 그러나 바울의 개종자들은 그러한 파멸의 운명에서 구원받을 것이다(1.10; 5.9). 그들은 '우상들'로부터 돌아섬으로써 참되고 살아계신 하나님을 알게 되었고(1.9), 하나님의 사랑과 선택의 은혜로 말미암아 하나님의 나라와 영광에 들어가도록 부르심 받게 되었다(1.4). 그러나 현재는, 바울이 경고한 것처럼, 그들은 환란을 당할 것이나(3.4), 그런 환란이 그리스도인의 삶의 일부임을 그들은 또한 알아야만 할 것이다. 이 모든 것을 통하여 그들의 행실은 거룩하여야 할 것이고(4.1-3) 그들의 마음은 무흠(無欠)해야만 할 것이다(3.13); 신원(伸寃)의 순간이 가까이 왔기 때문이다.

이러한 메시지가 만들어 낸 분위기는 묵시록적 흥분이다. 유대교적 묵시록의 이원론-하늘과 땅, 현재와 미래, 택자와 비택자-의 특징이 모두 여기에 있으며, 예수님의 죽음과 부활을 통하여 분명하게 드러나고 있다.[4] 이 복음에서 기독교 신앙은 묵시록적 체계 속에 담겨져 있으며 그 안에서 작용하는 그러한 특별한 시간-체계로부터 그 의의를 찾는 것이다. 더욱이, 데살로니가 교인들이 이런 신앙 구조에 의해 교육되었다고 볼 수 있는 충분한 근거가 있다. 바울은 최근 데살로니가를 방문한

---

[4] 물론 묵시록 신학에 대한 정의는 매우 다양하며, 그것은 또한 유대교 내에서 많은 변형이 존재하였다. 여기서 나는 웨인 믹스의 정의를 따르고 있다; W. Meeks, "The Social Functions of Apocalyptic Language in Pauline Christianity" in D. Helholm (ed.), *Apocalypticism in the Mediterranean World and the Near East* (Tübingen: Mohr, 1983), 687-705. 이 논문에 소개되어 있는, 데살로니가전서에 대한 믹스의 관찰은 매우 적절하다고 판단된다.

디모데로부터 그곳의 개종자들에 대해 충분한 소식을 들었을 것이지만, 그들이 그가 애초에 선포하고 지금 반복하고 있는 복음의 내용들로부터 심각할 정도로 이탈했다는 어떤 암시도 전혀 받지 못했던 것이다. 데살로니가 전서의 분위기는 긍정적 강화(强化)이지 책망이나 교정은 아니다. 바울의 견지에서 볼 때, 데살로니가인들은 그들 중 일부의 죽음에 대해 지나치게 염려하고 있었다. 그러나 그것은 파루시아에 대한 그들의 기대가 너무 지나침으로 인하여 죽음이 개입할 수 있는 가능성을 그들이 고려하지 못했기 때문이다. 바울은 데살로니가인들이 파루시아에 대한 희망을 포기하였다고는 생각지 않았다. 단지 이미 죽은 형제들에 대한 희망을 포기하였다고 생각하였다. 그러므로 살전 4장 13-18절에서 강조되고 있는 것은 파루시아가 곧 올 것이란 사실이 아니라(바울은 '주 강림하실 때까지 우리 살아 남아 있는 자도 자는 자보다 결단코 앞서지 못하리라'는 사실을 당연하게 받아들이고 있다; 4.15, 17) 그리스도 안에서 죽은 자들이 버림받지 않았을 것이라는 희망이다(4.15-16). 이것은 바울이 5장 1-11절에서 '때와 시기'를 언급한 이유를 잘 밝혀주고 있다; 즉, 바울이 5장 1-11절에서 '때와 시기'에 대하여 언급하고 있는 것은 데살로니가 교회에게서 파루시아에 대한 관심을 떨어뜨리기 위함이 아니라 그들이 불신자들에 대한 하나님의 진노와 구주 예수에 의한 자신들의 구원에 대한 징조를 날마다 기대함으로써 나타내고 있는 그들의 참을성 없는 조급함을 시정하고자 한 까닭이었던 것이다.[5]

---

[5] R. Jewett(*The Thessalonian Correspondence* [Philadelphia: Fortress Press, 1986], 96-100)은 5.1-11을 잘못 해석하고 있다. 그의 주장에 따르면, 데살로니가인들은 더 이상 미래 사건에 관심이 없는 것으로 보이는데, 그 이유는 실현된 종말론에 대한 그들의 강렬한 경험은 미래 종말론의 불확실성을 안고 살아가는 것을 부담스럽게 만들었기 때문이라고 한다(97). Jewett은 W. Lütgert(*Die Vollkommenen im Philipperbrief und die Enthusiasten in Thessalonich* [Gütersloh: Bertelsmann, 1909], 55-81)의 영향을 지나치게 받은 것 같다.

2) 데살로니가의 사회적 갈등

데살로니가 교회의 상징적 세계가 분명하게 묵시록적이라면, 그 교회의 사회적 상황은 분명하게 갈등과 관련되어 있다. 데살로니가에서의 최초의 복음 선포에 대한 바울의 언급은 그의 전도 노력이 논쟁을 불러일으켰음을 확실하게 밝히고 있다;

"너희가 아는 바와 같이 우리가 먼저 빌립보에서 고난과 능욕을 당하였으나 우리 하나님을 힘입어 많은 싸움 중에 하나님의 복음을 너희에게 전하였노라." (살전 2:2)

빌립보에서의 이러한 일은 대단한 육체적 핍박을 암시하고 있는데, 이에 대한 바울의 진술은 사도행전 17장의 기사를 지지하고 있다. 실로 바울이 데살로니가에서 비그리스도인들의 악의적 공격의 대상이었다는 사실은 바울이 2장 3-13절에서 언급하고 있는 고통스러운 개인적 방어를 잘 설명해준다고 하겠다.

그러나 데살로니가에서 공격을 당한 것은 바울만이 아니었다. 바울의 개종자들 또한 무서운 적의를 경험하였던 것이다: '또 너희는 많은 환난 가운데서 성령의 기쁨으로 도를 받아 우리와 주를 본받은 자가 되었으니'(1.6). 더욱이 이러한 환난은 계속하여 그리스도인으로서의 그들의 삶에 영향을 미쳤다. 바울은 데살로니가 교인들이 그 동포들에게 박해받은 사실을 언급하고 있으며(2.14), 또한 바울은 그들이 그러한 환난에 넘어가지 않도록 하기 위해 진정 그들을 사랑하고 염려하는 마음으로 디모데를 데살로니가로 돌려보냈음이 분명하다(3.3). 그들이 환난을 당하게 될 것이라는 바울의 경고는 매우 정확하였던 것으로 보인다(3.4).

비록 환난에 대한 이러한 언급들에 의해 강조되고 있기는 하지만, 바울 서신 자체는 그 환난이 어떤 형태를 띠었는지, 또한 그것이 무엇을 초래했는지에 대해서는 말하고 있지 않다. 환난은 단지 정신적 고통을 의미할 수 있으나(3.7), 데살로니가에서의 경험과 바울 및 예수님의 경험 사이의 유사성을 놓고 볼 때 최소한 대단한 사회적 박해가 있었음을 알 수 있을 것이다. 내가 쓴 다른 논문에서 나는 이런 박해의 원인을 나름대로 분석한 바 있다. 즉 데살로니가인들이 '우상'으로부터 '참되고 살아계신 하나님'께로 돌아섰을 때 그들은 전통적인 종교 관습으로 인하여 버림을 받게 되었을 가능성이 있는 것이다.6) 그들의 신 이외의 어떠한 다른 신들을 예배하기를 거절한 것은 그리스-로마 세계에서 심각한 분노를 야기시켰을 것이고, 아마도 이것이 데살로니가 교인들의 환난의 주 요인이 되었을 것이다. 사도행전에서처럼 베드로전서와 후대의 기독교 변증론자들에 의하면, 조롱, 비방 그리고 추방이 이러한 일탈적이고 위협적인 행위에 대해 시행되었던 박해의 여러 형태 중 일부였던 것이다.

그렇다면 데살로니가에서 신자와 불신자 사이의 관계는 대립적인 갈등 관계였음이 분명하다. 비록 일부 개종자들의 죽음이 그러한 환란(θλῖψις)의 직접적인 결과라고 말미암았다고 볼 수는 없지만(바울은 죽은 자들을 순교자로 만들 수 있는 그러한 기회를 결코 놓치지 않았을 것이다), 불신자들이 '주님'에 대한 그 신앙이 그토록 무기력한 것으로 보이는 신자들을 조롱하는 것은 확실히 쉬웠을 것이다. 교회 설립 직후 여러 명의 사람들이 죽었다는 것은 단지 우연이라고만 볼 수는 없었을 것이다. 따라서 이러한 죽음을 불경건한 자들에 대한 신들의 심판이라는 적대적인 평가를 상상하는 것은 어렵지 않은 일이다! 또한 갈등이 데살로

---

6) 위의 각주 2번을 참고할 것.

니가 교인들 자신들에 의해 고조되었을 것으로 보여지는 징조들도 있다. 바울은 악을 악으로 갚지 말라고 그들에게 권면해야 했으며(5.5), 4장 11-12절에서는 종용하게 자기 일에 힘쓰고 외인들에 대하여 단정히 처신하라고 촉구하였다. 우리는 아마도 이러한 권면 배후에는 '우상들'을 조롱하고 예수님을 믿지 않는 자들에게 임할 급작스런 파멸을 자주 강조하였던 공격적인 복음전도의 위험이 있었을 것으로 이해된다.[7] 바울은 교회가 이미 외인들과의 이러한 공개적인 대립을 통해 새 신자들을 얻지도 못한 채 많은 어려움을 겪고 있음을 알고 있었을 것이다.

3) 묵시록과 사회적 소외 사이의 상관관계

이제까지 나는 단지 데살로니가인들의 믿음과 그들이 경험하였던 사회적 소외에 대한 묵시적록 구조에 대하여 설명하였다. 그러나 신앙과 경험의 상관성은 확실히 보다 깊은 연구를 필요로 한다고 생각한다.

우리가 앞에서 살펴본 바와 같이, 묵시록적 상징의 세계는 이원론적 구조를 지닌다; 즉 신자들의 무리와 나머지 다른 사람들을 분리시키는 것이다. 데살로니가서 4장 12절의 '외인', 4장 13절과 5장 6절의 '다른 이들'이라는 표현에서 우리는 이원론적 구조를 발견한다. 이런 사람들은 대체로 매우 부정적으로 묘사되어 있다; 그들은 하나님을 모르고(4.5), 단지 자고 취하는 '어두움의 자식들'이며(5.7), 전혀 소망이 없는 자들이다(4.13). 사실 일반적인 관점에서 볼 때, 바울은 데살로니가인들에게 '이방인'이고, 마게도니아와 아가야 그리고 유대에 있는 신자들도, 데살로니가의 동포들과 비교할 때, 오히려 데살로니가 교인들에게 이방인인

---

[7] 비록 정치적 연루에 대한 그의 제안이 불필요하고 설득력이 없기는 하지만, E. von Dobschütz, *Die Thessalonicher-Briefe* (Göttingen: Vandenhoeck & Ruprecht, 1909), 180-82를 참고하라. Cf. Best, Thessalonians, 175, 그리고 W. Marxsen, *Der erste Brief an die Thessalonicher* (Zürich: Theologischer Verlag, 1979), 25-26, 62.

것이다. 그런데 바울은 그 개종자들과 지역적으로 멀리 떨어져있는 신자들을 묶어주기 위하여, 그리고 지역적으로 그들 곁에 있는 동포들과의 관계를 소원시키기 위하여 사회적 지도(social map)를 새로이 그리고 있는 것이다(1.7; 2.14-15; 4.10).

이러한 이원론적 관점은 새로운 개종을 촉발시킬 수 있을 것이다; 최근에 '어두움의 자식들'이었다가 개종한 사람들은 더 늦기 전에 다른 이들을 구원코자 할 것이다. 이원론적 관점은 교회 밖 사람들을, 그들이 '안으로' 들어오지 않는 한, 이방인으로 간주하는 경계를 긋는 것이다. 어떤 상황에서, 이러한 근본적인 소외감은 완화되거나 또는 심지어 무시될는지 모른다. 예를 들면, 친밀한 정서적 연대감은 이러한 경계를 초월하여 개인들을 하나로 묶을 수 있기 때문이다. 심지어 묵시록적 상징조차도 해석자나 그가 속한 상황에 따라 다양하게 해석될 수 있다. 그러나 그러한 상징이 사회적 갈등의 상황에 크게 영향을 미치는 곳에서, 경험과 상징적 세계는 분명히 서로를 강화시킬 수 있는 것이다.

그리하여, 한편으로 데살로니가 교인들의 묵시록적 관점은 사회적 소외를 정상적인 것으로 수용하게끔 만든다. 사실 그것은 그들이 경험하고 있는 갈등(박해)을 회피하지 않도록 만듦으로써 그들의 사회적 일탈을 유지시키고 있다. 그들은 그들의 고통이 기대된 것이라고 믿음으로써 (이는 묵시록적 신앙의 일부인 것이다), 또한 그 고통이 오래 지속되지는 않을 것이라는 확신 때문에, 위로를 받는다. 그들이 배운 묵시록적 용어들은 사회적 이원론을 강화시키며 교회 밖 다른 이들에 대한 적대적 태도에 영향을 미친다. 신자들 무리 밖의 모든 다른 사람들은 실제적, 또는 잠재적 침략자들로써 간주된다. 세상은 전쟁터이고, 우주는 거대한 힘의 대결 장소이다. 좌절과 난관은 사단의 역사이다(2.18). 현재 고통을 야기시키고 있는 자들은 곧 하나님의 진노를 받아 갑작스런 멸망을 당하게 될 것이다. 따라서, 사회적 박해는 반감, 갈등, 그리고 대립의 구조를 지닌 상징적(묵시록적) 세계에서 '적절한' 설명을 찾게 되는 것이다.

다른 한편으로, 갈등의 체험은 데살로니가 교인들이 배운 묵시록적 신앙 체계를 확인시켜주며, 그것을 보다 분명하고 의미 있게 만든다. 즉 그들이 조롱을 당하고 배척당하면 당할수록 더욱더 신자와 불신자, 안에 있는 자와 밖에 있는 자 사이의 구별은 분명해지는 것이다. 더 나아가 구원받기로 작정된 자와 진노받기로 작정된 자 사이의 묵시록적 구분 또한 더욱 분명해지는 것이다. 그들이 박해를 당하면 당할수록 그만큼 더 그들의 대적들은 악의 세력에 붙들림으로 말미암아 무지하여지면서 마침내 심판을 자초하게 되는 것이다.

이처럼 묵시록적 신앙 체계와 사회적 소외는 양자를 서로 유지시키고 강화시킨다. 사실 이것은 신앙체계와 사회적 사건들 사이의 변증법적 관계를 잘 설명하고 있다. 즉 신앙체계는 사회적 사건에 어떤 해석을 제공하고, 사건의 해석은 개인이 믿는 '실재'에 대한 확증으로 수용되는 것이다. 여기에는 결정론적 요소가 전혀 없다. 그들의 묵시록적 믿음이나 또는 박해의 경험도 데살로니가 교회의 발전을 어떤 방식으로든지 결정하지 않는다.[8] 그러나 주위로부터 박해를 당하고 있는 갓 태어난 공동체 내에서의 이러한 믿음과 체험 사이의 관계성은 이 교회의 특징을 잘 나타내 주고 있으며, 데살로니가 교회로 하여금 적대적 환경 속에서

---

[8] 상징적 구조와 사회적 구조 사이의 상관성에 대한 비판적 논의에 대하여는, B. Holmberg, *Sociology and the New Testament* (Minneapolis: Fortress, 1990), 118-44를 참조할 것. 그는 이러한 상관성 연구는 사회적 데이터에 관한 좋은 사실적 정보로부터 시작해야 하며, '그러한 관계가 얼마나 복잡하고 미묘한지'에 대하여 지속적으로 인식하고 있어야 한다는 점을 강조한다(142). 생태적 요인과 후원적 요인(후자는 어떤 현상의 지속을 가능하게 하는 요인들을 가리킨다) 사이의 그의 이러한 구분은, Lampe의 이론을 따르고 있는데, 본 논문에 있어서 매우 유익하다.

생존할 수 있도록 만들어 주었던 것이다.

  이 연구의 초점은 데살로니가 교회의 <u>사회적 지위</u>보다는 외부인들과의 <u>사회적 관계</u>에 맞추어져 있었다. 이들 두 요소는 어느 정도는 분리될 수 없다. 지위는, 적어도 부분적으로, 다른 사람들이 그의 장점과 성과에 부여하는 가치에 의존한다. 그러나 나는 여기서 의도적으로 바울 기독교와 특히 데살로니가 교회의 지위 문제를 다루지 않았지만, 이 지위 문제는 바울 기독교에 대한 대부분의 사회학적 연구의 특징이 되고 있다. 이 경우 우리는 데살로니가의 개종자들의 사회적 지위에 관하여 전혀 아는 바가 없다.9) 그리고 묵시록적 이데올로기가 특별한 경제적 조건에 필연적으로 근거한다거나 또는 그것에 의해 조장된다고 하는 그릇된 가정에 빠지게 될 위험이 있다.10) 현재의 연구를 위하여 우리는 바울의 개종자들의 사회적 기원(출신 성분)에 관하여, 또는 그들이 기독교를 믿게 된 이유에 관하여 알 필요가 없다고 생각한다. 그보다는 그리스도인으로서의 그들의 경험이 어떻게 그들이 바울로부터 배운 묵시록적 상징과 연결되며 강화하는가를 관찰하는 것이 중요하다고 하겠다.

2. 고린도 교회: 영적 지식과 사회적 조화

  이제 우리는 데살로니가 교회보다 조금 늦게 설립된 고린도 교회를

---

9) Jewett(*Thessalonian Correspondence*, 118-23)은 살전 2.9-12, 4.11, 그리고 살후 3.6-12를 근거로 하여, 그리스도인들이 대부분 노동자들이었으며, 고후 8.2-4을 인용하여서는 그들이 극심한 가난을 겪고 있었다고 주장한다. 고후 8장은 수사학적인 의도가 크게 반영된 부분이며, 따라서 바울의 명령은 <u>그가</u> 일은 손으로 하는 것임을 전제로 하고 있다는 것 이상의 의미는 없다고 생각된다.
10) 이론적인 문제에 대하여는, R. L. Rohrbaugh, "'Social Location of Thought' as a Heuristic Concept in New Testament Study", *JSNT* 30(1987), 103-19을 참고할 것.

다뤄보기로 하자. 고린도 교회의 경우, 바울이 전한 복음의 내용을 확인하는 것이 데살로니가 교회와 비교할 때 더 어렵다고 생각된다. 고린도전서는 주로 교회의 발전에 초점이 맞추어져 있으므로 애초의 바울의 설교와 교육을 찾아내기가 쉽지 않기 때문이다.[11] 따라서 고린도 경우 나는 다른 방법을 통해 문제를 해결하려 한다. 즉 먼저 교회와 고린도 사회 사이의 사회적 관계를 탐구하고, 이어서 고린도 교인들의 기독교 신앙에 대한 이해를 살펴본 후, 마지막으로 어떤 사회적 요소가 바울의 복음에 대한 고린도인들의 해석에 영향을 미쳤는지를 고찰하여 보고자한다.

1) 고린도에서의 사회적 조화

고린도 교회 생활의 특징 중 가장 두드러진 것은 교회와 '국외자'(outsider)들 사이의 갈등의 부재(不在)이다. 데살로니가 교회와는 대조적으로, 고린도 교인들은 불신자들에 대하여 적대감을 느끼지 않고 있으며 불신자들로부터도 적대감을 받고 있지 않는 것으로 보인다. 고린도서를 쓰면서 바울은 **자신이 직접** 체험한 배척과 박해의 경험을 분명히 언급하고 있다. 그는 에베소에서 '맹수'들과 더불어 싸웠으며 날마다 위험에 처하여 있었다(고전 15.30-32); 그는 굶주리고 목마르며, 헐벗고 매 맞으며 정처(定處)가 없고, 후욕과 비방을 당한즉 세상의 더러운 것과 만물의 찌끼같이 되었다(4.9-13). 그런데 바울이 자신이 당한 고난들을 열거하는 그 문맥 속에서 바울은 고린도인들의 고통 없는 생활을 (적지 아니 씁쓸한 기분으로) 언급하고 있다; '우리는 그리스도의 연고로 미련하되 너희는 그리스도 안에서 지혜롭고 우리는 약하되 너희는 강하고

---

11) J. C. Hurd의 *The Origin of I Corinthians* (London: SPCK, 1965)는 고린도전서를 통하여 바울의 고린도인들과의 최초의 만남과 교제를 파헤치는 대담한 시도이다. 그러나 일반적으로 그의 주장은 그렇게 설득적이지 못한 것으로 인정되고 있다.

너희는 존귀하되 우리는 비천하여'(4.10). 1장 26-28절에 나타나 있는 유사한 표현을 놓고 볼 때, 고린도인들 중 일부는 상대적으로 높은 사회적 지위를 향유(享有)하고 있음을 바울은 여기서 지적하고 있다고 하겠다. 그런데 바울의 꾸중은 교회 전체에 향하고 있고, 따라서 이것은 고린도 교인들의 의식, 즉 그들의 사회적 출신 성분이 어떠하든 그들의 지위는 기독교를 받아들임으로써 향상되었음을 반영하는 것으로 이해될 수 있는 것이다.12) 특별히 바울이 사도들을 '비천한 자'들로 표현한 것과는 대조적으로 그들을 '존귀한 자'들로 표현한 것은 의미심장하다 하겠다(4.10). 왜냐하면 문맥을 놓고 볼 때 이들 용어는 사회적이고 공개적인 평판을 가리키는 것이기 때문이다. 몇몇 개인적 예외는 있을 수 있겠지만, 바울은 고린도 교회의 특징적 상태를 사회적 소외로 간주하고 있지 않음이 분명하다.

사실상, 고린도 교인들의 사회적 수용성(social acceptability)을 시사하는 증거들은 적지 않다. 그들 중 일부(아마도 부유한 자들)이 법정에 고소한 것은 고린도 교인들이 그 사회의 법체계를 신뢰한다는 신호인 것이다(6.1-6); 즉 그들은 신자들이 불신자들에게 부당하고 편파적인 대우를 받을 것으로 기대하지 않았던 것이다. 고린도 교인들은 불신자들의 집에 식사 초대를 받았고(10.27), 역으로 불신 친구들이나 이웃들이 기독교인들이 모여 집회를 갖는 집에 방문하는 경우도 있었던 것으로 보인다(14.24-25). 그러나 가장 놀라운 사실은, 고린도 교회의 일부 지도자들이 이방 신전(神殿)의 식당에서 개최되는 파티나 연회에 참여하였다는 것이다(8.10). 이들의 행동은 다른 이들이 본받을 수 있을 것이기

---

12) 그렇다면 4.10의 용어는 바울의 개종자들의 사회적 신분을 가리키는 것이 아니다(pace G. Theissen, *The Social Setting of Pauline Christianity* [Edinburgh: T. & T. Clark, 1982], 72-73). 그러나 그것을 고린도인들의 영적 환상을 가리키는 것으로 해석할 필요는 없다.

때문에 이 사실은 매우 중요한 의미를 띠는 것이다. 타이센이 지적한 바와 같이, 이런 사람들은 사회적으로 고위층 인사들일 것이고, 또한 종교적 문제를 근거로 타인에게 어떤 적대감을 제기하지 않을 만큼 고린도 사회에 깊이 연루되었을 것으로 보인다; 아마도 그들에게는 신전 연회와 같은 모임에서 베풀어지는 사회적 교제를 유지하는 것이 중요하였을 것이다. 고린도전서에 거명된 인물들 중 가이오나 스데바나와 같은 지도자들은 아마도 바울이 일부 고린도 교인들의 직업들을 소개할 때 언급한 상업이나 '매매' 등을 통하여 그들의 부(富)를 얻었을 것으로 여겨진다(7.30-31). 물론 고린도 '성(城)의 재무'였던 에라스도(롬 16.23) 역시 불신자들과 함께 일하면서 적지 않은 재산을 모았을 것으로 추측된다.

바울은 고린도 교인들이 향유하고 있는 사회적 교제의 정도에 대해 다소 불편해하고 있었음이 분명하다. 물론 '불신자'(outsiders)들과의 접촉 및 교제는 피할 수 없는 것이고, 오히려 복음 전도의 기회로서 환영해야 할 일이다(9.19-23; 10.32.33; 7.16). 바울은 고린도의 개종자들이 시장(市場)에서 자유롭게 고기를 사는 것과 또한 제의적 식사가 아니라면 불신자와 식사하는 것을 금지시키고 있지 않다(10.25-27). 바울은 불신자와 결혼한 자들이 그로인해 더럽혀지지 않았음을 분명히 밝히고 있고(7.12-16), 세상과의 완전한 분리는 불가능함을 일반적 원칙으로 인정하고 있다(5.9-10). 그럼에도 불구하고, 바울은 교회의 사회적 위치에 대하여 고린도 교인들보다 더욱 종파적이고 분리주의적인 태도를 갖고 있다. 바울은 고린도 교인들이 법정에 고소한 사실을 실제적 이유에서가 아니라 신앙적 이유로 책망하고 있다; 즉 장차 신자들이 '세상'의 나머지 다른 사람들과 함께 심판해야 할 대상인 불의한 자와 불신자들에게 오히려 심판을 맡기는 것은 불합리하다는 것이다(6.1-3). 실제로,

'이 세상'과 '현세'는 고린도전서에서 시종 부정적으로 묘사되고 있다. 그 이유는 세상은 그 지도자들과 함께 곧 멸망당할 것이기 때문이다 (1.18-2.8; 3.18-20; 7.31). 고린도 교인들의 세상과의 원만한 관계에 대하여 바울은 십자가 메시지의 역문화적 영향(counter-cultural impact)을 이해하지 못한 실패작으로 간주하고 있는 것이다(1.18-2.5); 고린도인들이 끌리고 있는 세상 지혜는 복음의 위험한 적이라고 바울은 주장한다. 교회의 세상으로부터의 분리에 대한 이러한 일관된 강조는 사실 데살로니가에서 불필요한 것이었을 것이다. 그러나 고린도에서의 상황은 달랐고, 따라서 이런 사실은 마땅히 강조되어 지적되어야 하는 것이다. 고린도 교인들은 '악한 동무들'의 더러운 영향력에 주의하도록 마땅히 경고를 받아야 했다(15.33). 성전처럼(3.16), 그들은 세례를 통하여 깨끗하여지고 청결하게 된, 구별된 '성도'인 것이다(6.11). 그러므로 그들의 세상과의 관계는 임박한 종말을 염두에 둔 '없는 것 같이'(ὡς μή) 원칙에 따라 시행되어야 할 것이다(7.29-31).

사실상, 고린도 교인들이 이 문제와 관련하여 바울과 다른 태도를 가졌음을 보여주는 좋은 증거들이 있다. 바울이 먼저 쓴 편지는(5.9-13) 신자와 불신자의 관계가 이미 그들 사이에 논쟁적인 문제였음을 나타내 주고 있다. 이런 맥락에서 볼 때, 고후 6.14-7.1에 나타난 바울의 이상한 감정 폭발은 불신자와의 분리를 요구하는, 먼저 쓴 편지의 한 부분일 수 있을 것이다. 만일 바울의 먼저 쓴 편지가 단지 목이 곧은 신자와의 분리를 요구한 것이라 할지라도, 그것은 고린도 교인들이 기꺼이 수용하고자 한 것과는 다른 경계선을 긋고 있는 것이다. 바울은 불신자들과의 사회적 교제를 어느 정도 허락은 하면서도, 여전히 교회와 세상 사이의 분명한 경계선(境界線)을 긋고 있다. 바울은 교회가 인생의 모든 부분을 주관할 공동체로 이해하고 있고, 또한 신자들은 그 안에서의 상호 관계가 삶에서 가장 중요한 것으로 받아들일 것을 권고하고 있다; 따라서 교회 내에서 형제와 자매들과의 관계가 어떤 다른 이들과의 관계보다 더 중요한 것이다. 그러나 고린도 교인들은 교회의 사회적 위치를 이와는 매우 다르게 이해하고 있었다. 그들은 바울의 어두운 묵시록적 관점에서 세상을 보아야 할 이유를 느끼지 못했고, 따라서 가족과 친지들과의 우의적 관계를 즐기고 있었다. 고전 5장에 등장하는 음행자와 같은 그러한 부도덕한 자를 출교시키기를 그들이 꺼려한 것은 그들이 교회를 도덕적 심판자로서 생각하지 않기 때문인 것이다; 그들은 교회가 예배와 집회 외의 교회 밖 삶에 대해 어떤 요구를 할 수 있다고 생각지 않았던 것이다. 주의 만찬에서의 부유한 자들의 행실과 신자들 사이의 고소사건은 교회 내의 신자들간의 밀접한 연대의식의 결핍을 증거하는 것이다. 계속적인 신전 연회 참여에서 볼 수 있듯이, 신분상 고위층 인사들은 '약한' 신자 형제들의 감정보다 불신 친구들의 평판을 훨씬 더 중히 여겼던 것으로 보인다. 바울이 기대하는 교회는, 그 신자들이 세상에 열려있으되 '신자'(insider)와 '불신자'(outsider) 사이의 차이를 분명하게 의식하는 공동체이며, 또한 신자들 사이의 밀접한 관계로 인해 교회 생활이 그들의 삶의 핵심이 되는 그러한 공동체인 것이다. 그러나 외형상 고린도 교인들의 생각은 달랐다; 그들의 이러한 자의식은 불신자들과의 관계 속에서 누리는 조화(調和)와 무관하지 않은 것으로 생각된다.

2) 기독교 신앙에 대한 고린도적 해석

이 항목의 제목은 물론 지나치게 단순화되었다. 고린도 교회의 신앙에 대한 해석이 한 가지일 수는 없고, 많은 다른 관점들이 나란히 그리고 경쟁적으로 존재함이 사실이다. 고전 1-4장에서 바울이 언급하고 있는 네 개의 당파 외에도, 도덕적인 방종자와 금욕주의자, 부자와 가난한 자, 약자와 강자들이 고린도 교회 내에서 발견된다. 주요한 다른 견해가 발견되지 않는 데살로니가 교회와 비교할 때, 고린도 교인들과 고린도 교회는 다양한 관점들과 견해들이 혼합되어 있는 것으로 나타나고 있다.

그러나 고린도 교회의 주요한 에토스(ethos), 즉 고린도전서의 여러 부분에서 바울의 비판의 대상이 되고 있는 일관된 신학적 패턴에 대하여 우리가 말할 수 없는 것은 아니다. 고린도전서 8장에 나타나고 있는 바울의 인용문들을 근거로 판단할 때, 고린도 교인들과 고린도 교회의 지도자들은 그들의 지식(γνῶσις)을 자랑하고 있다. 그리고 이것이 바울이 1.18-3.23에서 지혜(σοφία)를 거론할 때 염두에 두었던 것으로 생각된다. 바울은 '세상의 지혜'를 멸시하고 지식을 상대화시키고 있으나, 정작 고린도인들이 자랑하는 지식의 내용이 무엇인지는 분명하게 말하고 있지 않다(1.18-2.5; 3.18-23; 13.8-12). 그러나 우리는 그것이 비밀의 이해와 관련된 것이며(13.1-2), 또한 하나님이 한 분이심과 우상의 무가치함에 대한 확신을 포함하고 있는 것임을 알 수가 있다(8.4-6).

또 한 가지 분명한 사실은 고린도인들의 특별한 통찰력은 그들이 자랑스럽게 떠벌리는 성령의 산물이라는 것이다. 2.6-3.3의 바울의 냉소적인 표현으로부터 우리는 이들 고린도인들이 자신들을 보통의 육에 속한 자(ψυχικός)들과는 구별되는, 영에 속한 자(πνευματικός)와 온전한 자(τέλειοι)라고 간주했음을 알 수가 있다. 바울이 자신 역시 하나님의 영을 받았다고 주장할 때(7.40), 우리는 여기서 고린도인들의 주장을 발견할 수 있을 것이다; 사실 바울은 직접적으로 그들을 '신령한 것을 사모하는 자'라고 묘사하고 있다(14.12; cf. 14.1, 37). 그들은 세례 받을 때 성령을 충분히 마시게 되었고(12.13) 그리고 계속하여 '신령한 식물'과 '신령한 음료'로서 주의 만찬 때마다 양분을 공급받았다(10.3-4). 그들이 성령을 소유하고 있음이 명백하게 드러나는 것은 예배와 같은 모임에서였다 - 먼저는 모두가 방언을 말하나, 모든 사람이 예언이나 그밖의 영적 은사를 다 소유한 것은 아니었다. 고전 11-14장은 이러한 모임의 자극적인(electric) 분위기를 훌륭하게 묘사하고 있다; 예언과 방언과 지식(13.8)의 형태로 나타나는 성령의 생기(spark)는 신령한 남녀 모두에게 차별 없이 흘러넘치고 있었다(11.4-5).

이러한 영적 에너지가 제공하는 확신은 '모든 것이 가하다'는 고린도인들의 표어에서 발견된다. 이런 확신이 일차적으로 적용된 것은 음식 문제에 대해서였던 것처럼 보이는데(6.12-13; 10.23), 특별히 이방신 제사와 관련된 고기를 먹는 문제와 관련된 것이었다. 이런 권위(ἐξουσία)의 원리가 어느 정도까지 확장되었는지를 파악하기는 쉽지 않다; 아마도 성적(性的)으로 금기시(禁忌視)하는 일들을 의식적으로 배척하는 데까지 확장되었을 것으로 보여진다(5.1-2). 성령이 제공해 주는 '지식'은 분명히 '그 용도가 다양한 상품'(a versatile commodity)이었다; 그것은 또한 사도들의 경고에 대해 면역(免疫)을 갖게 하였고 아울러 그 경고에 무관심하게 만들었던 것이다.

고린도인들의 관습과 믿음의 어떤 특징들은 쉽게 설명이 되지 않는다. 일례를 들면, 바울이 고린도전서에 상당히 길게 다루고 있는 성적 금욕주의 문제가 어떻게 야기되었는지를 우리는 자세히 알 길이 없다. 성적인 금욕은 초기 기독교에서 여러 가지 다양한 이유로 옹호되었으므로 단지 패턴의 유사성만을 근거로 잘못 해석하게 되면 전혀 엉뚱한 방향으로 나아갈 수도 있다. 아마도 성적인 금욕에 대한 가장 적절한 설명은 '신령한 것'(πνευματικά)에 대한 고린도인들의 열정과 긴밀히 연관되어 있다고 생각된다. 유대교와 그리스-로마 종교에서 성적 행위로부터의 방해가 없는 곳에서 신적인 상태에 쉽게 이를 수 있다고 인식되었다. 필로의 저서에 등장하는 모세처럼, 아마도 고린도의 신령한 자들은 계속적으로 예언과 영적 비밀 등을 받을 수 있는 상태를 유지하기를 원했으며, 바로 그 목적으로 '성적 접촉'(sexual intercourse)을 멸시하였던 것이다. 바울조차도 기도를 성교를 절제할 수 있는 좋은 이유로 간주하고 있다(7.5). 이런 맥락에서 영과 몸을 거룩하게 유지하기를 원했던 여자들은(7.34) 기도와 예언에 있어서 성령의 도구로서 활동하기를 몹시 원했던 자들이었을 것이라고 우리가 추측하는 것은 무리가 아닐 것이다(11.5).

또한 일부 고린도인들이 죽은 자의 부활이 없다고 말한 이유를 우리는 확실히 알 수가 없다(15.12). 바울은 15장에서 여러 가지 다양한 반론을 제기하고 있지만, 구체적으로 무엇을 목표로 삼고 있는지는 분명치 않다. 아마도 바울이 고린도인들의 주장을 부분적으로 잘못 설명하고 있거나 아니면 오해하고 있는지도 모르겠다. 그러나 15.35-58에서의 몸(σῶμα)에 대한 장황한 논증이 문맥 속에서 전혀 부적절한 것이 아니라면, 고린도인들이 수용할 수 없었던 것은 특별히 몸의 부활 개념이었던 것으로 생각된다. 이것은 다시 고린도인들의 '신령한 것'(πνευματικά)에 대한 도취(陶醉; 특별한 관심)의 견지에서 충분하게 설명될 수 있을 것이다. 인간은 일반적으로 그들의 문화 관습에 따르면 영과 몸의 구조적 이원론의 견지에서 이해되었다; 어느 누구도 사후(死後)의 육체적(몸) 실존을 상상하거나 기대할 수 없었다. 그러나 성령의 은사는 그것이 제공하는 놀랍고도 특별한 능력과 함께 이 이원론을 더욱 강화시키며 몸을 더욱 열등하게 생각하도록 만들었을 것이다. 황홀경을 체험할 때 그들은 몸에 대한 저급한 관심을 초월하였고, 심지어 마음의 영역까지도 초월하였다(14.19); 황홀경에 들어가게 되면 그들이 몸 안에 있는지 없는지조차도 분명하지 않았다. 이런 관점에서 볼 때 몸은 그것 없이도 지낼 수 있는 방해물에 불과한 것처럼 보인다(6.13). 이런 까닭에 몸의 부활 개념은 특별히 이러한 '신령한 자들'의 구미(口味)에 맞지 않았을 것이다.

학자들은 일반적으로 고린도 교회의 신학을 '실현된' 또는 '지나치게 실현된' 종말론의 본보기로서 간주하여왔다. 딤후2.8('부활이 이미 지나갔다'고 주장하는 자들)의 의미에 대한 논란이 여전히 계속되고 있지만, 일반적으로 고전 4.8과 미래에 대한 바울의 지속적인 언급을 근거로 하여, 고린도인들은 자신들이 이미 천상의 영광의 영역 안으로 들어갔다고 여겼던 것으로 보여진다. 그러나 고린도 교회에 대한 바울의 시각이 그들에 대한 우리의 묘사를 어떻게 인도/조정하는지를 아는 것이 중요하다. 바울의 견지에서 볼 때 고린도인들이 향유하고 있는 자유, 지식, 영적 황홀경은 종말론적 영광의 선취(先取)처럼 보이나 사실 잘못된 주장인 것이다. 그리하여 바울은 '너희가 이미 배부르며 이미 부요하며 우리 없이 왕노릇 하였도다'라고 비꼬듯이 말한다(4.8). 그러나 고린도 교인들은 그들의 경험을 이와 같은 종말론적 시간 구조와 관련된 것으로 보았을까? 그들은 자신들이 이미 미래에 들어갔다고 생각하였을까, 아니면 단지 바울이 주장하는 바 전형적인 현재와 미래의 대조를 따라 처신하지 않았을까? 바울은 현재 기독교인의 지식을 부분적이고 불완전한 것으로 깎아내린다(13.8-12). 왜냐하면 바울이, 현재에 비하여 미래가 혁신적으로 달라져 새롭고 영광스럽게 되는 그러한 묵시록적 세계관을 갖고 있기 때문이다(15.42-44): '만일 그리스도 안에서 우리의 바라는 것이 다만 이생뿐이면 모든 사람 가운데 우리가 더욱 불쌍한 자리라'(15.19). 그러나 고린도인들은 겉으로 볼 때 현재에 대해 불쌍한 어떤 것도 느끼지 않고 있었다. 왜냐하면 그들의 비묵시록적 시각은 미래가 현재에 비하여 혁신적으로 달라질 것을 기대하고 있지 않았기 때문이다. 성령으로 충만한 그들의 삶은 미래의 이른(early) 체험은 아니었다; 그들은 단지 자신들이 인간의 잠재적 능력의 최고 한계에 이르렀다고 생각했을 뿐인 것이다. 만일 바울이 영(靈; soul)이 세상의 관심사를 초월하여 실재에 대한 순수한 비젼으로 올라갔다는 필로의 글을 접했더라면, 또는 거룩한 진리에 대한 현자(賢者)의 황홀하고도 즐거운 명상에 대한 필로의 글('하나님이 주신 어떤 영감에 의해 사로잡힌 영(soul)으로 높은 경지에 이르렀다는')을 접했더라면, 아마도 바울은 책의 여백에 이렇게 기록하였을는지 모른다: '이미 당신은 배불렀도다'. 이러한 필로의 신학을 '(지나치게) 실현된 종말론'이라고 묘사하는 것은 잘못된 것이다; 그의 신학 구조는 단순히 비종말론적일 뿐이다. 아마도 이것은 고린도 교인들에게도 마찬가지였을 것이다.

데살로니가인들과는 달리, 고린도인들은 그들의 기독교적 체험을 그리스도의 재림에 나타나게 될 영광에 대한 간절한 기대라고 간주하지 않았다. 오히려 세례와 성령 받음을 통하여 그들은 거룩한 진리에 대하여 탁월한 통찰력을 얻게 되었다. 그리고 주의 만찬 시에 정규적으로 얻게 되는 성령의 충만(infusion)을 통하여 그들은 지식을 얻게 되는 특권을 받게 되었고, 예배시에 나타나는 신령한 능력은 그들이 얻은 바 탁월한 위치를 확증하였던 것이다. 그들은 다가올 진노에서 자신들을 구원하실 하나님의 아들의 도래를 기다리며 날마다 하늘을 바라보지 않았다. 또한 임박한 신원(伸寃)의 징조를 열심히 추구하지도 않았다. 성령의 역사를 통하여 얻게 된 기독교적 깨달음이 그들의 구원이었고, 그들의 예언과 방언과 기적의 능력은 그 구원의 유효함에 대한 증거였던 것이다.

3) 고린도적 신앙 해석에 영향을 미친 요인들

우리는 이제 이 논문의 가장 어려운 단계에 이르게 되었다. 데살로니가 교회의 경우 우리는 그들의 묵시록적 기독교 이해와 초기부터 그들이 경험했던 사회적 소외 사이에 존재하는 분명한 상관관계를 목도한 바 있다. 그리고 나는 방금 전에 고린도인들의 사회 생활에서 주목할만한 적대감이 발견되지 않는다는 증거들을 제시하였고, (성)령과 지식을 특별히 강조하는 특징을 지닌 그들의 기독교 신앙에 대한 해석을 개략적으로 설명하였다. 이제 여기서 문제가 제기된다; 고린도 교회의 경우 역시 그들의 신앙 세계 구조와 사회적 체험의 성격 사이에 어떤 상관관계를 가정할 수 있지 않을까?

우리는 먼저 고린도 교회의 신학 해석에 영향을 미쳤을 것으로 생각되는 다른 요인들을 살펴보아야만 할 것이다.

(1) 바울이 고린도전서를 쓸 즈음에 고린도에는 다른 기독교 지도자들이 활동하고 있었고, 그래서 어떤 학자들은 이들이 고린도 신학 형성에 영향을 미쳤을 것이라 주장한다. 아마도 우리는 그 이름이 고전 1장-4장에 걸쳐 자주 등장하고 있는 아볼로에게 관심을 가질 수 있을 것이다. 그러나 아볼로가 이 문제와 관련하여 어떤 영향력을 행사했을 것이라는 사실을 부정할 수는 없지만, 그러나 그가 고린도 신학에 대해 책임져야 할 유일한 심지어 중요한 인물이라고는 말할 수 없을 것이다. 고린도전서에 바울은 (그가 갈라디아서에서 그랬던 것처럼) 그의 개종자들이 처음에는 잘 나가다가 바울 이후의 잘못된 가르침으로 인해 곁길로 빠지게 되었다는 것을 어디에서도 암시하지 않는다. 비난의 책임은 고린도인들 자신에게 있는 것이지 아볼로에게 있는 것은 아니다. 우리가 아는 범위 내에서 판단할 때, 고린도 교회의 초기 형성기에 주도적 영향력을 행사한 것은 바울 혼자였고, 그리고 그가 떠난 후 고린도 교회가 어떤 급격한 변화를 겪었다는 어떤 증거도 발견할 수가 없다.

(2) 다음으로 바울이 그가 데살로니가에서 전했던 것과는 다른 용어로 고린도에서 복음을 전하지 않을까 물을 수 있을 것이다. 바울은 마게도냐로부터 남쪽으로 내려가는 동안 묵시록적 언어를 포기하였을까? 바울이

고린도에서 복음을 전한 방식에 대한 정보의 부족으로 이런 질문에 대해 제대로 답하기는 어렵다. 15.3-5의 신앙고백적 신조, 주의 만찬의 전승(11.23-26) 그리고 십자가에 달리신 그리스도 외에 아무 것도 모른다는 다소 과장된 그의 주장(2.1-2) 이외의 다른 정보를 우리는 갖고 있지 않다. 그러나 나는 바울의 메시지가 데살로니가와 고린도 사이에서 크게 달라졌다는 것을 의심할만한 유력한 증거들이 있다고 생각한다. 고린도전서를 쓸 때 바울은, 그가 처음 데살로니가에서 설교하였고 이어서 데살로니가에 첫 번째 편지를 쓸 때와 마찬가지로, 동일하게 복음을 묵시록적으로 이해하고 있었고(6.1-3; 7.25-31; 15.20-28), 또한 교회에 대한 종파적 견해를 견지하고 있었다. 바울이 묵시록적 견해를 포기했다가 뒤에 다시 취하였을 것 같지는 않다. 더욱이 바울이 고린도를 처음 방문하였을 바로 그 즈음에 데살로니가 전서를 썼을 것이라는 견해가 지배적이다. 사도는 모든 사람들에게 모든 것일 수 있다. 그러나 그가 한 교회에게 보내는 편지에는 묵시록적 얼굴을 나타냈다가 다른 교회에게 설교할 때는 그것을 가리웠다고 볼 수는 없는 것이다.

사실 바울 설교의 묵시록적 강조가 어떻게 구원의 초점으로 지식에 집중하도록 이끌었는지에 대해 의문을 가질 수 있을 것이다. 묵시록적 사고의 여러 형태 중 한 가지 중요한 요소는(바울의 사상을 포함하여) 신비한 진리를 선택받은 소수의 무리(그룹)에게 선포하는 것이다. 바울의 사역에서 이 엘리트 그룹은 세례를 통하여 입교했다가 성령을 받은 자들이었다. 자신들이 성령을 통하여 다른 사람들에게는 감춰어진 신비에 접근하였다고 결론짓는 것은 고린도인들에게는 자연스러운 일이었다. 달리 말하면, 계시의 방식(mode)이 고린도인들에게는 가장 중요하였다(그것이 매번 집회 때마다 기적적으로 재현되었기 때문은 아니었다); 메시지의 내용(content)은 무시되거나 또는 재해석될 수 있었을 것이다.

유사한 언어의 다양한 해석의 가능성은 고전 2.6-16에서 잘 나타나고 있다. 여기서 바울은 아마도 몇 가지 고린도인들이 즐겨 쓰는 용어들을 채택하고 있는데, 그것들은 '심오한 진리'의 전달과 그것을 아는 지식에 대한 특권 의식을 강조하고 있다. 바울은 이 언어를 다시 사용하여 거기에다, 계시된 진리의 종말론적 성격을 강조함으로써, 묵시록적 내용을 담을 수 있었을 것이다(2.7, 9). 그 다음으로는, 묵시록적 메시지가 고린도인들에 의해 비묵시록적 용어로 해석되는 역과정을 가정할 수 있을 것이다. 즉 종말론적 메시지는 계시의 수단의 성격으로 인하여 사라질 수 있었을 것이다.

(3) 그러므로, 고린도인들의 신앙 스타일은 바울의 전적인 책임도 아니고 또한 후대 기독교 교육의 결과도 아닌 것으로 보인다. 그렇다면 우리는 고린도 교인들 자체의 책임을 물어야 할 필요가 있을 것이다. 그들 대부분이 이방인들이라는 사실(12.2)은 이 문제에 대한 충분한 설명이 되지 못한다. 왜냐하면 데살로니가 교인들도 마찬가지였기 때문이다. 만일 우리가 고린도인들의 사회적 지위에 초점을 맞춘다면 해답을 찾을 수 있지 않을까? 고린도 교회에 대한 G. 타이센의 사회학적 연구 결과에 따르면, 그 사회에서 상대적으로 높은 사회적 지위를 차지하고 있는 몇몇 지도적 인사들이 중요한 역할을 하였다는 것은 알게 된다. 그렇다면 높은 사회적 위치와 헬라문화를 통하여 받은 교육이 기독교 신앙 해석에 중요한 역할을 하였을 것으로 추측할 수 있을 것이다. 높은 수준에서 고린도의 사회와 문화에 깊이 연루되어 있는 사람들이 만일 종파주의적 태도를 채택하게 된다면 잃는 것이 많았을 것은 분명한 일이다. 또한 그들이 받은 헬라적 교육은 바울의 메시지를 이해하는 정신적 골격 역할을 하였을 것으로 보인다.

우세한 소수(少數)의 고린도 교회에서의 사회적 위치는 매우 중요한 의미를 지니는 요소이다. 그러나 이 한 가지 토대 위에 모든 것을 세우는 것은 실수일 수 있다. 데살로니가 교회의 문제를 논의하면서 나는 경제적 궁핍과 묵시록적 세계관 사이에 어떤 필연적인 상관관계가 없음을 지적한 바 있었다. 마찬가지로, 고린도에서 재물과 그와 관련된 사회적 위치는 비묵시록적이고 비종파주의적인 견해와 필연적으로 연결되어 있지 않다. 새로이 채택된 신학의 영향으로 인하여 또는 다른 사람들에 의한 사회적 명예 훼손의 결과로서 높은 지위의 사람들은 심각한 사회적 분리(social dislocation)와 재사회화(resocialization)의 곤경을 치렀을 가능성이 있는 것이다. 그리하여 고린도의 '약한 자들'-우상에게 드려진 음식 문제로 인해 양심의 가책을 느낀 자들- 중 일부는 부유층 인사에 속하였던 사람들일 수 있을 것이다; 실제로, 만일 그들이 강한 자들과 함께 연회에 참석하였다면(10.27-30), 우리는 그들이 같은 사회 계층에 속하였을 것으로 추측할 수 있는 것이다. 그들의 제사 음식에 대한 불편함은 '우상들'에 대한 강렬한 신학적 확신에서 비롯되었을 것이고, 이로 인해 그들은 사회적 불편함을 감수해야 했을 것이다. 그러나 이러한 사회적 분리는 스스로 자초(自招)한 것이 아니라 할지라도, 다른 이들에 의해 강요될 수 있는 것이다. 고린도인들이 그 사회적 지위를 유지하는 것은 다른 이들이 그들을 '불경건'하다든지 아니면 '무신론자'라고 간주하지 않을 때에만 오로지 가능한 일이었다. 달리 말하면, '외부자'(불신자)들과의 사회적 접촉을 계속하는 것은 본래의 고린도인들의 사회적 지위를 유지하는데 있어 매우 중요한 일이었던 것이다.

고린도교회는 처음 설립되었을 때, 외형상 데살로니가에 있는 자매교회가 당했던 사회적 박해를 겪지는 않았다. 이것은 고린도 교회의 지도자들이 그 신앙의 문제적 요소를 고의적으로 경시하였기 때문에 가능한 일이었는데, 이는 그들의 사회적 지위와 무관하지 않았을 것이다. 그러나 바울조차도 그가 데살로니가에서 당했던 것과 같은 방식으로 고린도에서 핍박을 당하지 않았다는 사실은 우리의 주목을 끈다. 비록 바울이 고전 4.9-13과 15.30-32에서 자신이 당한 핍박을 열거하고 있지만, 그 일들이 고린도에서 발생한 것으로 기록하고 있지는 않다. 사실 사도행전 18장의 기록에 의하면 바울은 약 18개월 동안 고린도에서 평안하게 머물렀던 것으로 나타나고 있다. 기자(記者; 누가)는 이런 이상한 현상에 대하여 어떤 설명을 할 필요가 있다고 느꼈던 것으로 보인다. 그리하여 그는 바울을 확신시키는 주님의 특별한 환상 사건을 기록하고 있다; '내가 너와 함께 있으매 아무 사람도 너를 대적하여 해롭게 할 자가 없을 것이니 이는 이 성 중에 내 백성이 많음이니라'(행 18.10). 유일한 박해는 유대인들로부터 야기되었고, 갈리오 앞에서 바울을 고발하고자 하는 시도는 각하(却下)되고 말았다(행 18.6, 12-17). 심지어 이 사건 후에도 바울은 그 도시를 떠나야 할 어떤 강요를 받지 않았던 것이다.

고린도의 조화적인 사회적 상황과 고린도 교회의 신학 사이의 상관관계는 여러 측면에서 분명하게 나타난다.

(1) 첫째로, 지식과 성령의 소유에 대한 고린도인들의 초점은 그들을 평범한 일반 대중들로부터 구별되도록 만들었는데, 이는 그러나 적대감 없는 구별이었다. '신령한 자들'로서, 그들은 분명히 뛰어난 위치를 차지하고 있으나, 나머지 사람들, 즉 '육에 속한 사람들'은 그로인해 악하거나 위협적인 존재로 간주되지 않고 단지 열등하고 지위가 낮은 자들로 간주되었던 것이다. 고린도인들의 신앙 세계는 이처럼 대조적인 특징을 띠고 있으나, 그것은 투쟁과 갈등 등과 같은 사회적 대조는 아닌 것이다. 거기에는 사단과 그 세력으로부터 구원받아야 할 '현재의 악한 시대'나 또한 사단과 그 세력에 대한 우주적 전쟁과 같은 것은 존재하지 않고, 불신자들에게 임할 파괴적 진노 등도 나타나지 않는다.

묵시록적이고 긴장이 가득한 시각은 고린도 교회의 특징이 아니다. 그들의 신앙 체계는 불신자에 대한 적대감을 조장하지 않는(또한 적대감을 기대하지 않는) 범위 내에서, 그들의 회심(回心)을 가치 있도록 만들만큼 충분한 우월의식을 주었던 것이다.

(2) 둘째로, 고린도 신학은 배타성 없는 차별화의 특징을 띠고 있다고 하겠다. 세례 시 성령의 받음과 예배 중 그 성령의 은사의 표현은 확실히 그들의 기독교적 실존의 소중한 특징이었다. 그들은 아마도 이것이 여러 가지 면에서 이전에 그리스-로마 종교에서 알았던 신적 능력의 체험보다 더 심오하고 풍부한 체험임을 느꼈을 것이다(12.2). 그러나 이것은 다른 사람들이(예언자, 시인, 선견자와 철학자들) 유사한 황홀경과 영감의 체험을 소유한다는 사실을 필연적으로 제거하는 것은 아니다. 하나님이 '한 분이심'에 대한 그들의 지식은 헬라 신학을 배워 안 자들의 유일신론적 확신과 다른 것이 아니었다. 다른 사람들이 그들의 기독교적 확신을 이방적인 것으로 간주하지 않는다면, 그들이 모든 다른 것들을 무시하지 않은 채 그들의 견해를 차별화시키는 일종의 종교적 다원주의를 수용할 수 없었다고 볼 수가 없는 것이다. 이것은 조화적 관계를 반영하고 또한 조장하는 신학이었던 것이다.

(3) 마지막으로, 그들의 신앙적 정서는 심각한 사회적 도덕적 개편(재조정)을 수반하지 않는 교회로의 참여를 허락하였다. '신령한 자들'의 정체가 드러나는 제한된 상황을 우리는 주목하지 않을 수 없다: 지식적인 설교, 방언, 예언 등으로 인해 초신자들이 부름을 받는 교회의 예배적 모임에서 그것은 드러난다. 가이오의 집에서의 이런 반쯤 사적인 모임 이외에서는, 그러나 고린도 교인들은 그 신앙을 단지 제한된 의미만을 갖는 것으로 간주하였을 것이다. 만일 교회의 황홀한 축제가 그런 체험의 절정이었다면, 그들은 또한 유일한 관심의 대상이 되었을 것이다. 사회적

으로(그리고 시간적으로) 제한된 상황을 넘어서서는, 신령한 자들은 그들이 원하는 대로 처신할 수 있는 권위를 가졌다. 그들은 독특한 공동체적 삶의 스타일에 자신들을 속박시키는 도덕 전승에 얽매이지 않았다. 실로, 신령한 자들 개인의 개별적 권위는 도전될 수가 없었을 것이다(2.14). 그렇다면, 만일 행실(처신)이 윤리 문제가 아니라 '의식'과 자기 이해에 관한 문제라면, 신자들은 사회와의 관계를 어색하게 만들 어떤 집단적 규범에 미리 묶일 수가 없는 것이다. 교회는 응집력있는 공동체가 아니라 하나의 클럽, 즉 영적인 통찰력과 고양(高揚)의 순간들을 제공하는 모임이 개최되는 클럽이로되, 도덕적 혹은 사회적 변화하고는 무관한 것인 것이다. 그러나 이 부분은, 아무리 중요하다 할지라도, 전체가 아니고 중심도 아니다. 그들의 교회에 대한 이해와 그 신앙의 의미에 대한 이해는 고린도 사회와 완전하게 연(통)합된 삶의 스타일과 좋은 조화를 이루고 있었던 것이다.

다시금 우리는 사회적 체험과 신학적 시각의 상호 강화(強化)의 한 예를 여기서 보게 되는데, 이 경우에 그것은 바울의 묵시록적 신앙의 심각한 재조정을 포함하고 있다. 고린도 교인들이 처음으로 신앙을 갖게 되었을 때, 그들은 적대감을 체험하지 않았고, 그들의 사도 또한 도시 밖으로 쫓겨나지도 않았다. 그리고 그 교회가 사회적 조화를 이루며 견고하게 세워지면 질수록, 사회적 분리를 강하게 요청하는 바울 메시지의 묵시록적 내용은 더욱더 받아들이기 어려웠을 것이다. 사회적으로 신분이 높은 다른 이들과 가깝고도 친밀한 관계를 지속하는 상태에서 적대적 분위기를 견지한다는 것은 힘든 일이었다. 고린도인들이 그 신앙을 지식의 특별한 부여와 영적 은사의 특별한 획득으로 이해하면 할수록, 그들은 더욱 적대감을 수용하거나 기대할 수 없었을 것이다. 즉 어떤 갈등의 싸인이라도 있으면 즉시 해결되거나 축소되었을 것이다.

이렇게 가정하는 것은 어떤 사회학적 결정론에 굴복하는 것이 아니라 단지 신앙과 사회적 체험 사이의 복잡한 상관관계에 주목하는 것이다. 우리는 고린도 교회가 그 숫자적인 면에서나 영적 체험의 견지에서 볼 때 얼마나 성공적으로 보였는지를 기억해야만 할 것이다. 데살로니가 교회의 체험과 썩 좋은 조화를 이루었던 바울 신학의 묵시록적인 특징이 고린도 교회에서는 그렇지 못한 것으로 나타나고 있다. 고린도인들 중 일부는 데살로니가 교회에 대해 분명히 불편하게 생각하였을 것이고, 따라서 만일 고린도 교회가 데살로니가 교회와 같은 신앙적 정서를 발전시켰다면, 고린도 교회에 들어오지 않거나 아니면 기왕에 들어왔다면 탈퇴하였을는지도 모를 일이다.

5. 결론

바울이 세운 이 두 교회의 상이한 발전에 대한 연구를 통하여 '바울적 기독교'를 일반화시켜 생각하는 것이 얼마나 잘못 될 수 있는지에 대해서 살펴보았다. 비록 바울이 외형상 데살로니가에서 보다 훨씬 더 많은 시간을 보냈음에도 불구하고 고린도교회가 바울 자신의 견해로부터 더 많이 빗나갔다는 사실은 매우 아이러니칼하지 않을 수 없다. 바울은 그의 개종자들이 그들의 회심을 해석하는 방식에 대하여 그가 생각했던 것 만큼의 통제력을 가지지 못했다는 사실은, 바울에게와 마찬가지로, 우리에게도 매우 유익한 교훈이 될 수 있을 것이다.

데살로니가 전서와 고린도 전서 사이에서 우리가 발견한 대조를 통하여 우리는 바울의 교회들 모두가 신앙적으로 동일한 양상을 띠고 있지 않고 상이성(divergence)을 띠고 있다는 사실을 깨닫게 된다. 나는 여기서 이러한 상이성을 설명하는 데 도움이 될만한 한 요소, 즉 교회들의 사회적 상황과 특별히 불신자(outsiders)들과의 사회적 접촉에 관해 언급하였다. 여기서 분명히 해 두어야할 사실은, 이 요소가 다른 요소들과 함께 고려되어야 한다는 것이며, 여기에서 제시된 사회적 요인이 신학적 측면(신앙)에 대한 전체적이고 단순하며 직접적인 설명이 될 수는 없을 것이라는 점이다. 그럼에도 불구하고, 신앙과 사회적 실재의 상관관계는 중요한 것이며, 불신자들(outsider)과의 접촉의 문제는 초기 기독교에 대한 사회학적 연구에 있어서 부당하게 소외되어왔던 것이다. 지금까지 바울에 의해 개종된 이들의 사회적 지위에 대한 집중적인 연구가 있어왔으므로, 나는 이제 이러한 사회적 접촉 문제를 좀더 깊이 연구해야 할 때가 왔다고 생각한다. 이렇게 함으로써, 모든 바울의 교회들은 같은 신학적 동질성을 띠고 있다는 그릇된 가정을 시정하도록 해야 할 것이다.

본 논문에 대한 소개

(번역/소개: 김경진)

이 글은 영국(스코틀랜드) 글라스고우 대학교(University of Glasgow) 신약신학 교수인 존 바클레이 박사의 소논문, "데살로니가와 고린도: 바울 기독교의 사회적 대조" 중 고린도교회의 사회적 상황을 기술한 부분을 발췌역하여 요약, 정리한 것이다; John Barclay, 'Thessalonica and Corinth: Social Contrasts in Pauline Christianity', *Journal for the Study of the New Testament*, 47 (1992), 49-74 (Reprinted in S.E. Porter and C.A. Evans[eds.], *New Testament Interpretation and Methods: A Sheffield Reader*, Sheffield Academic Press, 1997, 267-92).

바클레이 박사의 학문적 관심은 신약성경을 그 사회사적, 사회학적 배경을 통하여 연구하는데 있는데, 본 논문은 그의 이러한 학문 연구 방법론이 전형적으로 적용된 한 경우이기에 여기에 소개하는 바이다.

사실 한국 신학계는 아직도 사회학적 연구 방법론에 대하여 낯설다고 말하지 않을 수 없다. 이런 방법론은 20세기말에 들어 사회학이 성경 연구에 활용되기 시작하면서 매우 활발하게 발전되었는데, 이 분야에서 세계적으로 알려진 학자로는 독일 튀빙겐 대학교의 게르트 타이센(Gerd Theissen)과 미국 예일대학교의 웨인 믹스(Wayne Meeks) 등이 있다.

여기에 소개된 바클레이 박사는 이 사회학적 연구 방법론을 특히 바울 신학에 접목시킨 학자로서, 영국 신학계, 특히 바울신학계에서는 이미 확고하게 그 위치를 인정받고 있는 학자이다(바클레이 박사는 영국 신약학회 바울신학 분과 위원장을 여러 차례 역임한 바 있고, 현재는 국제 신약학회(Studiorum Novi Testamenti Societas)의 부서기이자 JSNT의 편집위원이며, SNTS 세미나의 공동위원장이다).

우리는 흔히 바울이 설립한 교회들의 신학을 획일적으로 이해하는 경향이 있다. 물론 바울 신학의 중심은 고정되어 있지만, 그 신학이 그가 설립한 지교회들에게 적용되었을 때 그 드러난 양태는 조금씩 다르게 표현되고 있다. 그러면 같은 사상과 신학이 선포되었는데, 어찌하여 지교회들에게 보내어진 바울서신들은 그 내용이 다른 것처럼 보이는 것일까? 이것은 결국 바울의 복음을 받아들인 지교회들의 사회적 형편과 상황이 그 복음 수용에 차별적 반응을 보인 까닭인 것이다. 본 논문은 특별히 고린도 교회가 바울의 복음을 바울의 의도와는 다르게 이해하게 된 과정을 설명하면서, 그 이유를 고린도 교인들의 외부 사회와의 조화적 관계에서 찾고 있다. 바클레이 박사는 사회학적 방법론을 적절히 이용하여 고린도서 속에 감추어진 내용들을 소상히 드러냄으로써 고린도서에 대한 우리의 안목을 새롭게 하고 있다. 여전히 생소한 이런 학문 방법론이 한국 신학계에서 활발하게 활용됨으로써 우리의 성경 이해의 폭을 넓혀지기를 기대하는 바이다.

바울과 누가; 동지인가, 적인가?1)
Paul and Luke; Friend or Foe?

1. 들어가는 말

　이전에 저술한 소논문에서 나는 바울과 누가와의 관계를 말씀 선교사와 의료 선교사로 소개하며, 함께 선교사역에 동역하였을 것이라고 주장한 바 있다.2) 누가를 의사라고 소개했던 바울의 진술을 바탕으로, 그들이 바울의 제2차 선교여행에 함께 동행하였음을 근거로 하여, 그렇게 명명하였던 것이다. 이러한 증거에 의한다면, 그들의 관계는 매우 우호적이었을 것으로 추정할 수 있을 터인데, 그러나 이러한 추정을 어렵게 하는 것 중 하나는 사도행전에서 누가가 바울을 가리켜 사도라고 인정하기를 회피한다는 사실이다. 이것은 두 사람의 관계가 결코 우호적이지 않았음을 시사하는 증거는 아닐까? 이러한 부정적인 판단에 근거하되, 여기에서 좀 더 나아가 나는 누가가 그의 두 권의 저서를 저술한 이유 중 하나로 바울서신에 나타난 바울 신학의 문제점을 수정하고자

---

1) 이 논문은 「성경과 신학」 66(2013)에 게재되었다.
2) 김경진, "선교를 명령하신 주님," 『잃어버린 자를 찾아오신 주님』, 제 9장 (서울: 한국성서학연구소, 2008), 333-354.

하는 의도이었을 것이라고 생각한다. 그러면 과연 바울신학의 문제점은 무엇일까? 그리고 과연 그 문제점에 대한 누가의 답변은 무엇일까? 궁극적으로 바울과 누가는 동지인가? 아니면 적인가?

2. 왜 누가는 바울을 사도라 인정하기를 회피하는가?

일반적으로 여태껏 알려진 바에 따르면, 누가는 헬라인 의사이다.[3] 누가복음 1장 1-2절에 따르면,[4] 그는 목격자(사도)도, 또 말씀의 일꾼 된 자(사도의 제자)도 아닌 것으로 나타난다. 그런 그의 글이 어떻게 정경, 즉 하나님의 말씀으로 인정되었는가? 주지하는 대로, 어떤 책이나 문서를 정경으로 인정할 때에는 무엇보다 사도성이 중요한 것으로 간주된다. 바로 이런 원칙에 따라, 사도도 아니고 주님을 따랐던 제자도 아닌 마가가 쓴 최초의 복음서 역시 정경으로 인정된 것으로 알려져 있는 것이다. 왜냐하면 베드로가 그를 자신의 아들로 불렀을 뿐 아니라,[5] 교부 파피아스(Papias)를 비롯하여 초대 기독교의 문헌적 증거에 따르면 마가는 베드로의 통역으로서, 그의 사후 베드로의 설교와 간증 및 강연을 토대로 하여 그 복음서를 기록한 것으로 알려져 있기 때문이다.[6]

누가복음의 경우도 이와 마찬가지였을 것으로 이해된다. 주님이 선택하신 사도도 아니고, 주님을 직접 따랐던 제자도 아니었고, 더욱이

---

[3] 이 글에서는 제삼 복음서의 저자를, 전승이 알려주고 있는 바와 같이, 헬라인 의사 누가라고 간주한다. 한편, 누가가 헬라인이요, 또 의사라는 증거에 대하여는 위의 책, 334-339를 참조할 것.
[4] "우리 중에 이루어진 사실에 대하여, 처음부터 목격자와 말씀의 일꾼 된 자들이 전하여 준 그대로 내력을 저술하려고 붓을 든 사람이 많은지라."
[5] 벧전 5:13, "택하심을 함께 받은 바벨론에 있는 교회가 너희에게 문안하고 내 아들 마가도 그리하느니라."
[6] Vincent Taylor, *The Gospel according to St. Mark* (London: MacMillan, 1952), 1-8. 테일러는 그의 마가복음 주석 서론에서 마가-베드로의 관계와 제2복음서의 저자문제와 관련하여 교부들이 저술하여 남긴 문헌들을 잘 수집하여 정리하여 놓았다.

이방인이었던 누가가 저술한 책이 정경으로 간주될 수 있었던 것은, 바로 그가 사도 바울의 선교여행에 동참함으로써 얻게 된 동역자로서의 관계 때문인 것이다.7) 그러면 누가가 바울 사도의 선교 동역자란 사실을 우리는 어떻게 알 수 있을까? 그것은 일반적으로 누가가 기록한 사도행전에서 그 근거를 찾는데, 바울의 제2차 선교여행에 등장하는 일인칭 대명사, "우리"라는 표현이다. 사도행전 1장 1절에서 저자 누가는 "데오빌로여, 내가 먼저 쓴 글에는 …" 라고 일인칭 단수(ἐποιησάμην)를 사용하고 있는데, 16장 10절에서부터는 "우리"를 포함한 일인칭 복수 동사(ἐζητήσαμεν)를 사용하는 것이다. 그렇다면 일인칭 복수에는 일인칭 단수, 즉 저자도 포함되는 것으로 간주하는 것이 정당할 것이다. 이와 같이 일인칭 복수가 사용된 기사를 우리는 "동행 기사"(we-passages or we-section)라고 부르는데, 사도행전에서 모두 다섯 군데에 걸쳐 등장한다(행 16:10-17; 20:5-15; 21:1-18; 27:1-44; 28:1-16). 누가가 사도 바울의 선교여행에 동참하였다는 것은 사도와의 긴밀한 관계를 보여주는 유용한 정보가 아닐 수 없다. 이와 같은 선교 동역자로서의 관계는 누가의 두 권의 저작을 정경으로 인정하는데 있어 매우 요긴한 요소였을 것으로 판단된다. 이런 사실을 오늘 우리의 관점에서 볼 때, 결국 누가-행전이 정경으로 간주된 것이 누가의 사도 바울과의 관계라면, 누가는 바울에게 커다란 빚을 진 것으로 볼 수도 있을 것이다. 그러면 역시 오늘 우리의 입장에서 볼 때, 누가는 과연 이 빚을 갚았을까? 내 견해로는 갚지 않은 것으로 보이는데, 그 이유를 아래에서 찾아보고자 한다.

누가가 바울에게 진 빚을 갚지 않았다는 것을 나는 누가가 바울을 사도로 인정하기를 회피하였다는 사실에서 찾고자 한다. 주지하는 대로,

---

7) 바울은 빌레몬서에서 친히 누가를 자신의 동역자로 소개하고 있다. "또한 나의 동역자 마가, 아리스다고, 데마, 누가가 문안하느니라." (몬 24)

거의 모든 바울서신의 서두에서 바울은 자신이 사도임을 누누이 그리고 공들여 강조하고 있다.[8] 그 대표적 실례로, 우리는 갈라디아서 1장 1절을 들 수 있겠다. "사람들에게서 난 것도 아니요 사람으로 말미암은 것도 아니요 오직 예수 그리스도와 그를 죽은 자 가운데서 살리신 하나님 아버지로 말미암아 사도 된 바울은." 특별히 여러 서신들 가운데에서도 갈라디아서는 바울이 자신의 사도권을 변호하기 위해 쓴 서신으로 잘 알려져 있다.[9] 바울이 자신의 사도권을 특별히 강조하고 있는 것은 비(非) 바울서신, 이를 테면, 베드로전, 후서, 유다서, 요한 1, 2, 3서 등을 보면 확인할 수 있을 것이다. 어떤 이들은 이것을 심리학적 용어로 표현하여 바울의 "사도 콤플렉스"라고 부르기도 한다. 그러나 바울의 이러한 심리는 충분히 납득할 만한 것으로 사료된다. 왜냐하면 적어도 그는 다른 사도들과 마찬가지로 주님의 지상 사역 동안 예수 그리스도로부터 직접 선택받은 사도가 아니기 때문이다. 물론 바울 자신이 강조하고, 또 누가가 사도행전에서 그 증거를 제시하고 있는 바와 같이, 다메섹 도상에서 부활하여 승귀(昇貴)하여지신 예수 그리스도로부터 사도로서 부름을 받은 것은 사실이나, 여전히 그것은 십자가와 부활 이후의 사건인 까닭에, 그 이전에 부름 받은 사도들과 확연한 차이가 있는 것이다.

그럼에도 불구하고, 바울은 갈라디아서 2장에 기록된 예루살렘 방문 기사에서, 자신은 무할례자, 즉 이방인의 사도로서, 그리고 베드로를 포함하여 역사적 사도들은 할례자, 즉 유대인의 사도로서, 부름 받았다고 주장하고 있다.[10] 이러한 증거들은 한결같이 바울이 사도로 인정받기를

---

[8] 롬 1:1; 고전 1:1; 고후 1:1.
[9] John Ziesler, *The Epistle to the Galatians* (Epworth Commentaries; London: Epworth, 1992), 3; Charles B. Cousar, *Galatians* (Interpretation; Atlanta: John Knox Press, 1973), 15-16.

원하고 있음을 보여주고 있고, 그렇다면 바울과 함께 선교여행에 동참하였던 누가도 그것을 알고 있었을 것이라고 간주하는 것이 옳을 것이다. 그런데 왜 누가는 바울을 사도라고 인정하기를 회피하는가?

누가가 바울을 사도로 인정하지 않는 근거는 바울이 주님의 사역에 친히 참여하고 목격한 증인으로서의 사도의 자격에 부합하지 않기 때문으로 풀이된다. 누가의 이런 행동은 누가 자신의 소신에 따른 결과라고 생각된다. 우리는 그 증거를 사도행전 1장에서 찾을 수 있을 것이다. 1장 후반부는, 가룟 유다가 죽음으로써 궐석이 된 사도의 자리를 채우기 위하여 일종의 보궐선거를 치르는 이야기로 구성되어 있다. 그 때 베드로는 사도단을 대표하여 가룟 유다를 대신할 사도 후보자의 자격을 발표하였다.

> "이러하므로 요한의 세례로부터 우리 가운데서 올려져 가신 날까지 주 예수께서 우리 가운데 출입하실 때에, 항상 우리와 함께 다니던 사람 중에 하나를 세워 우리와 더불어 예수께서 부활하심을 증언할 사람이 되게 하여야 하리라 하거늘." (행 1:21-22)

베드로가 제시한 사도의 자격은 한 마디로, 주님이 세례 요한에게 받으신 후 부활하실 때까지 그 모든 과정을 친히 목격한 증인이어야 한다는 것이었다. 특별히 누가는 사도행전에서 사도의 자격으로서의 증인(μάρτυς)을 무척이나 강조하고 있다(행 1:8; 2:32; 3:15 등등). 그런데 바로 이 자격 조건에 따르면, 바울은 결코 그에 해당하는 사람이 아니었다. 그는 부활 후에야 주님을 만났기 때문이다. 사도 바울의 회심 사건을 세 번씩이나 기록한 누가임으로, 누구보다도 그 사실을 바로 알고 있었을

---

10) 갈 2:7-9. 참고, 고전 9:6.

것이고, 따라서 이 조건에 부합하지 않는 바울을 사도라고 부를 수 없었던 것으로 생각된다.11) 그리하여 지나가다가(in passing) 그냥 두 번 정도 사용한 것으로 보인다(행 14:4, 14). 게다가 그 두 번의 경우도 '보내심을 받은 자'라는 사도(ἀπόστολος)라는 말의 어원적 의미를 고려하여, 아마도 안디옥 교회에 파송을 받은 자(delegates of the Antioch Church)라고 설명되기도 한다.12)

바로 이런 맥락에서 누가는 사도행전에서 사도란 단어를 다분히 12명의 역사적 제자들에게 국한시키고 있음이 드러난다. 사도행전에 등장하는 ἀπόστολος의 용례를 놓고 볼 때,13) 누가는 이 단어를 대부분 증인으로서의 12 제자와 예루살렘 교회와 관련지어 사용하고 있음을 보게 된다. 바울이 사도로서 이방인 선교에 열중하고 있음에도 불구하고, 사도란 단어는 사도행전 16장 4절 이후에는 더 이상 등장하지 않는다. 이러한 누가의 단어 사용은 그가 바울을 주님이 친히 선택하여 세우신 12 사도에 포함하고 있지 않음을 가리키는 증거로 제시될 수 있을 것이다. 아마도 이런 맥락에서, 확인할 수 없는 일이기는 하지만, 만일 바울이 누가의 사도행전을 후에라도 읽었더라면, 자신을 사도로 인정하지 않은 누가에 대하여 무척이나 실망하였을 수도 있을 것으로 보인다. 그러나 바로 이런 면에서 나는 누가야말로 참으로 공(公)과 사(私)를 구분 지을 줄 아는 정직한 사람이라고 생각한다. 선교사역의 동역자로서 개인적으로 매우 절친한 사이였다고 하더라도, 사도라는 자격에 부합하지 않은

---

11) I. Howard Marshall, *Acts* (Tyndale New Testament Commentaries 5; Grand Rapids: Eerdmans, 1986), 233-4: "For Luke neither Paul nor Barnabas was an apostle."
12) John B. Polhill, *Acts* (The New American Commentary, 26B; Nashville: Broadman Press, 2001), 311.
13) 사도행전에서 사도(ἀπόστολος)의 사용 용례는 다음과 같다: 1:2, 1:26, 2:37, 42, 43, 4:33, 35, 36, 37, 5:2, 12, 18, 29, 40, 6:6, 8:1, 14, 18, 9:27, 11:1, 14:4, 14, 15:2, 4, 6, 22, 23, 16:4. (총 28회).

까닭에, 바울을 사도라고 부르지 않았던 것이다. 이러한 누가의 성실함은 오히려 그의 저작의 가치를 존중할만한 근거가 된다고 하겠다. 그리고 바로 이런 측면에서, 어쩌면 바울은 누가를 동지가 아니라, 적으로 보았을 수도 있지 않을까?

3. 바울신학과 누가신학의 비교

3.1. 바울신학의 교리-변증적 성격

오늘날 대다수가 인정하는 것처럼, 우리가 믿고 있는 기독교 교리의 상당 부분은 바울서신에서 비롯된다. 사실 예수께서는 하나님의 나라를 가르치시고, 능력과 기적으로 그 나라를 보여주시기는 하였지만, 세상에 아무 것도 남기시지 않으셨다. 한 편의 글도 남긴 것이 없는 것이다. 우리가 흔히 예수의 전기라고 생각하는 복음서는 사도들이 지난날을 기억하며 쓴 것이거나(마태복음과 요한복음), 아니면 사도들이 전달해 준 전승을 근거로 하여, 사도 주변의 사람들에 의하여 기록된 것이다(마가복음과 누가복음). 그런데 물론 그 가운데에는 예수의 말씀과 사건, 그리고 그에 대한 해석이 분명 포함되어 있기는 하지만, 그럼에도 불구하고 역사적 사실(historical facts)의 기록이 주요 내용이다. 왜냐하면 그보다 앞서 기록된 바울서신이 사실(史實)보다는 해석에 치중해 있기 때문이다. 그리하여 복음서 저자들은 바울서신에 기록되어 있는 해석의 근거로서의 사실 제공을 주요한 집필 목적으로 삼았던 것으로 보인다.[14]

그러면 과연 기독교 교리체계를 수립하는데 결정적 역할을 한 바울서

---

14) 이에 대한 좀 더 상세한 설명은 김경진, "사실과 해석으로서의 신약이해," 『백석신학저널』 19(2010): 101-114를 참고할 것.

신의 성격은 어떠한가? 그것은 한 마디로, 첫째로 신학적-교리적이고, 둘째로 변증적이며, 셋째로 목회적이라고 말할 수 있을 것이다.15) 바울서신이 이러한 성격을 띨 수밖에 없었던 것은 사도 바울이 처했던 역사적 상황과 무관하지 않을 것이다. 기독교회의 최초의 선교사로서 사도 바울은 안디옥 교회의 파송을 받아, 모두 3차에 걸쳐서 소아시아와 유럽에 그리스도의 복음을 전파하였다. 사도 바울 이전에 그 누구도 본격적으로 이방인 지역에 들어가 복음을 전한 사람은 없었다.16) 소아시아(갈라디아 지방)와 유럽(마케도니아와 아가야 지방)과 같은 이방지역에는 유대교와 함께 토속 종교들이 당연히 존재하였을 것이고, 따라서 사도 바울은 매우 적대적이고도 열악한 환경 가운데서 그리스도의 복음을 전해야 했을 것이다. 그리고 그러한 상황 가운데에서 사도 바울의 복음을 듣고 우상을 버리고 그리스도에게로 개종한 이방인들은 두 종류의 박해를 받았을 것이다. 첫째는 동포 이방인들로부터 소외를 당하며 많은 고난을 받았을 것이다. 이에 대한 증거를 우리는 데살로니가전서에 발견할 수 있다.

"또 너희는 많은 환난 가운데서 성령의 기쁨으로 말씀을 받아 우리와 주를 본받은 자가 되었으니, … 그들이 우리에 대하여 스스로 말하기를 우리가 어떻게 너희 가운데에 들어갔는지와 너희가 어떻게 우상을 버리고 하나님께로 돌아와서 살아 계시고 참되신 하나님을 섬기는지와," (살전 1:6, 9)

---

15) 한천설, "왜 바울서신을 가지고 복음서를 읽으려 하는가?" 『그말씀』 1997년 2월호.
16) 사도행전 8장에 의하면, 사실 최초로 이방인에게 복음을 전한 사람은 에디오피아 여왕의 내시에게 복음을 전한 전도자 빌립이었다. 그러나 이것은 빌립이 이방 지역으로 찾아가 에디오피아 내시를 만난 것이 아니어서, 사도 바울의 전도와는 다른 케이스라고 말할 수 있을 것이다.

둘째는 이방지역에 거주하고 있는 유대인들로부터의 박해였을 것이다. 소위 디아스포라 유대인들은 팔레스타인의 본토 거주 유대인들(약 50만 명)보다 약 8배(약 4백만 명) 이상 더 많았다고 한다.17) 그렇다면 유대인들은 로마 제국 전체에 흩어져 살고 있었을 것이고, 그곳에서 그들은 회당을 중심으로 하여 유대교를 열심히 믿고 있었을 것이다. 이러한 사실은 사도행전에서 사도 바울이 전도를 위하여 이방 마을 및 도시를 방문할 때, 그곳 회당을 제일 먼저 방문하였다는 사실에서 확인할 수 있을 것이다. 이들 회당 유대인들 가운데는 사도 바울이 증거하는 그리스도의 복음을 받아들여 개종한 이들도 있기는 하였지만, 대체로 매우 적대적이어서, 사도 바울과 그 일행을 공격하고 박해하였다 (행 13:50-53; 14:4-7, 19-20). 사도 바울을 공격한 이들이 그에게서 복음을 들어 믿은 그리스도인들을 동류로 여기며 박해하였을 것은 당연한 일이었을 것이다.

이와 같은 적대적인 상황 아래에서 무엇보다 중요한 것은 그리스도 교회의 생존이었을 것이다. 사실 사도 바울이 개척하여 설립한 이방 지역의 교회들은 끊임없이 유대교와 이방 종교로부터 공격과 박해를 받고 있었을 것이고, 그러한 상황 아래에서 사도 바울은 이방인 교회들이 전통적으로 믿어옴으로써 삶의 일부가 되었을 수도 있는 이방 종교를 버리고 그리스도에게로 돌아온 것이 바른 선택이었음을 확인시켜줌으로써 그들을 격려하고자 하였을 것이다. 이런 맥락에서 사도 바울은 기독교가 유대교 및 이방 종교와 어떻게 다른지를 확실하게 천명할 필요가 있었을 것이고, 그리하여 여러 편의 서신을 집필하게 되었을 것이다. 이런 까닭에 바울서신은 대체로 교리-신학적이요, 변증적이며, 목회적인 성격을 띨 수밖에 없었을 것으로 보인다. 왜냐하면 무엇보다도

---

17) Joachim Jeremias, *The Parables of Jesus* (London: SCM, 1963), 129.

종교적으로 적대적인 열악한 환경 속에서 살아남기 위해서는, 타 종교와 확실히 구별되는 기독교의 본질에 대한 확신이 절대적으로 필요하였을 것이기 때문이다. 바로 이러한 동기에서 집필되었음으로 인하여, 사실 바울서신은 기독교 교리의 매우 중요한 원천이 되었던 것이다.[18] 그리고 또한 바로 이런 이유로 인하여, 바울서신은 또한 그리스도인의 삶에 대한 권면에 있어서 매우 제한적임이 드러난다.

물론 바울서신의 후반부는 대체로 그리스도인의 삶에 대한 권면으로 이뤄지고 있기는 하나, 그 교훈의 대부분은 그리스도인으로서 어떻게 처신해야 하는 것에 집중되어 있다. 선행을 장려해도 여전히 주 관심사는 그리스도인들에게로 한정되어 나타난다.

"그러므로 우리는 기회 있는 대로 모든 이에게 착한 일을 하되 더욱 믿음의 가정들에게 할지니라." (갈 6:10)[19]

요컨대, 복음의 사회적 성격, 즉 신앙공동체 밖에 있는 이들에게 구제와 선행을 베풂으로써 그들을 기독교로 초대하는 행동은 그다지 발견되지 않는다.

바로 이런 맥락에서 우리는 예수와 바울 사이에 존재하는 불연속성(discontinuity) 가운데 중요한 한 가지를 발견하게 된다.[20] 그것은 빈부

---

18) 바울서신에 나타난 바울의 신학이 기독교 교리 체계의 원천이 되는 까닭에 어떤 이들은 극단적으로 우리는 지금 예수교가 아니라 바울교를 믿고 있다고까지 말하기도 한다. 그러나 아무리 바울의 신학과 해석으로부터 기독교 교리가 유래되었다 할지라도, 바울이 인류의 죄를 대속한 인물이 아니므로, 바울교란 명칭은 매우 부적절한 표현이 아닐 수 없다.
19) 사실 이 구절은 또한 예루살렘 교회의 가난한 성도를 위한 구제 헌금(collection for the poor in Jerusalem, 갈 2:10)을 가리키는 것으로도 해석된다. 참고, 롬 15:37; 고전 16:1-4; 고후 8:3-4; 9:1-15. 알란 코울, 『갈라디아서』 (틴데일 주석 9; 서울: CLC, 1979), 220-1.
20) 알렌 버히/김경진 옮김, 『신약성경 윤리』 (서울: 솔로몬, 2003), 250.

문제와 관련된 구제 및 선행에 대한 교훈, 달리 말하면 복음의 사회주의적 성격이다. 바울은 그 공동체 내의 가난한 자들에 대하여 그다지 관심을 보이고 있지 않다. 아울러 공동체 밖의 불신자들의 경제적 형편에 대해서도 마찬가지로 관심을 나타내 보이고 있지 않다. 사실 바울이 공동체 내의 가난한 자들에 대해 유일하게 관심을 보이고 있는 구절이 있는데, 그것은 고린도전서 11장 21-22절이다. 이 구절에 대한 논의는 필자의 이전 연구에서 상세하게 다뤘으므로, 여기서는 다만 그러한 사실을 인식시키는 것으로 대신하고자 한다.21)

그러나 예수의 교훈을 담고 있는 복음서에는 가난한 자에 대한 관심이 명료하게 제시되어 있다. 그 대표적인 사건이, 공관복음에 모두 등장하는 <부자 청년> 혹은 <부자 관원 이야기>이다. 영생을 얻고자 예수를 찾아온 그에게 예수는 먼저 계명을 아느냐고 물으셨고, 이에 그가 어려서부터 다 준수하였다고 말하자, 그를 사랑하는 마음으로 이렇게 권면하셨다.

> "… 네게 아직도 한 가지 부족한 것이 있으니 가서 네게 있는 것을 다 팔아 가난한 자들에게 주라 그리하면 하늘에서 보화가 네게 있으리라 그리고 와서 나를 따르라 …" (막 10:21)

마태복음의 병행구절은 구제 명령 앞에서 하나의 전제 조건을 제시하는데, 그것은 "네가 온전하고자 할진대" (마 19:21)이다. 이는 특히 온전함, 혹은 완전함을 강조하는 마태복음의 특징을 잘 보여준다(참고, 마 5:48). 한편, 누가복음의 병행구절은 마가복음과 거의 유사하다(눅 18:22).22) 만일 재물이 하나님의 나라에 방해가 되는 장애물이라면,

---
21) 김경진, "고린도교회에서 발생한 빈부 간의 경제적 갈등과 처방," 『신약논단』 18/2 (2011), 599-629.
22) "예수께서 이 말을 들으시고 이르시되 네게 아직도 한 가지 부족한 것이 있으니

그냥 처분하면 될 터일 것이다. 그런데 특별히 가난한 자를 예수께서 언급하신 것은 그들에 대한 사랑의 관심의 표현 외에 달리 설명할 길이 없어 보인다. 누가의 경우는 여기에서 더 나아가 가난한 자에 대한 관심을 더욱 자주 두드러지게 언급하고 있다. 그리하여 여기서 우리는 누가신학의 이러한 특징을 좀 더 살펴보고자 한다.

3.2. 누가신학의 사회주의적 성격

누가복음은 특별히 소외된 자들에 대해 남다른 관심을 보이고 있다. 여기서 소외된 자들이라 하면 우리는 흔히 사마리아인을 포함하여 이방인이나 세리, 창기 등을 떠올릴 수 있을 것이다. 그런데 누가복음에서 소외된 자의 대표적 존재로 등장하는 것이 바로 가난한 자들이고, 따라서 누가복음에는 가난한 자들에 대한 관심이 매우 두드러지게 나타나고 있다. 이런 이유로 학자들은 이 복음서를 '가난한 자들을 위한 복음'(the Gospel for the Poor)이라고 부르기도 한다. 그러면 이제 우리는 왜 누가복음이 특별히 '가난한 자들을 위한 복음'이라 불리는지, 또한 저자 누가는 왜 특별히 가난한 자들에게 각별한 관심을 보이고 있는지 그 이유를 살펴보도록 하겠다.

가난한 자들을 위한 복음을 다룸에 있어서, 우리는 먼저 누가복음에서 가난이 의미하는 바를 살펴보아야 한다. 일반적으로 가난은 부유와 반대되는 단어로서 이해되는 경제적 의미를 담고 있다. 그러나 일반적으로 교회에서 가난을 말할 때, 대개 이를 경제적인 의미로만 생각하지 않는다. 그 이유 중 하나는 마태복음 5장에 나오는 「산상설교」에서

네게 있는 것을 다 팔아 가난한 자들에게 나눠 주라 그리하면 하늘에서 네게 보화가 있으리라 그리고 와서 나를 따르라 하시니." (눅 18:22)

"심령이 가난한 자는 복이 있나니 천국이 그들의 것임이요"(Μακάριοι οἱ πτωχοὶ τῷ πνεύματι, ὅτι αὐτῶν ἐστιν ἡ βασιλεία τῶν οὐρανῶν, 마 5:3)라는 구절 때문이다. 마태복음의 이 구절에서 가난은 분명 영적이고 윤리적인 의미를 담고 있으며, 오히려 문자가 의미하는 바 경제적 의미와는 거리가 있는 것처럼 보인다.

그런데 마태복음 5장 3절과 병행이 되는 누가복음 6장 20절은 마태복음 본문과는 다르게 '심령이'(τῷ πνεύματι)라는 단어가 빠져있다: "가난한 자는 복이 있나니 하나님의 나라가 너희 것임이요"(Μακάριοι οἱ πτωχοί, ὅτι ὑμετέρα ἐστιν ἡ βασιλεία τοῦ θεοῦ). 이 단어의 생략은 사실상 마태복음과 누가복음의 성격의 차이를 단적으로 보여준다. 한마디로, 마태복음에서의 가난은 문자적인 의미가 아니라 영적이고 윤리적인 의미를 담고 있는 반면,23) 누가복음에서의 가난은 문자적인 의미를 함축하고 있는 것이다. 이처럼 사회복음적 요소가 강한 누가신학의 이런 측면은 다음의 세 가지 내용을 통해 지지를 받는다.

3.2.1. 예수의 취임설교에서 인용된 이사야서 말씀

예수의 취임설교의 핵심이 되는 4장 18절 말씀은 이사야 61장 1절을 주님이 인용한 것이다.24) 그런데 우리의 주목을 끄는 것은 예수께서 이사야 61장 1절을 있는 그대로 인용한 것이 아니라 그 가운데 일부를 생략하여 인용한 것으로 누가가 기록하였다는 점이다. 생략된 부분은 "마음이 상한 자를 고치며"이다. 그 외에 포로된 자, 갇힌 자(눌린 자)는 누가복음에도 그대로 등장한다. 그러면 누가는 왜 이사야서 말씀을

---

23) 버히, 『신약성경윤리』(2003), 186-187. 사실 '심령이 가난하다'는 말은 겸손(humble, meek)을 가리킨다고 볼 수 있을 것이다.
24) 4장 18절 마지막 부분인 "눌린 자를 자유롭게 하고"는 이사야 58장 6절에서 비롯되었다.

그대로 인용하지 않고 그 중 "마음이 상한 자"만을 제외시켰을까? 아마도 그 이유는 구체적이고 실제적인 의미로 이해될 수 있는 포로된 자와 갇힌 자와는 다르게 마음이 상한 자는 구체적이고 실제적인 의미를 갖고 있지 않기 때문이었을 것이다.[25] 사실 부유하고 권력을 갖고 있으면서도 얼마든지 마음이 상할 수가 있다. 따라서 누가는 실질적으로 가난한 자들에게 복음을 전하기 위해 오신 예수의 사명의 성격에 부합하게 이사야서의 말씀을 나름대로 조정했다고 보여지는 것이다. 결과적으로 누가가 예수의 취임설교에서 이처럼 '마음이 상한 자'를 생략하여 인용하였다는 것은 그가 제시하는 가난의 의미가 결코 마태복음에서처럼 영적이거나 윤리적이 아니라 문자적이고 실질적이라는 사실을 분명하게 보여준다고 하겠다.[26]

이와 함께 우리가 고려할 사항이 한 가지 있다. 누가복음 4장 19절은 18절과 연결되어 있으며, 이사야 61장에서도 그것은 마찬가지이다. 그런데 누가는 이사야 61장 2절을 전부 인용하지 않고 그 가운데 "우리 하나님의 보복의 날을 선포하여"란 부분을 생략하고, 그 대신 이사야 58장 6절에 나오는 "압제 당하는 자를 자유하게 하며"를 추가하고 있다. 이런 변화를 통하여 누가는 심판과 복수의 주제를 제외시키고, 은혜의 해, 즉 희년(禧年)의 해방과 석방을 강조한다.[27] 이것은 가난한 자들에게 복음을 전하기 위해 오신 예수 그리스도의 사역의 성격과 매우 잘 부합한다.

---

[25] C. F. Evans, *Saint Luke*(TPI New Testament Commentaries; London: SCM, 1990), 269-270.
[26] Kyoung-Jin Kim, *Stewardship and Almsgiving in Luke's Theology*(JSNT Sup. 155; Sheffield: Sheffield Academic Press, 1998), 19-20. 국역본; 김경진, 『누가신학의 제자도와 청지기도』(서울: 솔로몬, 1996), 21-22. 이하에서는 독자들의 편의를 위하여 국역본만을 소개한다.
[27] Joel Green, *The Theology of the Gospel of Luke*(New Testament Theology; Cambridge: University Press, 1995), 77.

3.2.2. 가난한 자들의 목록

누가는 그 복음서에서 가난한 자들의 목록을 다섯 번 언급하고 있는데, 그 때마다 가난한 자들은 실제적으로 억눌리고 고통 받으며 신체적으로 불우한 사람들과 함께 등장하고 있다.

- **눅 4:18** : 가난한 자, 포로된 자, 눈먼 자, 눌린 자
- **눅 6:20-22** : 가난한 자, 주린 자, 우는 자, 핍박당하는 자
- **눅 7:22** : 소경, 앉은뱅이, 문둥이, 귀머거리, 죽은 자, 가난한 자
- **눅 14:13** : 가난한 자, 병신, 저는 자, 소경
- **눅 14:21** : 가난한 자, 병신, 소경, 저는 자

그렇다면 실질적으로 불우(不遇)하고 어려운 다른 사람들과 마찬가지로, 가난한 자 역시 이런 맥락에서 이해됨이 옳을 것이다. 아울러, 이들 목록에서 가난한 자는 한 번만 제외하고는 항상 목록의 처음에 소개되고 있고, 예외인 그 한 번의 경우에서도 마지막에 결론적으로 소개되고 있음을 놓고 볼 때, 누가복음에서 가난한 자는 사실상 기타 다른 불우하고 어려운 형편에 처한 모든 사람들을 포괄적으로 포용하는 대표적 존재로 제시되고 있는 것으로 판단된다.[28] 다시 말하면, 소경, 앉은뱅이, 귀머거리, 문둥이, 병신, 저는 자 등은 자기 힘으로 일하여 생활할 수 없는 자들로서 사실상 거지요, 구걸에 의존할 수 없는 가난한 자들인 것이다.[29]

---

[28] 4장 18절의 이런 특징을 에반스는 매우 명확하게 표현하고 있다: "This could either stand as a heading with a full stop after it, the subsequent statements being different ways of saying the same thing, or be the first, if principal statements, to be followed by additional specifications of what was involved in Jesus' mission"(*Saint Luke* [1990], 270).

[29] 이런 맥락에서 누가복음에만 등장하는 거지 나사로는 이런 불우한 자들의 모든 특징을

결과적으로 가난한 자는 불우한 자들의 특징을 대표하는 포괄적인 용어로 사용되고 있고, 그 밖에 다른 용어들은 가난한 자의 구체적 실례로서 소개되고 있는 것이다.

또한 이 네 번의 목록 가운데 4장 18절과 14장 13절의 목록은 오직 누가복음에만 등장하는 것이고, 14장 21절의 경우도 마태복음의 병행구절(마 22:10)에 나오는 '악한 자나 선한 자'(πονερούς τε καὶ ἀγαθούς) 대신 가난한 자의 목록이 등장하는 것을 참작할 때, 우리는 누가가 다른 복음서 기자들보다, 최소한 마태보다는 가난한 자들에 대한 관심이 각별하다는 것을 확인할 수 있다.

3.2.3. 예수 탄생 시 방문한 인물들

예수께서 탄생하셨을 때, 주지하는 대로 마태복음에서는 먼 이방나라에서 동방박사들이 찾아와 예수께 경배를 드린다(마 2:1-12). 이들 동방박사들이 경제적 여건이 대단히 힘들고 어려웠을 고대 세계에서 자유롭게 여행을 할 수 있었다는 것과 또한 그들이 예수님께 드릴 선물로 가져온 황금과 유향과 몰약 역시 결코 값싼 물건이 아니라는 사실을 놓고 볼 때 그들은 그만큼 경제적으로 여유가 있었을 것이라고 생각된다.30) 요컨대, 예수 탄생 시 마태복음에서 등장하는 인물은 이처럼 부유한 동방박사였다는 사실이다.

종합적으로 집중되어 표현된 것으로 보인다(눅 16:19-31). 김경진, 『제자도와 청지기도』 (1996), 285-286.
30) 게르트 타이센은 고린도교회의 사회적 상황을 연구하는 과정에서, 고린도서에 등장하는 인물들 중 경제적으로 여유가 있는 사람들을 소개하면서 그 중 한 부류로 '여행'을 할 수 있었던 사람들을 지적하고 있다; Gerd Theissen, *Social Setting of Pauline Christianity*(Philadelphia: Fortress Press, 1982), 73. cf. Wayne A. Meeks, *The First Urban Christians*(New Haven: Yale University Press, 1983), 55. 국역본; 황화자 옮김, 『바울의 목회와 도시사회』(한국장로교출판사, 1993).

반면에 누가복음에서는 부유한 동방박사들 대신 가난하고 천한 목자들에게 구주 그리스도의 탄생 소식이 천사들을 통하여 전달되었다(눅 2:8-20). 예수 당대에 목자들은 "대부분 파렴치하고 도벽이 심했으며, 그들의 가축을 남의 땅으로 몰고 다녔을 뿐만 아니라 그 가축에서 나온 소산을 착복하기도 했던 까닭에 '도둑질과 같은 직업', 즉 사람들을 부정직하게 만드는 직업이라서 자기 아들들에게 가르치지 않으려고 했던 직업"으로 분류되었다.31) 따라서 이런 나쁜 평판에 비례하여 그들은 종교적으로, 사회적으로, 경제적으로 소외된 삶을 살았다. 이처럼 사회의 밑바닥 계층에 속했던 이 가난하고 천박한 목자들에게 우주의 왕이신 구주 그리스도의 탄생 소식이 제일 처음 전달되었다는 것은 예수께서 가져오실 새로운 하나님의 나라가 기왕의 인간 세상의 질서와는 전혀 다를 것임을 예고하는 것으로 볼 수 있는 것이다. 한 마디로, 하나님의 나라는 세상나라가 그 동안 견지해온 가치관과 질서를 철저하게 뒤바꿔 놓을 것이고, 이런 진리를 우리는 흔히 '운명의 역전'(reversal of fortune)이라고 표현하기도 한다.32)

이상에서 예수 탄생 시 방문했던 인물들을 중심으로 마태복음과 누가복음의 비교를 통하여 우리가 얻게 되는 것은, 마태복음은 여유 있고 넉넉한 분위기인 반면, 누가복음은 가난하고 부족한 듯한 인상을 갖게 되는 것이다.33) 결과적으로 누가복음 초두(初頭)에 기록된 목자의 등장은 구주 예수의 지상사역의 성격과 장차 누가복음의 전개 방향에 대하여

---

31) 요아힘 예레미아스, 『예수시대의 예루살렘』(천안: 한국신학연구소, 1993), 382-385.
32) 이 '운명의 역전' 개념은 특별히 누가복음에서 자주 발견되는 누가신학의 또 다른 특징이다. 영국 에든버러 대학교의 나의 은사인 데이빗 밀랜드 박사는 이 종말론적 역전의 모티프를 중심으로 이를 재물 주제와 연계하여 공관복음을 연구하였다(David Mealand, *Poverty and Expectation in the Gospels*[London: SPCK, 1980], 320. cf. 버히, 『신약성경 윤리』(1996), 201.
33) 김경진, "복음서의 다양성에 근거한 그리스도 탄생의 의미," 『신약연구』 7(2008): 1-18.

일종의 암시를 시사해 주는 것으로 이해될 수 있다. 그리고 이것은 또한 누가복음에서 가난이 영적인 의미가 아니라 문자적이고 실제적인 의미를 갖는다는 것을 보여주는 또 다른 증거가 된다. 이상의 논의를 종합해 볼 때, 결론적으로 우리는 누가가 말하는 가난이란 결코 영적이거나 윤리적인 의미가 아니라 실제적이고 문자적인 의미에서의 가난임을 알게 된다.

3.2.4. 예수의 취임설교(4:14-30)

가난의 의미에 관한 앞서의 논의를 전개하는 과정에서 우리는 누가가 다른 복음서 기자들보다 상대적으로 더욱 가난하고 불우한 사람들에게 깊은 관심과 사랑을 갖고 있음을 보았다. 이제부터는 예수님의 취임설교를 중심으로 하여 이 점을 좀 더 풀어 설명하고자 한다.

사실 누가복음에서는 이 기사(記事)가 '주님의 취임설교'라는 제목으로 소개되고 있지만, 다른 복음서에서는 '예수 고향 방문 기사'로 소개되고 있다(막 6:1-6; 마 13:53-58). 마가와 마태복음에서 이 기사는 예수의 갈릴리 사역 중반쯤 해서 일어난 것으로 기록되어 있으나, 누가복음에서는 이 사건이 예수의 메시아로서의 사역 초두(初頭)에 발생한 것으로 기록되어 있다. 따라서 양자(누가 對 마가·마태) 사이에는 공통점보다는 차이점이 더 많이 나타나고 있다. 공통점으로 제시될 수 있는 부분은 누가복음 4장 22절부터 24절까지 불과 3절뿐이고, 나머지 12절은 다르게 기록되어 있다.

양자 사이의 차이점 가운데 우리의 관심을 끄는 것은 두 가지 내용이다. 첫째는 가난한 자에 대한 예수(누가)의 관심이고(4:18-19), 둘째는 예수의 말씀 가운데 나타나는 다양한 인물들의 등장이다(4:24-27). 그러나 두 번째 항목도 성격상 첫 번째 항목과 전혀 다른 별개의 것은 아니다.

첫째, 가난한 자에 대한 예수(누가)의 관심. 마가복음과 마태복음에서 예수의 첫 번째 설교의 메시지는 "하나님의 나라가 가까이 왔으니 회개하라"는 것이다(막 1:15; 마 4:17). 그러나 다른 복음서들과는 달리 누가복음에는 이런 류의 설교가 나타나지 않고 있다. 그 대신 4장 18절이 예수의 첫 번째 설교로 소개되고 있다. 이 구절이 다른 복음서에는 등장하지 않는다는 것도 특이한 일이지만, 그보다 더 중요한 것은 그 설교의 내용이다.

누가복음의 전개에 있어 프로그램을 제시하는 역할을 하고 있는 이 구절에서 초점은 무엇보다도 예수께서 이 땅에 오신 목적을 가난한 자들에 대한 관심의 표현으로 누가가 소개하고 있다는 점이다.[34] 구약성경, 그 중에서도 특히 창세기나 욥기, 그리고 잠언의 내용의 견지에서 바라볼 때 가난한 자들이 복음의 우선적 대상으로 지목된 것은 대단히 놀라운 일이다. 사실 유대인들은 전통적으로 부(富)는 부지런하고 근면한 자들에 대한 하나님의 축복이고, 반면에 가난은 게으르고 나태한 자들에 대한 일종의 하나님의 저주라고 생각하여왔다(잠 6:6-11; 10:4, 22). 이런 맥락에서 창세기에 등장하는 족장들은 대개가 부자였고,[35] 욥기서의 주인공인 욥 역시 거부(巨富)였음을 우리는 알고 있다. 이러한 당대의 사회 분위기 가운데서 태어나 자랐던 예수님이 그 복음의 대상자로 우선 지목한 사람이 가난한 자들이라는 것은 참으로 기이하고도 놀라운 사실이 아닐 수 없다. 다시 말하지만, 이 구절은 다른 복음서에는

---

34) 사도행전 1장 8절도 누가복음 4장 18, 19절과 같은 기능을 하고 있는 것으로 생각된다. 결국 이런 프로그램 가이드 기능을 하는 구절을 책의 서두에 소개하고, 그에 따라 책의 내용을 전개해 나가는 누가의 문학(저술) 기법은 대단히 놀라운 것으로 알려져 있다.
35) 이삭은 한 해의 소출이 백배나 되었다고 기록되어 있다(창 26:12).

전혀 등장하지 않는 것으로서, 누가의 가난한 자들에 대한 각별한 관심으로 충분히 이해될 수 있는 부분이다.36) 여기서 가난한 자들과 함께 소개되고 있는 이들은, 포로된 자, 눈먼 자, 눌린 자들인데, 앞서 논의한 대로, 이들도 역시 넓은 의미에서 볼 때 가난한 자의 범주 속에 포함될 수 있을 것이다.37)

그 가운데 특별히 '포로된 자'(αἰχμαλώτοις)의 경우, '죄의 포로'라는 의미로 이해하기 쉽다. 물론 누가복음에서 이 단어는 이런 의미로 사용되기도 한다(1:77; 3:3; 24:47). 그러나 우리는 복음서에서 그의 자료의 선택 및 배열 작업을 놓고 볼 때, 누가가 인간의 영적, 육체적 측면에 모두 관심을 갖고 있는 사람으로서, 이 단어를 영적인 의미로만 사용하지는 않았을 것으로 생각한다. 사실 주후 70년 로마에 의한 팔레스타인 정복 이후 수 천 명의 유대인들이 노예로 끌려가 로마 동부지방에 흩어져 살게 되었다. 이런 견해는 누가복음 21장 24절과 일치한다. 그런데 이들 노예 중 일부는 그리스도인이 되었을 것이고, 아마도 기독교 공동체는 그 내부의 노예들을 해방시키고 있었을 것이며, 누가는 예수의 이 말씀을 통하여 그들의 그러한 관습을 승인하고자 하였을 것이다.38) 또한 우리는 고대세계에는 종종 빚으로 인해 포로가 되는 사람들도 적지 않았음을 알고 있다. 사실 여기서 사용된(포로된 자에게) '자유를'에 해당하는 헬라어(ἄφεσις)는 고전헬라어와 칠십인 역(Lxx)에서는 '빚의 탕감'이란 뜻으로 사용되었다.39) 그렇다면 빚으로 인해 포로가 되었다면,

---

36) 그렇다고 누가가 마가복음과 마태복음에 나타난, 하나님의 나라나 회개의 문제를 경솔하게 취급하는 것은 아니다. 복음서 도처에서 누가는 하나님의 나라를 강조하고 있고(22:16, 18; cf. 22:29-30), 회개에 대해서는 부활 후 주신 설교에서 역시 강조하였다(눅 24:47).
37) P. F. Esler, *Community and Gospel in Luke-Acts*(Cambridge: University Press, 1987), 164-200.
38) Ibid., 181-182.
39) R. Bultmann, ἀφίημι, *TDNT* vol. I, 510.

그 역시 대단히 가난한 사람이었을 것임이 분명하다.

가난한 자들에 대한 누가의 관심은 복음서 자체 내에서도 자주 발견되면서 다른 복음서들과 차별화를 이루며 누가복음의 주요한 특징이 되고 있다. 누가의 이런 관심이 표현된 구절들은 다음과 같다: 6:20; 7:22; 14:13, 21; 16:20, 22; 18:22; 19:8; 21:3. 아울러 이와 함께 누가복음에서 강조되어 나타나는 구제의 명령 또한 이 범주에 포함할 수 있을 것이다 (3:11; 6:35, 38; 11:41; 12:33). 또한 누가복음 전체를 통하여 누가는 마가, 마태보다 πτωχοί라는 단어를 더욱 자주 사용하고 있다.[40] 그런데 누가복음에 등장하는 가난한 자들이 보통의 가난한 자들이 아니라 스스로 자립할 수 없는, 따라서 남의 도움이 없으면 굶어 죽을 수밖에 없는 불구자, 소경, 문둥병자들과 같은 절대적 빈곤자들이라는 사실은 누가가 말하는 가난의 정도가 어떠한지를 여실하게 들어내 준다. 한 마디로 이들은 '도시의 쓰레기'(urban drags) 같은 사람들이었다.[41]

이 밖에도 제자들이 날마다(καθ' ἡμέραν) 양식을 위하여 기도하도록 명령받고 있는 주기도문(11:3), 잃어버린 드라크마 비유에서 등장하는 여인이 열흘 치 노동의 대가에 해당하는 열 드라크마가 그녀의 전 재산인 것으로 묘사되어 있는 것(15:8-10), 예수의 모친 마리아가 성전에서 결례 예물을 드릴 때 가난한 자의 예물을 드릴만큼 예수의 부모가 가난했다는 기사(2:24) 등을 놓고 볼 때,[42] 우리는 누가가 이런 이들에게 각별한 관심을 갖고 있었다는 것을 확인할 수 있다.

그러나 우리는 여기서 누가복음에서 특별히 강조되어 나타나고 있는

---

40) 마가와 마태는 그 복음서에서 각각 다섯 번 이 단어를 사용하고 있으나, 누가는 그것의 두 배인 열 번 사용하고 있다. 사실 '가난하다'는 뜻의 말은 πτωχός 외에도 πενής, ἐνδεής 등이 있으나, 복음서에서 주로 등장하는 단어는 아무 것도 가진 것이 없는 거지란 의미의 πτωχός이다.
41) Esler, *Community and Gospel in Luke-Acts* (1987), 181.
42) Ibid., 186-187.

이 가난한 자들에 대한 관심이, 예수 자신의 관심이면서 동시에 누가가 그 공동체를 염두에 두고 특별히 부각시켰을 것이란 점을 기억해야한다. 다시 말하면, 누가복음에 나타난 가난한 자들에 대한 관심은 누가 공동체 내에 이런 묘사에 해당하는 가난한 자들이 있었다는 사실을 알려줌과 함께 누가 공동체의 사회적 상황에 대한 반영이란 점을 잊지 말아야 한다.43)

둘째, 취임설교에 등장하는 인물들. 여기서 말하는 등장인물은 모두 네 명이다: 엘리야, 엘리사, 사렙다 과부, 그리고 나아만. 예수께서 자신을 배척하는 고향 사람들에게 자신의 사역의 성격을 설명하는 가운데 등장한 이 네 명의 인물은 누가복음의 배경이 되는 누가 공동체의 상황을 반영하는 것으로 이해된다.

① 엘리야와 엘리사는 유대인이고, 사렙다 과부와 나아만이 이방인이라는 점은 아마도 누가 공동체가 이방인과 유대인의 혼합공동체였을 것을 암시해 주고 있다.44) 그러나 누가복음의 유력한 특징 가운데 하나인 보편주의를 근거로 하여 누가 공동체가 이방인만의 공동체라는 주장도 만만치 않아서,45) 혼합 공동체라 할지라도 이방인이 다수이고 유대인은 소수인 그러한 형태를 띠었을 것으로 생각된다.

② 세 명의 남자들 가운데 한 명의 여자인 사렙다 과부가 남자들과 함께 소개된 것은 여자를 남자의 재산의 일부인 부속물로 간주하지 않고 남자와 동등하게 간주한 것으로서, 여자들의 신장된 인권의 일면을

---

43) 누가 공동체의 사회적 상황에 대한 좀 더 상세한 설명은, 김경진, 『제자도와 청지기도』 (1996), 59-71을 참조할 것.
44) Esler, *Community and Gospel in Luke-Acts* (1987), 31; R. Maddox, *The Purpose of Luke-Acts* (Edinburgh: T & T Clark, 1985), 31; 버히, 『신약성경 윤리』 (2003), 209-215. 또한 이 구절이 예수의 사역을 예시한다는 점에서 볼 때 장차 예수 자신과 교회의 이방인 선교사역을 예시한 것으로 이해될 수 있을 것이다. Evans, *Saint Luke* (1990), 275.
45) J. A. Fitzmyer, *The Gospel according to Luke*, vol. 2(Anchor Bible; New York: Doubleday, 1981), 59.

보여주는 것으로 이해될 수 있다.46) 여자들에 대한 이런 새로운 모습은 아마도 누가 공동체에서도 이미 진행 중이거나, 혹은 그렇게 되기를 바라는 누가의 기대의 반영이라고 볼 수 있다. 어쨌든 누가복음 전개의 프로그램을 제시하고 있는 예수의 취임설교에 여자가 등장한 것은 앞으로 전개될 예수의 사역에서 여자들이 차지하게 될 비중을 예시하는 것으로 볼 수 있다.

③ 사렙다 과부와 나아만은 이방인들이라는 점에서는 공통점이 있으나, 기근으로 인하여 굶어죽게 된 사렙다 과부는 가난하였고 아람국의 군대장관이었던 나아만은 부자였다는 점에서 차이점이 발견된다(왕상 17:12). 이러한 차이점은 아마도 누가 공동체 내에 과부와 같이 가난한 자들과 나아만과 같이 부유한 자들이 함께 공존하였을 것으로 추정하게 만든다. 그리고 이 가난한 과부의 등장은 4장 18절의 취임설교의 첫 마디에서 가난한 자를 복음의 첫 번째 대상으로 지목한 예수의 메시지에 부합한 것으로, 예수의 사역의 방향을 예시하는 것으로 볼 수 있다.

그렇다면 결과적으로 예수께서 자신의 사역의 방향을 제시하시고 있는 그 취임설교에서 유대인과 이방인, 남자와 여자, 부자와 가난한 자 등 사회 모든 계층의 사람들을 골고루 등장시켜 거론함으로써 당신의 사역이 어느 특정한 한 부류의 사람들, 특히 유대인들이나 남자들이나 부자들에게만 제한되지 않고, 공동체의 모든 사람들에게 해당됨을 가르쳐 주신 것이다.47) 그리고 예수께서는 취임설교에서 밝힌 이러한 원리와 원칙에 따라 행동하시며 그의 지상사역 동안 이 땅의 포로된 자, 눌린 자, 눈먼 자, 즉 잃어버린 자들을 찾아 구원하셨던 것이다(cf. 19:10).48)

---

46) 또한 이것은 누가복음의 또 다른 별칭인 「여자들을 위한 복음」(the Gospel for Women)의 특징의 한 근거로 이해된다.
47) 이런 특징을 우리는 '보편주의'라 부르는데, 이것 역시 누가신학의 주요한 특징 중 하나인 것이다.

3.2.5. 평지설교(6:20-26)

마태복음의 산상설교(the Sermon on the Mount, 5:1-7:27)에 상응하는 누가복음의 평지설교(the Sermon on the Plain, 6:20-49)는 산상설교와 비교할 때, 공통점보다는 차이점이 더 많이 발견된다. 일단 사용된 분량을 놓고 볼 때 마태복음은 5, 6, 7 세 장에 걸쳐 도합 109절이지만, 누가복음은 6장 20절에서 49절까지 도합 29절밖에 되지 않는다. 이렇게 볼 때 마태는 다른 날 다른 장소에서 행하여진 여러 편의 예수의 설교를 주제별로 한데 묶어서 여기에 소개하고 있는 것으로 생각된다.[49] 학자들은 일반적으로 누가의 평지설교가 예수의 본래의 설교 형태에 가깝고, 마태는 이 본래의 기본 설교에 자신의 신학적 목적에 따라 몇 가지 다른 내용들을 추가했을 것으로 본다. 그런데 마태가 변화를 준 내용 가운데 매우 중요한 것이 소위 「팔복」(八福; the Beatitudes)이다. 이것이 중요한 이유는 마태가 준 변화를 통해서 우리는 우리의 주제를 보다 명확하게 파악할 수 있기 때문이다. 그러면 마태가 변화시킨 부분이란 무엇인가?

마태복음에는 예수께서 여덟 가지의 복을 언급하고 있지만(마 5:3-12), 누가복음에는 네 가지의 복만을 언급하면서(6:20-22), 또한 이 네 가지 복에 대응하는 네 가지의 화(禍)를 함께 언급하고 있다(6:24-26). 그러면 여기서 누가복음의 특징을 살펴보기 전에 먼저 마태가 왜 네 가지의 화를 생략하고 대신에 네 가지의 복을 추가하였는지 그 이유를 살펴보도록 하겠다.

일반적으로 마태공동체는 부유하고 넉넉한 분위기였을 것이란 것을

---

48) David L. Tiede, *Luke* (Augsburg Commentary on the NT; Minneapolis: Augsburg, 1988), 106.
49) G. N. Stanton, *The Gospels and Jesus* (Oxford: University Press, 1989), 7-13.

앞서의 탄생기사에서 잠시 언급한 바가 있다. 이런 맥락에서 사실상 마태복음에는 부자들에 대한 비난과 공격이 별로 나타나지 않고 오히려 부자들의 편에서 그들을 옹호하는 듯한 인상을 주는 표현이나 기사들이 종종 발견된다.50) 이런 맥락에서 마태는 부자들에 대한 저주인 누가복음의 네 가지 화를 제거하고 대신에 구약성경 이곳저곳에 나오는 네 가지 복을 더하고 있다 : 애통하는 자(5:4), 온유한 자(5:5), 마음이 청결한 자(5:8), 화평케 하는 자(5:9). 마태가 추가한 이 네 가지 복의 내용을 고려할 때 마태는 "미묘한 변화와 추가에 의해, 예수님의 천국의 선포에 답하여 어떤 품성적 특징을 개발하라는 권고를 강조하기 위하여, 그 전승을 '윤리화'하고 있는 것"이다.51)

이에 반하여 누가는 사복(四福)과 사화(四禍)를 그대로 소개하되, 특히 사복을 마태복음처럼 영적으로 설명하지 않는다.

① 마태는 '심령이 가난한 자', '의에 주리고 목마른 자'라고 말하는데 반해, 누가는 그냥 '가난한 자', '이제 주린 자'라고만 말한다. 사실 심령이 가난한 자는 실제로는 얼마든지 부자일 수 있고, 의에 주리고 목마른 자는 실제로는 전혀 목마르거나 배고프지 않을 수 있다.

② 누가는 '이제'(νῦν)를 추가하여 현재 이 말씀을 듣는 자들이 그런 고통을 당하고 있는 것으로 묘사함으로써, 목마르고 배고픈 절박한 형편을 사실적으로 표현하고 있다.

③ 마태가 '애통하는 자'(οἱ πενθοῦντες)라고 표현한 것에 대응하여 사용된 누가의 '우는 자'(οἱ κλαίοντες)란 표현은 보다 사실적이고 절실한 의미를 전달하고 있다. 이 말 클라이오(κλαίω)는 문자 그대로 소리내어 운다는 뜻을 내포하고 있다. 이런 내용들을 검토해 볼 때, 우리는 앞서

---

50) T. E. Schmidt, *Hostility to the Wealth in the Synoptic Gospels* (JSNT Sup. 69; Sheffield: Sheffield Academic Press, 1987), 121-134.
51) 버히, 『신약성경 윤리』 (2003), 186.

잠시 살펴본 바와 같이, 누가 말하는 가난과 궁핍은 영적이거나 윤리적인 개념이 아니라, 오히려 문자적이고 실제적인 개념임을 다시금 깨닫게 된다.

④ 여기서 우리의 관심을 끄는 것은 마태복음에서는 복의 선언이 '저희들'(αὐτῶν; their '그들')로 되어있으나, 누가복음에서는 '너희들'(ὑμετέρα; yours)로 되어있다는 점이다. 이것은 누가복음에서 축복이 보다 직접적이고 구체적으로 선언되고 있음을 보여주는 것이다. 다시 말하면, 그만큼 더 현실감 있게 표현되었다.

이에 반하여, 부자들에 대해서는 매우 위협적인 저주가 전혀 여과 없이 직설적으로 선언되고 있다. 이러한 부자들에 대한 화(禍)의 선언은 사실 여기 한 곳에만 국한된 것이 아니라 누가복음 도처에서 발견된다(예 : 1:51-53; 16:25).

사복과 사화에 이어 소개되는 말씀 가운데 특히 우리의 관심을 끄는 것은 32절부터 38절까지의 말씀이다. 이 말씀들은 구제 주제를 다룰 때 자세하게 언급하기로 하고, 여기서는 가난한 자들에 대한 축복을 선언한 이후 이어지는 말씀 가운데서 가진 것이 없어서 구하는 자들에게 그냥 주되 다시 받을 것을 기대하지 말라고 권고한 것을 통하여, 가진 것이 없는 자들, 즉 가난한 자들에 대한 관심의 또 다른 증거로서 이해하면 좋으리라 생각한다. 누가복음의 이런 특징은 가난한 자들에 대한 관심이 거의 없는 것으로 나타나고 있는 마태복음의 병행구절(6:38-48)과 비교할 때 더욱 분명하게 드러나고 있다.

3.2.6. 잔치석상에서의 교훈(14:7-14, 21)

누가복음 14장의 대부분은 예수께서 초대받은 잔치석상에서 이루어진 말씀들로 구성되어 있다. 그 가운데 1절부터 14절까지는 누가복음에만 기록되어 있고, 소위 '큰 잔치 비유'로 알려진 15절부터 24절까지는 마태복음에 병행되는 비유가 나오기는 하지만, 그 내용이 사뭇 다르다. 어떤 이들은 본래의 전승에서 내용이 다른 기사를 누가가 의도적으로 잔치석상에서 되어진 일들로 연결시켜 놓았다고 주장하기도 하나, 반드시 그렇게 보아야 할 필요는 없다. 누가가 기록하고 있는 대로 보아도 전혀 무리가 없어 보이기 때문이다. 마지막으로 25절부터 35절까지는 누가복음에서 가장 진지하게 제자도 주제를 다루는 부분으로, 그 내용 역시 마가복음과 마태복음과는 다른 부분이 상당히 많다.

이 단원에서 우리의 주목을 끄는 것은 누가의 특별자료인 두 번째 단락 중 가난한 자들에 대한 언급이다. 13절(ἀλλ' ὅταν δοχὴν ποιῇς, κάλει πτωχούς, ἀναπείρους, χωλούς, τυφλούς)의 명단은 21절에서 '소경들'과 '저는 자들'의 등장 위치만 바뀌었을 뿐 그대로 다시 등장한다. 특별히 21절의 이 명단은 마태복음의 병행구절(22:10)에 등장하는 '악한 자'와 '선한 자' 대신 등장함으로써 그 의미가 더욱 특별하다 : καὶ ἐξελθόντες οἱ δοῦλοι ἐκεῖνοι εἰς τὰς ὁδοὺς συνήγαγον πάντας οὓς εὗρον, πονηρούς τε καὶ ἀγαθούς· καὶ ἐπλήσθη ὁ γάμος ἀνακειμένων.

이러한 비교를 통하여 발견되는 것은, 앞서 산상설교와 평지설교의 비교에서도 드러난 바와 같이 경제적 문제보다 윤리적 문제에 보다 많은 관심을 가지고 있는 것으로 보이는 마태는 여기서도 선과 악의 도덕적 문제에 관심이 있는 반면에 누가는 가난한 자들과 불우한 자들과 같은 경제적 문제에 더 많은 관심을 나타내 보이고 있음을 알게 된다. 결론적으로 이제 우리는 이런 상이(相異)함이 두 복음서 사이의 분명한 성격 차이라고 이해해도 좋을 것이다.

아울러 누가의 가난한 자들에 대한 관심은, 이상에서 본 바와 같이,

누가복음 전편을 통하여 지속적으로 언급되고 등장하고 있음을 발견하게 된다. 다시 말하면, 누가는 특별히 '가난'에 대하여 각별한 관심을 가졌을 뿐만이 아니라, 또한 그가 말하는 가난이 영적이거나 상징적인 의미가 아니라 문자적이고 실제적인 의미를 지니고 있음을 알게 된다. 누가복음에 나타나는 이러한 문자적 의미의 가난은 누가-행전에서 가난한 자들에 대한 관심과 결부된 구제 명령으로 이어져 나타나고 있다. 결과적으로, 가난과 구제 명령으로 연결되어 나타나는 누가의 재물신학은 사회적 복음(social gospel)의 특성을 지닌 누가신학의 핵심을 여실하게 드러내주고 있는 것이다.

3.2.7. 구제의 대상은 내부인(信者)인가, 아니면 외부인(不信者)인가?

이상에서 경제적으로 가난한 자들에 대한 누가의 각별한 관심을 살펴본 후, 이제 우리가 물어야 할 질문은 그 관심의 대상이 공동체 내부인(insider, 信者)인가, 아니면 외부인(outsider, 不信者)도 포함하는가 하는 것이다. 이 질문에 대한 답변은 다음과 같다.

① <평지설교>의 경우, 돈을 받거나 빌리는 사람에 있어서 전혀 제한이 없음을 알 수가 있다(눅 6:29, 30, 35, 38).

② <선한 사마리아인의 비유>의 경우, 공동체 외부의 가난한 자들도 포함됨을 확신할 수 있다. 왜냐하면 강도 만난 자를 자기 재물로 도와주었던 선한 사마리아인의 입장에서 볼 때 수혜자는 사실상 외부인이기 때문이다.

③ <큰 잔치의 비유> 역시 공동체 내의 가난한 자들만 편애하지 않으며, 차라리 공동체 외부의 가난한 자들에 대해 특별한 관심을 보이고 있다(눅 14:23, "… 길과 산울 가로 나가서 ….")

④ 다비다 사건의 경우는 우리의 주목을 끈다. 그 이유는 사도행전 9장 41절 때문이다. "성도들과 과부들을 불러들여 그의 산 것을 보이니." 여기서 누가가 성도들과 과부들을 구분지은 것을 주목해야 할 것이다. 즉 누가가 명백히 성도와 과부들을 별개의 두 집단으로 나누어 호칭하고 있음을 간과해서는 안 될 것이다. 이러한 측면은 과부들은 불신자이었을지 모르며, 따라서 다비다는 공동체 내부의 신자들 뿐 아니라 외부의 불신자들도 도와주었다고 가정하도록 이끄는 것이다.52) 바로 이러한 점에 착안하여 쇼트로프와 쉬테게만은 "누가는 사실상 구제의 수혜자로서 가난한 비(非) 그리스도인들을 의중에 두고 있었다."라고 주장한다.53)

⑤ 누가신학의 중요한 특징 중 하나인 보편주의 역시 이러한 논의에 포함되어야 할 것이다.54) 이는 앞서 "취임설교에 등장하는 인물들"이라는 주제에서 이미 다룬 바 있다. 누가가 추구하는 것이 보편주의라면, 그리스도인의 자선 행위의 대상 역시 경계가 없는 것이 당연한 논리적 귀결이라 생각된다.

이상에서 우리는 바울과 누가, 두 신학자의 신학적 사상의 차이를 살펴보았다. 물론 누가신학의 경우, 바울신학에서 발견되는 신학적, 변증적, 목회적 성격이 전혀 없는 것은 아니지만, 그 사회적 성격은 분명 바울신학과는 차별화되는 특징으로 인정될 수 있을 것이다. 바로 이런 맥락에서 나는 바울과 누가를 대조시키면서, 결론적으로 '왜 누가가 후(後) 바울시대에 누가-행전을 저술하였는지' 살펴보고자 한다.

---

52) Marshall, *Acts* (1986), 180. "the phrase can mean 'the Christians, including the widows', but it is not necessary to assume that Tabitha helped only Christian widows." Cf. F. F. Bruce, *The Book of Acts* (NICNT; London: Marshall, Morgan & Scott, 1972), 212.
53) L. Schottroff & W. Stegemann, *Jesus and the Hope of the Poor* (New York: Orbis Books, 1986), 110.
54) 김경진, 『잃어버린 자를 찾아오신 주님』 (2008), 24-25.

4. 왜 누가는 후(後) 바울시대에 복음서를 저술하였는가?

사도 바울의 선교여행에 동참하였을 뿐 아니라 선교사역에 동역하였을 경험을 통하여, 누가는 그 누구보다도 바울을 잘 알고 있었을 것이다. 이 말은 사도가 쓴 서신을 포함하여 그 안에 담겨진 신학과 사상을 누가가 제대로 파악하고 있었을 것이란 뜻이다. 그런데 왜 누가는 또 다른 복음서와 사도행전을 집필할 의도를 가졌을까? 사실 사도행전의 경우, 초대교회의 유일한 역사서인 까닭에 그 집필 의도는 이 경우 제외시켜도 좋을 것이다. 그러나 복음서의 경우, 이미 그 전에 기록된 마가복음을 비롯하여, 우리는 모르나 누가만이 알았을 또 다른 복음서들이 있었을 터인데,[55] 왜 그는 누가복음을 저술해야만 했을까? 사실 누가복음의 기록목적에 대한 다양한 견해가 이미 존재함으로, 여기서 그것을 새삼 재론하고 싶지는 않다.[56] 다만 앞서 제기되었던 바울신학과의 차이점에 초점을 맞추어, 이 문제를 풀어보고자 한다. 그에 대한 답변은 바울신학의 보완일 수도 있고, 경우에 따라서는 바울신학의 수정일 수도 있을 것이다.

이 두 갈래의 선택에서 나는 후자를 택하고자 한다. 즉, 누가가 단순히 바울신학의 내용을 보완(補完)할 의도로 두 권의 책을 쓴 것이 아니라, 바울신학이 신학적 균형을 상실한 까닭에 이를 수정(修正) 혹은 교정(矯正)하기 위한 의도를 가졌을 것으로 나는 이해한다. 바로 이 점에 있어서, 누가는 바울이 예수의 가르침을 제대로 이해하지 못한 것으로 이해했던 것처럼 보인다.

---

55) 눅 1:1-4.
56) 참고, 김경진, 『잃어버린 자를 찾아오신 주님』 (2008), 351-3; Maddox, *The Purpose of Luke-Acts* (1985), 19-23; J. Jervell, *The Theology of the Acts of the Apostles* (Cambridge: University Press, 1996), 11.

'어느 계명이 큰가?' 혹은 '어느 계명이 첫째인가?'에 관한 문제에 있어서, 율법 교사와의 대화를 통하여 예수께서는 구약의 가르침을 두 가지 명령으로 요약하시었다. 즉 하나님 사랑과 이웃 사랑이다(막 12:28-34; 마 22:34-40; 눅 10:25-28). 그런데 마가와 마태는 이웃 사랑의 범위와 성격을 별도로 특별하게 제시하고 있지 않다.[57] 반면에 사회적 관심이 많은 누가는 이웃 사랑의 범위와 성격을 확실하게 사도 바울을 포함하여 다른 성경기자들과는 다르게 제시하고 있다. 그것은 한 마디로, 교회라는 신앙공동체의 경계(boundary)에 국한되지 않고, 오히려 그것을 넘어서서, 교회 공동체 안팎의 가난한 자들을 돌아보는 포괄적인 성격을 띠고 있는 것이다. 이런 견지에서 가난한 자와 약자에 대한 배려로서의 누가신학의 사회주의적 성격은 누가복음의 보편주의와 맞물리면서, 진정한 기독교 사회주의(christian socialism)를 제시하고 있다고 하겠다. 그런데 바울신학은 대체로 교리-변증적 성격을 강하게 드러내면서 사회주의적 성격이 약한 편이며, 설령 그런 측면이 있다 하더라도 공동체 내부, 즉 그리스도인들 사이의 목회적 돌봄 및 관심으로 축소된 듯이 보인다. 누가가 보기에, 이것은 그리스도의 가르침을 바르게 이해한 것이 아니었을 것이다. 그리하여 누가는, 이러한 바울신학의 약점을 간파한 후 자신의 두 권의 저서에서, 기독교 사회주의를 나타내는 복음의 사회성, 즉 가난한 자에 대한 관심을 극명하게 시사함으로써 사람들

---

[57] 마태복음에만 기록되어 있는 <양과 염소의 비유>(마 25:31-46)의 경우, "내가 주릴 때에, 목마를 때에, 헐벗었을 때에, 병들었을 때에, 옥에 갇혔을 때에" 란 표현을 고려할 때, 다분히 사회적 성격이 포함되어 있는 듯하다. 그러나 결론에 해당하는 마 25:45은 또 다른 가능성을 시사한다. "… 이 지극히 작은 자 하나에게 하지 아니한 것이 곧 내게 하지 아니한 것이니라. …" 즉 동정을 베풀어야 할 대상인 "이 지극히 작은 자가 10장의 파송설교와 18장의 교회설교에도 등장하는 것을 고려할 때, 오히려 신앙공동체 내부의 약자(弱者)로 간주함이 옳을 듯하다. 왜냐하면 <잃은 양 비유>가 마태복음과 누가복음 모두에 등장하지만, 그 삽입된 문맥에 따라, 누가복음에서는 교회 밖의 잠재적 신자들을 포괄적으로 가리키는 데에 반해, 마태복음에서는 교회 안의 신자로서 간주될 수 있기 때문이다.

사이의 수평적 관계의 중요함을 제시하고자 하였던 것이고, 이로써 다분히 하나님과의 수직적 관계에 치우친 바울신학의 문제점을 교정하고자 하였을 것으로 보인다.

5. 나가는 말

이제 모두(冒頭)에서 제시한 질문, '바울과 누가, 동지인가? 적인가?'에 대하여 나는 다음과 같이 답변함으로써 이 글을 갈무리하고자 한다.

첫째로, 사도 바울에게 막대한 빚을 진 누가가 정작 그에게 사도라는 칭호를 사용하는 것을 회피한 것을 참작할 때, 바울에게 있어 누가는 동지라기보다는 적이 아니었을까?

둘째로, 누가신학의 사회주의가 바울신학의 신학 및 교리주의를 교정하기 위함이었다면, 누가는 바울의 동지라기보다는 긍정적 의미에서 적으로 볼 수도 있지 않을까?

끝으로 위의 질문에 긍정적으로 답하게 된다면, 그 결과에 따라서 우리는 한 가지 새롭게 정의해야 할 사실을 직면하게 된다. 여태껏 우리는 바울과 누가의 관계를 이해함에 있어서, 마치 누가를 바울의 들러리 정도로 간주하면서 상대적으로 경시한 점이 없지 않아 있었는데, 위의 발견을 참작한다면 이는 수정되어야 할 편견(偏見)이라고 판단된다. 오히려 기독교가 바울교라고 불릴 정도로 큰 영향을 미친 바울을 사도라고 인정하기를 회피한 것이나, 교리 및 변증에 치우친 바울신학의 문제점을 수정하려 했다는 점을 고려할 때, 누가는 결코 바울의 들러리가 아니라, 그와 대등한, 혹은 그에 버금가는 위대한 신학자임이 분명한 것이다.

주제어 : 바울신학, 누가신학, 기독교 사회주의, 사도권, 부자와 가난한 자.

Keywords: Pauline Theology, Lukan Theology, Christian Socialism, Apostleship, the Rich and the Poor.

Abstract

Paul and Luke: Friend or Foe?

Kim, Kyoung-Jin (Professor, BaekSeok University)

It has been generally acknowledged that Luke was indebted by Paul in many ways. A paramount fact among the many ways is that Luke's writings, i.e., Luke-Acts are included into the canon of the new testament. It is so remarkable, because it is said by and large that Luke was a Greek, so is known as a single Gentile among the new testament writers. How was it made possible?

We-passage in Acts(Ac 16:10-17, 20:5-15, 21:1-18, 27:1-44; 28:1-16) accounts for the question. We-passage of those passages in Acts indicates clearly that the author of the Acts of the Apostles which I believe is Luke took part in the Gentile missions that Paul the Apostle has carried out as his own lifetime goal. This sort of close relationship which Paul and Luke might have shared together backs up Luke's authorship of Luke-Acts, because canonicity needs apostolic support such as Paul. So Luke is turned out to owe greatly to Paul. Then we may say that Luke has to be friendly to Paul. But does Luke?

Up to now many a scholar tell that Luke acts as a foil for Paul in the new testament, and in this sense Luke's theology is regarded to be inferior to Pauline theology. Is it right for saying that?

In this paper, I wish to insist that Luke is not a foil for Paul, and his theology is not inferior to Paul's at all. Rather Luke is turned out to be on a level with Paul, and moreover he tries to correct a defect that Pauline theology might have had due to his circumstances of planting a church in hostile surroundings, which is christian socialism. It is so amazing to notice that there is scarcity in the Pauline Epistles of Paul's exhortations for the poor and needy. So it is my argument that in post-Paul era, Luke wishes to correct a fault of Pauline theology which neglects benevolence towards the economically poor. After having said this, we may raise a question, "is Luke a friend or foe for Paul?"

고린도 교회의 경제적 갈등과 처방[1)]
사회갈등의 원인과 그 해결을 위한 신약 윤리적 대안

초록

    고린도전서 11장 17-34절에서 바울이 고린도 교회에서 발생한 파당 혹은 분쟁을 책망할 때 그가 의도한 바는 무엇이었을까? 이제까지 대부분의 해석은 본문에서 사도 바울의 관심은 고린도교회의 그리스도인들의 성만찬에 대한 오해를 바로 잡기 위한 것이라는 주장에 모아졌다. 그러나 이러한 접근은 본문의 서두(17-22절)와 결말(33-34절) 부분을 의도적으로 도외시한 것으로써, 본문이 위치한 문맥을 철저히 왜곡한 것이다. 이 문제를 광범위하고도 철저하게 연구한 게르트 타이센은 우리에게 문제의 해결을 위한 통찰력을 제공해 주지만, 그럼에도 불구하고 본문이 말하는 죄에 대한 정의를 회피하는 것이 아쉽다. 고린도교회의 부자들이 공동체 내의 가난한 자들을 무시한 채 먼저 와서 자기의 만찬 즉 개인 식사를 하여 교회의 동질성을 깨뜨림으로써 이어지는 성만찬의 진정한 의미를 훼손시킨 것을 바울은 책망하였다. 이처럼 고린도교회에서 발생한 주의 만찬에서의 갈등은 단순히 물질적인 것도 아니고 순전히 신학적

---

1) 이 논문은 「신약논단」 18(2011) : 599-629에 게재되었다.

인 것도 아니었다. 왜냐하면 그렇게 될 때 그리스도의 몸의 동질성을 기반으로 하여 모든 신자가 함께 참여하는 성만찬이 함의하는 평등의 의미가 훼손되면서, 오히려 빈부 사이에 사회적, 신분적 차이가 더욱 드러나게 되기 때문이다. 이런 맥락에서 사도가 고린도교회의 부자들을 책망하며 사랑과 배려를 기반으로 하여 공동체성의 회복을 강조하는 것은 당연한 일이다. 그러나 바울이 그러한 목적을 달성하기 위하여, 부자 신자들의 부도덕한 행실을 죄로 규정한 배경에 대해서는 논의가 부족하였다. 주의 만찬에 참여하기 전에, 자기를 살피는 자기 성찰 및 반성을 거치지 않으면 죄를 범할 수 있다고 말하고 있는데, 과연 그 자기 성찰의 내용은 무엇인가? 그것은 이 단락의 서두와 말미에 시사되어 있듯이, 식탁교제와 관련된 것으로써 가난한 이웃을 돌보지 않는 부자들의 이기적이고 탐욕적인 비행을 가리킨다. 즉, 성만찬 석상에서 목격되었던 빈부 간의 갈등을 보고, 바울은 가난한 이웃을 돌보지 않는 행동은 곧 죄임을 지적하면서, 이웃 사랑을 통한 공동체성 회복을 주장하였다. 그런데 오늘날 대부분의 논의는 안타깝게도 전체 문맥을 고려하지 않은 채 일부(고전 11:23-29)만을 사용하여 신자 개인의 죄의 회개를 촉구함으로써, 사회적 약자와 가난한 자를 무시하고 박해하는 정의롭지 못한 죄의 사회성은 잊혀진 채 부도덕한 죄의 개인성만이 부각됨으로써 본래의 의미를 상실한 것으로 나타나고 있어. 이에 대한 시정의 필요성을 본 논문은 주장하고 있는 것이다.

주제어: 성만찬, 빈부, 바울, 갈등, 고린도교회

오늘날 동서고금을 막론하고 우리가 사는 사회는 그 사회가 속한 환경과 상황에 따라 각기 다른 이유로 그 구성원들이 나뉘어져 있거나, 분리되어 있는 경우가 허다하다. 미국의 흑백 갈등이나 영국의 지역 갈등(북부의 스코틀랜드와 남부의 잉글랜드), 그리고 독일의 인종 갈등(게르만 민족과 터키 이주민 및 외국인) 등은 잘 알려진 사회 분리의 예들이다. 알다시피 한국사회는 남북 간의 대립은 차치하고라도, 지리적으로 동(전라도)과 서(경상도)의 지역적 갈등이 있어왔고, 경제적으로는 빈부의 차이에서 비롯된 상하(上下) 혹은 귀천(貴賤)의 갈등이 있어왔다. 사실 이러한 사회 구성원들 사이의 갈등 및 대립은 인류 역사와 함께 지속되어온 문제이어서 어제 오늘의 문제는 아니지만, 그럼에도 불구하고 오늘날 여전히 우리 사회에서 목도 및 경험되고 있다는 것은 이 문제에 대한 처방이 여전히 우리의 관심사여야 한다는 반증일 것이다.

사실 초기 기독교는 가장 심각한 문제로서 선민(選民)으로 자처하던 유대인과 그로부터 멸시를 당했던 이방인 간의 인종적 갈등을 비롯하여, 고대 사회의 구조적 결함이었던 절대적인 빈부 격차에서 비롯된 부자와 가난한 자 사이의 경제적 갈등, 고대 사회의 경제적 토대인 노예제도의 산물로서의 주인과 노예 사이의 신분적 갈등, 우월한 지위를 누렸던 남자와 그로부터 멸시를 받았던 여자 사이의 성적 갈등 등 여러 종류의 다양한 환경 및 상황에서 비롯된 갈등과 대립이 존재하였다. 이처럼 복잡하고 난해한 갈등과 대립의 문제를 과연 이제 막 탄생한 초기 기독교는 어떻게 풀어나갔을까? 이러한 사회 분리 및 갈등을 해결하여 분리되고 나누어진 사회를 하나로 통합하기 위하여 오늘 우리가 의지할 수 있는 해답을 나는 신약성경, 즉 예수 그리스도의 복음과 그 복음에 대한 사도들의 해석에서 찾을 수 있다고 생각한다.

이러한 전제를 토대로 하여 위에서 언급한 세 종류의 문제 중 여기서는 빈부의 경제적 갈등과 관련하여 고린도전서를 연구함으로써, 이러한 갈등의 원인과 그에 대한 초기 기독교의 해답이 무엇이었는지를 찾아보고, 그 결과를 분석하여 오늘날 우리 사회에서 발생하는 이와 유사한 빈부 간의 갈등에 대한 대안적 해답을 도모하고자 한다.

I. 논의의 초점: 성만찬 문제인가? 빈부 갈등인가?

이제 논의를 시작하면서 이전 연구로부터의 차별화를 위하여, 나는 그 초점을 명확히 하고자 한다. 많은 이들이 고린도교회 문제를 설명하는 가운데 고린도전서 11장 17-34절에서 발견되는 주의 만찬 석상에서의 분쟁(σχίματα)을 언급하며, 이를 고린도 교회의 문제 중 하나로 지적한다(참고 고전 1:10, 11; 11:18, 19, αἱρέσεις). 그리고 분쟁의 원인을 성찬에 대한 올바르지 못한 이해에서 비롯된 것으로 간주하며, 그래서 사도 바울이 23절 이하에서 주께서 제정하신 성만찬의 본래의 의미를 기술한 것으로 풀이한다.[2] 물론 이 단락에서 사도 바울이 성만찬의 의미에 큰 비중을 두고 기술한 것은 사실이나, 그가 그것을 강조한 배경 또는 사회적 상황(Sitz im Leben)에 대한 이해가 병행될 때 비로소 사도의 주장은 의미 있게 전달될 수 있을 것이다.

그런데 안타깝게도 오늘날 대부분의 한국교회에서 이 본문은 전체 문맥이 제대로 고려되지 않은 채 성만찬 예식용으로 활용되면서 적지 않은 곡해를 낳고 있다. 많은 경우 설교자들은 성찬식을 거행하며 고린도

---

[2] 성만찬 전승은 크게 두 가지로 나눠진다. 마가와 마태 전승, 그리고 바울과 누가 전승. 두 전승의 차이점에 대한 비교 분석을 위하여는, Gordon D. Fee, *The First Epistle to the Corinthians* (NICNT: Grand Rapids, 1987), 546-7을 참고하시오. 한편, 요한복음에는 성만찬의 배경으로 보이는 장면이 등장하기는 하지만, 성찬식 자체는 기록되어 있지 않다(요 13:21-30).

전서 11장 23-32절만을 잘라서 사용하고 있는데, 이럴 경우 그 전후 배경(11장 17-22절, 33-34절)이 간과되면서 그 말씀이 위치한 문맥이 전혀 무시됨으로써 본래 저자인 사도 바울의 의도가 전혀 반영되지 못하게 되고 마는 것이다. 초기 기독교의 대부분의 공동체에서는 공동식사(애찬)와 성만찬이 거의 같이 시행되었던 까닭에 이런 맥락에서 본문이 제시되었건만, 이 가운데 일부를 잘라서 따로 성만찬만을 위해 사용하는 것은 올바른 해석이 될 수 없음이 분명하다.

문제의 단락에서 사도가 말하고자 하는 진의를 바르게 깨닫기 위해서는 무엇보다 먼저 전체 문맥을 제대로 고려해야 할 것이며, 그렇게 할 때 서두(17-22절)와 말미(3-34절)에서 말하고 있는 공동 혹은 개인식사와, 가운데 언급되고 있는 성만찬과 그와 관련된 경고를 올바르게 이해할 수 있게 될 것이다.[3] 그리고 이런 맥락에서 우리는 27-29절에서 사도가 언급하고 있는 죄의 성격이 무엇인지를 밝힘으로써, 이 단락에서 사도가 진정 말하고자 하였던 메시지를 얻을 수 있게 될 것이다. 그것은 과연 무엇일까? 성만찬 자체인가? 아니면 빈부 간의 갈등으로 인한 공동체성의 파괴인가? 만일 후자라면, 과연 고린도 교회에서 신분적 차별에 따른 빈부 갈등이 어떻게 공동체의 동질성을 파괴하고 있는 것일까? 이러한 질문들에 답하기 위하여 먼저 고린도 교회 구성원들의 사회적 신분 혹은 사회계층 구조 혹은 에 대한 이해가 선행되어야 될 줄로 보인다.

---

[3] 권연경 역시 이 단락의 문맥을 중시할 것을 강조하며 수미쌍관법(inclusio)처럼 연결되는 서두와 말미를 고려하여 주의 만찬의 의미를 살펴야 할 것을 주장한다. 아울러 그것을 고려하지 않은 채 시행되는 오늘 주변의 성찬식에 대하여 따끔한 충고를 가한다. "주의 만찬과 자기를 살핌(고전 11:17-34)," 『개혁신학』 16(2004), 177-180.

II. 고린도 교회에 대한 오해: 가난한 자들의 모임?

　사도 바울이 제2차 전도여행 중 개척 및 설립하였던 고린도 교회는 여러 가지 측면에서 에게해 연안의 다른 교회들에 비해 독특한 것으로 알려져 있다. 고린도 교회의 경제 사회적 형편을 논의함에 있어서 한동안 사람들은 고린도 교회가 주로 사회적으로 나약하고 경제적으로 가난한 자들, 즉 공산주의식 표현에 따르면 소위 프롤레타리아 계급으로 구성되었다고 간주하였다. 그 근거로써 고린도전서 1장 26-29장이 제시되었다.

> "형제들아 너희를 부르심을 보라 육체를 따라 지혜로운 자가 많지 아니하며 능한 자가 많지 아니하며 문벌 좋은 자가 많지 아니하도다. 그러나 하나님께서 세상의 미련한 것들을 택하사 지혜 있는 자들을 부끄럽게 하려 하시고 세상의 약한 것들을 택하사 강한 것들을 부끄럽게 하려 하시며, 하나님께서 세상의 천한 것들과 멸시 받는 것들과 없는 것들을 택하사 있는 것들을 폐하려 하시나니, 이는 아무 육체도 하나님 앞에서 자랑하지 못하게 하려 하심이라." (고전 1:26-29)

　2세기 이교도인 셀수스(Celsus)는 그 당시에 발견된 문헌들, 주로 파피루스의 내용을 근거로 하여 초기 기독교 공동체가 사회의 가장 낮은 계층들에 속하였고, 무지하고 가난하며 남의 말을 쉽게 믿는 단순한 사람들로 구성되었다고 주장하였다. 셀수스는 말하기를, 기독교는 무식하고 천하여 멍청한 사람들, 노예들, 여자들, 그리고 어린아이들에게만 매력적이었기 때문에 초기 기독교는 의도적으로 교육받은 사람들을 배척하였다고 주장하였다.[4] 또한 기독교의 복음 전도자들은 모직공,

---

4) 초기 기독교 공동체에 대한 셀수스의 비판은 오리겐의 "셀수스를 반박하며" (Contra

구두 수선공, 세탁공, 그리고 가장 무식한 양치는 시골뜨기들이었다고 폄하하였다. 이교도 셀수스의 원시 기독교에 대한 이러한 비판은 복음서에 등장하는 예수님과 그 제자들의 사회경제적 신분과 맞물리며 설득력이 있어 보인 것이 사실이다.

젓지(E. A. Judge)는 당시만 해도 아직 익숙하지 않은 사회학적 방법론을 성경 연구에 도입하여, 초기 기독교에 대한 이러한 부정적 시각에 대하여 본격적으로 제동을 걸며 반박하였다.5) 젓지는 신약 배경 공동체의 사회적 양식들을 사회학적 방법론을 사용하여 분석한 후, 그 공동체들이 사회적 혼합체로써, 특별히 높은 사회적 지위와 부를 소유한 영향력 있는 이들이 후견인(patron) 및 경제적 후원자로서 역할해 줄 것이 기대되었다고 주장하였다. 이런 까닭에 기독교가 로마 세계의 도시 사회로 유입되었을 때, 기독교는 가난하고 헐벗은 사람들의 운동이라기보다는 오히려 그리스-로마 사회의 모든 계층을 포함하는 운동이 되었다고 주장하였다. 그러나 그 모든 계층에서 원로원과 같은 가장 높은 계급과 가장 낮은 계층은 제외된다고 지적하였다.6)

젓지의 개척자적인 연구에 뒤이어 게르트 타이센(Gert Theissen)은 신약연구에 사회학적 방법론을 적극적으로 활용하여 괄목할만한 연구 업적을 남겼다.7) 타이센은 젓지의 반 셀수스 주장에 합세하였는데,

---

Celsum)에 수록되어 있다. Wayne Meeks, *The First Urban Christians: The Social World of the Apostle Paul* (New Haven: Yale University Press, 1983), 51.
5) E. A. Judge, *The Social Pattern of Christian Groups in the First Century* (Guildford: Tyndale Press, 1960).
6) Judge, *The Social Pattern of Christian Groups in the First Century*, 49-61.
7) Gerd Theissen, *The Social Setting of Pauline Christianity: Essays on Corinth* (Philadelphia: Fortress, 1982), 70-73; Meeks, *The First Urban Christians*, 51-53. Cf. Ben Witherington III, *Conflict & Community in Corinth: A Socio-Rhetorical Commentary on 1 and 2 Corinthians* (Carlisle: Paternoster, 1994), 113ff. See also G. Theissen, *Social Reality and the Early Christians* (Edinburgh: T & T Clark, 1993); *The Shadow of the Galilean* (London: SCM, 1987);『원시 그리스도교에 대한 사회학적 연구』[*Studien zur Soziologie des Urchristentums*] (서울: 대한기독교서회, 1994).

특히 고린도 교회의 사회적 상황에 집중하여 바울 공동체의 사회적 형편을 분석하였다. 그가 고린도 교회의 사회적 상황 분석에 사용한 사회학적 도구는 사회-정치적 요소들(socio-political factors), 사회-경제적 요소들(socio-economic factors), 사회-생태적 요소들(socio-ecological factors), 사회-문화적 요소들(socio-cultural factors)들인데, 타이센이 이를 통하여 내린 결론은, 비록 수효는 적다 할지라도 부유하고 세력 있고 학식 있는 자들이 고린도 교회공동체 내에 존재하였다고 주장하면서, 그러한 배경을 가진 스데바나, 글로에, 그리스보, 가이오, 에라스도 등을 가리켜 '우세한 소수'(dominant minority)라고 명명하였다.[8] 한편 믹스는 관직(官職)을 소유하였다든가, 교회를 도왔다든가, 여행이 가능하였다든가 하는 항목들을 이용하여 바울서신에 나타난 자료들을 토대로 바울이 설립하고 목회했던 공동체를 분석한 결과, 이러한 일들이 가능했던 인물 약 65명을 바울서신 내에서 찾아내었다. 이러한 결과를 근거로 하여 믹스는 바울의 공동체는 최상층과 최하층이 제외된 중산층으로 이루어진 공동체라고 결론지었다.[9]

이러한 학자들의 연구 결과를 참작할 때 고린도 교회는 결코 경제적으로 가난하거나 사회적으로 나약한 사람들만의 공동체가 아님을 발견하게 된다. 물론 그러한 이들이 분명히 내부에 존재하였겠지만, 동시에 타이센과 믹스가 지적하듯이 "육체를 따라 지혜 있는 자, 능한 자, 문벌 좋은 자" 등이 우세한 소수(小數)로서 함께 있었을 것이다. 이에 대한 증거를 우리는 고린도 전서에서 발견하게 되는데, 사실 이 증거는 바울이 기록한 전체 서신 가운데 유일하게 부자와 가난한 자 사이의 경제적, 신분적 갈등을 언급하고 있어 우리의 관심의 대상이 된다.

---

[8] Theissen, *The Social Setting of Pauline Christianity*, 70-73.
[9] Meeks, *The First Urban Christians*, 51-53.

이 점에 착안하여, 이제 나는 고린도 교회 내에서 발견되는 빈부 간의 갈등의 원인과 그에 대한 사도 바울의 처방을 검토하고, 그것이 오늘 우리 사회 내에서 여전히 발견되는 빈부 갈등에 대한 해답의 하나로써 제시하고자 한다.

III. 고린도 교회 내의 빈부 갈등의 배경

고린도 교회의 빈부 갈등과 관련하여 고린도전서 11장 17-34절이 빈번하게 거론되고 있기는 하나, 아쉽게도 대부분이 '성만찬의 오용(誤用)'과 관련되어 나타난다.10) 따라서 여기서 그 많은 기존의 연구를 전부 논의하는 것은 적절하지 않다고 사료되어, 그 가운데 오늘의 주제인 나는 빈부 갈등에 대한 윤리적 대안에 초점을 맞추어, 기존의 연구와 차별화하여 논지를 전개하고자 한다.

고린도 교회 내부에 부자와 가난한 자 사이에 빈부 갈등이 존재했음을 알 수 있는 유일한 본문이 고린도전서 11장 17-34절이다. 본문의 도입부를 살펴볼 때, 문제의 발단은 바로 부자(the haves)와 가난한 자(the have-nots) 사이의 갈등임을 알 수 있다(18절, "먼저 너희가 교회에 모일 때에 너희 중에 분쟁이 있다 함을 듣고 어느 정도 믿거니와").11) 그 분쟁에 대한 설명이 20-23절에 소개되고 있는데, 그것은 애찬과

---

10) Fee, *The First Epistle to the Corinthians*, 531-569; William F. Orr & James Arthur Walther, *1 Corinthians* (Anchor Bible 32; New York: Doubleday, 1982), 265-275; Hans Conzelmann, *1 Corinthians* (Philadelphia: Fortress, 1981), 203; William Barclay, *The Letters of the Corinthians* (Philadelphia: Westminster, 1975), 100-105; Witherington, *Conflict & Community in Corinth*, 241-252.

11) See Theissen, "Social Integration and Sacramental Activity," 147-151; Meeks, The First Urban Christians, 159; John K. Chow, *Patronage and Power: A Study of Social Networks in Corinth* (JSNTSS 75; Sheffield: JSOT, 1992), 183; David Horrell, "The Lord's Supper at Corinth and in the Church Today," Theology 98(1995), 198; D. C. Passakos, "Eucharist in the First Corinthians: A Sociological Study," *RB* 104(1997), 195-198.

성찬에 관한 말씀이다. 고린도 교회 내에는 예배를 위해 일찍 와서 자기의 식사를 먼저 갖다 먹는 부유한 자들이 있었는가 하면, 여러 가지 이유, 아마도 직업상의 이유로 예배 시 일찍 올 수 없을 뿐만 아니라 자기의 식사를 가져올 수도 없는 가난한 자들도 있었던 것으로 추정된다. 남의 집에 속한 노예나 가난한 해방 노예들이 이 부류에 속한다고 하겠다.12) 아마도 그들은 집이나 일터에서 자기의 일을 끝내고 오느라 예배시간에 맞추어 올 수 없었을 뿐만 아니라, 자기 몫의 재산이 없었던 관계로 혹은 가난한 까닭에 예배 때마다 자기의 식사를 가져올 수 없었을 것으로 여겨진다. 이런 까닭으로 인해, 자기 자신만이 아니라 가난한 형제들의 몫까지 가져올 것이 기대되었던 부유한 신자들은 먼저 와서 가져온 음식을 나누지 않은 채 전부 다 먹고 취하게 되었던 반면에, 예배 시간에 맞추어 올 수 없었을 뿐만 아니라 자기의 음식을 가져올 수도 없는 가난한 신자들은 굶주리게 되었던 것이다(21절, "이는 먹을 때에 각각 자기의 만찬을 먼저 갖다 먹으므로 어떤 사람은 시장하고 어떤 사람은 취함이라.")

여기서 우리가 고려할 것은, 초기 기독교 공동체에서는 공동식사와 성찬예식이 아직 분리되지 않았다는 사실이다.13) 따라서 일반적으로 먼저 공동식사가 있은 후에 이어서 성찬예식이 시행되었다. 그러나 경우에 따라서는 공동식사 중간에, 심지어 공동식사 이전에 시행되기도 하였다. 그런데 교회 신자 중 일부는 배불리 먹고 취한 상태이고, 또

---

12) Fee, *The First Epistle to the Corinthians*, 540; Orr & Walther, *I Corinthians*, 270; Barclay, *The Letters of the Corinthians*, 101.
13) 이 공동식사는 종종 애찬(愛餐; Love Feast or Agape)이라고 불렸다(Barclay, *The Letters of the Corinthians*, 100). 이 문제에 있어서 타이센은 다른 주장을 제시한다(『원시 그리스도교에 대한 사회학적 연구』, 374). 주의 만찬을 시작하는 법이 일정하지 않은데, 떡을 놓고 성찬 축사하는 것으로 시작했으며, 따라서 그 이전에는 공동식사가 아니라 개인 식사만 있었다는 것이다. 그리고 그 축사에 의하여 부자 개인의 기부가 공동체 전체로 적용되었다고 주장한다.

다른 일부는 굶주린 상태인 상황은 음식을 함께 나누지 아니하였으므로 도저히 공동식사라고 부를 수 없었을 것이고, 따라서 이후 드려지는 성찬예식을 바울은 "주의 만찬"이라 부를 수 없다고 잘라 말했던 것이다 (20절). 왜냐하면 '주의 만찬'은 한 떡에 참예하는 공동적 나눔(κοινωνία)이 있어야 하는데(고전 10:17), 지금 고린도 교회에는 그것이 결여되어 있기 때문이다.14)

IV. 빈부 갈등에 대한 바울의 책망 및 처방

한 공동체 내의 부자와 가난한 자 사이에서 발견되는 이러한 '분쟁'(고전 11:18), 혹은 '편당'(고전 11:19)에 대하여 사도 바울은 매우 분노하며 고린도 교회를 질타하였다. 그리고 이러한 그들의 부도덕한 비행(非行)을 세 가지 관점에서 비난하고 있다.

1. 부자들의 비행은 하나님의 교회를 업신여기는 것이다(고전 11:22).

고린도를 포함하여 1세기 로마가 지배하는 세계에서 사회적 신분이 높고 부유한 자들은 어떤 사교 모임에서든지 그에 합당한 대우를 받았다.15) 그리하여 사람들의 모임에서 그들은 신분이 낮거나 가난한 이들과는 분리된 채, 같은 신분의 동류들과 어울려 식사도 별도로 하곤 하였

---

14) 알렌 버히, 김경진 역, 『신약성경 윤리』 (서울: 솔로몬, 1997), 251. 한편, Orr & Walther는 이러한 성도의 교제를 "redemptive fellowship"이라고 명명하고 있는데, 매우 적절한 표현이라 생각된다. 그러한 교제 안에서 가난한 자들은 배불리 먹고, 외로운 자들은 친구를 얻으며, 병자들은 친구의 심방을 받고, 슬픔에 잠긴 자들은 위로를 받으며, 죄인들은 용서를 받는 까닭에 "구속적 교제"라 할 수 있다는 것이다(*1 Corinthians*, 274).
15) G. 타이센, 김명수 역, 『원시 그리스도교에 대한 사회학적 연구』(서울: 대한기독교출판사, 1994), 379-387.

다.16) 그런데 고린도 교회의 부자 신자들은 그들이 교회 밖 세속 사회에서 누리고 있던 그 관습을 교회 내에서도 그대로 유지하려 하였고, 그리하여 가난하고 천한 신분의 신자들이 오기 전에 먼저 '자기의 만찬'을 먹고 취한 것이었다. 교회에서 이런 짓을 한다고 하면, 이는 신성한 주의 만찬을 한낱 개인의 만찬으로 전락시켜버리는 꼴이 되고 마는 것이다.17) 결국 부유한 신자들의 이기적인 행동으로 말미암아 주의 만찬의 본질이 훼손되어 버린 것이다.18)

한 주님을 믿고 섬기는 이들의 모임인 교회에서, 이러한 부유한 그리스도인들의 부도덕한 행태는 결국 한 주님의 형제이자 지체인 가난한 그리스도인들을 무시하고 멸시함으로써 그 연합을 깨뜨리는 것이고, 이는 곧 부자들과 가난한 자들이 함께 모여 한 몸을 이룬 하나님의 교회에 대한 도전으로 바울은 해석하였던 것이다.19) 여기서 우리는 부자들이 가난한 자를 멸시하는 것을 사도 바울이 하나님의 교회를 업신여기는 것으로 이해했다는 것에 주목할 필요가 있을 것이다. 교회 구성원 사이의 문제를 곧 교회 전체의 문제로 확대 해석한 것은 조금 지나친 비약일 수도 있겠으나, 이는 곧 사도가 에클레시아(ἐκκησία)를 그리스도의 몸으로서의 그리스도인들의 모임으로 간주한 사고의 결과라고 보아진다.

---

16) G. Bornkam, "Lord's Supper and Church in Paul," in *Early Christian Experience* (trans, Paul L. Hammer; London: SCM, 1969), 128. 이에 대한 증거를 우리는 누가복음 14:12-14에서도 발견할 수 있다. Robert J. Karris, "Poor and Rich: The Lukan *Sitz im Leben*," in C. H. Talbert (ed.), *Perspectives on Luke-Acts* (Edinburgh: T & T Clark, 1978), 120; W. C. Van Unnik, Die Motivierung der Feindesliebe in Lukas 6.32-35," *NovT* 9(1966), 284-300; Kyoung-Jin Kim, *Stewardship and Almsgiving in Luke's Theology* (JSNTS 155; Sheffield: Academic Press, 1998), 184-188.
17) Passakos, "Eucharist in the First Corinthians: A Sociological Study," 204.
18) Conzelmann, *1 Corinthians*, 194-195. 같은 맥락에서 콘첼만은 한 쪽이 굶주리고 다른 쪽이 술에 취하게 될 때 이미 교제는 취소된 것이라고 주장하고 있는데, 매우 적절한 논평이다.
19) Orr & Walther, *1 Corinthians*, 269-270.

2. 부자들의 비행은 빈궁한 자들을 부끄럽게 하는 것이다.

이 구절에는 두 가지 함의가 담겨있다. 첫째로, 부자들의 처신은 결코 고립된 개인의 행동이 될 수 없다. 부유한 그리스도인들이 자기 집에서 혼자 먹고 마셨다면 결코 문제가 되지 않았을 것이다. 그리스도인들이 함께 모이는 교회라는 공동체에서 취하는 태도와 행동은 결국 다른 그리스도인들에게 영향을 미칠 수밖에 없는 것이다. 이런 맥락에서 바울은 교회가 한 몸이요 지체임을 특히 강조하였다는 것은 잘 알려진 사실이다(고전 10:16-17; 12:12).[20]

둘째로, 부자들은 자기 돈으로 샀거나 만든 떡이나 포도주를 자기들이 먹었으므로 별 문제가 없는 것으로 이해하였을는지 모른다. 그러나 아무리 자기의 재산이나 소유라 할지라도 때로는 그 소유권의 행사가 타인에게 피해를 줄 수도 있는 것이다. 이런 견지에서 볼 때, 자신들보다 가난한 자들과 함께 있는 공공의 장소에서 부자들이 자신들의 떡과 포도주의 소유권을 행사하는 것은 그것이 없는 이들에게는 상대적 박탈감에서 오는 고통을 가할 수 있기 때문이다. 고린도 교회 내의 이러한 문제에 대하여 타이센은 다음과 같이 적절하게 지적하고 있다.

---

20) 고전 10:16에 등장하는 κοινωνία는 주의 만찬에 참여하는 언약적 나눔(covenantal sharing)으로써, 그 예식에 참여하는 모든 신자들이 한 몸으로서의 동질성을 가리키는 것이다. 이에 대한 보다 자세한 정보는 다음을 참조하시오. George V. Jourdan, "Koinonia in 1 Cor. 10.16," *JBL* 63(1948), 112-124; George Panikulam, *Koinonia in the New Testament: A Dynamic Expression of Christian Life* (Rome: Biblical Institute, 1979), 17-30; Wendell L. Willis, *Idol Meats in Corinth: The Pauline Argument in 1 Corinthians 8 and 10* (SBLDS 68; Chico, CA: Scholars Press, 1985), 192-212; Paul D. Gardner, *The Gifts of God and the Authentication of a Christian: An Exegetical Study of 1 Corinthians 8-11.1* (Lanham: University Press of America, 1994), 159-165.

"부유한 신자들이 공동체의 '주의 만찬'을 사회적 지위를 나타내 보이는 '자기의 만찬'으로 만드는 것은 결국 그리스도의 몸의 일체성의 근거를 제시하는 주의 만찬이 사회적, 신분적 차별을 드러내 보이는 계기가 되도록 만드는 위험성이 있는 것이다."[21]

따라서 사도는 배고픈 형제들의 아픔을 외면한 부자들이 결국 가난한 자들을 부끄럽게 만듦으로써, 교회의 공동체성을 파괴한 것으로 간주한 것이다.

이러한 진리를 우리는 신약의 다른 곳에서도 발견할 수 있다. 마태복음의 산상설교에서 주님은 하나님 앞에 예물을 드리다가도 형제와 불화한 일이 있으면 먼저 가서 화해하고 난 다음에 예물을 드리라고 말씀할 정도로 형제 사랑을 강조하였고(마 5:23-24), 또한 요한복음에서는 대제사장적 기도에서 무엇보다도 믿는 형제들의 하나 됨을 강조하신 바 있다(요 17:21-22). 사도가 이러한 주님의 말씀을 알고 있었다는 확실한 증거는 없지만, 그의 서신에서 발견되는 다음의 진술들을 고려할 때 그 가능성을 전혀 배제할 수만은 없으리라 생각한다.

"우리가 유대인이나 헬라인이나 종이나 자유인이나 다 한 성령으로 세례를 받아 한 몸이 되었고 또 다 한 성령을 마시게 하셨느니라." (고전 12:13)
"너희는 유대인이나 헬라인이나 종이나 자유인이나 남자나 여자나 다 그리스도 예수 안에서 하나이니라." (갈 3:28)

---

21) Theissen, "Social Integration and Sacramental Activity," 160.

3. 부자들의 비행은 주의 만찬을 범하는 범죄행위이다(고전 11:27).

사실 사도 바울이 여기서 성만찬을 경솔히 여기는 자들을 죄인이라 단정하고 있는 것은 오늘날 그대로 한국교회의 성찬식 분위기에 반영되고 있다. 그리하여 한국교회의 성찬예식의 분위기는 주로 부활절 예배 때 시행됨에 불구하고 서구 교회의 분위기와는 달리 어둡고 침통한 분위기가 연출된다. 사실 사순절 동안 그리스도의 고난을 충분히 음미하고 나름대로 참여한 후 이제 주께서 죽음의 권세를 이기신 부활절 날에도 여전히 그 고난의 분위기를 이어간다고 하는 것은 참으로 이해하기 힘든 부분이다. 본래 한민족에 한(恨)이 많아서일까?

성만찬 때 고난의 분위기가 지배하는 것은 주례 목사들이 주님의 십자가와 함께 죄의 회개를 강조하기 때문이다. 그리고 그것은 바로 고린도전서의 이 부분을 반영한 결과라고 생각된다. 대체로 한국 교회는 이 단락에서 사도가 말하는 죄를 개인적, 도덕적 죄로 풀이하여, 성찬을 받음에 있어서 도덕적으로, 윤리적으로 불결(不潔)한 자들은 자격이 없으니 참여하지 말도록 권고하는 것이다. 그로 인해 이러한 죄에서 자유롭지 못한 많은 신자들은 적어도 그 자리에서라도 자신의 죄를 회개함으로써 성찬을 받을 수 있는 자격을 회복할 수 있기를 소망한다. 이런 까닭에 대개의 경우 성만찬 자리는 눈물과 슬픔이 동반되는 회개의 분위기가 주도적이 되면서 어둡고 침통하게 되는 것이다. 물론 십자가에서 당하신 구주의 고난에 대한 강조도 이러한 분위기에 기여하는바 적지 않다.

과연 사도 바울이 여기서 말하고 있는 죄는 하나님과의 일대일 관계 속에서 드러난 개인의 도덕적, 윤리적 죄인가? 이와 관련하여 우리가 유의해야 할 한 가지 사실은 성만찬 장면에서 언급된 마태복음의 죄와 고린도전서의 죄가 우리말 성경에서는 같게 나타나지만, 헬라어 원문에서 다르게 나타나고 있다는 점이다. 마태복음에서 죄는 일반적으로 사용되는 하마르티아(ἁμαρτία)인 반면에(마 26:28), 고린도전서의 본문에서는 사실 죄란 단어 자체가 등장하지 않는다. 27절의 죄란 에노코스(ἔνοχος)인데, 이는 liable, answerable, guilty, 즉 주님의 몸과 피를 거역하는(against), 혹은 더럽히는(범하는, 모독하는; profaning) 행동을 가리키는 형용사이다.22) 또한 29절의 죄는 사실 죄가 아니고 심판(κρίμα)이다.23) 그리하여 NIV, RSV는 이를 심판(judgment)으로, KJV는 단죄(damnation)으로, 예루살렘 성경은 정죄(condemnation)로 번역하였고, 같은 맥락에서 한글 표준 새번역은 '심판'으로, 공동번역은 '단죄'로 번역하고 있다. 그러면 과연 여기서 사도가 말하고자 하는 '죄'는 무엇일까?

이 단락의 전체 문맥을 고려할 때, 여기서 사도가 지적하고자 하는 것은 고린도 교회 내의 분쟁 및 파당과 관련된 문제이다(18-19절). 주지하는 대로, 고린도전서는 서두에서부터 교회 내의 분쟁을 언급하고 있다(고전 1:10-31; 3:1-9). 이러한 분쟁은 바울, 베드로, 아볼로와 같은 지도자와 연결되고 있는 까닭에 아마도 그들의 지도력 및 권위에 대한 이해의 차이에서 비롯되었던 것으로 보인다. 그러나 11장에서 사도 바울이 언급하고 있는 분쟁 및 파당은 그와는 달리 부자와 가난한 자 사이에서 발견될 수 있는 사회적인 문제였던 것으로 보인다. 어떤 이들은 이 단락을 성찬예식과 관련된 의전적인 문제로 간주하는데, 사실 사도는

---

22) Walter Bauer, *A Greek-English Lexicon of the New Testament and Other Early Christian Literature* (trans. by W. F. Arndt & F. W. Gingrich; Chicago: University Press, 1967), 267.
23) 권연경은 여기서 사도 바울이 말하고 있는 죄(κρίμα)의 의미를 바르게 파악하고 있다 : "주의 만찬과 자기를 살핌(고전 11:17-34)," 184-192.

여기서 공동체의 동질성(integrity)을 해치는 것에 그 관심이 집중되고 있음을 눈여겨보아야 할 것이다.24)

이런 맥락에서 27절의 "누구든지 주의 떡이나 잔을 합당하지 않게 먹고 마시는 자"는 그리스도 안에서 한 형제인 가난한 자들을 멸시함으로써 교회의 하나 됨을 깨뜨리는 부자들이고, 바로 그들은 "주의 몸과 피를 범하는 죄"를 범하는 것이다. 구체적으로 말하면, 가난한 형제의 고통, 즉 배고픔과 굶주림을 무시하고 멸시하는 상태에서 성찬을 받아 먹고 마시는 것은 곧 주의 몸과 피를 범하는 죄이고, 또한 주의 몸을 분변치 못하고 먹고 마심으로써 자기 죄를 먹고 마시는 것이라는 뜻이다. 달리 말하면, 부유한 신자들이 폭식(暴食)하고 술에 취한 것이 죄가 아니라, 가난한 신자들에 대한 배려 없음이 곧 죄인 것이다.25) 이런 견지에서 볼 때, 사도 바울이 "사람이 자기를 살피고 그 후에야 이 떡을 먹고 이 잔을 마실지니 주의 몸을 분별하지 못하고 먹고 마시는 자는 자기의 죄를 먹고 마시는 것이니라."(28-29절)에서 의도하는 자기 성찰은 개인적인 도덕적 반성이 아니라 교회의 공동체적 동질성과 가난한 이들에 대한 구제와 관련된 것이다.26)

---

24) Suzanne Watts Henderson, "'If Anyone Hungers …': An Integrated Reading of 1 Cor. 11.17-34," *NTS* 48(2002), 198.
25) Orr & Walther, *1 Corinthians*, 270: "it is not the vicious quality of gluttony and drunkenness that occupies Paul's attention at this point but the selfish indifference of each person or family to the needs and situation of the deprived and poor."
26) Raymond F. Collins, *First Corinthians* (SacPag 7; Collegeville: Liturgical Press, 1999), 438.
권연경 역시 여기서 사도 바울이 말하고 있는 자기 성찰의 문제를 그리스도의 몸으로서의 공동체의 문제와 연계하여 심도 있게 다루고 있다. 그의 주장은, 29절의 주의 몸을 살피지(분변치) 않는 것과 31절의 자신을 살피는 것은 사실 같은 의미를 전달하는 것이며, 이는 또한 33절의 "서로 기다리라"의 다른 표현이라고 말한다. 결국 살펴야할 대상은 주의 몸으로서의 신자들 자신이며, 따라서 이는 고린도 교회 전체에게 대한 권면으로 풀이한다: "주의 만찬과 자기를 살핌(고전 11:17-34)," 192-200. 그러나 이런 논리를 따를 때, 빈부 간의 갈등의 문제이기는 하지만, 문제를 일으킨 자들이 부자요 가난한 자가 아님에도 불구하고 이를 전체에 대한 권면으로 파악하는 것은 여전히 본문의 의미를 비켜가고 있다고 판단된다.

이와 관련하여 δοκιμαζέτω(28절), κρίμα(29, 34절), διακρίνων(29, 31절), κρινόμενοι(31, 32절), παιδευόμεθα(32절), κατακριθῶμεν(32절) 등과 같이, 심판 혹은 판단과 연결된 단어를 여기서 사도 바울이 자주 사용하는 것은 그러한 죄악에 빠지지 않도록 경계한 것으로 풀이된다.[27]

그렇다면 교회 공동체 구성원들 사이에 빈부(貧富) 문제와 같은 사회적 요인에 의해 갈등과 분쟁이 발생하여 형제 사랑이 바르게 시행되지 않는 상태에서의 성찬예식 참여는 곧 주의 만찬을 범하는 범죄행위임을 사도 바울은 지적하고 있는 것이다. 이런 맥락에서 바클레이는 1세기 당시 신분적 차별이 폐지된 유일한 장소가 교회인데, 만일 고린도 교회처럼 사회적, 신분적 차별이 존재한다면, 그것은 더 이상 참 교회가 아니라고 단정 짓는다.[28]

타이센은 이 문제에 있어서 다른 견해를 제시하고 있다. 그 역시 성만찬 자리에 벌어진 일이 부자와 가난한 자 사이의 사회적 문제임을 직시하기는 하나, 문제의 핵심은 성찬축사 이후에도 남은 음식을 부자 신자들이 그에 대한 자신들의 권리를 주장하며 차지함으로써 발생하게 되었다는 것이다. 요컨대, '자기의 만찬'과 '주의 만찬'을 구분하지 못한 부자들의 욕심 때문이라는 것이다.[29]

고린도전서 11장 29절의 바울의 경고는 주의 만찬에 부가된 그러한 '추가 식사'를 지적하는 것이다. … 이 말은 무엇보다도 주의 만찬에서 만찬에 속하는 음식과 자기 개인 음식을 구별하지 못하는 사람이 있었음

---

27) C. F. D. Moule, "The Judgment Theme in the Sacraments," in W. D. Davies and D. Daube (eds.), *The Background of the New Testament and Its Eschatology: Studies in Honour of C. H. Dodd* (Cambridge: University Press, 1956), 477. Cf. David Kuck, *Judgment and Community Conflict: Paul's Use of Apocalyptic Judgment Language in 1 Corinthians 3.5-4.5* (Leiden: E. J. Brill, 1992), 224.
28) William Barclay, *Corinthians*, 101-2.
29) 타이센, 『원시 그리스도교에 대한 사회학적 연구』, 376-378, 377.

을 뜻하는 것으로 해석되어야 할 것이다. 결국 남보다 더 많이 가진 자가 있었다는 것이다.

그러나 타이센의 이런 주장은 부자들이 "자기의 만찬을 먼저 갖다 먹었다."(21절)는 바울의 지적을 설명하기에 어려워 보인다. 이와 관련하여 윤철원이 21절의 προλαμβάνω와 33절의 ἐκδέχομαι를 대조시키면서, 부자들의 자기중심성과 이기주의를 지적한 것은 매우 적절하다고 하겠다.30) 결과적으로, 이처럼 주어진 문맥에서 사도 바울이 지적하고 있는 죄는 사람이 하나님과의 일대일의 관계 속에서 계명이나 율법을 어김으로써 타락하는, 도덕적이고 윤리적인 개인적 죄(personal sin)가 아니라, 오히려 부자와 가난한 자 사이의 관계에서 비롯된 죄인 것이다. 즉 부자가 가난한 자를 무시하고 멸시하는 것, 서로 신분이 다른 두 부류의 구성원들 사이의 차이에서 비롯된 사회적 죄(social sin)인 것이다.31) 달리 말하면, 사회적 신분이 다른 그리스도인들 사이에서 발생할 수 있는 인간관계적 성격의 죄라고 할 수 있겠다.32)

---

30) 윤철원, "분쟁의 모티브로 읽는 고린도 교회의 불일치와 가난한 사람들에 대한 배려를 통한 교회 일치의 실천," 『신약논단』16(2009), 479-480. 그의 논지는 결론만을 놓고 볼 때 가난한 자의 배려를 통한 교회의 일치라는 점에서 나의 주장과 다르지 않으나, 사도가 "자기를 살피라."(29절)고 주문한 자기 성찰을 다른 사람들과 구별하여 우월감을 가지지 말고, 그리스도 안에서 대속을 입은 모든 사람들 가운데 하나로 인식하라는 권면으로 이해한다. 이로써 그는, 이 단락에서 제기된 문제의 열쇠에 해당하는, 바울이 말하고 있는 죄의 성격에 대하여 언급하지 않으므로 하여 그의 논지를 강화시킬 수 있는 기회를 놓친 것으로 보인다.

31) Fee, *The First Epistle to the Corinthians*, 560; Witherington, *Conflict & Community in Corinth*, 248. Cf. 버히, 『신약성경 윤리』, 251.

32) David Horrell 역시 이 단락에서 바울이 제기하는 문제가 개인의 영적인 문제가 공동체 차원의 관계의 문제임을 정확하게 간파하고 있다: "Given the situation he is addressing and the practical advice with which he ends, Paul's concern can hardly be exclusively individualistic. He is not primarily concerned with 'soul-searching', nor with the problems of individual conscience. Rather, it is the communal dimensions of the Lord's supper that have been in focus." ("The Lord's Supper at Corinth and in the Church Today," 199).

V. 빈부 갈등에 대한 사도적 처방(33-34절)

앞에서 우리는 이 말미가 이 단락의 서두와 연계되어 있음을 지적한 바 있다. 첫째로, "서로 기다리라."(ἀλλήλους ἐκδέχεσθέ, 33절), "먹으러 모일 때에"에서 συνερχόμενοι이란 동사는 본래 헬라 문헌에서 분리되었던 개인과 단체의 연합을 가리키는데 주로 사용되었다. 그리고 여기서는 고린도 교회의 일체성을 강조하는 바울의 논증에 적합하게도 문자적이고도 은유적인 의미를 모두 갖는 것으로 나타나고 있다.33)

서로(ἀλλήλους)라고 말하고 있지만, 사실 이것은 자기의 만찬을 먼저 갖다 먹어버린 부유한 신자들을 향한 권면이다.34) 이것은 권고이면서 동시에 명령이다. 타인, 특히 자신보다 사회적 지위가 낮은 이들을 위해 배고픔을 참으며 기다려야 한다는 것은 일반적으로 보장되고 있는 우월한 신분에 의한 권리를 포기하라는 것으로써, 부유한 신자들에게는 참을 수 없는 일이었을 것이다. 그러나 바울은 모든 그리스도인은 한 몸에 참여한 동등한 지체임을 강조하면서, 부자들이 관습적으로 저질러 온 신분적 우월에 따른 교만한 행동을 억제시키고 있다.

> "모든 것이 가하나 모든 것이 유익한 것은 아니요 모든 것이 가하나 모든 것이 덕을 세우는 것은 아니니, 누구든지 자기의 유익을 구하지 말고 남의 유익을 구하라." (고전 10:23-24)
>
> "나와 같이 모든 일에 모든 사람을 기쁘게 하여 자신의 유익을 구하지

---

33) Margaret M. Mitchell, *Paul and the Rhetoric of Reconciliation: An Exegetical Investigation of the Language and Composition of 1 Corinthians* (Louisville: Westminster/John Knox Press, 1992), 154. Cf. Fee, *The First Epistle to the Corinthians*, 536; E. Käseman, "The Pauline Doctrine of the Lord's Supper," in *Essays on New Testament Themes* (trans. W. J. Montague; London: SCM, 1960), 119.

34) 타이센, 『원시 그리스도교에 대한 사회학적 연구』, 384-385.

아니하고 많은 사람의 유익을 구하여 그들로 구원을 받게 하라." (고전 10:33)

"(사랑은 …) 무례히 행하지 아니하며 자기의 유익을 구하지 아니하며" (고전 13:5)

둘째로, "만일 누구든지 시장하거든 집에서 먹을지니."(34절) 이 권면은 부유한 신자들에게 개인 식사와 공동 식사를 혼동하지 말라는 뜻으로 풀이된다. 달리 말하면, 교회에 와서도 교회 밖 사회에서 하듯이 개인행동을 하는 것은 옳지 않음을 지적하는 것이다. 그러한 부자들의 개인행동은 결국 가난한 자들을 무시함으로써 공동체의 동질성을 파괴하는 것이 되고 말기 때문이다.

VI. 사도 바울이 빈부 문제에 대하여 비교적 침묵한 이유는?

사실 공동체 내부의 경제적 상황에 대한 바울의 태도는 놀라울 정도로 매우 의외다.[35] 그리고 이 점에 있어서 예수 그리스도의 교훈과의 연속성이 사뭇 의문시되기도 한다. 예수 그리스도는 가난한 자들에게 남다른 관심을 보이며(막 10:21, 눅 1:51-53, 4:18, 6:21), 그들에게 구제를 베풀 것을 종종 분부하기도 하셨다(눅 11:44, 12:33). 특히 누가복음에서 우리는 이에 대한 증거를 다량 확보할 수 있을 것이다.[36] 그러면 이러한 예수 그리스도와 바울 사이의 급진적 대조를 우리는 어떻게 이해할 수 있을까? 과연 사도 바울이 빈부 문제에 대하여 비교적 침묵한 이유는

---

35) 버히, 『신약성경 윤리』, 250.
36) Kyoung-Jin Kim, *Stewardship and Almsgiving in Luke's Theology* (Sheffield: JSOT, 1988)은 누가-행전에서 나타난 누가의 재물신학 중 구제의 문제를 집중적으로 다루고 있으니, 이 주제에 관심 있는 이들은 참조하기 바란다.

무엇일까?

빈부 문제와 같은 사회적 문제와 관련하여, 고린도 교회 내에서 발견되는 이러한 빈부의 갈등은 다른 서신에서는 다시 발견되지 않는다. 그리하여 여기서 그 이유를 한 번 짚고 넘어가는 것도 필요하다고 생각된다. 물론 근친상간의 문제(고전 5:1-5)와 그리스도인 사이의 소송 사건(고전 6:1-8)과 같은 사회적 문제들이 거론되고 있기는 하지만, 빈부의 문제는 아닌 것이다. 이 문제에 대하여 다양한 해답이 제시될 수 있겠지만, 아마도 일반적으로 초기 기독교 공동체의 종교적 상황과 관련이 있을 것으로 추정된다.

첫째로, 이제 막 시작된 초기 기독교 공동체에 있어서 우선 시급한 과제는 내부적으로는 기독교의 정체성 확보와, 외부적으로는 유대교와 이방 종교로부터 가해지는 핍박 문제에 대한 해결이었다. 내부적 문제로써 기독교 및 그리스도인의 정체성 문제와 관련하여서는 특히 로마서와 갈라디아서에서 잘 드러나고 있는데, 유대인과 이방인 사이의 갈등(롬 14, 15장)과 기독교 내의 율법주의자들이 전하는 "다른 복음"(갈 1:6-9)에 대한 대처가 주요한 문제였을 것이다.[37]

둘째로, 주지(周知)하는 대로, 초기 기독교 공동체는 임박한 종말론 사상에 깊이 젖어있었던 것으로 보인다. 아마도 이런 맥락에서 사도 바울은 초기 서신인 데살로니가 전서에서 주의 강림(παρουσία)을 자주 언급하였으며(살전 1:10, 2:19, 3:13, 4:15, 5:2, 23), 또한 고린도 전서에서는 때가 단축하였으므로 아내 있는 자들은 없는 자 같이, 매매하는 자들은 없는 자 같이, 세상 물건을 쓰는 자들은 다 쓰지 못하는 자 같이 살아야 한다고 권면하였던 것이다(고전 7:29-31).

---

37) 존 지슬러는 이 문제에 대하여 매우 명쾌한 해설을 제시하고 있다 : John Ziesler, *Pauline Christianity* (Oxford: University Press, 1991); *The Epistle to the Galatians* (London: Epworth, 1992).

이처럼 기독교 안팎의 교리적 문제와 종교 정서적 배경으로서 종말론의 심취로 인해 사도 바울은 갓 태어난 신생 교회들 내부의 빈부 문제에 대하여 깊은 관심을 가질 여유가 없었을 것으로 보인다. 이런 견지에서 볼 때, 성만찬 자리에서의 빈부 갈등 문제도 정작 술 취한 자들의 비행이 없었더라면, 그래서 주의 만찬에서의 추태(醜態)가 없었더라면, 그냥 수면 아래로 묻혀버렸을는지도 모를 일이다. 즉 문제가 밖으로 노출되어 표면화되자 바울은 이 문제를 어쩔 수 없이 거론하였을 것이란 말이다. 이런 주장의 근거는 교회 공동체 내부의 빈궁한 자에 대한 관심이 바울 서신 중 이곳이 유일하기 때문이다.38)

VII. 문제에 대한 바울의 처방; 사회 갈등 해결을 위한 신약 윤리적 대안

이제껏 고린도전서 11장 17-34절에 대한 많은 해석들은 성만찬의 의미에 집중되어온 경향이 있었다. 고린도교회의 부자들이 공동체 내의 가난한 자들을 무시한 채 먼저 와서 자기의 만찬 즉 개인 식사를 하여 교회의 동질성을 깨뜨림으로써 이어지는 성만찬의 진정한 의미를 훼손시킨 것에 대하여 사도 바울이 책망하였다는 것이다. 이런 의미에서

---

38) 사도 바울이 예루살렘 교회의 궁핍한 상황에 민감하게 반응한 이유는 무엇일까? 여기서 한 가지 흥미로운 사실은 사도가 고린도 교회 내부의 빈부 문제에 대해서는 더 이상 언급하고 있지 않지만, 예루살렘 교회의 경제적 사정에 대해서는 깊은 관심을 갖고 아가야 지방의 고린도 교회를 포함하여 마케도니아의 이방 교회들로부터 구제 헌금을 모금하였다는 점이다(고전 16:1-4; 고후 8, 9장; 롬 15:25-27; 참고 갈 2:10). 아마도 이 점을 들어, 사도 바울이 빈부의 갈등과 같은 사회적 문제에 결코 둔감하지 않았다고 주장할 수도 있을 것이다. 하지만 이 문제에 대한 광범위한 연구 결과에 따르면, 사도 바울이 예루살렘 교회를 위한 연보에 적극적이었던 행동의 배경으로써, 자신이 주도하고 있는 이방인 선교를 반대하는 일부 유대 (예루살렘) 그리스도인들의 적대감을 해소함으로써, 이방인 선교의 정당성을 확보할 뿐만 아니라, 아울러 유대인과 이방인의 영적 조화를 도모하여 그리스도 안에서 하나 된 교회를 이루기 위한 신학적 목적이 지배적이었을 것이란 분석이 우세하다.(버히, 『신약성경 윤리』, 238-241).

타이센이 주의 만찬에서의 분쟁 혹은 갈등이 "단순히 물질적인 것도 아니고 순전히 신학적인 것도 아니라"고 주장한 것은 올바른 지적이다.39) 왜냐하면 그렇게 될 때 그리스도의 몸의 동질성을 기반으로 하여 모든 그리스도인들이 동등하게 함께 참여하는 성만찬이 함의하는 평등의 의미가 훼손되면서, 오히려 부자와 가난한 자 사이에 사회적, 신분적 차이가 더욱 드러나게 되기 때문이다. 이런 맥락에서 사도가 고린도교회의 부유한 신자들을 책망하며 사랑과 배려를 기반으로 하여 공동체성의 회복을 강조하는 것은 당연한 일이다.

그러나 사도 바울이 그러한 목적을 달성하기 위하여, 부자 신자들의 부도덕한 행실을 죄로 규정한 배경에 대해서는 많은 논의가 부족한 것으로 보인다. 주의 만찬에 참여하기 전에, 자기를 살피는 자기 성찰 및 반성을 거치지 않으면 죄를 범할 수 있다고 말하고 있는데, 과연 그 자기 성찰의 내용은 무엇인가? 이 문제에 대한 이제까지의 논의를 종합할 때, 그것은 결국 이 단락의 서두와 말미에 시사되어 있듯이, 식탁교제와 관련된 것으로써 가난한 이웃을 돌보지 않는 부자들의 이기적이고 탐욕적인 비행을 가리키는 것이다. 다시 말하면, 성만찬 석상에서 목격되었던 빈부 간의 갈등을 보고, 사도 바울은 결국 가난한 이웃을 돌보지 않는 행동은 곧 죄임을 지적하면서, 이웃 사랑을 통한 공동체성 회복을 강하게 주장하였던 것이다. 그런데 오늘날 대체로 교회에서 시행되는 성만찬 석상에서의 설교나 가르침은, 이 단락의 전체 문맥을 고려하지 않은 채 일부(고전 11:23-29)만을 사용하여 신자 개인의 죄의 회개를 촉구함으로써, 사회적 약자와 가난한 자를 무시하고 박해하는 정의롭지 못한 죄의 사회성은 잊혀진 채 부도덕한 죄의 개인성만이 부각됨으로써 본래의 의미를 상실한 것으로 보인다.

---

39) 타이센, 『원시 그리스도교에 대한 사회학적 연구』, 384.

오늘 우리가 속한 교회 공동체 혹은 관련 기관에서는 여러 종류의 갈등이 존재할 것이고, 그로 인해 그 공동체의 구성원들 사이에 적지 않은 분쟁과 다툼이 있을 것이다. 지상의 교회가 완전하지 않음으로 여전히 여러 종류의 문제들을 맞아 싸워나가야 하지만, 그 가운데에서도 동서고금을 막론하고 부자와 가난한 자 사이의 갈등은 가장 치열한 전쟁터가 아닐 수 없다. 고린도교회 역시 예외는 아니었다. 세속 사회에서 누리고 있던 그 신분적 우월을 유지한 채 교회 내에서도 여전히 차별적 대우를 누리고자 했던 부자 신자들로 말미암아, 모두가 동등하고 평등하게 참여해야 하는 주의 만찬은 훼손되고 말았던 것이다. 이것이 주의 몸을 범하는 죄라면, 가난한 이웃에 대한 무관심과 몰인정 역시 죄(罪)인 것이다.

고린도교회를 향한 사도 바울의 책망은 2000년이 지난 과거의 일일 뿐인가? 아닐 것이다. 그렇다면 오늘 다시 사도의 음성을 되새기며, 사회적 약자와 가난한 자들을 무시하지 말고, 오히려 그들을 주님처럼 받들어 섬김으로써, 손상되고 훼손된 신앙공동체의 동질성을 회복해야 할 것이다.

> "나와 같이 모든 일에 모든 사람을 기쁘게 하여 자신의 유익을 구하지 아니하고 많은 사람의 유익을 구하여 그들로 구원을 받게 하라." (고전 10:33)

Abstract

Economic Conflict between the Rich and the Poor in the Church of Corinth and its Prescription.

Kyoung-Jin Kim

(BaekSeok University)

What did St. Paul have in mind as he addressed the faction that he saw at the Eucharist in the church of Corinth(1 Cor. 11:17-22)? It has been mostly argued that he dealt with the nature of the Eucharist which he thought was damaged because the Christians at Corinth were wrongly informed of it. However, it would appear that this approach misses an important point because the whole context is not fully taken into account. It seems clear that when we look into the introduction(vv. 17-22) and the ending(vv. 33-34) of the text in question, what matters is not the Eucharist itself but the conflict between the rich and poor in the Corinthian church which Paul took very serious indeed. Gerd Theissen provides us valuable insights to appreciate the matter, but misses an important element that is what Paul thought of sin in the text. Out of his extensive exposition on this issue we come to know that the affluent want to enjoy their superiority even in the church which they took for granted due to their social status in Corinth. So occurred the problem that the rich who came to church earlier than the poor ate the food and wine they brought to the church, not considering the poor who had to be late because of their works and jobs for their living. This arrogant attitude of the rich members makes in turn the poor to feel despised and miserable in front of them. Hence Paul rebuked the affluent very harshly because their arrogance destroyed the harmony of the Corinthian church that was established by Jesus Christ who gave them his body and blood as a sacrifice for their redemption. Nonetheless, many attempts have been made to construe what sin that a Christian must confess is as he participates in the Eucharist, which makes the text too theological and individualistic to be properly appreciated. Thus it must be acknowledged that the text is the only one in all the Pauline epistles where the economic conflict between the rich and the poor is seriously dealt with, which leads us eventually to a proper understanding that it is not a theological significance but an economic discord which is Paul's main concern as he mentioned "sin" in the text.

Keywords

Eucharist, Paul, conflict, Corinthian church, the rich and the poor.

HISTORY & INTERPRETATION

제3부

신학 斷想

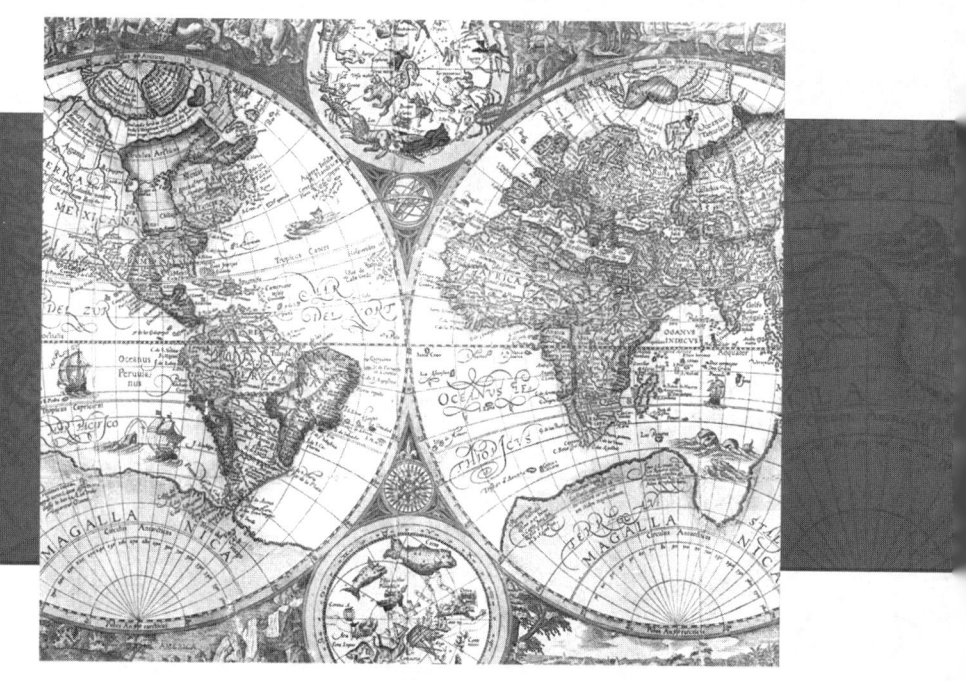

HISTORY & INTERPRETATION

21세기와 복음주의 신학교육[1]

1. 들어가는 말

주지하는대로, 오늘날 20세기말의 시대는 정보화의 시대이다. 정보화 시대를 달리 멀티미디어(multi-media) 시대라고도 부를 수 있을 것이다. '멀티미디어'란 "문자, 소리(음성), 영상 등의 복합적인 정보 데이터를 컴퓨터와 같은 하나의 환경 아래서 결합하여 분석, 가공, 저장, 전송할 수 있는 미디어"[2]라고 말할 수 있겠다. 멀티미디어 시대를 구성하는 매체들은 PC 통신과 위성 방송, 그리고 케이블 TV인데, 이들 매체로 인하여 활성화된 정보와 지식은 우리 사회를 초고속 정보화 사회로 탈바꿈시키고 있는 것이다.[3]

멀티미디어 시대에 직면한 오늘 우리는 사회적으로도 새로운 변신이 요구되고 있지만, 교회 역시 이러한 새로운 도전을 더 이상 외면할 수만은 없는 상황에 처하게 되었다.[4] 그리하여 근자에 들어 아카데미

---

[1] 이 논문은 「성경과 신학」 22(1997) : 29-49에 게재되었다.
[2] 김경찬, "멀티미디어의 물결, 충격의 물결", 『목회와 신학』 1996년, 1월호, 42.
[3] 참고, 김거성, "멀티미디어 시대와 교회의 대응", 『기독교사상』, 1996년 2월호, 35-36.
[4] 박충구 교수는 이런 새로운 사회 상황을 이렇게 표현하고 있다: "멀티미디어는 이제 현대인들의 삶에 있어서 필수적인 요구를 넘어서 거의 강요된 도구가 되고 있으며, 그 도는 더욱 강화될 것이 분명하다. 멀티미디어를 모르면 노동의 질이 떨어지며, 시간을

하우스에서는 "멀티미디어의 충격과 교회의 대응"이란 세미나를 가진 바 있고, 또한 대한성서공회에서는 창립 100 주년을 기념하여 "멀티미디어 시대의 교회"라는 주제로 전국 규모의 공개강좌를 개최한 바가 있다. 이런 맥락에서 한국 교회를 선도하는 위치에 있는 신학잡지사들은 특집으로 멀티미디어 시대에 관한 특별 기사들을 다루었음을 보게 된다.5)

본 논문은 정보화 시대의 신학교육에 관한 것이므로, 성격상 멀티미디어 시대, 즉 정보화 시대의 모든 내용과 영향 그리고 결과를 다루는 것이 될 수 없기에, 이에 대한 보다 상세한 정보들에 대해서는 앞에서 언급한 논문 및 자료들을 소개할 뿐이다. 즉, 이 글에서 본인은 현장에서 신학교육을 담당한 교수로서 어떻게 정보화 시대에 직면하여 신학교육을 인도할 것인가에 관심을 갖고 이 글을 전개해 나가고자 하는 것이다.

오늘날의 컴퓨터는 단지 보다 효율적인 타자기 정도의 역할을 하는 것이 아니다. 발달된 통신기술과 컴퓨터 기술의 결합은 PC 통신이라는 새로운 활동 분야를 창조해 냈다. 이 PC 통신의 국제적 명칭을 우리는

낭비하게 되고 무한한 정보의 세계를 향한 문은 열리지 않는다" ("멀티미디어, 목회를 세울 것인가 무너뜨릴 것인가", 『목회와 신학』, 1996년 1월호, 59).

5) 『기독교사상』, "멀티미디어 시대와 교회", 1996년 2월호, 10-57; 여기에 실린 논문들은 다음과 같다: 최인식, "멀티미디어 시대 가치관의 신학적 이해"; 박충구, "멀티미디어 사회와 윤리적 과제"; 김거성, "멀티미디어 시대와 교회의 대응"; 김진년, "교역자와 신학자를 위한 인터넷 활용".
『목회와 신학』, "21세기 미디어 혁명의 시대가 몰려온다", 1996년 1월호, 40-112; 여기에 실린 논문들은 다음과 같다: 김경찬, "멀티미디어의 물결, 충격의 물결"; 최인식, "멀티미디어 시대와 교회의 신학적 과제"; 박충구, "멀티미디어, 목회를 세울 것인가 무너뜨릴 것인가"; 권진관, "멀티미디어 시대의 교회 공동체성을 진단한다"; 이원규, "멀티미디어 시대를 맞는 교회의 사회적 기능"; 김진년, "멀티미디어 충격과 교회의 대응"; 박병호, 고건, 배기선, 박영근, "멀티미디어의 실제".
『목회와 신학』, "목회자의 인터넷 파도타기", 1996년 10월호, 40-105; 여기에 실린 글들은 다음과 같다: 한선영, "인터넷이란 도대체 무엇인가"; 권순성, "인터넷은 너희 가운데 있느니라"; 최인식, "인터넷 '소란' 시대, 교회가 잘 될까"; 이재규, "인터넷 선교에 눈을 떠라"; 인터넷 교회, "인터넷 교인 시대의 목회" 등의 논문들과 기타 특집 관련 자료들이 포함되어 있다.

인터넷(Internet)이라고 부른다. 따라서 집집마다 설치된 전화선을 통하여 이제 우리는 국내뿐만 아니라 전 세계를 무대로 하여 각종 필요한 정보 및 자료를 각자가 직접 송신 및 수신할 수 있게끔 된 것이다. 뿐만 아니라 telnet이란 도구를 통하여, 예를 들면, 전 세계 어느 대학교든지 그곳의 도서관에 들어가 그곳의 서가(書架)를 마치 그곳 도서관에 앉아있는 것처럼 열람할 수도 있는 것이다. 또한 E-mail이란 서비스를 통하여 타국에 있는 친구 및 은사 교수와 편지는 물론, 정보 및 자료를 송수신할 수 있도록 되어졌다.

이러한 PC 통신 기술의 발달로 인하여 우리는 우리의 앞선 세대보다는 정보 및 자료의 수집과 발표에 있어서 매우 유리한 고지(高地)에 있음이 분명하다. 일례를 들면, 국내에서 우리는 『한국컴퓨터선교회』(KCM)를 통하여 기독교에 관한 각종 유익한 정보를 얻을 수 있을 수 있으되, 여러 종류의 설교 및 신학 자료들을 down받음으로써 평신도 및 신학생은 물론 목사 및 교수들까지 긴요하게 활용할 수 있는 것이다.[6] 한편, 성격상 국제적인 인터넷을 통하여서는 더욱 광범위하게 각종 유익한 정보 및 자료를 얻을 수 있다. 인터넷에는 전 세계의 신학 교육 기관 뿐만 아니라, 기독교 및 신학과 관련된 세계의 거의 모든 출판사, 신학잡지사, 연구기관 등이 거의 등록되어 있어 자신들만의 방(房; Home Page)을 개설하고 있으므로 그곳에 들어가게 되면, 그 기관 및 단체의 각종 새로운 정보만이 아니라 지나갔지만 자신에게 꼭 필요한 정보를 검색할 수 있으며, 필요하면 책이나 잡지 혹은 소논문(articles) 등을 주문을 통하여 얼마든지 받아볼 수 있는 것이다. 일례를 들면, 신학잡지의 경우(periodicals) 반드시 도서관에 가야만 최신 학계의 정보를 볼 수

---

[6] 그외 유익한 기독교 관련 정보의 출처에 대해서는, 『목회와 신학』, 1996, 10월호, 특집, "목회자의 인터넷 파도타기"와 김진년, "인터네트 활용", 52-55를 참고하기 바란다.

있었지만(그것도 주요한 신학잡지를 모두 열람할 수 있는 대형 도서관이라야만 가능한 것이다), 현재는 얼마든지 집에서 인터넷을 통하여 자기가 원하는 신학잡지의 최신 정보를 검색할 수 있으며, 그 중 필요한 것만을 선택하여 주문할 수 있게 된 것이다.[7]

이런 견지에서 볼 때 PC 통신과 인터넷을 매개로한 정보화 시대에 접한 오늘날 신학교육의 방향 또한 어느 정도 재조정될 필요가 있지 않을까 생각한다. 예를 들면, 국내외 산적(散積)해 있는 유익한 정보를 바르게 찾아 학문과 목회에 유익하게 활용하는 것이 필요할진대, 이에 관한 교육이 신학교에서부터 제대로 시행되어야 하리라고 생각한다. 이를 위하여 이론적 배경에 해당하는 멀티미디어론을 위시하여 구체적으로 컴퓨터 및 인터넷 활용의 실기에 이르기까지 필요한 교과목이 개설되어야 할 것으로 생각한다.[8]

그러나 이러한 필요성과 함께 고려해야 할 문제점은, 그 필요성은 제기될 수 있겠으나 새로이 나아갈 방향을 설정하기란 현재로서는 대단히 어렵게 느껴진다. 그 이유는 다음과 같이 정리될 수 있겠다.

첫째, 비록 PC 통신과 인터넷의 발달로 인해 과거에는 상상할 수도 없는 혁신적인 정보 수집 능력이 개인들에게 유용하게 되기는 하였지만, 아직도 국내에는 컴퓨터를 전혀 사용할 줄 모르는 신학생들도 적지 않고, 사용한다 해도 겨우 word processor로만 사용하는 경우가 상당수임

---

[7] 효과적인 인터넷 활용법에 대해서는 위에서 소개한 『목회와 신학』, 1996년 10월호 특집을 참고하기 바란다.
[8] 협성대 신학대학장 김영일 교수는 그의 논문 "21 세기 주요 신학 주제와 교과목"에서 21 세기를 위하여 신학대학원의 교과과정 중 개설될 필요가 있는 교과목 중 하나로 컴퓨터 활용법 및 인터넷 교육을 골자로 한 컴퓨터 교과목을 제안하고 있는데, 분명 의미있는 제안이라 생각한다(『기독교사상』, 1995년 11월호, 35). 성공회대 총장 이재정 교수 역시 그의 논문 "21세기 에큐메니칼 시대를 위한 신학 교육"에서 이와 유사한 주장을 펴고 있다(『기독교사상』, 1995년 11월호, 44-45).

을 우리는 기억해야 할 것이다. 또한 이런 경향이 수년간 외국에서 공부하고 돌아온 신학교수들에게도 그대로 적용되고 있음도 지적되어야 할 것이다. 이런 숫자가 신학교 내에 여전히 적지 않게 존재함이 분명하다면, 사실상 최첨단의 과학문명의 혜택은 이들에게는 아직도 요원(遼遠)한 것이 되고 마는 것이다.

문제가 이렇다면, 무엇보다도 PC 통신 및 인터넷 속에 담겨진 무궁무진한 정보의 보고(寶庫)를 활용할 수 있도록 하기 위해서 신학교수들 먼저 PC 통신과 인터넷 활용 능력을 갖추어야 할 줄로 생각한다. 신학교수의 PC 통신과 인터넷 활용 능력은 물론 개인의 일이기는 하지만, 그 성격상 신학교육의 질적 향상, 나아가 한국신학의 진보 내지 발전, 더 나아가 한국교회의 부흥과 발전과 직결됨으로써 신학교수들의 개별적 능력 함양도 필요하겠지만, 학교 당국의 아낌없는 경제적 지원이 절실히 요청된다 하겠다.

둘째로, 이것은 주로 학생들 편에서의 문제가 되겠는데, 인터넷을 이용한다 할지라도 인터넷의 기본 언어인 영어 실력의 부족이 또한 문제가 되는 것이다. 학교에서 교수들이 인터넷을 통한 정보의 출처를 제공하여 준다 해도 이를 제때에 소화시키지 못하게 되면, 직접적으로 배우는 과목에 이용하거나 장기적으로는 졸업 및 학위 논문 등에 이용하는 것이 어렵게 될 것이다. 따라서 단지 PC 통신과 인터넷 활용 기술만이 문제가 아니라 또한 영어 실력 또한 정보화 시대를 맞이하는 주요한 도구로서 익혀야 할 과제인 것이다. 물론 현재 몇몇 상용 프로그램이 개발되어 인터넷에서 영어를 한글로 옮겨주고 있지만, 속도나 정확도에서 얼마나 믿을만한지 의문이 없지 않다.

이런 서론적 진술을 근거로 하여 정보화 시대의 신학교육의 문제와 관련하여 나의 견해는 이러하다. 먼저 신학교육을 책임진 교수들이 PC 통신과 인터넷 활용 기술을 바로 익혀 능숙하게 활용할 수 있도록 자질을 갖추어야 할 것이다. 그리하여 인터넷의 보고 속에 숨겨진 정보들을 될 수록 많이 퍼내와 학생들에게 최근의 신학계의 정보들을 소개하여 가르치는 분야의 좌표를 일러줌으로써 신학교육의 질적 향상을 도모해야 할 것이다.

한편, 각 학교마다 일부 컴퓨터에 뛰어난 학생들은 일부 교수들보다 더 인터넷을 능수능란하게 활용하고 있다. 그러나 이런 학생들은 아직 신학이 제대로 정립되어 있지 못한 까닭에 정보의 유효성 인식이 부족함으로 이런 학생들을 위하여서라도 신학교에서는 인터넷의 각 사이트(site)에서 제공되고 있는 각종 신학적 정보의 적절성(relevance)과 타당성(validity) 등을 바르게 가르쳐야 할 필요가 있을 것이다. 한편, 학교에서는 이런 뛰어난 재목들을 조교(teaching assistant) 등으로 채용하여 교수의 연구 활동 및 학과의 정보 제공을 돕도록 이끌어야 할 것이다.

그러나 여기서 한 가지 지적되어야 할 점이 있다.

PC 통신과 인터넷 등을 통한 정보 및 자료의 수집은 결국 도구적 가치만 가질 뿐이다. 정보와 자료는 그 자체로 어떤 결정적인 중요성을 가질 수 없는 것이다. 그것이 한 편의 논문이나 책에서 유효, 적절하게 활용될 때만이 그 가치가 인정되는 것이다.

따라서 PC 통신과 인터넷을 통한 정보의 수집만큼, 아니 그 이상으로 중요한 것은 그 정보 및 자료를 분석하고 활용하는 능력인 것이다. 이 점은 특별히 신학생들이 명심해야 할 사항으로 부기(附記)하고 싶은 것이다.

2. 신학대학원이 과연 전문가를 양성하는 곳인가?

이 문제와 관련하여 본인의 대답은 '예, 그리고 아니요'이다. 어찌하여 대답이 그처럼 애매모호한 것인지 그 이유는 다음과 같다.

신학대학원은 한국의 교육법에 의하면 분명 전문 특수 대학원이다. 다른 일반 대학원은 학부 졸업 후 본인의 필요에 따라 좀더 깊이있는 학문을 연구하기 위하여 진학하는 기관으로써 2년제이나, 신학대학원은 장차 많은 회중(會衆)을 영적으로 가르치고 지도해야 할 목사(牧師)라고 하는 전문적 교육가를 양성하는 필수적 기관으로서 3년제 교육을 실시하고 있다. 이 과정의 3년 동안 신학생들은 목사가 되기 위한 필수적 학문들을 이수(履修)해야 되는 것이다. 따라서 신학대학원의 과정에서는 전공(專攻) 혹은 부전공이란 존재하지 않게 되며, 모든 분야, 즉 성경신학, 조직신학, 교회사, 실천신학의 제 분야를 골고루 어느 한 쪽에 편중하지 않은채 배우고 익혀야 하는 것이다.[9] 이런 견지에서 보면, 신학대학원의

---

[9] 21세기의 국제화, 세계화 시대를 대비하면서, 앞서 인용한 "20세기의 신학 교육 주제와 교과목"이란 논문에서, 김영일 교수는 "신학 교육의 지구화: 열린 세계-열린 신학", "교차 문화의 교육", "통일에 대비한 교육", "통신 정보 컴퓨터의 실용화 교육" 등의 신학적 주제를 염두에 두면서 제안한 21세기 신학 교육 교과목은 진지하게 고려해볼만한 가치가 있다고 생각된다: 영어와 제 2외국어, 컴퓨터, 통계학, 환경과 윤리, 영성 훈련, 교차 문화 교육, 마케팅(Marketing), 여성 신학과 여교역자 양성, 목회 실습 강화, 사회 문제 (pp. 33-36).
그러나 이와 함께 우리가 또한 심각하게 고려해야 할 것은, 21 세기가 국제화, 세계화, 정보화 시대가 될 것은 분명하고 그에 따라 변화하는 사회 및 공동체와 그 속의 개체들인 사람들에 대한 이해가 복음 전도와 기독교적 사회 변혁에 있어 긴요함은 물론이겠지만, context에 따라 text, 즉 성경 말씀의 해석이 달라져서는 아니될 것으로 생각한다. 물론 『기독교사상』 1995년 11월호 특집 "21 세기를 향한 신학 교육"에 기고된 논문들이 대체로 이런 경향을 띠는 것으로 해석될 여지가 있어 보이기는 하지만, text로서의 성경의 권위를 상대화시키고 있다고는 생각지 않는다.
그러나 분명 주의할 것은 시대를 따라 변화하는 context와 그것이 제기하는 온갖 사회적, 문화적, 정치-경제적, 교회적 문제에 대한 비중을 크게 둘수록, 그에 대한 적실한 답을 제공해야할 text에 대한 연구 또한 그만큼 진지하게 다루어져할 것으로 생각한다.

기본 3년의 과정을 거친 졸업생들은, 학문으로서의 신학에 관한 한, 전문가는 아니라고 말할 수 있을 것이다. 그러나 또 한편으로는, 신학의 제 분야를 배워 목사가 될 수 있는 필요한 지식을 갖춤으로써 평신도들을 영적으로 지도하고 가르칠 수 있는 자질과 능력을 획득하게 되었음으로 하여 '전문가'라고 불리울 수 있는 것이다.10)

그러나 이러한 구분은 실제에 있어서 별로 실제적이지 않음을 발견한다. 그 이유는, 대부분의 신학생들이 이미 신학교에 입학할 때부터, 혹은 신학 수업을 받는 과정에서 나름대로의 목적 및 목표를 설정하기 때문이다. 다시 말하면, 3년여의 과정 동안, 아니 혹은 그 이전에 신학생들은 목회자가 되든지, 선교사가 되든지, 아니면 신학자가 되어 교수가 되든지 하는 나름대로의 비젼을 갖게 되는 것이다. 그리하여 이러한 자기 나름의 비젼에 맞춰 신학수업에 임하게 되는 까닭에, 비록 신학의 전 과목을 골고루 이수한다 할지라도, 과목에 대한 비중이 다름으로하여 쌓는 학문의 질과 양이 매우 다르게 되기 때문이다.

그러나 신학대학원에서 신학생들이 이수하게 되어 있는 「목회학 석사」(Master of Divinity) 과정은 그 본래의 의도가 목사가 되기 위한 기본적인 학문적 소양을 닦는 것이므로,11) 사실상 교수들은 이 점을 염두에 두어 지나치게 학문적 전문성을 추구하지 않음이 옳을 줄로 생각한다. 일례를

---

10) 전문가로서의 목사에 대한 연구의 한 실제로, 이기춘 교수는 James D. Glasse를 거론하고 있다: Profession: Minister (Nashville: Abingdon Press, 1968) (『기독교사상』, 1995년, 11월호, "21세기를 대비한 신학대학의 교육 제도", 14-15).
이 교수는 신학 교육의 전문성과 기능적 교역 교육이 균형을 이루는 한 실제적 방법으로써, "목회 임상 교육" (Clinical Pastoral Foundation)을 제안하고 있는데, 이는 의학적인 교육 모형과 신학 교육의 목표를 통합해서 발전시킨 것으로, 각 교단의 신학대학원들이 각 교단의 특수성을 참작하면서 그 시행 가능성을 논의할만하다고 여겨진다(ibid., 16-17).
11) 이런 까닭에 영국에서는 Master of Divinity라는 과정은 없고, 이를 B.D.(Bachelor of Divinity)라고 부르고 있다. Cf. 이재정, "21 세기 에큐메니칼 시대를 위한 신학 교육", 40-44.

들면, 과목명은 「사복음서」인데 한 학기에 네 권의 복음서 전부를 가르칠 수 없다는 현실적인 이유를 들어 사복음서 중 대표적으로 마태복음만을 가르친다면,12) 결국 학생들은 사복음서에 대한 전체적 전망을 얻기 보다는 마태복음 한 권만을 깊이있게 배우게 되고 마는 것이다. 이 경우, 교수가 특별히 연구한 마태복음은 선택 과목으로 돌리고, 그 대신 사복음서 과목에서는 사복음서 전체를 폭넓게 전체적인 전망을 갖고 가르치고 또한 배움이 마땅하다고 여겨진다.

앞서 지적한 것처럼, 목회학석사 과정에서의 기본적인 신학교육은 신학자로서의 전문가를 양성함을 근본 목적으로 삼는 것이 아니라, 목회자 혹은 설교자로서의 전문가를 양성함을 근본 목적으로 삼는 것으로,13) 이 과정에서의 모든 교육은 이런 견지에서 초점이 맞추어져야 한다고 믿는다.14) 그러면 여기서 우리는 신학도들이 목회자로서의 전문

---

12) 이 경우 교수는 자기가 관심을 갖고 있거나, 이미 연구한 복음서 하나를 선정하여 이를 가르칠 경우가 많다고 생각된다.
13) 한신대 총장인 주재용 교수는 그의 논문 "신학 교육 기관의 국제적 교류 전망"에서, 앞으로의 신학 교육은 "안수 교역자 양성을 위한 교육의 한계를 벗어나서 안수를 받든 안받든 교역을 하려는 사람을 훈련하는 교육이 될 것"이라고 주장하면서, 21세기의 신학교육은 교역자와 평신도 모두를 교육시키는 것이 되어야 할 것을 제안하고 있다(『기독교사상』, 1995년 11월호, 26-28). 사실 이제까지 신학대학원의 신학교육이 교역자 양성에 주안점을 두어왔음을 감안할 때 새로운 제안으로 여겨지며, 평신도 운동이 강화되는 요즈음 교회의 질적 향상을 위해서라도 장차 이러한 방향에서의 평신도 교육 과정이 신학대학원 내에 개설될 필요성이 있다고 보여진다.
필자가 잠시 공부했던 영국만 하더라도(University of Glasgow, Scotland) 일반 시민들을 대상으로 한 대학교의 사회교육 과정 중 신학 과목이 개설되어 매 학기마다 많은 평신도들이 신과대학 내에서 신학을 공부하면서 학점을 취득하며, 추후 본인이 신학대학에 입학할 경우 그 학점을 인정받는 제도가 마련되어 있다.
14) 감신대 총장 서리인 이기춘 교수는 앞서 인용된 그의 논문, "21 세기를 대비한 신학대학의 교육제도"란 글에서 신학대학의 정체성을 다음과 같이 밝히고 있다: "하나는 교역 후보생을 훈련시키는 교회의 전문기관으로서의 기구적 역할이며, 다른 하나는 고등 교육 기관으로서의 학문적 연구의 역할이다"(p. 10). 그런데 얼핏 보기에 필자의 이런 진술은 이 교수가 지적한 바 신학대학의 두 번째 역할을 무시하는 듯한 인상을 줄지도 모른다. 그러나 필자가 지적한 '성경의 전문가로서의 설교자'란 신학이란 학문적 토대 위에 세워지는 전문가란 의미이지, 단지 설교 기술만을 전수받는 기술자로서의 설교자를 의미하는 것은 결코 아니다.
이런 맥락에서, 필자는 이 교수가 제시한 제안, 즉 "신학대학이 교역 전문가를 양성하는

가가 되기 위하여 갖추어야 할 기본 요건(要件)이 무엇인지를 같이 한번 살펴보고자 한다.

많은 학자들은 마태복음 4장 23절을 근거로 예수님의 사역을 크게 세 범주로 구분하여 설명한다:

"예수께서 온 갈릴리에 두루 다니사 저희 회당에서 가르치시며 천국 복음을 전파하시며 백성 중에 모든 병과 모든 약한 것을 고치시니." (마 4:23)

즉, 여기서 예수님의 사역으로 언급되고 있는 세 개의 동사, '가르치다'(διδάσκω)와 '전파하다'(κηρύσσω)와 '고치다'(θεραπεύω)를 근거로 주님의 사역을 교육과 설교와 치유로 설명하는 것이다.[15]

복음 사역자로서 예수님의 사역의 이러한 특징은 오늘날 주님의 사역을 이 땅에서 계속 이어가는 역할을 수행하는 일군들 중 중요한 일익(一翼)을 담당한 것으로 알려진 목회자의 사역의 성격으로 규정지을 수 있다고 보아진다. 그렇다면 목회자란 결국 가르침과 전파(즉 설교)와 치유에 있어서 전문가가 되도록 부름 받은 것으로 말할 수 있을 것이다. 그런데 이 세 항목 중 치유는, 앞서 설명한 것처럼, 육적인 질병 치유를 물론

고등 교육 기관과 교역 연마의 현장이 되려면 '신학적으로 생각하고, 목회적으로 행동하라'(think theologically, act pastorally)는 사고와 행위의 통일이 '이론-실천'의 구조 속에서 이루어지는 신학 교육의 전문적 제도가 대학과 교회 사이에서 공동의 노력을 통해 구축되어야 할 것이다"(p. 19)라는 진술에 전적으로 찬성하는 바이다.

15) 예수님에 관한 마태의 이러한 진술은 디도데전서 4장 13절의 바울의 디모데에 대한 권면과 유사한 맥락에 있음을 보게 된다: "내가 이를 때까지 읽는 것과 권하는 것과 가르치는 것에 착념하라"(읽는 것=ἀνάγνωσις; 권하는 것=παράκλησις; 가르치는 것=διδασκαλία). 두 구절에서 '가르침'은 공통적으로 등장하고 있으면서, 복음 사역자의 근본적 요건으로 소개되고 있다. 또한 예수님의 사역에서의 '치유'는 주로 육적 질병에 대한 것이지만, 긴박한 종말론적 긴장이 다소 완화된 디모데가 직면하였던 교회 상황에서는 오히려 '권면' 즉 내적 혹은 정신적 치유로서의 상담이 그 역할을 대체하였을 것으로 보아서 이것 역시 연속상에서 이해할 수 있을 것으로 생각된다.

포함할 수 있겠지만, 오늘날 보편적으로 치유는 육적 치유보다는 영적 치유, 즉 상담을 통한 신자(信者)들의 개별적 문제 해결을 가리키는 것으로 이해할 수 있을 것이다.16)

세 가지 복음 사역의 항목 중 가장 두드러진 것은 무엇보다도 전파 즉 설교일 것이다. 따라서 목회자는 곧 설교자인 것이다. 이런 주장의 근거로 우리는 마가복음 1장 38절을 인용할 수 있겠다: "이르시되, 우리가 다른 가까운 마을들로 가자. 거기서도 전도하리니 내가 이를 위하여 왔노라". 여기서 예수님은 명백히 자신의 지상 사역의 목적을 전도에 두고 있다고 말씀하고 있다. 전도(κηρύσσω)는 곧 설교인 것이다. 이런 의미에서 목회자는, 예수님과 마찬가지로, 곧 설교자로 부름 받은 사람임을 우리는 기억해야 할 것이다.17) 목회에 있어서 여러 가지 다양한 많은 사역이 포함되고, 그 모든 사역이 나름대로 모두 중요할 것이나, 무엇보다도 중요한 것이 있다면 역시 설교일 것이다. 그 이유는 설교 없는 목회란 있을 수 없기 때문이다. 한 마디로 목회란 계속적인 설교의 연속인 것이다. 그러므로 성공적인 목회자는 결국 성공적인 설교자이어야만 하는 것이다.

이것이 사실이라면, 신학교에서 훈련받는 목사 후보생들이 가장 심각하게 관심을 가져야 할 분야는 바로 설교인 것이다. 그러나 이 말은 설교학 과목의 중요성을 가리키는 것은 결코 아니다. 그 이유는 설교란 설교학 이론이나 기술만이 아니라, 신학교에서 배운 바 모든 신학적 지식의 총체적 결과로서 빚어지는 열매이기 때문이다. 이런 까닭에

---

16) L. K. Graham, "HEALING", in *Dictionary of Pastoral Care and Counselling*, ed. by R. J. Hunter (Nashville: Abingdon, 1990).
17) 이 점에 관하여는, 오늘날 세계적인 복음주의 설교자 중 하나인 영국의 에릭 알렉선더 목사(Rev. Eric Alexander)와 본인이 대담한 내용을 참고하면 유익하리라 생각한다(『그 말씀』, 1995년, 2월호, 「이 달의 설교자」, 16-25).

나는 신학생들은 부분적으로 신학자로서의 전문가 수업을 받고 있기는 하지만, 근본적으로 일부 신학생들이 목표로 삼고 있는 신학자 및 교수 역시 한 사람의 목사이므로, 모든 신학생들은 목회자, 특히 설교자로서의 전문가로서 준비되고 훈련되어야 마땅하다고 생각하는 바이다.18)

이 시대는 그야말로 전문가의 시대이다. 앞으로 다가올 21세기는 전문가 시대의 특징이 더욱 두드러질 것이다. 문명과 사회가 진보하고 발전할수록, 전체 속에서 개인이 차지하거나 담당하는 역할은 그만큼 세분화될 수밖에 없다. 그래야만 사회는 더욱 정교해지고 그만큼 더 세련되어질 수 있을 것이기 때문이다. 한 사람의 천재가 모든 사람을 만족시키기에는 너무도 사람들의 욕구와 소망은 다양하고 특수한 것이다. 이처럼 정교하게 분화되어진 사회 속에서 목사의 역할로 기대되어지는 것은 무엇보다도 목사의 임무 중 가장 중요한 기능인 설교의 주 내용이 되는 성경 말씀의 전문가이다. 목사가 정치를 안다고 하면 일선의 정치가보다 얼마나 더 알 것인가? 목사가 경제를 안다고 하면 그 일에 인생을 걸고 매달린 중소기업체의 사장보다 얼마나 더 알 것인가? 목사가 예술을 안다고 하면 매일 연습과 실기에 몰두해 있는 예술가보다 얼마나 더 알 것인가? 목사는 공연히 정치가인양, 경제인인양, 예술가인양 해서는 안될 것이다. 목사는 설교자로서 성경의 전문가가 되어야 할 것이다. 만일 목사가 성경의 전문가로서 인정받지 못한다면 이미 목사로서의 자격을 상실한 것과 다름이 없다고 할 것이다.

성경의 전문가로서 설교자와 목사를 양성하는 곳이 다름 아닌 신학교,

---

18) 이런 맥락에서 신학대학원의 교수는 "'학자-교수'의 정체성보다는 '목사-교수'의 정체성을 가지고 신학대학과 교역 현장을 넘나드는 '참여의 신학자상'"을 가져야 할 것이라 주장한 와이즈(C. A. Wise)의 논리는 매우 타당하다고 생각된다(이기춘, "21세기를 대비한 신학대학의 교육 제도", 18).

오늘날의 신학대학원이 되어야 한다고 나는 믿는다. 이런 의미에서 근본적으로 신학대학원은 엄연히 전문가 양성 기관이며 앞으로도 그렇게 남아 있어야 할 것이다. 따라서 지나치게 학문적인 스콜라주의적 경향은 마땅히 지양되어야 하리라고 생각한다. 적어도 M.Div. 과정은 신학자로서의 전문가를 양성하는 곳이 아직은 아니기 때문이다. 그런 역할은 Th.M. 이상의 과정에서 수행되고 얻어질 수 있을 것이다.[19]

3. 신학교육의 실천성 및 방향성

이제 앞서의 논의, 즉 신학교가 성경의 전문가로서의 설교자를 양성함을 근본 목적을 한다는 전제를 바탕으로 하되 필자의 전공인 신약신학을 중심으로 하여 신학교육의 방향성을 다음과 같이 제시해 보고자 한다.

첫째로, 성경의 전문가로서의 설교자를 양성하자면, 무엇보다도 기본적 지식이 탄탄해야 할 것이다. 그 기본 지식 가운데 중요한 것이 바로 성경 원어, 즉 히브리어와 헬라어이다. 물론 이런 고전어를 몰라도 최근들어 여러 모양으로 개발되어 쏟아져 나오고 있는 각종 종합 주석과 설교집들을 이용하면 그런대로 설교는 할 수 있을는지 모른다. 그러나 남의 설교집이나 설교 예문들을 집대성한 책들만을 의존하는 것에는 한도가 있다. 그래도 자기 나름대로의 색깔 있는 설교를 하려고 한다면, 원문에 대한 지식 없이는 대단히 어려울 수밖에 없을 것이다. 원문에 대한 지식은 남이 미처 보지 못한 부분을 찾아낼 수 있으며, 따라서 그만큼 깊이있는 메시지를 전달할 수 있는 매우 유리한 고지를 점하는

---

[19] 신학 교육 제도에 대한 보다 자세한 내용은, 이재정 교수의 "21 세기 에큐메니칼 시대를 위한 신학 교육", 40-44를 참고하기 바란다. Cf. 이기춘, "21 세기를 대비한 신학대학의 교육제도", 18-19.

것이다. 구태여 산상설교의 주님의 말씀을 인용하지 않더라도, 기초가 단단할수록 그 위에 세워지는 건물은 견고하기 마련인 것이다.

이밖에, 성경 원어에 대한 지식 외에 현대어, 특히 영어나 독일어, 혹은 불어 등에 대한 지식은 그만큼 폭넓은 언어 능력으로 보다 많은 책들을 접할 수 있게 됨으로써 신학적 지식 및 정보 획득에 한층 더 유리하다고 생각한다.

둘째로, 성경의 전문가가 되려면, 성경을 보다 깊이 보다 폭넓게 볼 수 있는 안목을 가져야 할 것이다. 이런 목적을 위해서는 전통적인 성경 해석 방법에만 집착해서는 안된다고 생각한다. 이제까지 우리는 신학적 해석, 역사적 해석, 문법적 해석 등의 방법을 주요 해석의 도구로 활용하여 왔다.[20] 사실 우리는 이런 방법을 통하여 우리의 신앙의 중요한 근간이 되는 신학의 정수(精髓)를 발견하였고 이를 은혜롭게 향유하여 왔다. 그러나 이런 해석의 방법을 통한 성경 연구는 이제 한계에 이르렀고, 그리하여 금세기에 들어서면서부터 역사비평적 해석 방법이 소개되면서 성경 연구에 새로운 방향을 제시하여 왔던 것이다. 그러나 이 역사비평적 해석 방법에 대하여는 사실 학자들 간에 상당한 논란이 있어 왔던 것이 사실이다. 그 이유는 일부 학자들이 역사비평적 방법론의 전제를 문제 삼으며 이것이 성경 영감설과 근본적으로 대립되는 것으로 간주하였기 때문이다. 따라서 일부 성경학자들은 여전히 역사비평적 방법론을 이용함이 없이, 여전히 전통적인 해석 방법만을 고집하며 성경을 연구하고 있는 것이다.

이 문제와 관련하여 특별히 공관복음을 전공한 본인은 성경의 유기적 영감설을 인정함을 전제로 하여 이러한 역사비평적 연구 방법론을 이용

---

[20] 루이 벌코프, 윤종호/송종섭역, 『성경해석학』 (한국개혁주의신행협회, 1982), 74-194.

할 수 있다고 믿는다.[21] 그런데 이제까지 소개된 역사비평적 방법론 중 오늘날 가장 광범위하게 활용되고 있는 것은 편집비평(redaction criticism)이다(물론 복음서 연구에 한한 것이다). 이 편집비평은 오늘날도 독일에서는 가장 중요한 연구 방법론으로 여전히 애용(?)되어오고 있다. 그러나 최근 들어 영미(英美) 쪽에서는 문학비평(literary criticism)이 대단한 인기를 모으며 각광을 받고 있다. 이 범주에는 이 방법론 중 핵심적인 위치에 있는 서사비평(narrative criticism)을 비롯하여 장르비평(genre criticism), 수사학비평(rhetoric criticism), 독자반응 비평(reader-responce criticism) 등 다양한 방법론이 개발되어 적용되고 있다.

이 외에 특별히 오늘날 복음서 연구에 있어서 주목을 받고 있는 방법론이 있는데, 그것은 사회적/사회학적 연구 방법이다.[22] 이 방법의 전제는 성경책은, 물론 온 인류를 위한 보편적인 진리를 담고 있기는 하지만, 원래 쓰여질 때는 각 책마다 의도하고 염두에 두었던 특정한 배경 및 공동체가 있었을 것이라는 사실이다. 예컨대, 복음서를 들어 말하자면, 마태, 마가, 누가, 요한은 역시 한 사람의 성도였을 것이고 따라서 이들이 속했던 공동체가 있을 것이며, 그리하여 이들 복음서 기자들은 각 복음서를 우선적으로 이들 공동체의 성도들에게, 또 그들을 위하여, 기록하였을 것이다. 이런 까닭에 복음서 기자가 속하여 있던 그 공동체에 대한 이해는 복음서 이해에 있어 필수적 과정일 것으로 생각되는 것이다. 여기서 사회적 연구 방법이란 본문에 대한 사회적 기술과 분석을 말하는데, 여기에는 당대의 문헌, 고고학적 발견물들, 역사 및 문학 등이 이용된다. 이 방법을 통하여 우리는 성경 시대의 사회 생활과 조직, 정치

---

[21] 본인의 복음서 연구 방법론에 대한 보다 자세한 진술은 졸저,『누가신학의 제자도와 청지기도』(솔로몬, 1996), 44-46; 91-93을 참고하기 바란다.
[22] 이 연구 방법에 대한 자세한 설명을 위해서는, 캐롤라인 오시에크, 김경진 역,『신약의 사회적 상황』, (기독교문서선교회, 1996)을 참고할 것.

생활, 제도, 사회 역학 등을 알 수가 있게 됨으로써 성경의 본래적 의미를 보다 충실하게 발견해 낼 수 있는 것이다. 사회학적 연구 방법은 사회과학 이론, 예를 들면 문화 인류학이나 사회 인류학 등을 이용하여 성경 시대의 교회 공동체들의 구조 및 특징들을 연구하는 것이다. 물론 이 방법론 역시 하나의 방법론으로써 나름대로의 약점이 있는 것은 사실이지만,[23] 확실한 것은 우리는 이 새로운 방법론을 통하여 이제껏 보고 알지 못하여왔던 새로운 사실들을 발견하게 됨으로써, 성경에 대한 보다 깊고 폭넓은 이해를 얻게 되었다는 사실이다.

이 방법론이 새롭다고는 하지만, 그러나 이것은 소위 보수주의 계통에서 하는 말이고, 사실 진보적 경향을 띠고 있는 계통에서는 국내에서도 이미 적극적으로 활용하고 방법이다. 필자가 이를 구태여 밝힌 이유는 보수주의적 계통에서는 사회학을 이용한 이 방법론의 수용을 꺼려왔음이 사실이기 때문이다. 그러나 사회학 이론의 도입을 통한 성경 연구는 성경 속에 깊이 감추어진 진리 탐구의 한 방법론일 뿐이므로 거기에 어떤 가치를 부여하여 이를 판단하는 것은 적절치 않다고 생각한다.

셋째로, 성경의 전문가가 되기 위해서는 이제껏 배운 바 모든 신학적 지식을 동원하여 이를 성경 해석에 활용함으로써 성경 속에 내재되어 있는 진리와 교훈들을 발굴해 낼 수 있는 능력을 갖추어야 할 것이다. 다시 말하면, 원리 및 이론으로서의 신학과 실천 및 실제로서의 설교를 연결시킬 수 있는 교과목이 개발되어 시행되어야 할 것으로 생각한다. 사실상 현장에서 신학교육을 담당한 교수로서 느껴왔던 안타까움 중 하나는 신약성경에 대한 신학적 지식 및 정보, 즉 넓은 의미에서 신약성경 신학을 가르친 후, 이러한 신학적 지식이 설교에 제대로 반영되지 못함으

---

[23] 오시에크, 『신약의 사회적 상황』, 14-15.

로써, 이론으로서의 지식과 실제로서의 설교 사이에 깊은 괴리감을 발견하는 것이다.

　그 이유는, 설교의 본문이 되는 성경 자체에 대해서는 성경신학 교수를 통하여 성경 각 권의 주제, 특징, 사회적 배경과 연결된 기록 목적 및 동기 등을 앎으로써 성경 각 권에 대한 전체적 안목 및 전망을 얻게 되나, 설교학 과목에서는 이러한 신학적 지식을 응용한 설교 작성 훈련이 제대로 이루어지지 못함으로써 여전히 이론과 실제는 겉돌고 있다는 인상을 감추기 어렵기 때문이다. 설교 본문이 되는 성경 말씀 자체에 대한 신학적 이해가 전제가 되지 않는 설교는 자칫하면 본문을 통하여 하나님께서 말씀하고 있는 진의(眞意)가 설교자에 의하여 왜곡되어 설교될 가능성이 얼마든지 있는 것이다.

　여기서 필자는 설교는 근본적으로 본문이 되는 성경 말씀 자체를 근거로하여 이뤄져야 한다고 믿는다. 그러나 주변에서 듣게 되는 적지 않은 경우의 설교는 본문에는 적합치 않은 내용으로 전개되고 있음을 발견하곤 한다. 이런 설교는 본문을 빙자(憑藉)하여 자신의 개인적인 견해나 의도 및 의사를 개진하는 것으로, 하나님의 말씀의 의미를 풀어 전달하는 설교의 기본적인 목적에 위배된다고 생각한다. 성경 말씀 이상으로 설교자의 견해나 의도가 중요하게 제시될 때에 설교는 더 이상 설교일 수가 없다. 설교자란 성경의 전문가로서 성경 속에 깊이 감추어진 진리 및 교훈들을 신학교에서 배운 모든 신학적 지식 및 능력을 총동원하여 이를 끄집어낼 수 있도록 훈련받은 전문가이지, 목사 또는 목회자로서의 권위를 갖고 자신의 제한적인 개인적 견해 및 의사를 밝히도록 허락된 전문가는 결코 아닌 것이다.

　이런 까닭에 필자는 설교란, 근본적으로 본문의 주해를 근거로 한 강해설교가 되어야 한다고 생각한다.

이런 맥락에서, 필자는 신학과 설교를 연결시키는 가교(架橋)적 역할을 할 수 있는 과목의 필요성을 절실히 느꼈던 것이다. 즉, 성경 말씀에 대한 신학적 지식을 근거로하여 본문 속에 감추어진 심오한 진리를 추출해 내어 이를 삶의 현장에 적용시킬 수 있는 훈련을 시킬 수 있는 과정이 필요하다고 생각한 것이다.

이 과목을 강의할 경우 전개되는 과정은 예시적으로 다음과 같을 수 있을 것이다.

먼저 당일 주어진 본문, 대개 한 문단 정도를 원문에 근거하여 교수와 학생들이 함께 문법적으로 주해한다. 이어서 앞서 실시한 문법적 주해와 그 본문이 담겨져 있는 책의 전체적인 신학적 주제 및 전망에 따라 작성된 실제 모델 설교를 함께 감상한 후 이에 관해 토의하도록 한다. 다음으로는, 학생들이 강의에서 배운 바 원리를 따라 자기 나름대로 설교를 작성한 후 이를 발표하고 이 설교가 강의에서 익힌 원리를 따라서 성경적으로 바르게 구성되었는지를 함께 토의한다. 이런 과정을 거침으로써 학생들은 원리로서의 신학을 실제로서의 설교에 적용하는 방법을 배우고 익힘으로써 졸업 후 교역자로서 사역하게 될 때 실제로 이 원리를 목회 현장에 응용할 수 있게 될 것으로 기대된다. 아마도 이 과목은 본질상 교차학문적(interdisciplinary) 성격을 띠고 있으므로, 성경 신학 교수와 설교학 교수가 함께 운용하는 것도 바람직한 방법일 것으로 여겨진다.

영성 생활과 영적 은사[1]

1. 영성이란 무엇인가?

영성(靈性)이란 단어는 사실 최근 들어 개신교회에서 자주 사용하게 된 단어 중 하나인데, 지성(知性)이나 야성(野性) 등의 유사한 다른 말의 용례 및 의미를 고려할 때, 영적인 것, 혹은 신령(神靈)한 것에 속한 품성을 가리키는 것으로 이해될 수 있겠다. 그러나 이것은 어디까지나 일반적인 정의이고, 이 말이 기독교 내에서 사용될 때 그 의미는 보다 전문성을 띠게 될 것으로 생각한다. 영국 더람대학교(University of Durham)의 신약신학 교수인 스티븐 바턴(Stephen Barton)은 그의 저서 『사복음서의 영성』에서 '영성'이란 '하나님의 임재(臨在)를 느끼며 그 임재를 의식하며 사는 것'이라고 말했다.[2] 달리 말하면, '영성'은 하나님의 통치와 지배 아래서의 삶을 가리킨다고 하겠다. 사실 하나님의 임재를 느끼며 산다는 것은 종교개혁자들의 구호였던 '하나님 앞에서' (coram Deo) 살아간다는 말의 또다른 표현인데, 이 모두 하나님과의 친밀한 인격적인 관계를 전제로 하는 것이다. 사실 우리가 깨닫든지 못 깨닫든지

---

1) 이글은 「영성의 삶」 (2000/4) : 32-37에 게재되었다.
2) Stephen C. Barton, *The Spirituality of the Gospels* (London: SPCK, 1992), 1. 이 책은 김재현의 번역으로 기독교문서선교회에서 1997년 출판되었다.

하나님은 우리의 호흡(呼吸)보다도 더 가까이 우리 곁에 계신다. 그런 주님을 날마다 매 순간마다 느끼며 호흡하고 사는 것이 영성생활의 근본 중 하나일 것이다.

2. 영적 은사란 무엇인가?

먼저 영적 은사(恩賜)에 대한 바른 이해가 우선적일 것이다. 일반적으로 성경(주로 신약성경)에 나타난 은사(카리스마, χάρισμα)에는 크게 영적 은사와 개인적 은사 두 종류가 있다. 개인적 은사란 독신(獨身)과 같은 것으로, 개인의 삶의 양식과 관련된 것이라 볼 수 있다(고전 7:7, 17, 20; 1:7; 롬 11:29).[3] 한편 영적 은사는 성령이 역사하심으로 각 사람에게 나타나는 특별한 은사인 것이다.[4] 그런데 영적 은사라 하면 대체로, 우리는 방언, 예언, 통변, 신유 등의 특별한 무엇을 생각한다. 물론 옳은 말이다. 그러나 사실, 이것이 은사의 전부는 아니다. 특별히 영적 은사에 대하여 상세하게 설명하고 있는 고린도전서 12장에 따르면, 사도 바울이 언급하고 있는 은사는 매우 다양하다; 지혜의 말씀, 지식의 말씀, 믿음, 신유(神癒), 능력 행함, 예언, 영(靈) 분별, 방언, 방언 통역(고전 12:4-11),[5] 그리고 사랑(13장). 물론 여기서 사도 바울이 제시하고 있는 은사 목록의 서열(序列)이 중요한 것은 아닐 것이나, 우리가 흔히 은사로서 알고 있는 신유, 방언, 예언, 통역 등보다는 오히려 지혜와 지식의

---

3) K. Berger, "χάρισμα", *Exegetical Dictionary of the New Testament*, vol. 3, 461.
4) 이런 맥락에서 은사는 어의(語義)상 은혜(χάρις)와 관련되어 있다. 다시 말하면, 은사란 성령의 은혜로 말미암아 나타난 하나님의 선물(엡4:7)을 일컫는 것이다(막스 터너 & 이한수, 『그리스도인과 성령』, 292-3).
5) 이들 은사의 특징과 기능에 대해서는, William Barclay, *The Letters to the Corinthians* (DSB; Philadelphia: Westminster, 1975), 108-112; F. W. Grosheide, *The First Letters to the Corinthians* (NICNT; Grand Rapids: Eerdmans, 1976), 282-289를 참조할 것.

말씀, 그리고 믿음이 목록의 선두에 언급되고 있는 것이 단지 우연만은 아닐 것이라고 생각한다. 이런 사실은 12장 27-31절에서 교회의 직분과 함께 다시 은사가 소개될 때, 사도, 선지자, 교사 다음에 능력, 신유, 방언 등의 은사가 언급되고 있는 것에서 다시 확인될 수 있을 것이다.6) 물론 사도, 선지자, 교사에게 능력, 신유, 방언 등의 은사가 불필요하다는 것은 결코 아니지만, 이들 지도자에게는 이런 능력적 은사보다도 오히려 지혜와 지식의 말씀, 그리고 믿음이 우선적으로 필요한 것으로 판단된다.7) 또한 이런 맥락에서 우리가 발견하는 것은 지혜와 지식의 말씀, 그리고 믿음8)은 내면적인 은사인 반면에 신유, 방언, 예언, 통역 등은 외적으로 드러나는 은사라는 점이다.9) 그리고 내적인 은사가 외적인 은사보다 더 우선적으로 언급되고 있다는 점이다. 이와 함께, 은사 목록이 제시된 후 12장 31절에서 더욱 크고 제일 좋은 은사로 사도 바울이 소개하고 있는 것이 바로 사랑인데, 이 역시 내면적 은사다. 아울러 사도 바울은 고린도전서 13장에서 외적 은사인 방언 및 예언과 비교하면서 역시 내적 은사인 사랑을 더욱 중요한 것으로 말하고 있다.

어떤 사람들은 고린도전서 13장의 사랑을 성령의 은사로 인정하지 않는다. 첫째로, 그들은 고린도전서 12장 31절의 "더욱 큰 은사를 사모하라"에서 은사는 복수($\chi\alpha\rho\acute{\iota}\sigma\mu\alpha\tau\alpha$)로 사용되었기에, 이 더욱 큰 은사가

---

6) 이것은 엡 4:11에서도 마찬가지이다. Cf. 막스 터너 & 이한수, 『그리스도인과 성령』 (서울: 총신대학출판부, 1992), 406.
7) 고전 12장 외에도, 성격이 약간 다르기는 하지만, 롬 12: 6-8, 엡 4:11, 벧전 4:11에서도 우리는 성령의 은사의 목록을 발견할 수 있다; 롬 12:6-8 = 예언, 섬기는 일, 가르치는 일, 권위, 구제, 다스림, 긍휼 베풂; 엡 4:11 = 사도, 선지자, 복음 전하는 자, 목사, 교사; 벧전 4:11 = 말씀(누가 말하려면), 봉사(누가 봉사하려면).
8) 어떤 이들은 여기서의 믿음은 구원의 믿음이 아니라 이적을 행하는 믿음이라고 해석한다 (Grosheide, *First Corinthians*, 286; Barclay, *Corinthians*, 109). 물론 롬 1:17, 3:22(막 16:17-18)에 의하면, 믿음은 모든 사람들에게 보편적으로 주어지며, 또한 믿는 자들에게 이적과 표적이 나타날 수 있기는 하지만, 이것이 모든 사람들에게 보편적으로 제공되는 것과는 다른 특별한 믿음이라는 견지에서 이런 해석은 수긍이 간다.
9) Cf. 막스 터너 & 이한수, 『그리스도인과 성령』, 296.

사랑일 수 없다는 것이다.10) 그러나 12장 9, 28, 30절에서 반복되어 나타나는 '병 고치는 은사' 역시 하나의 은사를 가리키면서도 복수로 되어 있다. 따라서 이런 주장은 설득력을 잃는다. 둘째로, 그들은 신약 어디에서도 사랑을 영적 은사로 표현한 곳이 없다고 주장한다.11) 그러나 로마서 12장 8절의 구제나 긍휼 역시 이곳 외에는 신약 어디에서도 은사로서 표현되어 있지 않다.

이와는 반대로, 적극적으로 사랑을 은사로 볼 수 있는 두 가지 근거가 있다. 첫째로, 고린도전서 13장 13절의 '그 중에 제일은 사랑이라'를 직역하면, '그러나 이것들보다 더욱 큰 것(μείζων)은 사랑이라'고 번역된다. 그렇다면 이 구절은 문맥에서 자연스럽게 12장 31절의 '더욱 큰 은사'(τὰ μείζονα)와 연결되고 있는 것이다. 둘째로, 고린도전서 12장 31절의 '더욱 큰 은사를 사모하라'와 14장 1절의 '사랑을 추구하라'는12) 같은 맥락에서 나타나고 수 있으며, 따라서 그 사이(13장)에 소개된 사랑은 은사로서 간주될 수 있는 것이다.

그러면 사랑은 과연 어떤 종류의 은사인가? 앞서 지적한 대로, 고린도전서 13장에 의하면, 사랑은 다른 은사인 방언이나 예언보다, 그리고 더 나아가 믿음과 소망보다 더 크고 귀한 것으로 소개되고 있다.13) 그리고 위에서 언급한 바와 같이, 또 다른 목록의 은사를 소개하고

---

10) 황창기, "사랑이 최고의 은사인가?", 『영성의 샘』 (2000/2), 122.
11) Ibid., 121.
12) 우리말 성경에는 "사랑을 따라 구하라"고 되어 있으나, 원문에 의하면(διώκετε τὴν ἀγάπην), '사랑을 추구하라'는 번역이 보다 적절하다고 생각한다.
13) 사도 바울이 사랑을 은사와 관련시켜 강조한 것은 은사 문제를 다루고 있는 고린도전서 12장과 14장 사이에 13장이 위치하고 있다는 사실에서도 발견된다. 특히 13장은 일인칭 단수를 사용하고 있는데(13:1-3, 11-12), 이는 아마도 사도 바울 자신의 개인적 체험을 근거로 한 것으로 이해되며, 그렇다면 사도는 자신을 은사 활용에 있어서 하나의 모델로 제시하고 있다고 보여진다(Frank J. Matera, *New Testament Ethics; The Legacy of Jesus and Paul* [Louisville: Westminster John Knox Press, 1996], 152). 이런 견지에서 볼 때, 한 마디로, 사랑은 다른 은사들을 유효하게 만드는 역할을 하는 기본적 은사라고 생각된다. Cf. Barlcay, *Corinthians*, 116-7.

있는 로마서 12장에서도 사랑은 매우 중요한 덕목(은사)으로서 언급되고 있다(롬 12:9-10; 13:8-10). 특히 사도 바울은 로마서 13장 10절에서 사랑을 율법의 완성(혹은 성취)라고까지 말하고 있다. 이것은 복음서에서 예수님이 구약의 율법과 계명을 총 정리하여 하나님 사랑과 이웃 사랑으로 요약한 것과 같은 맥락에 있는 것이다(마 22:34-40). 이런 견지에서 우리는 갈라디아서 5장 22-23절에서 사도 바울이 성령의 열매를 소개할 때 사랑을 제일 먼저 언급한 것을 또한 기억해야 할 것이다. 흥미로운 사실은 사도 바울이 성령의 열매로써 아홉 가지 은사를 언급하고 있는데 정작 열매(카르포스, ὁ καρπός)란 단어는 단수(單數)라는 점이다. 열매는 하나인데, 사랑이 제일 먼저 소개되고 그 외 다른 여덟 가지 열매가 이어서 소개된다고 하는 것은 결국 다른 여덟 가지 열매는 사랑의 구체적 표현이라고 이해할 수 있는 것이다.[14] 즉 사랑이 경우에 따라 희락으로 나타나고, 또는 경우에 따라 자비로 나타나며, 또는 양선, 혹은 충성, 절제 등으로 나타나게 된다는 것이다. 그러나 이 모든 은사의 표현에 있어서 근거와 중심은 바로 사랑인 것이다.[15] 이런 해석은 흔히 '사랑 장(章)'이라고 불리는 고린도전서 13장에서 지지를 얻는다. 사도 바울은 13장 4-7절에서 사랑을 소개하면서 오래 참음, 온유, 투기, 자랑, 교만, 무례하지 않음 등을 언급하는데, 사실상 이것들은 갈라디아서 5장의 성령의 열매와 같거나 유사한 종류로서 이해된다. 이처럼 갈라디아서 5장과 고린도전서 13장의 내용을 연계하여 참작할 때 우리는 사랑이 성령의 기본적이고 대표적인 열매이자 은사임을 깨닫게 되는 것이다.[16]

---

14) 알렌 버히(김경진역), 『신약성경 윤리』 (서울: 솔로몬, 1997), 232.
15) "Paul's point is not difficult to discern: love must undergird all spiritual gifts as well as all ethical activity. Without love, moral action and spiritual gifts lose their value"; Matera, *New Testament Ethics*, 152; cf. 172.

사랑이 은사라면, 그것은 은사의 속성상 모든 사람에게 보편적으로 주어지지 않고, 따라서 방언이나 예언처럼 별도로 받아야한다고 말할 수 있다. 그러나 바로 여기에 사랑의 독특성이 존재한다고 나는 생각한다. 왜냐하면 사랑은 성령의 은사이면서 동시에 성령의 열매이기도 하기 때문이다. 이런 맥락에서 볼 때 사랑은 직설법적 요소와 명령법적 요소를 아울러 지닌다고 하겠다.17) 다시 말하면, 사랑은 성령의 은사로서 다른 신령한 은사를 추구하듯 사모하며 추구해야 할 것이지만(명령법), 동시에 성령의 열매로서 우리 안에 거하시는 성령의 역사의 자연스런 표현인 것이다(직설법). 그런데 성령의 열매이자 은사인 사랑은 이 두 속성을 함께 소유하는 까닭에 이 둘을 나누어 생각할 수가 없는 것이다. 이에 대한 적절한 유비(類比)를 구원에 대한 진리에서 발견할 수 있다; 즉 우리는 이미 구원을 받았지만(롬 8:29-30; 행 16:31), 그러나 여전히 구원을 이루어가야 하는 것이다(빌 2:12). 마찬가지로, 사랑은 성령의 열매이자 은사로서, 이미 우리에게 주어졌으나 또한 여전히 추구해야 하는 것이다.

3. 영성 생활과 영적 은사와는 어떤 관계를 갖는 것일까?

위에서 소개된 영성과 영적 은사에 대한 논의를 고려할 때, 이제 이 둘 사이의 관계에 대하여 우리는 어떤 정의를 내릴 수 있을까?

---

16) "Nevertheless, he[Paul] understands that all gifts and activity are subordinate to love" (Matera, *New Testament Ethics*, 152); cf. John Ziesler, *Pauline Christianity* [Oxford: University Press, 1992], 122.

17) 이런 맥락에서 버거는 사랑을 모든 참 영적 은사의 표지(標識, sign, 직설법)이자 동시에 다른 은사들의 원리(명령법)로서 묘사하고 있다(Berger, "χάρισμα", 460). 아울러 지슬러는 사랑을 '선도적 원리'(the guiding principle)라고 표현하고 있다(Ziesler, *Pauline Christianity*, 122). Cf. D. A. Carson, *Showing the Spirit; A Theological Exposition of 1 Corinthians 12-14* (Grand Rapids: Baker, 1996), 57.

영성이란 하나님과의 친밀한 인격적인 관계를 유지하는 것인데, 여기서 기본적이고 대표적인 영적 은사인 사랑은 대단히 중요한 역할을 담당하고 있다. 결국 사랑은 우리들이 영성을 유지하는데 있어 빼놓을 수 없는 필수 불가결한 요소인 것이다. 즉 사랑을 통하여 우리는 하나님을 만나며 하나님의 임재를 느끼고 하나님과 교제하는 것이다. 물론 사랑 외의 다른 은사들 역시 하나님과의 관계에 있어서 중요하겠으나, 그 중 가장 중요하고 더욱 큰 은사는 바로 사랑인 것이다.

그러나 기본적이자 대표적 은사인 사랑 외의 다른 은사들, 즉 방언, 예언, 신유 등의 은사들은 사실 영성생활에 있어서 사랑만큼 필수불가결하지 않을 수 있다. 다시 말하면, 방언이나 예언, 신유나 능력 등의 은사가 없다고 하여 영성생활에 지장(支障)이 있는 것은 아니다. 그런데 일부 그리스도인들 가운데는 아예 방언, 예언, 통역 등의 은사를 무시하는 경향이 없지 않다. 우리 삶의 표준적 지침인 하나님의 말씀인 성경이 우리 손에 주어진 이상 그 외의 다른 도움이 필요하지 않다는 것이다. 이런 주장이 틀린 것은 결코 아니다. 그러나 분명한 것은 우리 주위에는 여전히 이런 외적 은사를 받은 그리스도인들이 존재하고, 이를 통하여 매우 건설적으로 긍정적으로 교회와 성도들을 돕고 있다는 사실이다.[18] 오히려 이런 은사들을 받은 이들은 이를 통하여 하나님을 더욱 가까이 느끼면서 더욱 깊이 있는 영성을 유지하고 있다. 이런 맥락에서, 일부 학자들은 방언이나 예언 등의 외적 은사들을 '부가적 은혜'(donum super-additum)라고 부르기도 한다.[19] 이를 좀더 설명하면, 방언이나 예언 등의 은사는 모든 성도들에게 보편적으로 주어지는 것이 아니라, 중생

---

18) 사실 은사의 목적은 이처럼 교회의 건덕(健德)을 위한 것이다(고전 12:12, 26; 14:26; 엡 4:12).
19) Cf. Robert P. Menzies, *The Development of Early Christian Pneumatology* (JSNT Sup. 69; Sheffield: JSOT, 1991), 278-9.

이후 별도로 성도답게 살며 활동할 수 있도록 돕기 위해 추가적으로 주어지는 은혜 혹은 은사라는 것이다.[20] 이에 대한 성경적 예로서, 오순절 날 사도 및 제자들이 성령을 받아 방언한 일(행 2:1-4), 사마리아의 성도들이 믿고 세례 받은 이후 베드로와 요한의 안수를 통해 성령을 받은 일(행 8:14-17), 고넬료와 그 가족들이 베드로의 설교를 듣는 중 성령을 받은 일(행 10:44-48), 에베소의 제자들이 세례 받은 이후 사도 바울의 안수를 통하여 성령을 받고 방언과 예언한 일(행 19:1-7) 등을 들 수 있겠다.[21] 이런 일련의 사건들을 고려할 때, 성령을 통해 주어지는 이러한 부가적 은혜 및 은사는 영성생활에 필수 불가결한 것은 아닐는지 모르나, 그러나 성도로서의 효과적인 영성생활을 위하여는 역시 중요하다고 말할 수 있을 것이다.

그러나 그렇다고 하여 모든 그리스도인들이 바람직한 영성생활을 위하여 이런 종류의 부가적 은사들을 반드시 받아야 한다고 말할 수는 없다고 본다. 왜냐하면 은사란 본질적 속성상 전적으로 선물이기 때문이다.[22] 이는 은사들이 우리가 원한다고 하여 무조건 주어지는 것이 아니라는 뜻이다.[23] 그렇다면, 우리는 이런 은사들을 사도 바울의 말씀대로 사모하여 추구하기는 하되, 주어지지 않았다 하여 실망할 필요는 전혀 없는 것이다. 왜냐하면 더욱 크고 가장 좋은 은사로서 기본적이자 대표적인 은사인 사랑이 우리에게 이미 주어졌기 때문이다.

---

[20] 분명한 것은 고전 12, 14장에서 사도 바울은 결코 방언이나 예언을 금지시킨 적이 없다는 사실이다. 단지 이의 남용이 혼란을 야기할 수 있으므로, 적당하게 질서대로 할 것을 가르친 것이었다(고전 14:26-36, 39-40).
[21] Cf. 김경진, 『성서주석 사도행전』(대한기독교서회, 1999), 208, 389-392.
[22] 따라서 영어에서도 이를 gift로 번역하고 있다(참고, 엡 4:7).
[23] 그러나 여기서 기본적이요 대표적인 은사인 사랑은 예외에 해당한다. 왜냐하면 사랑은 추구해야 할 대상이기도 하지만 이미 주어진 은사이기도 하기 때문인 것이다. 이것은 마치 믿음이 요구되는 것인 동시에 하나님의 선물인 것과 마찬가지라고 여겨진다(참고, 엡 2:8).

4. 영성생활 중 영적 은사가 차지하는 비중과 역할

영성생활에서 영적 은사가 차지하는 비중은 결정적이다. 왜냐하면 사랑과 같은 기본적이면서도 중요한 은사가 없다면 결코 올바른 영성생활을 유지할 수가 없기 때문이다. 아울러 사랑과 믿음처럼 기본적 은사는 아니어서 덜 중요할는지 모르지만, 그 밖의 외적 은사들, 즉 방언, 예언, 신유 등의 은사들 역시 효과적인 영성생활을 위해서는 매우 유익하고 긴요하다고 생각한다. 이렇게 볼 때 은사란 영성의 유지 및 고양(高揚)을 위한 매우 효과적인 도구로서 그 역할이 대단히 중요하다고 판단된다. 그렇다면 사실 가능한 많은 은사를 받는 것이 영성 향상에 더욱 도움이 될 것으로 생각된다.

그러나 앞서 언급한 대로, 은사란 하나님의 뜻대로 주어지는 성격을 지녔고(고전 12:11), 따라서 모든 은사가 모두에게 보편적으로 주어지지 않는 까닭에, 그리고 기본적이고 대표적인 사랑이 우리 모두에게 이미 주어졌으므로, 우리는 기본적 은사 외에 소위 부가적 은사들을 받지 못했다하여 전혀 낙심할 필요는 없을 것이다. 또한 전지 하신 하나님께서는 각자에게 적합한 은사를 적절하게 나누어주심으로(고전 12:4-26)[24] 하나님과 교회를 섬기도록 우리들을 인도하시기 때문이다.

그러므로 우리는 우리 각자에게 주어진 은사들이 무엇이든, 결국 이것들은 하나님과 교회를 섬기는 방법론적 도구로 주어진 것이므로, 받은 바 은사들을 최대한 적극적으로 활용 및 계발하여 주어진 직분과 역할에 최선을 다함으로써 하나님의 뜻을 이 땅에서도 실현해 나가야 할 것이다.

---

[24] 이것은 은사의 다양성을 가리키는 것인데, 이로써 교회는 각 은사의 풍부한 역할과 기능으로 더욱 발전할 수 있게 되는 것이다(Grosheide, *Corinthians*, 289).

희년과 복음[1]

　성경에서 '희년' 개념은 레위기 25장 8-34절에 근거한 것으로, 일곱 안식년 후 즉 49년 후 첫 번째, 즉 50년째가 되는 해를 가리켜 말한다. 희년(禧年)은 히브리어로 요벨(יובל)인데, 이는 '양각(羊角) 나팔'(a ram's horn)을 뜻한다(출 19.13; 수 6.5; 레 25장; 27.18, 23-24; 민 36.4). 여호수아 6장은 특별한 나팔인 요벨과 평범한 나팔인 수파르(שופר)를 분명하게 구별짓고 있다. 요벨은 오직 제사장들만이 불 수 있으며, 따라서 거룩함과 초자연적 성격을 띠고 있다. 반면에 보통 나팔인 수파르는 일반 백성들이 부는 것으로, 여리고 성을 함락하게 만들었던 바로 그런 종류의 나팔이었다. '큰 나팔'(사 27.13)이라고도 불렸던 요벨은 이방 나라에 정복당하여 사방으로 흩어졌던 이스라엘 백성을 위하여 행복하고 새로운 시대를 선포하는 역할을 하였다. 이처럼, 요벨은 특별한 경우에 특별한 목적을 위해 사용됨으로써 특별한 성격을 띠었던 것이다. 이런 맥락에서 볼 때, 희년의 나팔은 온 땅의 모든 거민(居民)들에게 자유를 선포하면서 새로운 시대의 시작을 알리는 역할을 하였던 것이다 (레 25.9-10).[2] 즉 자유를 선포하고 새로운 시작을 알린다는 의미가

---

1) 이 글은 「농어촌 목회와 신학」 5(2000/봄) : 5-12에 게재되었다.
2) *Interpreter's Dictionary of Bible*, vol. 2, 1001-2.

함축되어 있는 것이다.

희년은 원칙적으로 두 가지 기능을 수행하였다. 첫째는 어떤 이유로든지 지난 49년 동안에 종이 되었던 유대인을 해방시키는 것이었다. 환경과 형편에 의해 어쩔 수 없이 종이 되었던 사람들에게 토지와 가족과 자유를 돌려줌으로써 세습적인 노예제도를 방지하고자 하였다. 둘째는 마찬가지로 어떤 이유로든지 지난 49년 동안에 타인에게 팔렸던 토지와 가옥이 원래의 주인이나 가족에게로 되돌려지는 것이었다. 이로써 이스라엘 내에서 빈부의 격차를 억제하며 이스라엘이 평등한 사랑의 공동체가 될 것을 기대하였다. 즉 이 희년 제도를 설정함으로써 하나님은 이스라엘이 평등한 사랑의 공동체가 되기를 원하였던 것이다. 그러나 이 희년 법은 제대로 지켜지지 않았으며, 이스라엘 내에는 세습적인 노예제도와 극심한 빈부의 격차가 발생하였다.

이런 맥락에서 볼 때, 희년은 우리에게 세 가지 교훈을 가르쳐 준다. 첫 번째 교훈은 실제적인 것으로, 하나님은 인간 사회에 빈부의 격차가 심화되는 것을 기뻐하지 않는다는 것이다. 노예가 해방되고 빚이 취소되며 전당잡힌 토지나 가옥이 모두 본래의 주인에게 돌아간다는 것은 가난한 자들에 대한 관대하고도 친절한 배려인 것이다. 이런 제도를 통하여 하나님은 이스라엘 공동체 내에서 약자(弱者)의 위치에 있었던 가난하고 소외 받는 자들을 보호하고자 하였던 것이다. 사실 희년제도는 하나님이 이스라엘 백성들에게 요구했던 여러 가지 구제제도 중 하나이다.[3] 만약 희년 제도를 제대로 시행하였더라면 이스라엘은 모든 국가들

---

[3] 희년 제도 외에 이스라엘에는 네 가지 구제 제도가 더 있었다; ① 가난한 자들을 위한 제2의 십일조(신 14.28-29; 26.12-15), ② 곡식 경작에 관한 안식년 법(출 23.10-11), ③ 추수에 관한 규정으로써, 가난한 자들을 굶주림과 기아로부터 구제해 줄 '세 가지 관습적 권리' ④ 고리대금업의 금지(레위 25.35-38; cf. 신 15.7-8); 김경진, 『누가신학의 제자도와 청지기도』(서울: 솔로몬, 1996), 385-390. Cf. R. Brooks, *Support the Poor in the Mishnaic Law of Agriculture: Tractate Peah* (Chico: Scholars, 1983), 139-156; E. P.

이 부러워할 복지국가가 되었을 것이다. 그러나 안타깝게도 역사적으로 볼 때, 이 희년 제도는 이스라엘에서 한 번도 시행되지 않았던 것으로 전해진다. 그렇다면 현실 세상에서 시행되지 않았던 이 희년 제도는 결국 종말론적인 하나님의 나라의 한 특징을 시사하는 것으로 이해될 수 있을 것이다. 두 번째 교훈은 이 제도에 담겨있는 영적(靈的)인 의미이다. 비록 이 땅에서 가난으로 인해 빚을 짐으로써 집이나 토지를 빼앗기고 더 나아가 종이 된다 할지라도, 희년에는 이 모든 것이 청산되고 원래의 위치로 환원된다고 하는 것은 죄와 탐욕으로 인해 사단의 노예가 된 우리들이 주님의 은혜로 말미암아 죄와 사망과 사단으로부터 해방되어 구원받게 된다는 것을 의미하는 것이다.4) 희년에 고향과 가족으로 돌아가며 잃었던 모든 소유와 재산과 가족을 되찾는다는 것은 곧 영원한 평화와 안식을 가리키는 것으로써, 이는 예수님의 죽음을 통해 얻는 성도들의 영원한 자유와 해방 및 안식을 의미하는 것이다.

신약에서 구약에 뿌리를 둔 희년 제도에 대하여 가장 분명하게 언급하고 있는 곳은 누가복음이다. 특히 누가복음 4장 18-19절에서 예수님이 자신의 사역을 시작하면서 그 첫 번째 설교의 주제로 삼은 것이 바로 이 희년 제도였다.5) 이 구절은 이사야 61장 1-2절로부터 인용된 것인데, 레위기 25장 8-34절에 언급된 희년을 암시하는 것이다.6) 이사야는 사실 바벨론에서의 포로생활로부터 이스라엘의 해방을 예언한 것이지만, 누가복음에서 예수님은 가난과 질병 및 죄로부터의 해방과 그 결과를

Sanders, *Jewish Law from Jesus to the Mishnah* (London: SCM, 1990), 236-7; J. Jeremias, *Jerusalem in the Time of Jesus* (London: SCM, 1969), 132.
4) 마가복음 10장 45절은 이런 진리를 가장 잘 표현해 주고 있다. 예수님 사역의 구속(救贖)적 성격은, 그러나, 바울서신에서 보다 구체적으로 분명하게 표현되고 있다(롬 3.21-31; 6.1-11; 갈 3.10-14 등등).
5) B. J. Malina & R. L. Rohrbaugh, *Social-Science Commentary on the Synoptic Gospels* (Minneapolis: Fortress, 1992), 309.
6) E. Schweizer, *The Good News according to Luke* (Atlanta: John Knox, 1984), 88-89.

선포하였던 것이다. 이처럼 누가는 이사야의 희년에 대한 묘사를 예수님 시대를 묘사하는 것으로 사용하고 있다. 이 구절은 마가복음 1장 14-15절과 대조가 되고 있는데, 누가는 여기서 마가나 마태가 공통적으로 사용하고 있는 하나님의 나라의 임박한 도래와 그에 상응하는 회개를 강조하는 것 대신에 예수님의 도래로 나타나게 될 결과를 제시하고 있다.[7] 특히 여기서 누가는 이사야 61장 2절 중 '우리 하나님의 신원의 날을 전파하며'를 생략하고 있는데, 이는 이제 시작되는 구원의 시대에 적절하지 못하다고 판단하였을 것이기 때문으로 보인다.[8] 따라서 19절의 '은혜의 해'는 세상의 달력을 가리키는 것이 아니라, 구원이 선포되는 시기, 즉 메시아 시대(the Messianic Age)를 가리키는 것이다.[9] 결과적으로, 예수님이 나사렛 회당에서 이사야 61장 1-2절을 읽고, "이 글이 오늘날 너희 귀에 응하였느니라"(눅 4:21)고 말씀한 것은 이사야가 예언했던 희년이 이제 메시아로서의 예수님의 사역을 통하여 성취되었음을 의미하는 것이다.

이 말씀은 이제 대단히 중요한 의미를 갖는다. 앞서 지적한 바와 같이, 구약에서는 희년 제도가 명령되기는 하였어도 실행되지는 못했는데, 신약에 이르러 예수님은 이 말씀이 오늘날 성취되었노라고 말씀하고 있는 것이다. 그러면 구체적으로 어떻게 예수님은 누가복음에서 희년을 성취하고 있을까?

한 마디로, 가난한 자들을 돌보시고, 또한 귀신들린 자와 소경을 포함하

---

[7] 마가복음과 마태복음에서 예수님의 첫 번째 설교의 메시지는 "하나님의 나라가 가까이 왔으니 회개하라"는 것이다(막 1.15; 마 4.17). 그러나 다른 복음서들과는 달리 누가복음에는 이런 유의 설교가 나타나지 않고 있다. 이것은 그만큼 누가가 복음의 희년적 성격에 큰 관심을 가졌음을 뜻하는 것이다.

[8] J. A. Fitzmyer, *The Gospel according to Luke* (Anchor Bible; New York: Doubleday, 1981), 533.

[9] J. B. Green, *The Theology of the Gospel of Luke* (Cambridge: University Press, 1995), 78.

여 각종 병자들을 치유하며(눅 4.38-41; 5.17-26; 6.17-19; 7.1-18 등등), 이방인이나 여자나 어린이나 기타 세리 및 창기 같이 사회로부터 버림받고 소외된 이들을 위해 힘씀으로써 주님은 희년의 정신을 성취하였던 것이다. 사실 누가복음 4장 18-19절은 누가복음의 내용 전개를 암시하는 열쇠와 같은 역할을 하고 있다. 그리하여 예수님은 누가복음에서 이 구절에 소개된 프로그램을 따라 가난한 자들에게 복음을 전하며, 포로된 자에게 자유를 전파하고, 눈먼 자인 소경의 눈을 뜨게 하였을 뿐만 아니라, 눌린 자들을 자유하게 하였던 것이다. 사실 누가복음 4장 18절에 등장하는 가난한 자, 눌린 자, 포로된 자, 눈먼 자들은 사실상 모두 가난한 자의 범주에 속한 사람들이다.10)

여기서 먼저 '포로된 자'(αἰχμαλώτοις)에 대해 말할 때 '죄의 포로'라는 의미로 이해하기 쉽다. 물론 누가복음에서 이 단어는 이런 의미로 사용되기도 하였다(1.77; 3.3; 24.47). 그러나 우리는 복음서에서 그의 자료의 선택 및 배열 작업을 놓고 볼 때, 누가가 인간의 영적, 육체적 측면에 모두 관심을 갖고 있는 사람으로서, 이 단어를 영적인 의미로만 사용하지는 않았을 것으로 생각한다. 사실 주후 70년 로마에 의한 팔레스타인 정복 이후 수천 명의 유대인들이 노예로 끌려가 로마 동부지방에 흩어져 살게 되었다. 이런 견해는 누가복음 21장 24절과 일치한다. 그런데 이들 노예 중 일부는 그리스도인이 되었을 터인데, 아마도 기독교 공동체는 그 내부의 노예들을 해방시키고 있었을 것이고, 누가는 예수님의 이 말씀을 통하여 그들이 그러한 관습을 승인하고자 하였을 것이다.11)

또한 우리는 고대세계에는 종종 빚으로 인해 포로가 되는 사람들도 적지 않았음을 알고 있다. 사실 여기서 사용된 (포로된 자에게) '자유를'에

---

10) P. F. Esler, *Community and Gospel in Luke-Acts* (Cambridge: University Press, 1987), 180-3.
11) Esler, *Community*, 181-2.

해당하는 헬라어(ἄφεσις)는 고전헬라어와 칠십인 역(LXX)에서는 빚의 탕감에 사용되었다.[12] 그렇다면 빚으로 인해 포로가 되었다면, 그 역시 대단히 가난한 사람이었을 것임이 분명한 것이다.

이와 함께 '눌린 자'(τεθραυσμένους; 압제 당하는 자) 역시 우리는 이런 맥락에서 이해할 수 있을 것이고, '눈먼 자', 즉 소경은 남의 도움이 없으면 전혀 살아갈 수 없는 사람으로, 정녕 거지일 수밖에 없는 사람인 것이다.

이러한 가난한 자들에 대한 누가의 관심은 복음서 자체 내에서도 자주 발견되면서 다른 복음서들과 차별화를 이루며 누가복음의 주요한 특징이 되고 있다. 누가의 이런 관심이 표현된 구절들은 다음과 같다; 6.20; 7.22; 14.13, 21; 16.20, 22; 18.22; 19.8; 21.3. 아울러 이와 함께 누가복음에서 강조되어 나타나는 구제의 명령 또한 이 범주에 포함할 수 있을 것이다(3.11; 6.35, 38; 11.41; 12.33). 또한 누가복음 전체를 통하여 누가는 마가, 마태보다 프토코이(πτωχοί)는 단어를 더욱 자주 사용하고 있음을 보게 된다.[13] 그런데 누가복음에 등장하는 가난한 자들이 보통의 가난한 자들이 아니라 스스로 자립할 수 없는, 따라서 남의 도움이 없으면 굶주려 죽을 수밖에 없는 불구자, 소경, 문둥병자들과 같은 절대적 빈곤 자들이라는 사실은 누가가 말하는 가난의 정도가 어떠한지를 여실하게 드러내준다고 하겠다. 한 마디로 이들은 '도시의 쓰레기'(urban drags) 같은 사람들이었다.[14]

한편, 4장 18-19절에 이어지는 예수님의 설교 가운데 등장하는 인물들

---

12) R. Bultmann, ἀφίημι, TDNT, Vol. I, 510.
13) 마가와 마태는 그 복음서에서 각각 다섯 번 이 단어를 사용하고 있으나, 누가는 그것의 두 배인 열 번 사용하고 있다. 사실 '가난하다'는 뜻의 말은 πτωχός 외에도 πένης, ἐνδεής 등이 있으나, 복음서에서 주로 등장하는 단어는 아무 것도 가진 것이 없는 거지란 의미의 πτωχός이다(Esler, *Community*, 180).
14) Esler, *Community*, 181.

을 통하여 우리는 희년 정신의 성취의 한 단면을 보게 된다. 여기서 말하는 등장인물은 모두 네 명이다; 엘리야, 엘리사, 사렙다 과부, 그리고 나아만. 먼저 엘리야와 엘리사는 유대인이고, 사렙다 과부와 나아만은 이방인이라는 점은 아마도 누가공동체가 이방인과 유대인의 혼합공동체였을 것을 암시해 주고 있다.15) 그러나 누가복음의 유력한 특징 가운데 하나인 보편주의를 근거로 하여 누가공동체가 이방인만의 공동체라는 주장도 만만치 않아서,16) 혼합공동체라 할지라도 이방인이 다수이고 유대인은 소수인 그러한 형태를 띠었을 것으로 생각된다. 둘째로, 세 명의 남자들 가운데 한 명의 여자인 사렙다 과부가 남자들과 함께 소개된 것은 여자를 남자의 재산의 일부인 부속물로 간주하지 않고 남자와 동등하게 간주한 것으로써 여자들의 신장된 인권(人權)의 일면을 보여주는 것으로 이해될 수 있을 것이다.17) 여자들에 대한 이런 새로운 모습은 아마도 누가공동체에서도 이미 진행중이거나, 혹은 그렇게 되기를 바라는 누가의 기대의 반영이라고 볼 수 있을 것이다. 셋째로, 사렙다 과부와 나아만은 이방인들이라는 점에서는 공통점이 있으나, 기근으로 인하여 굶어죽게 된 사렙다 과부는 가난하였고 아람 국의 군대장관이었던 나아만은 부자였다는 점에서 차이점이 발견된다(왕상 17.12). 이러한 차이점은 아마도 누가공동체 내에 과부와 같이 가난한 자들과 나아만과 같이 부유한 자들이 함께 공존하였을 것으로 추정하게 만든다. 그리고

---

15) Esler, *Community*, 31; R. Maddox, *The Purpose of Luke-Acts* (Edinburgh: T & T Clark, 1985), 31; 알렌 버히(김경진역), 『신약성경 윤리』 (서울: 솔로몬, 1997), 209-215. 또한 이 구절이 예수님의 사역을 예시한다는 점에서 볼 때 장차 예수님 자신과 교회의 이방인 선교사역을 예시한 것으로 이해될 수 있을 것이다; cf. C. F. Evans, *Saint Luke* (TPI NTC; London: SCM, 1990), 275.
16) Fitzmyer, *The Gospel according to Luke*, 59.
17) 또한 이것은 누가복음의 또다른 별칭인 「여자들을 위한 복음」(the Gospel for Women)의 특징의 한 근거로 이해된다. 참고, 버히, 『신약성경 윤리』, 205-7; 김경진, "누가복음을 바로 설교합시다", 『그 말씀』 55호(1997/2), 129-130.

이 가난한 과부의 등장은 4장 18절의 취임설교의 첫 마디에서 가난한 자를 복음의 첫 번째 대상으로 지목한 주님의 메시지에 부합한 것으로, 주님의 사역의 방향을 역시 예시하는 것으로 볼 수 있다.

그렇다면 결과적으로 예수님은 자신의 사역의 방향을 제시하고 있는 그 취임설교에서 유대인과 이방인, 남자와 여자, 부자와 가난한 자 등 사회 모든 계층의 사람들을 골고루 등장시켜 거론함으로써 당신의 사역이 어느 특정한 한 부류의 사람들, 특히 유대인들이나 남자들이나 부자들에게만 제한되지 않고, 공동체의 모든 사람들에게 해당됨을 가르쳐 준 것이다. 이것은 동시에 이방인이나 여자나 가난한 자와 같은 약자에 대한 관심과 배려의 증거로써 간주될 수 있으며, 이 역시 희년 정신의 맥락에서 이해될 수 있는 것이다. 그리하여 주님은 취임설교에서 밝힌 이러한 희년의 원리와 정신에 따라 행동하며 그의 지상사역 동안 이 땅의 포로된 자, 눌린 자, 눈먼 자, 즉 잃어버린 자들을 찾아 구원하였던 것이다(cf. 19.10).[18] 요컨대, 예수님의 사역이 희년의 구체적 표현이었던 것이다.[19]

가난과 질병의 속박으로부터의 해방, 그리고 죄로부터의 해방 이것이 바로 희년의 정신이다. 구약에서 명령되기는 하였으나 시행되지는 못하였던 희년 제도가 예수님의 오심과 더불어 그 사역을 통하여 그 정신 및 원리가 성취되었다는 것, 사실 이것이 복음인 것이다. 이런 맥락에서 누가복음 4장 18-19절은 예수님의 도래, 즉 하나님 나라의 도래로 인하여 발생하게 될, 그리고 또한 발생해야 될 현상에 대한 기록이다. 이제

---

18) David L. Tiede, *Luke* (Augsburg Commentary on the NT; Minneapolis: Augsburg, 1988), 106.
19) F. W. Danker, *Jesus and the New Age* (Philadelphia: Fortress, 1988), 107: "Jesus' ministry (distinct from that of John's, cf. Luke 16:16) is its(the year of Jubilee) practical expression, for it is a ministry of liberation to the poor and the oppressed".

이런 희년의 정신을 오늘 우리 시대에 적용하려면, 우리는 죄의 굴레로부터의 해방을 위해 복음 전도에 힘써야 할 것이며, 또한 가난과 질병의 속박으로부터의 해방을 위해 구제를 베풀면서 사회봉사에 힘써야 할 것이다. 궁극적으로 복음전도와 사회봉사, 이 두 가지 원리가 희년을 성취하는 원동력이라고 생각된다.

희년의 정신을 따라 사신 우리 주님의 모범적 삶을 성경을 통하여 보면서, 오늘 이 시대에 우리는 누가복음 4장 18-19절에서 말씀하신 희년의 원리를 우리가 사는 시대와 사회에 적용해야 할 것이다. 이럼으로써 우리는 예수님이 이미 성취하신 희년을 우리 시대와 사회에 구체화시킴으로써, 하늘에서 이루어진 하나님의 뜻이 오늘 우리 시대에 이 땅에서도 계속하여 이루어져가도록 힘써야 할 것이다.

신약적 관점에서 본 동성애[1]
우리 시대의 이방인

　작년 가을쯤 해서 인기 연예인 홍석천씨가 "더 이상 영혼을 속이고 싶지 않습니다"라고 말하면서 자신이 동성애자임을 모 월간지에 고백함으로써, 세간의 화제가 된 적이 있었다. 그로 인해, 한 때 그는 방송 출연이 금지되었다가 얼마 전부터는 간헐적으로 다시 방송에 출연하고 있다. 그러나 이 사건은 한 때 우리 사회를 동성애 문제로 술렁이게 만들었다. 즉, 이 사건으로 인해, 당시 우리 사회에는 동성애 문제가 화제가 되었고, 아울러 대학교 안팎에서는 음성적으로 움직이던 동성애자 동아리가 양성적으로 자신들을 나타내기도 하였다(이를 소위 coming-out이라 한다). 한편 홍씨는 최근에 자신이 체험한 외국인과의 사랑을 책으로 엮어 출판하기도 하였다:『나는 아직도 금지된 사랑에 가슴 셀렌다』. 그 사건 이후, 우리 사회는 동성애와 동성애자들에 대한 이해 및 태도에 있어서 많은 토의와 논의가 있었다. 이 과정에서 드러난 중요한 한 가지 사실은, 동성애가 모조리 강간(强姦)이나 근친상간과 같은 성적 방탕이나 타락이 아니라, 생래적(生來的)이고 선천적인 경향을 띤 경우도 적지 않다는 점이다. 즉 동성애자들 모두 다 변태 성욕자들이

---

[1] 이 글은「성서마당」47(2001/3) : 9-12에 게재되었다.

아니라, 성적 경향(성지향성)이 이성애자(異性愛者)들과 다른 까닭에, 그 사랑의 대상이 이성(異性)이 아니라 동성(同性)인 경우도 적지 않다는 것이다. 그리고 또한 분명한 사실은 우리 주위에 이런 선천적 동성애자들이 생각보다 많이 존재하고 있다는 점이다. 그런 결과인지는 몰라도, 과거의 경직된 태도보다는 이완된 태도, 즉 일방적인 거절이나 획일적인 거부보다는 포용적이고 수용적인 태도를 갖게 된 사람들이 적지 않게 생겨나게 되었다. 이런 맥락에서, 연합뉴스의 보도에 따르면(2001년 2월 1일자), 민주당과 한나라당은 국내 법체계 사상 처음으로 동성애자 인권보호 규정을 명문화한 '국가인권위원회법안'과 '인권법안'을 각각 마련한 것으로 알려졌다.

그러나 사실 동성애 문제는, 다른 많은 사회적 이슈와 함께, 이미 서구 사회에서는 공공연한 문제가 되었다. 이미 스웨덴, 노르웨이, 덴마크, 아일랜드 등의 북유럽 국가에서는 동성애를 합법화하였고, 현재 핀란드도 합법화 법안을 의회에 제출해 놓은 상태라고 한다. 아울러 덴마크와 아일랜드는 경우에 따라 동성애 부부의 입양도 허용하고 있다고 한다. 이런 사회적 추세와 맞물려, 서구 교회에서도 이 문제를 진지하게 다루었고, 따라서 많은 연구 결과가 발표되기도 하였다. 그러나, 물론 성경적 관점이 가장 중요하기는 하지만, 우리와 문화와 가치관이 다른 서구 교회 연구결과는 도움은 될 것이나, 우리 사회의 동성애 문제를 해결하기에는 부족한 면이 없지 않아 있는 것이다.

이런 맥락에서, 유교적 문화와 가치관이 여전히 우세한 우리 사회에서, 이제껏 터부(taboo)시되어 음성적으로 가려져 있었던 이 문제가 사회의 표면으로 드러나면서, 세인들의 담론(談論)의 주제 및 대상이 된 상황에서, 한국 교회 또한 이 문제에 대하여 더 이상 침묵할 수만은 없게 되었다. 다른 많은 윤리적 명제에 있어서도 그러하듯이, 전통적 가치관에 집착하는 경향이 짙은 우리 사회와 교회는 사실 이 문제에 있어서도 이제까지 그리 관대하지 못하였던 것이 사실이다. 따라서 이런 시점에서 동성애에 대한 신약성경적 안목을 살펴보고, 이를 우리 한국사회가 처한 형편과 상황에서 적용할 수 있는 여지 및 범위를 언급해 보고자 한다.

신약에서 동성애에 대하여 구체적으로 분명하게 언급하고 있는 곳은 두 곳이다; 고전 6:9; 롬 1:26-27. 동성애를 적극 지지하는 이들은 고린도전서 6장 9절의 "남색(男色)하는 자"(아르세노코이타이; ἀρσενικοῖται; 원어의 의미는 남자가 함께 침실에 눕는다는 뜻이다)가 고대 사회에서 권세와 지위가 높은 남자에게 희생되었던 소년이나 젊은 청년들을 가리킨다고 말하면서, 1세기 바울이 말하고 있는 동성애가 오늘날 우리 시대의 동성애하고는 질적으로 다르다고 주장한다. 그러나 이 한 구절의 한 단어만 갖고 이 문제를 결정적으로 단정할 수는 없다. 왜냐하면 로마서에 나타난 바울의 묘사에 따르면, 당시의 '남색(男色)'이 일방적인 성적 강요 및 착취가 아니라 쌍방적임을 밝히고 있기 때문이다; 롬 1:26-27 = "…저희 여인들도 순리대로 쓸 것을 바꾸어 역리로 쓰며, 이와 같이 남자들도 순리대로 여인 쓰기를 버리고 서로 향하여 음욕이 불일 듯 하매 남자가 남자로 더불어 부끄러운 일을 행하여…". 물론 그밖에도 바울의 다른 서신에서 음란이나 음행이 언급될 때 동성애가 포함되었을 것이라고 추정하는 것은 무리가 아닐 것이다(갈 5:19; 살전 4:3-5; 엡 5:3, 12; 골 3:5; 행 15:20, 29='음행' 등등). 이들 구절에서 명백하게 드러난 바 동성애에 대한 성경적 관점은 단호하게 부정적이다. 남색하는 자는 결단코 하나님의 나라를 유업으로 받지 못하며, 또 다른 많은 죄악과 함께(롬 1:29-31) 하나님이 미워하시는 자라고 했으니, 이보다 더 분명하고 단호한 입장은 더 이상 없는 것이다. 그렇다면 우리 사회 일각에서 동성애자들에 대하여 수용적인 태도를 갖는 것이 다원화된 현대의 세속사회에서 이해는 될 수 있을지 모르나, 교회의 입장에서는 결코 용납될 수는 없는 것이다. 그러면 이것이 동성애에 대한 한국 교회의 마지막 답변이 되어야 하는가? 더 이상 할 말은 없는 것일까?

이제까지 한국교회는 앞서 언급한 성경구절들을 근거로 하여 동성애는 성경에 부합(不合)한 것이고, 따라서 전혀 용납될 수 없는 것이라는 태도를 견지하였다. 그렇다면 최근의 논의에서 드러난 동성애의 선천적 경향성을 고려할 때, 생래적(生來的)으로 동성애적 경향을 타고 태어난 사람들은 결코 교회의 성도가 될 수 없다는 말인가? 물론 어떤 이들은 동성애의 생래적 경향을 전혀 인정하지 않는 사람들도 있다. 즉, 그들은 선천적 동성애를 인정하지 않으며, 따라서 모든 동성애자들을 변태 성욕자로 간주하고 정죄하는 것이다. 마치 이것은 성경에 나오는 방언이나 예언의 연속성을 부정하는 자들이, 분명 우리 주위에 방언과 예언하는 자들이 엄연히 존재함에도 불구하고, 방언이나 예언을 인정하지 않는 것과 마찬가지일 것이다. 그들의 논리에 따른다면, 만일 선천적 동성애적 경향을 인정한다면, 결국 동성애자들은 하나님의 실패작이거나 불량품일 수밖에 없기 때문이다. 물론 이것은 사실이 아니다. 태어날 때부터 장애자인 사람들도 있다. 그렇다고 하여 그들을 실패작 혹은 불량품이라고 말하는 것은 보다 깊은 하나님의 뜻을 제대로 분별치 못한 자의 망발(妄發)일 것이다. 한 마디로, 하나님은 그들을 대다수인 우리와는 다르게 만드셨다. 그들이 소수라 해서, 그리하여 대다수인 우리와 다르다 하여, 그들을 무시하거나 멸시하는 것은 온전한 아흔 아홉 마리의 양보다도 길 잃은 한 마리 양을 중시 여겼던 하나님의 사랑을 깨닫지 못하는 처사인 것이다.

여기서 이 문제와 관련하여 우리가 눈여겨볼 필요가 있는 사건이 하나 있다. 그것은 사도행전 10장에 기록된 로마군대의 백부장이었던 이방인 고넬료의 회심이다. 당시 베드로를 포함하여 유대인들은 이방인의 교회로의 영입을 수용하지 않고 있었다. 사도행전 10장 초반에 소개된 베드로의 환상에서 보듯이, 부정(不淨)한 음식을 먹는 것이 율법에 어긋나는 일로 알았던 베드로에게 있어서, 부정한 이방인을 하나님의 백성으로 영입하는 것 역시 율법, 즉 성경에 어긋나는 일이었을 것이다. 그러나 결국 베드로는 자신이 이방인 고넬료를 만나게 된 것이 하나님의 인도하심이란 것을 깨닫게 되자, "참으로 하나님은 사람을 외모로 취하지 아니하시고 각 나라 중 하나님을 경외하며 의를 행하는 사람은 하나님이 받으시는 줄 깨달았도다"(행 10:34-35)라고 고백하게 되었다. 그런 개인적 체험을 근거로 베드로는 사도행전 15장에 소개된 예루살렘에서의 사도회의에서 이방인의 사도인 바울의 입장을 적극 지지하게 되었고, 이와 아울러 주의 형제 야고보의 중재로 말미암아, 예루살렘의 유대인 교회는 마침내 이방인의 교회로의 영입을 승인하게 되었던 것이다. 요컨대, 이전에는 성경에 어긋나는 일이라고 알았던 것을 이제는 하나님의 뜻으로 이해하게 되었던 것이다.

그러면 이러한 고넬료의 회심 사건이 동성애 문제와 무슨 관련이 있단 말인가?

이방인 고넬료의 영입이 성경에 부합(不合)한 것으로 알았다가, 결국에 하나님이 사람을 외모로 취하지 않는다는 것을 깨닫고 그를 영입한 예루살렘 교회의 예는 한국 교회의 동성애자 문제에 대한 태도에 있어서 시사(示唆)하는 바가 있을 줄로 판단된다. 어쩌면 오늘날 동성애자들은 우리 시대의 이방인들은 아닐까? 다시 말하면, 이전에는 그들의 영입이 성경에 부합(不合)한 것이었지만, 사람을 외모로 취하지 아니하시는 하나님의 포용적인 사랑을 감안하면, 생래적 동성애자들이 예수를 믿고 교회의 성도가 되는 것이 불가능한 일일 수는 없어야 할 것이다. 만일 그것이 불가능하다면, 같은 논리로, 알콜 중독자나 인종차별주의자 같은 사람들도 교회 성도가 되는 것이 불가능할 수밖에 없을 것이다.

아울러 여기서 우리가 주목해야 할 또 한 가지 사실은 성경의 가르침 가운데는 불연속성을 띤 내용들도 있다는 점이다. 이를테면, 음식을 가려먹는 구약의 음식법이 그러하고(레 11:1-47), 신약의 경우에는 고린도 교회에서 문제가 되었던 여자의 두건 문제와 남자들의 긴 머리가 그것이다(고전 11:1-16). 오늘날 한국 교회는 구약 음식법에 저촉되는 돼지고기나 미꾸라지 먹는 것을 성경에 어긋난 것이라고 생각지 않으며, 또한 여자들이 두건을 쓰던 안 쓰던, 남자들이 여자처럼 머리를 길게 기르건 안 기르건, 그것을 성경에 위배되는 것으로 생각지 않는다. 그러한 불연속성 가운데 동성애자에 대한 태도도 포함되지 않을까? 다시 말하면, 자신의 의지와는 무관하게 애초부터 동성애자로 태어난 그들을 용납하는 것이 과거에는 성경에 어긋나는 것이었지만, 과연 그 원칙이 지금까지도 유효한 것일까?

그러면, 예루살렘 교회가 이방인을 영입했듯이, 교회가 동성애자들을 우리 시대의 이방인을 간주하고 교회의 성도로 영입할 수 있다고 한다면, 동성애자들에 대한 교회의 태도는 어떠해야 할 것인가? 로마서 1장에서 바울은 동성애 및 다른 많은 죄악의 문제를 언급하면서, 아울러 분명하게 우리 모든 사람이 다 죄인임을 밝히고 있다:

"그러면 어떠하냐 우리는 나으냐 결코 아니라 유대인이나 헬라인이나 다 죄 아래에 있다고 우리가 이미 선언하였느니라." (롬 3:9)

그렇다면, 비록 동성애자들이 우리와 다르게 태어나서 문제가 있다 할지라도, 그들과 다른 우리들이 돌을 들어 그들을 내리칠 만큼, 그들을 죄인으로 정죄할 만큼 우리들 또한 의인(義人)은 아니라는 사실이다. 이것이 사실이라면, 그들의 다름을 인정하면서, 그들 또한 그리스도 안에서 한 형제이요 자매임을 깨닫고 기꺼이 인정하고 용납해야 마땅할 것이다.

그러나 여기서 분명히 짚고 넘어가야 할 사실은, 비록 교회가 생래적 동성애자들을 용납한다 해서, 동성애적 성행위까지 인정할 수 있다는 것은 결코 아니다. 그것은 성경이 명백히 말하는 대로 하나님이 미워하시는 바 죄인 것이고, 그런 죄를 범하는 것을 교회가 용납할 수는 없는 것이다. 따라서 동성애자로 태어났다 해서, 그 자격으로 성경이 금하고 있는 동성애적 성행위를 추구하는 것은 결코 성경적 태도는 아닌 것이다. 그러므로, 아직 결혼하지 않은 미혼 남녀가 성적 충동을 절제해야 하듯이, 또한 결혼한 사람들이 혼외 정사를 해서는 안 되듯이(고전 7:1-9), 동성애자들 역시 자신들의 성적 충동을 절제해야 마땅한 것이다.

그렇다면 교회는 두 가지 방법으로 동성애자들을 대해야 할 것이다; 첫째는 교육과 훈련을 통한 변화(變化)를 유도해야 할 것이고, 둘째는 금욕(禁慾)을 가르쳐야 할 것이다. 사실 우리 주변에는 그런 교육과 훈련을 통하여 변화된 사람들이 많이 생겨나고 있다. 그러므로 교회는 또 다른 차원의 장애인을[2] 교육시킨다는 개념으로 동성애자들에 대한 프로그램을 다양하게 개발하여, 그들이 변화될 수 있도록 인도해야 할 것이고, 만일 그것이 힘들거나 불가능하다면 그들 스스로 절제 및 금욕을 시행할 수 있도록 마땅히 도와야 할 것이다. 사실 금욕 및 절제는

---

[2] 물론 동성애자들은 자신들을 장애인으로 표현하는 것을 반대할지 모르지만, 그들이 다수와 다르다는 차원의 의미로 여기서는 이런 표현을 사용한다.

동성애든 이성애든 모든 사람에게 필요한 덕목으로써, 사도 바울은 이를 고린도 교인들에게 추천하고 있다(고전 7:7; 참고 마 19:12; 갈 5:23). 그리고 사실 예수님과 사도 바울도 이 땅에서 모두 독신으로 지냈고, 그렇다면 평생 금욕적 삶을 살았을 것이 분명하다.

이제까지의 우리의 논의를 정리하면, 동성애자들의 문제와 관련하여, 결국 교회는 그들의 인권(人權)을 인정하여 그들을 교회의 성도로 수용할 수는 있을 것이다. 분명한 것은 그들도 예수 믿으면 천국에 갈 것이고, 그것을 교회가 막을 수는 결코 없을 것이다. 그러나, 이처럼 사회의 다수와 다른 그들의 성(性) 지향성 및 성 정체성을 인정한다 해서, 그들의 동성애적 성행위를 인정할 수는 없는 것이다. 왜냐하면 성경이 확실하게 이를 금지하고 있기 때문이다. 그렇다면 하나님께서 인정하는 우리들의 삶의 방식은 두 가지로써, 우리의 성 정체성과 관계없이, 그리스도의 신실한 제자로서 이성애적 결혼생활과 성적 금욕일 것이다.

성지(聖地) 이스라엘과 돌 문화

　성경을 읽으면서 직접 피부에 와 닿지 않는 부분이 적지 않은데, 그 중 하나가 바로 돌에 관한 언급이다. 어찌하여 성경에는 그처럼 돌에 관해 자주 언급이 되고 있을까? 성지에 가기 전에는, 우리나라에도 돌이 있기는 하니까 그저 그러려니 생각을 했지만, 막상 이스라엘에 가보니 이에 대한 개념이 전혀 달라질 수밖에 없었다. 한마디로 이스라엘은 돌 천지였다. 두루 사방을 돌아보면, 거리에도 들에도 광야에도 돌 없는 곳이 없고, 따라서 집들도 거의 전부가 돌로 만들어졌다. 이처럼 보이는 거의 모든 곳에서 돌이 발견되므로 성경에서 돌에 관해 자주 언급되고 있는 것은 지극히 당연하다고 여겨진다.

　그러면 이제, 독자들의 이해를 위하여, 아래에 성경에 나타나는 몇 가지 돌에 관한 언급들을 참고삼아 모아 보았다.

　(1) 먼저, 고래로부터 돌은 이스라엘에서 처형 도구로 사용되어 왔다. 즉, 이스라엘 유대 민족의 처형 방법 중 가장 일반적인 것이 바로 돌로 쳐서 죽이는 것이었다. 아간이 범죄 하여 이스라엘 민족이 견고한 성 여리고를 무너뜨리고 조그만 아이 성(城) 전투에 패배했을 때 그 결과로

아간과 그 가족과 가축 전부 돌에 맞아 죽었다고 성경은 전한다(수 7장). 신약에 가서 예수님은 어떤 여인이 간음 현장에서 붙잡혀 왔을 때 유대인들이 그녀를 죽이려 하자, "죄 없는 자가 먼저 돌로 치라"고 말씀하심으로써 여인을 구원하였다. 천지 사방에 널려 있는 것이 돌이었고 따라서 쉽게 얻을 수 있음으로 하여 고래로부터 유대인들은 죄인을 처형할 때 이처럼 손쉬운 도구인 돌을 사용하였던 것으로 보인다.

요한복음 10장을 보게 되면, 예수님은 유대인들과 논쟁을 벌이다가 수시로 돌에 맞을 위협을 당하셨던 것을 읽게 된다(31-33절). 이렇게 볼 때 주님은 항시 돌에 맞을 위협, 즉 고난과 핍박의 위협을 받으시면서 복음을 전파하였음을 깨닫게 된다. 예수님은 하나님의 아들이신 까닭에 고난과 핍박의 위협 없이 평안하게 손쉽게 복음을 전하였던 것이 아니라, 비록 하나님의 아들임에도 불구하고, 여전히 돌에 맞아 죽을 수 있는 위협에 노출되신 상태에서 전도하셨던 것이다. 주님이 그러하셨다면 오늘날 우리들이야 하물며 더 심할 수 있지 않을까? 이런 맥락에서 최초의 순교자 스데반은 전통에 완고한 유대인들의 노염을 사서 돌에 맞아 죽었고(행 7.59-60), 아울러 사도 바울은 여러 번의 전도 여행 동안 돌에 맞아 죽을 뻔하였던 체험을 밝히고 있다(고후 11.24-25).

(2) 예수님의 시험 장면을 보게 되면 마귀가 예수님을 시험한 첫 번째 내용은 "이 돌들이 떡덩이가 되게 하라"는 것이었다(마 4.3). 사방에 널려 있는 돌들은 어찌 보면 떡덩이와 그 모양이 유사하게도 보인다. 또한 역시 흔하게 발견되는 층층이 쌓여진 바위들은 마치 우리나라의 시루떡처럼 보이기도 한다. 아마도 이런 까닭에 마귀는 돌들을 떡덩이가 되도록 시험했을 것으로 여겨진다. 만일 예수님이 마귀가 시험한 대로 지천으로 널린 돌들을 떡덩이로 만들었다면 그 양(量)은 엄청났을 것으로

생각한다. 왜냐하면 돌들은 이스라엘 곳곳에 무한정 널려있기 때문이다. 이렇게 되면 예수님은 양식에 굶주린 백성들로부터는 대단한 인기를 얻었을는지 모른다. 그러나 주님은 정작, 마귀가 제시한 그런 방법으로 백성들의 허기를 충족시키지 않으시고 한 어린아이의 도시락인 오병이어로 백성들을 배불리셨다.

여기서 우리가 한 가지 유념해야 할 점은, 예수님이 마귀의 제안처럼 돌을 떡으로 만들지 않고 떡을 통하여 기적을 행하셨다는 것이다. 그 이유는 무엇일까? 태초에 하나님이 천지와 그 중의 만물을 창조하실 때 돌은 돌대로, 떡은 떡대로 그 필요에 의하여 창조하셨을 터인데, 그 애초의 창조의 목적을 무시한 채 돌을 떡이 되게 하셨다면 하나님 스스로 창조의 질서를 파괴하신 것이 되고 말 것이다. 따라서 돌을 떡이 되게 하는 방법이 아니라 오히려 자연스럽게 떡을 배가(倍加)시킴으로써 백성들을 먹이셨던 것이다.1)

마귀의 시험에 대하여 예수님은 친히 이렇게 말씀하셨다; "사람이 떡으로만 살 것이 아니요 하나님의 입으로부터 나오는 모든 말씀으로 살 것이라"(마 4.4). 여기서 떡이 상징하는 것은 물질적, 세속적, 육체적 만족을 가리키는 것으로 볼 수 있으며, 주님은 이런 것들이 인간의 참 행복의 조건이 되지 못함을 지적하고 있는 것이다. 다시 말하면, 돌을 떡이 되게 한다는 말은 수단과 방법을 가리지 않고 추구하는 모든 세속적 만족은 진정으로 우리들을 기쁘게 하거나 참 행복을 줄 수 없고 오히려 하나님의 말씀만이 인생의 궁극적 만족이 됨을 가리키는 것이다.

---

1) 물론 때때로 하나님은 창조 질서에 반하여 기적을 행하시기도 하시나, 그것은 참으로 불가피한 경우에, 피치 못한 경우에 한(限)한 것임을 우리는 알아야 한다. 예를 들면, 길보아 전투에서 기드온이 기도하자 해가 멈추었거나, 죽은 자가 다시 살아나는 것 등이 이에 해당할 것이다.

마귀의 시험의 세 번째는 성전 꼭대기에서 아래로 뛰어내리라는 것이었다. "… 뛰어 내리라 … 너를 받들어 발이 돌에 부딪치지 않게 하리로다"(마 4.6). 우리의 일상적인 개념으로는 성전 꼭대기에서 아래로 뛰어내리게 되면 흙인 땅에 부딪히게 되는 것이 자연스러울 것이다. 그런데 구태여 땅이 아니라 돌에 부딪힌다고 기록된 것은 결국 그만큼 예루살렘에 돌이 흔하다는 또다른 증거가 되는 것이다. 실제로 예루살렘을 비롯하여 이스라엘 전 국토에는 참으로 돌이 엄청나게 흔하게 널려있다. 특별히 광야가 많은 남부지방에는 흙보다는 오히려 돌이 더 많다고 말할 수 있을 것이다.

그렇다면 이런 마귀의 시험을 거절한 주님의 의도는 무엇일까? 사실 성전 꼭대기에서 아래로 뛰어내리는 것은 전혀 의미 없는, 무모한 짓일 뿐이다. 이것은 한 마디로, 공연히 쓸데없이 하나님의 능력을 시험할 뿐인 것이다. 따라서 예수님이 이런 마귀의 시험을 거절한 것은 이와 같은 불필요한 일에 하나님의 능력을 동원하는 것은 곧 하나님 자신을 시험하는 것이기 때문에 거절하신 것으로 이해된다. 하나님의 능력은 생산적이고 건설적인 일에 활용되고 동원되어야 마땅하지 하나님의 능력 자체를 시험하는 것과 같은 전혀 비생산적이고 무의미한 일에 동원되는 것은 전혀 바람직하지 않은 것이다. 그러므로 주님의 거절은 당연한 처사였던 것이다. 예수님은 하나님의 나라와 복음을 전파하기 위하여 병자들을 치유하고, 귀신들린 자들을 고치시기 위하여 하나님의 능력을 활용하셨지, 결코 자신의 능력을 과시하기 위하여 이런 기적들을 행하셨던 것은 아니었다. 이런 예수님의 사역은 제자들의 사역에도 직접적으로 영향을 주어, 그들 역시 천국 복음을 전파하기 위하여 주님이 주신 능력과 권세로 귀신을 쫓아내며 병자들을 치유하였던 것이다(막 3.14-15; 6.12-13).

(3) 세례 요한의 설교를 듣고 많은 무리들이 그에게 몰려와 세례를 받자 이를 보고 찾아온 바리새인들과 사두개인들에게 세례 요한을 이같이 책망하였다: "…내가 너희에게 이르노니 하나님이 능히 이 돌들로도 아브라함의 자손이 되게 하시리라"(마 3.9). 광야에 널브러진 흔해빠진 돌들로 아브라함의 자손들을 만들었다면 당대의 숫자보다 훨씬 더 많은 유대인들을 만들 수 있었을 것이다. 사실 이스라엘잇이스라이스라엘이이이스라엘이스라엘 방문 전에는 한국적 상황만을 의식한 채 이스라엘이 돌이 있어야 얼마나 있을까? 따라서 이런 시각으로 이 말씀을 이해할 때에 그 의미가 절실하게 다가오지 않았음이 사실이다.

어쨌든 요한의 이 말은 크게 두 가지 의미를 우리에게 깨우쳐 준다.

첫째로, 유대인 됨(being a Jew)이 유대인들이 생각하는 것만큼 그다지 큰 의미가 없음을 가리켜주는 것이다. 당시에 유대인들은 소위 선민(選民)으로서 대단한 긍지와 자부심을 갖고 있었는데, 이 때문에 그들은 배타적 우월주의에 빠져있었다(참, 갈 3.18). 이런 상황에서 광야에 지천으로 널려있는 그 흔한 돌들로 아브라함의 자손을 만들 수 있다고 하는 세례 요한의 이 말은 유대인들의 자존심을 여지없이 무너뜨렸을 것이다. 그렇다면 이것은 유대인 됨이 중요한 것이 아니라 결국은 유대인 됨이 의미하는 바대로 사는 것, 즉 세례 요한의 말씀처럼 '회개에 합당한 열매를 맺는 삶'이 더욱 중요함을 가르쳐주는 것이다.

둘째로, 광야 사방에 흔하게 널려있는 돌들로 아브라함의 자손을 만들 수 있다고 하는 말은 곧 하나님의 전지전능하신 능력과 권세를 가리켜주는 것이다. 비록 길가에 널브러진 그 흔한 돌이지만, 하나님의 능력이 역사 하면 얼마든지 만물의 영장인 인간, 그 중에서도 소위 선민인 아브라함의 자손이 될 수 있다는 것이다. 이는 말씀 한 마디로 천지를 창조하신, 그리하여 무(無)에서 유(有)를 창조하신 하나님의 절대적 능력과 권세를 여지없이 드러내 보여주는 것이다. 초점은 문제의 종류가 아니라 하나님의 원함에 있는 것이다. 다시 말하면, 무에서 유를 만들어내는 것과 같이 인간적으로 볼 때 절대 불가능해 보이는 일이라 할지라도, 하나님이 원하시기만 하면 그 일은 성취될 수 있다는 것을 세례 요한은 분명하게 밝히고 있는 것이다(참, 마 8.2; "주여 원하시면 저를 깨끗하게 하실 수 있나이다").

셋째로, 세례 요한의 이 말씀은 보이는 것을 의지하지 말라는 말씀으로 이해될 수 있을 것이다. 바리새인들과 사두개인들은 지금 자신들이 자랑스럽게 생각하고 있는 그들의 혈통(血統)을 의지하고 있었다. 일반적으로 유대인들은 자신들이 아브라함의 자손이기 때문에, 비록 자신들의 공로나 업적이 부족하고 흠이 있다 할지라도, 아브라함의 공로로 자신들은 구원을 얻어 하나님 백성이 될 수 있다고 믿고 있었다(Barclay). 그런데 세례 요한의 말처럼 그 흔해빠진 돌로도 아브라함의 자손을 만들 수 있다면 자신들이 의지하고 있는 것은 마치 지푸라기와도 같이 전혀 쓸모 없는 것이 되고 마는 것이다. 이것은 곧 혈통이 의미하는 바 인간과 인간적 관계와 같이 보이는 것들을 의지하지 말고, 눈에 보이지는 않되 실제로 실효적으로 세상 및 인간 만사를 철저하게 주장하고 계신 전능자 하나님만을 의지하라는 명령으로 이해할 수 있는 것이다.

(4) 돌과 관련하여 또한 언급될 수 있는 것은 「씨뿌리는 비유」에 등장하는 '흙이 얇은 돌밭'에 관한 것이다(마 13.5, 20). 실제로 이스라엘에서는 밭을 일구기가 대단히 어렵다. 천지에 돌이 깔려있고, 땅 자체가 암반으로 형성되어 있어서 별로 흙이 많거나 깊지 않기 때문이다. 따라서 밭을 일구더라도 약간의 돌은 어쩔 수 없이 흙과 함께 섞여 있을 수밖에 없다. 이런 맥락에서 볼 때 예수님께서 언급한 흙이 얇은 돌밭은 이스라엘

어디에서나 흔하게 발견하거나 만날 수 있는 매우 익숙한 대상이고, 따라서 주님이 이를 들어서 비유를 말씀하실 때 듣는 청중들은 매우 쉽게 그 의미를 이해할 수 있었을 것으로 보인다. 비유의 의미가 다소 이해하기 힘든 내용을 주변의 익숙한 사물이나 대상을 통하여 풀어 설명하는 데 있다면, 주님은 이런 비유를 가장 바람직하게 사용하셨다고 볼 수 있을 것이다.

이런 예수님의 교육 방법을 통하여 깨닫게 되는 것은 아무리 중요한 진리라 할지라도 그것이 제대로 청중이나 독자에게 전달될 때 비로소 의미가 있을 수 있다는 사실이다. 그렇다면 신앙과 신학의 중요한 진리를 가르치는 모든 교사들은 교육의 방법을 매우 심각하게 고려해야 할 줄로 생각한다. 귀하고 좋은 선물은 내용만이 아니라 포장 역시 귀하고 좋아야 그 내용물이 더욱 값지게 될 것이다. 아무리 귀하고 좋은 진리요 교훈이라 할지라도 그 전달 방식이 잘못되어서 청중이 제대로 깨닫지도 못하고 이해하지도 못하게 되면 그 책임은 전적으로 전달자, 즉 교사나 목사가 져야 됨이 마땅한 것이다.

(5) 이스라엘 천지에 흔하게 널브러진 돌, 돌멩이는 그 자체로는 전혀 의미가 없을는지 모른다. 그러나 그 돌들이 성경에서 활용되고 사용된 용례들을 검토해 볼 때 이제 돌들은 그저 길가에 내던져진 무의미한 무생물이 아니라 우리들의 신앙과 삶에 의미를 부여하고 깨달음을 던져 주는 의미 있는 생물(?)이 됨을 발견하게 된다.

워낭소리 단상
"소의 복음"의 의미를 떠올리며 …

독립영화 <워낭소리>의 열기가 대단하다[1]. 지난 주말 34만 5천 433명이 관람하여 이제까지 누적 관객이 201만 2천 764명이나 되었다. 이제까지 만들어진 그 어떤 독립영화 중 최고의 성적을 거둔 것이다. 어떻게 그다지 특별하지 않은 영화가 이토록 많은 사람들의 관심을 갖게 된 것일까? 영화의 무엇이 사람들로 하여금 이 영화에 빠지게 만들고 있는 것일까?

먼저 이 영화의 줄거리를 소개하면 다음과 같다.

평생 땅을 지키며 살아온 농부 최 노인에게는 30년을 부려온 소 한 마리가 있다. 소의 수명은 보통 15년, 그런데 이 소의 나이는 무려 마흔 살이다. 살아 있다는 게 믿기지 않는 이 소는 최 노인의 가장 친한 친구이며, 최고의 농기구이고, 유일한 자가용이다. 귀가 잘 안 들리는 최 노인이지만 희미한 소의 워낭 소리는 귀신같이 듣고, 한 쪽 다리가 불편하지만 소 먹일 풀을 베기 위해 매일 산을 오른다. 심지어 소에게 해가 갈까 논에 농약을 치지 않는 고집쟁이다. 소 역시 제대로

---

1) 본래 <워낭>이란 마소의 귀에서 턱 밑으로 늘여 단 방울, 또는 마소의 턱 아래에 늘어뜨린 쇠고리를 뜻하다. 그렇다면 워낭소리라 함은 말이나 소에 매단 워낭 즉, 방울에서 나는 소리를 가리키는 것이다.

서지도 못 하면서 최 노인이 고삐를 잡으면 산 같은 나뭇짐도 마다 않고 나른다. 무뚝뚝한 노인과 무덤덤한 소. 둘은 모두가 인정하는 환상의 친구다.

사실 소의 상태는 걸음을 걷는 것조차 불편할 정도로 좋지 않다. 그러나 고집장이 노인은 이 소를 이용해 농사일도 하고 자가용 삼아 마실을 다니기도 한다. 그렇게 시간이 흐르던 어느 해 봄, 소가 얼마 살지 못할 거란 사실을 수의사를 통해 알게 되고 자식들에게서 소를 팔라는 독촉을 듣게 된 노인은 소를 내다 팔기로 결심한다. 노인이 우시장에 늙은 소를 끌고나가서 부르는 값은 무려 500만원! 언제 죽어 넘어질지 모르는 늙은 소, 게다가 너무 늙어서 도축을 한다 해도 고기로서의 상품가치가 없는 상태이다. 더 이상 일소를 사러 오는 사람도 없고 송아지를 낳을 수도 없는 소를 500만원이라는 값에 팔고자 하지만 우시장에 나온 사람들의 비웃음만 사고 만다. 사람들이 농담 삼아 제시하는 소의 가격은 백만 원 안팎 정도.

소를 파는 데에 실패한 노인은 늙은 소를 대신할 젊은 소를 구입한다. 뱃속에 송아지까지 배고 있는 젊은 암소를 사온 날 늙은 소는 외양간에서 마당으로 쫓겨난다. 30년간 죽어라 일한 결과가 이것이라며 소는 통한의 눈물을 흘린다. 젊은 소는 쟁기질도 할 줄 모르지만, 송아지를 가졌다는 이유만으로 외양간에서 최 노인이 늙은 소와 함께 베어온 꼴을 먹으며 편하게 지내고, 늙은 소는 오히려 입에 마스크가 씌워진 채 배고픔에 시달린다.

얼마 후 젊은 소가 송아지를 낳는다. 철모르는 어린 송아지이건만 늙은 소가 불쌍해보였던지 젖 먹을 때를 제외하곤 항상 늙은 소 곁에서 떠날 줄 모른다. 그러나 이 조그마한 위로마저 할머니에 의해 제지당하고 늙은 소는 또다시 일을 하러 나가야만 한다. 너무나 배가 고팠던 늙은 소는 어느 날 일을 마치고 돌아와서 채 수레도 벗지 못한 상황에서 외양간 앞에 놓인 사료 통을 발견한다. 노인 몰래 몇 입 먹으려던 늙은 소는 그만 실수로 사료 통을 엎어버리고 만다. 그러자 늙은 소가 사료 통을 엎은 것에 격분한 노인은 흉기를 사용해 소를 구타한다.

그로부터 얼마간의 시간이 흐른 후 늙은 소는 힘겨웠던 생을 마감하게 되는데 그제서야 노인은 늙은 소가 더 이상 쓸모없어짐을 알게 되고 코뚜레를 풀어준다. 그리고 마침내 늙은 소가 이생의 고단한 삶을 마감했을 때, 애초에 마을 사람들에게 약속한 것처럼 소의 장례를 치러주겠다던 말과는 달리 밭에 구덩이 하나 파고 포크레인을 이용해 소를 묻어버린다.

<워낭소리>는 일반 다큐멘터리 영화와는 다르게 나레이션이 없다. 또 배경음악도 매우 제한적이다. 사실 배경음악이랄 것도 거의 안 나오는데, 대신 풀벌레 소리, 새소리, 장작 패는 소리 등이 배경음악 역할을 훌륭히 해내고 있다. 또한 간혹 감탄을 자아낼 만큼 아름다운 영상미를 보여주면서, 우리 농촌의 모습이 매우 아름답게 담겨져 있다. 그 안에 등장하는 우리의 할아버지 할머니 또는 아버지 어머니를 떠올리게 하는 장면들은, 이 땅의 모든 아들과 딸들을 감동시키기에 충분하다. 한 마디로, 매우 아름답고 안타깝고 가슴 저미게 행복한 영화라고 기억된다. 그리하여 <워낭소리>에서 세상 사람들은 잃었던 자신들의 옛날을 찾기도 하고, 너무도 무심했던 우리 부모님들의 사랑을 새삼 깨닫기도 하며, 지나치게 분주하게 돌아가는 세상에서 조금은 떨어져서 자신을 관조해 보는 그러한 즐거움을 발견하기도 한다.

사실 내가 이 영화를 관람하게 된 것은 의도적인 것은 아니었다. 이 말은, 본래 이 영화의 내용을 제대로 알고 난 후 그것에 관심이 끌려 보게 된 것이 아니란 뜻이다. 간단히 말해 그냥 우연치 않은 기회에 알고 보게 된 것이었다. 그런 까닭에 영화를 보는 동안에도, 처음에는

여가시간을 즐기기 위하여 흔히 관람하는 그러한 종류의 영화가 아니었기에 조금 실망한 것도 사실이다. 그러나 시간이 흐르면서 영화를 만든 이들의 의도를 조금씩 알아가면서 차츰 그 내용에 빠져들기 시작하였다.

한 마디로, <워낭소리>는 지루한 일상에 오히려 감동을 주는 영화라고 생각된다. 평생 동안 일만 하면서 할아버지에게 구박만 받는 소와, 온전하지 못한 다리로 평생 동안 자식들을 위하여 일만 하는 할아버지의 모습을 잔잔한 감동을 그리면서 풀어가는 영화이다. 할아버지는 일소에게 구박도 하지만 그 일소 때문에 농약도 안치고, 그 일소 때문에 일이 힘들어도 소꼴 베는 일도 게을리 하지 않는다. 일소와 할아버지의 보이지 않는 소통을 보면서 일소와 할아버지의 삶이 같게 느껴지곤 한다. 그리고 마지막 장면에서 일소가 겨울 땔감을 다 준비하고 평생의 노동을 내려놓으면서 죽음을 맞이하는 장면은, 비록 미물인 소의 죽음이었지만, 참으로 감동적이었다.

올해가 기축년(己丑年) 소의 해란 사실은 어쩌면 이 영화를 더욱 시의적절하게 만든다. 소의 해에 소가 주인공이 된 영화를 통해, 평생 주인을 위해 모진 고통과 아픔을 참아가며 자신에게 주어진 길을, 참으로 충직하게 걸어간 소가 던져주는 교훈을 듣게 되는 것이다. 바로 여기서 나는 예수님의 삶과 가르침을 기록한 복음서에서 들을 수 있는 교훈의 메아리를 듣게 된다.

신약성경 당시의 고대 세계에는 문맹률(文盲率)이 매우 높았던 관계로 구약을 포함하여 성경은 읽는 책이 아니라 듣는 책이었다. 그리하여 당대의 저자들은 글을 쓸 때에 읽는 독자(reader)를 염두에 두기보다는 오히려 듣는 청중(audience)을 염두에 둔 채(hearer friendly) 글을 쓰곤 하였다. 이러한 맥락에서 초대교회 때부터 기독교회는 글을 모르는 청중을 위하여 에스겔서(1:10)와 요한계시록(4:7)에 등장하는 네 생물,

즉 사자, 사람, 소, 독수리와 네 복음서를 시각적으로 연계하여 복음서를 이해시키는 전통을 가졌다. 즉 생물의 특성과 복음서의 내용을 연계하여, 복음서의 성격 및 예수님의 기독론적 의미를 설명하고자 한 것이었다.

이런 맥락에서, 족보가 맨 앞에 등장하는 마태복음은 사람으로, 마치 사자의 포효(咆哮)처럼 들리는 광야의 외침이 서두에 소개되는 마가복음은 사자로, 태초에 있었던 말씀으로 시작함으로써 시간적으로 매우 높이 거슬러 올라간 요한복음은 높이 나는 독수리로, 그리고 마지막으로 성전에서 제사장이 제사를 드리는 것으로 시작하는 누가복음은 소로 연결시켰던 것이다. 그리하여 누가복음은 "소의 복음"(the Gospel of Ox)으로 알려지게 되었다.[2]

소는 신약 당대나 지금이나 짐꾼(Burden Bearer)으로 알려져 있다. 그는 평생 남의 짐을 지고 나르며 주인을 위하여 봉사하다가, 마지막으로 죽은 이후에는 그 몸마저 주인의 식탁에 올려지곤 하였다. 복음서에 따르면 주님도 이 땅에 계시는 동안, 평생 남의 짐을 대신 지시고 온갖 고초를 마다하지 않으셨다. 특히 주님은 다른 사람의 도움이 없으면 살 수 없는, 장애인과 같이 가난하고 병약한 사람들의 짐을 대신 담당하시어(눅 14:13, 21),[3] 먹을 것을 주고 마귀를 쫓아내며 질병을 치료해 주심으로 말미암아 그네들의 무거운 짐을 대신 들어주셨다. 이런 맥락에

---

[2] 네 생물의 특성을 복음의 특징과 결부시켜 복음서를 본격적으로 연구한 학자는 영국 런던대학교의 King's College의 리차드 버릿지(Richard A. Burridge) 박사이다. *Four Gospels, One Jesus: A Symbolic Reading* (London: SPCK, 1994, 2005; 김경진 역, 『네 편의 복음서, 한 분의 예수』(서울: UCN, 2000).

[3] 누가복음에서는 가난하고 불우한 이들의 목록이 모두 5번 등장한다: 눅 4:18(가난한 자, 포로 된 자, 눈 먼 자, 눌린 자), 6:20(가난한 자, 주린 자, 우는 자, 핍박 받는 자), 7:22(맹인, 못 걷는 사람, 나병환자, 귀먹은 사람, 가난한 자), 14:13(가난한 자, 몸 불편한 자, 저는 자, 맹인), 14:21(가난한 자, 몸 불편한 자, 맹인, 저는 자). 이들은 모두 가난과 장애로 말미암아 당대 사회로부터 경제, 사회, 문화, 종교적으로 소외되고 멸시받았던 사람들인데, 오히려 주님은 신앙공동체와 사회로부터 버림 받고 있었던 그들을 하나님의 사랑으로 포용하고 영접할 것을 촉구함으로써 진정한 사랑의 의미를 환기시켜 주셨다.

서 우리는 "수고하고 무거운 짐 진 자들아, 다 내게로 오라. 내가 너희를 쉬게 하리라."(마 11:28)의 의미를 떠올리게 된다. 이처럼 이 땅에 머무시는 동안 남의 짐을 지시다가 끝내는 그들을 위하여 마지막 피 한 방울, 물 한 방울까지 쏟으신 모습은, 평생을 주인을 위해 충직하게 살다가 최후를 마치는 <워낭소리>의 소의 모습과 유사하다고 말하는 것은 너무 지나친 나만의 억측일까?

  영화를 보고 난 후 나는 이토록 많은 사람들이 이 평범한 영화에 환호하게 될지 정말 기대하지 못했다. 그만큼 어쩌면 우리는 여러 사람들과 쉬임 없이 부대끼며 살아가는 도시의 숨 막히는 생활 속에서도 여전히 아득한 옛날 아직 철없던 시절의 동심을 잊지 않고 있는 것은 아닐까? 모처럼 그러한 향수에 젖어 숨 가쁜 현재의 삶에 새로운 활기를 얻는 것도 좋은 일이지만, 평생 주인을 위해 충직하게 봉사하다가 간 일소의 문자 그대로의 충성을 기억하면서, 오늘 우리에게 주어진 사명의 길에 새로운 자극 혹은 격려를 상기하는 것도 유익하지 않을까 생각해 본다.

재난에 대한 신약성경의 교훈[1]

1. 일본 지진과 같은 재난은 죄에 대한 하나님의 심판인가?

이 질문에 대하여 우리는 주님이 누가복음 13장에서 언급하신 두 사건을 통하여 그 대답을 찾고자 한다.

첫째는, 갈릴리 순례자들이 예루살렘 성전에 그들의 희생제물을 바치려고 했을 때 혹은 바쳤을 때 로마 총독 빌라도가 그들 가운데 얼마를 학살한 사건이 있었다(눅 13:1-3). 이때 주님은 이 소식을 전한 사람들에게 말씀하셨다.

> "이 갈릴리 사람들이 이같이 해 받으므로 다른 모든 갈릴리 사람보다 죄가 더 있는 줄 아느냐? 너희에게 이르노니, 아니라. 너희도 만일 회개하지 아니하면 다 이와 같이 망하리라."(2-3절)

둘째는, 실로암 연못 근처에 있는 성벽의 망대가 무너진 사건으로 열여덟 명이 죽은 일이 발생하였다(눅 13:4). 이때도 주님은 앞의 사건에서와 같은 논조로 말씀하셨다. 즉 그들이 예루살렘의 모든 사람들보다 죄가 더 많아 그런 재앙을 당한 것이 아니라, 누구든지 회개하지 아니하면

---

1) 이 글은 「세상 읽기」 7(2011/봄)에 게재되었다.

다 그렇게 망할 수 있다고 말씀하신 것이다.

1세기 당시 유대인들, 주로 바리새인들의 인과응보 사상에 따르면, 재난으로 인한 희생은 어떤 특별한 죄로 말미암아 초래된 벌로 간주되었다. 또 이와 같은 맥락에서, 구약성경과 초기 유대교의 견해에 따르면, 질병은 죄의 결과이며, 그러므로 죄의 용서 없이는 건강도 가능하지 않았다(시 103:3; 사 33:24). 그리하여 3세기의 한 율법학자는 다음과 같이 말하였다.

> "병자는 하나님께서 그의 모든 죄를 용서해 주시기까지는 그의 질병으로부터 회복될 수 없다."

요한복음 9장을 보면, 주님께서 38년 된 병자를 고치신 후 그를 다시 성전에서 만났을 때 이렇게 말씀하셨다.

> "보라, 네가 나았으니 더 심한 것이 생기지 않게 다시는 죄를 범하지 말라."
> (요 5:14)

이 말씀을 근거로 할 때 사람의 질병과 죄가 전혀 무관하지 않음을 우리는 발견하게 된다.

위에서 언급한 누가복음 본문에서도 분명히 주님은 성전에서 제사를 드리다가 빌라도에게 살해당한 사람들이나 혹은 실로암 망대 붕괴 사건으로 죽은 사람들에게 전혀 죄가 없다고 말씀하신 것은 아니다. 단지 그들이 다른 사람들보다 죄가 더 많아서 그러한 비극적인 죽음을 맞은 것이 아님을 지적하신 것이다. 이러한 견지에서 보면, 재난이나 질병이 사람들의 죄의 직접적인 결과라고 단정할 수는 없지만, 그렇다고 또한 전혀 무관하다고도 말할 수 없을 것이다.

2. 재앙은 신자와 불신자 모두에게 동일한 하나님의 심판의 결과인가? 만일 그렇다면 그리스도인들 가운데 범죄했는데도 재앙을 받지 않는 것은 하나님께서 심판하지 않기 때문인가?

하나님이 선인과 악인, 의로운 자와 불의한 자 모두에게 햇빛과 비를 골고루 베풀어주시는 것을 고려할 때(마 5:45), 이 세상에서 발생하는 모든 일들은 그것이 재앙이든 아니든, 신자와 불신자 모두에게 일어나는 것이다. 그렇다면 재앙도 예외는 아닐 것이다. 그러나 이때 하나님께서는 택하신 백성들을 특별히 보호하시는데, 그들이 시험이나 재앙을 당할 때에 피할 길을 내어주신다는 것이다(고전 10:13). 그런데 만일 그런 상황에서 그리스도인이 범죄하고도 재앙을 모면하였다면, 하나님이 그 죄를 묵과하신 것으로 이해해야 되는가? 이 질문에 대하여 베드로후서의 말씀이 답이 될 수 있을 것이다.

> "주의 약속은 어떤 이들이 더디다고 생각하는 것 같이 더딘 것이 아니라 오직 주께서는 너희를 대하여 오래 참으사 아무도 멸망하지 아니하고 다 회개하기에 이르기를 원하시느니라." (벧후 3:9)

다시 말하면, 범죄한 신자가 재앙에서 살아남았다면, 그것은 하나님께서 그에게 단지 회개의 기회를 연장해 준 것으로 보아야 한다는 것이다.

3. 조용기 목사, 김선도 목사 등 교계 지도급 인사들의 지진과 쓰나미에 대한 일련의 발언들을 그리스도인들은 어떻게 받아들여야 하는가?

한국의 대표적 지도자들 중 몇 사람이, 동일본 대지진으로 인한 파괴적인 결과에 대하여, 일본이 지나친 우상숭배로 인하여 벌을 받은 것이라고 발언한 것이 뉴스 미디어에 소개되면서, 세인들로부터 지탄을 받았다. 그러나 일본이 우상숭배의 나라라는 것은 이미 자명한 사실이다. 일본에서는 거국적인 신사인 정국(靖國, 야스꾸니) 신사(神社)는 물론이고, 마을이나 동네의 길거리에 조그맣게 모셔진 신사(神社)를 발견하는 것은 어렵지 않은 일이다. 세계 최고를 자랑하는 첨단 과학 기술 제품을 생산하는 나라에서 여전히 신사와도 같은 미신(迷信)이 지배적인 문화라고 하는 것이 사실 쉽게 이해되지 않는다. 이런 맥락에서 이 땅에서 발생하는 모든 일들이 신적 필연(divine necessity)이라고 한다면, 동일본 대지진과 쓰나미 역시 자연발생적 우연이 아님은 분명하다. 다시 말하면, 2만 명 이상의 인명이 희생된 이 대참사가 아무런 이유도 없이 발생하지는 않았을 것이란 말이다. 따라서 그 재난의 원인을 일본의 우상숭배라고 공개적으로 공포한 것은 시대적 정서를 고려하지 못한, 슬기롭지 못한 처신이기는 하지만, 이토록 큰 재앙을 단지 우연히 발생한 자연의 재앙 및 비극으로만 이해할 수는 없을 것이다.

4. 성경의 재앙과 심판에 대한 관점은 샤머니즘적 생각과 어떻게 다른 것인가?

샤머니즘(Shamanism), 즉 무교(巫敎)는 신(神)을 불러들이는 무당 곧 샤먼(shaman)으로 불리는 중재자가 신령과 인간을 중재하는 종교이다. 샤머니즘에서는 춤·노래·주문 등을 반복하고 엑스터시 같은 이상심리 상태로 몰입하여 초자연적 신령계에서 나오는 정보를 전달하거나 길흉을 점치고, 악령을 제거하며 병을 고친다. 이때 샤먼은 초자연적 능력을 가진 인물이거나 아니면 신령(神靈)과 직접적인 관련을 가진 사람으로서, 그 힘을 빌려 수렵의 풍요, 가족의 안전, 전쟁의 승리 등을 기원한다. 그리하여 샤먼은 질병의 치료사, 마술사로서의 역할을 하기도 하는 것이다. 한국에서는 샤머니즘이 무속 신앙으로 일컬어지며, 백성들의 정신생활에 적지 않은 영향을 미쳤다.

샤먼이라 불리는 무당은 하나님의 뜻을 아는 존재가 아니라, 악령의 힘을 빌어 활동하는 것이다. 따라서 악령의 능력으로 잠시 인간의 질병이나 문제를 해결하는 것처럼 보이기는 하나, 그것은 영원하고 완전한 해결이나 치유가 아니다. 또한 굿 같은 행위를 통하여 인간에게 다가올 재앙이나 재난을 피할 수 있도록 하는 것처럼 보이지만, 단지 소원일 뿐 그대로 이뤄지는 것도 아니다. 설령 굿을 한 이후 그런 재앙이나 재난이 비켜갔다면, 그것은 여전히 하나님의 역사이지, 악령의 역사는 아닌 것이다. 왜냐하면 악령도 하나님의 손 안에 있는 존재이기 때문이다.

위에서 살펴본 바와 같이, 인간에게 미치는 재난에 대한 성경적 관점은 하나님의 신적 필연 가운데 일어나는 것으로써, 모두 다 그런 것은 아니라 할지라도, 인간의 죄에 대한 심판의 성격이 포함되어 있음을 부정할 수는 없다. 바벨 탑 사건도 그러하고, 노아의 홍수 심판도 그러하다. 난공불락과도 같은 여리고 성 전투에서 대승을 거둔 후 소규모 전쟁에 불과한 아이 성 전투에서 패배한 것도 역시 죄에 대한 심판이었던 것이다.

5. 재앙과 심판에 대한 성경적 관점으로 사고한다는 것은 어떤 것인가?

주님께서는 복음서 후반부에서 세상의 종말에 벌어질 일들에 대하여 이렇게 예언하셨다.

> "난리와 난리의 소문을 들을 때에 두려워하지 말라. 이런 일이 있어야 하되 아직 끝은 아니니라. 민족이 민족을, 나라가 나라를 대적하여 일어나겠고 곳곳에 지진이 있으며 기근이 있으리니 이는 재난의 시작이니라." (막 13:7-8)

여기에 누가는 다른 내용을 추가하였다.

> "곳곳에 큰 지진과 기근과 전염병이 있겠고 또 무서운 일과 하늘로부터 큰 징조들이 있으리라." (눅 21:11)

말세, 즉 세상의 종말에 관한 이러한 주님의 예언을 기억할 때, 오늘날 지구촌 곳곳에서 동시다발적으로 일어나는 사건과 사고들은 결코 자연발생적 우연만은 결코 아니다. 참새 한 마리가 땅에 떨어지는 것 또한 하나님의 주권 아래 발생하는 일이라면, 이토록 큰 규모의 지진과 쓰나미의 발생을 단지 우연으로만 간주하는 것은 성경적인 사고가 아니라고 생각한다. 이런 맥락에서 요즈음 중동에서 발생하고 있는 민주화 운동에 따른 전쟁들은 분명 민족이 민족을, 나라가 나라를 대적하여 일어나는 말세적 현상 중 하나인 것이다. 그리고 같은 맥락에서 날이 갈수록 빈도가 잦아지고 있는 지진과 기근과 같은 자연 재해를 비롯하여, 에이즈(후천적 면역결핍증), 싸스, 수퍼 박테리아 등과 같은 메가급 질병의 등장은 우리 시대가 점점 종말로 다가가고 있음을 보여주는 징조들로 풀이 될 수 있을 것이다.

따라서 종말로 점점 다가서는 위기의 시대를 살면서 우리는 더욱 철저하게 온 세상의 주관자이신 하나님을 의지하며, 우리에게 맡겨주신 사명을 바로 잘 감당하여 주님의 뜻을 이 땅에서 이루는 일에 진력해야 할 것이다.

> "… 주의 날이 도둑 같이 오리니 그 날에는 하늘이 큰 소리로 떠나가고 물질이 뜨거운 불에 풀어지고 땅과 그 중에 있는 모든 일이 드러나리로다. 이 모든 것이 이렇게 풀어지리니 너희가 어떠한 사람이 되어야 마땅하냐 거룩한 행실과 경건함으로, 하나님의 날이 임하기를 바라보고 간절히 사모하라 …" (벧후 3:10-12)

십자매와 잠언

지난 해 봄부터 십자매를 기르기 시작했다. 평소 화초와 애완동물을 즐겨하여, 이런 저런 화초와 강아지 혹은 고양이를 기르곤 하였는데, 이번엔 종목(?)을 바꾸어 십자매를 선택하게 되었다. 아마도 이런 나의 결심에는 군복무 시절 군종병으로 사역하며 교회 사무실에서 십자매를 길렀던 아련한 추억도 작용하였을 터이다. 비록 당시에는 십자매에 대하여 너무 무지하였고, 또 교회 사무실 환경이 십자매 양육에 적절치 못하여, 그만 실패하기는 하였지만, 오히려 그 시절의 실패가 오늘 다시 한 번 도전하도록 나를 이끌었는지도 모르겠다.

십자매 구입은 인터넷을 통하여 이루어졌다. 요즈음 인터넷은 사실상 삶의 필요한 일부가 아닐 수 없다. 우리 네 삶의 모든 영역에 걸쳐서 인터넷은 없어서는 안 될 필수품이 되어버린 것이다. 애완 조를 취급하는 인터넷 페트샵(pet shop) 여러 곳을 탐방한 후 가격이 저렴하고 거래가 안정하다고 판단된 곳을 택하였다. 아울러 그곳을 통하여 십자매의 여러 가지 특성을 잘 익혀 두었고, 그것은 성공적 양육에 결정적으로 기여하였다.

십자매는 애완 조 가운데 가장 양육하기 쉬운 새로, 대체로 새 양육을 시작하고자 하는 초보자들에게 추천하는 새라고 한다. 웬만한 환경 가운데서도 잘 먹고, 잘 자고, 잘 크며, 동시에 생산도 잘 하는 그런 새인 것이다. 그래서 그런지 지난 해 봄 내 방에 온 후로 우리 새는 세 번에 걸쳐 열 개의 알을 낳아서 그 중 여섯 마리가 부화되었고, 그 가운데 네 마리를 두 번에 걸쳐 주위 친지들에게 분양하여 주기도하였다.

조용한 연구실에서 때로 아름다운 새 소리를 들을 때, 불현듯 울창한 숲 한 가운데 있는 듯한 착각에 빠질 때가 있다. 이런 저런 책을 읽으며 어떤 주제에 관하여 집필하다가 앞이 막히는 것 같을 때, 부산히 움직이거나, 부지런히 목욕하며 깃털을 다듬는 새들을 저으기 바라보는 것은 분명히 이 새를 기름에서 얻게 되는 즐거움이다. 또한 콩알만 한 알을 낳고, 그것을 애써 품은 결과 마침내 부화하여 알에서 엄지손톱만큼의 새끼가 깨어나는 것을 보는 것은 생명 탄생의 신비를 목격하는 기쁨이다.

그러나 모든 일에 양지와 음지가 있듯이, 이런 즐거움을 누리기 위해서는 그에 따르는 수고 또한 뒤따르는 법이다. 책들로 병풍이 쳐진 갑갑한 공간에서 아름다운 새소리를 연구실에서 들으며, 싱그러운 화초의 꽃내음을 맡는다는 것은 분명히 크나큰 즐거움이지만, 그런 기쁨을 향유하려면 즐거운 희생이 수반되는 것이다. 하루에도 몇 번씩 새 물을 갈아주고, 떨어진 모이를 새로 넣어주며, 매일 새 우리를 청소해야 하고, 흙이 마르지 않도록 적절한 때를 맞추어 화초에 물을 주어야 하는 것이다. 이처럼 적절한 수고의 결과로 새 노래와 꽃내음을 선물로 받게 되는 것이다. '수고와 열매'라는 이 단순한 진리를 매일 아침 새 우리를 청소하며 깨달으면서, 보다 밝은 내일을 위하여 하루의 수고를 즐거이 착수하게 되는 것은 십자매가 내게 전해주는 매일의 잠언(箴言)이다.

또 한 가지, 새 자신은 깨끗하고 예쁘지만, 그대로 방치할 경우, 그 주변은 매우 더럽고 지저분하게 된다. 모이와 모이껍질이 튀어나와서도 그러하고, 깃털을 다듬느라 떨어지거나 빠진 깃털도 그러하며, 쉼 없이 떨어지는 새똥으로 얼룩진 똥받이도 그러하고, 게다가 목욕할 때 주위로 물이 튀게 되어서, 참으로 그 주변은 가관이 된다. 누군가 그것을 처리하여 주지 않으면, 깨끗한 것처럼 보이는 새는 더럽고 지저분한 환경 속에서 함께 더러워지고 말 것이다.

미물(微物)인 십자매에게 이것은 본능이어서 어쩔 수 없는 일이지만, 하나님의 형상을 따라 지음 받은 우리는 달라야 할 것이다. 자신의 깨끗함을 위하여 주변을 더럽히는 일이 없어야 한다는 뜻이다. 달리 말하면 남의 희생 위에 나의 안전이나 행복을 세울 수 없다는 말이다. 나의 안전이나 행복이 귀한 만큼 나로 인해 희생되는 사람들의 안전과 행복 또한 소중한 것이기 때문이다.

오늘도 나는 모이 껍질만 남은 모이통을 비우고 새 모이를 채워주고, 똥과 깃털로 더러워진 목욕물을 새 물로 갈아주며, 나의 수고로 인해 십자매가 건강하게 자라나듯, 하나님의 형상으로 나와 똑같이 지음 받은 내 주위의 이웃들을 위한 새로운 헌신을 다짐하여 본다.

신학과 목회를 위한 언어 공부

어쩌면 신학은 언어와의 씨름이라고도 말할 수 있겠다. 근래에 들어서는 외국에서 학위를 마치고 들어온 학자 교수들이 많아서 예전 같지 않기는 하지만, 그럼에도 불구하고 신학 자체가 외국에 뿌리를 둔 외래 학문임으로, 신학을 함에 있어서 언어 공부는 필수적이 될 수밖에 없다. 이 장에서는 신학 및 목회를 위해 신학도들이 알고 있어야 할 언어에 대하여 소개하고자 하며, 동시에 그러한 언어의 습득을 위해 필요한 바람직한 조언을 제시하고자 한다. 본론에 들어가기에 앞서 서두에 먼저 언급할 것은, 여기에 제시되는 조언은 필자 개인의 주관적 체험에서 비롯된 견해인 까닭에 다소 제한적인 성격을 가질 수 있다는 점이다. 하지만, 한국이라는 땅에서 태어나서 교육 받았다는 시공간적 공통분모는 나의 체험이 전혀 특수적이지만은 않고, 어느 정도 공감할 수 있는 보편성을 내포할 수 있다고 생각한다.

신학 및 목회에 필요한 언어로서 크게 네 종류를 소개하고자 한다.

영어(English)
→ 신학만이 아니라 우리네 삶의 전 영역에서 필수적인 언어.

독일어(German)

→ 영어 외에 제 2 외국어로서 신학 전 영역에 필요한 언어.

헬라어(Greek)

→ 신약성경 이해를 위한 언어.

히브리어(Hebrew)

→ 구약성경 이해를 위한 언어.

그밖에 교회사 및 조직신학을 위해서는 라틴어(Latin)가 필요하고, 한국교회사의 경우 일본어(Japanese)가 요청되기도 하며, 불어(French)와 화란어(Dutch)도 성경학 및 조직신학 분야의 전공서적을 독서할 때에 필요하기도 하다.

1. 영어(English)

우선, 신학만이 아니라 우리 삶의 전 영역에서 가장 필요로 하는 언어는 역시 영어이다. 이것은 전 세계적인 현상으로서, 반드시 신학 및 목회만을 위한 것이 결코 아니다. 신학 자체가 외국에서 시작되고 발전된 학문인 까닭에 지금까지 수많은 책들이 외국어로 저술되었는데, 그 가운데 영어로 쓰여지거나 번역된 책이 가장 많기 때문이다. 물론 여태까지 수많은 영어로 저술된 책들이 전문 번역가들에 의하여 우리말로 번역됨으로 인하여, 예전보다 훨씬 더 많은 외국 저서를 접할 수 있게 된 것은 사실이지만, 그럼에도 불구하고 여전히 수많은 영어로 된 외국 저서들이 번역되어 있지 않고 있다. 따라서 우리말로 번역된 책에만 의존하게 되면, 여전히 선택의 폭이 제한될 수밖에 없고, 특히 회중을 인도하는 지도자로서 그들을 지도하기 위해서는 앞선 외국 문헌에 대한 이해가 절실하다고 생각된다. 리더(leader)란 앞에서 인도하는 사람인데, 남의 앞을 먼저 가며 인도하기 위해서는 그를 따르는 사람들보다는 앞서는 것이 필요한데, 그 때에 가장 절실하게 필요한 것으로 영어를 지적하고 싶다.

아마도 신학대학원 수업을 받으며, 각 과목마다 참고 교재 및 부교재를 소개받을 터인데, 그 가운데 대부분이 번역본을 포함하여 영어로 된 책들일 것이다. 따라서 제대로 신학 수업을 받고자 할 때 영어 실력은 매우 소중한 자산이 될 것으로 확신한다. 이런 맥락에서 신학대학원에 입학한 신입생들이 신학 수업과 함께 반드시 병행해야 할 가장 중요한 과제는 영어에 대한 지속적인 학습이라고 말할 수 있겠다.

종종 학생들이 내게 찾아와 외국 유학을 나가고 싶은데, 무엇을 준비하면 좋을지를 질문하곤 한다. 그 때 내가 가장 먼저 언급하는 것이 바로 영어이다. 물론 영어를 사용하지 않는 나라로 갈 때에는 그 국가의 언어를 습득하는 것이 필요하겠지만, 설령 독일이나 프랑스로 간다 할지라도, 신학을 함에 있어서 여전히 영어의 중요성은 결코 간과될 수 없다. 왜냐하면 신학 책 가운데 가장 많이 집필되고 번역된 언어가 바로 영어이기 때문이다. 그러나 비단 유학을 위해서만이 아니라, 앞서 언급한 대로 신학이 어차피 외국에서 시작되었고, 무수히 많은 좋은 책들이 영어로 집필되었기 때문에, 대표적 외국어인 영어를 제대로 습득하는 것은 신학대학원 3년 동안만이 아니라 졸업 이후 목회 사역에 있어서도 매우 유용할 것으로 의심하지 않는다.

혹시 졸업 후 외국 유학을 고려하는 학생들이 있다면, 좋은 학점을 취득하는 것과 함께 염두에 두어야 할 것은, 신학대학원에서 아무리 높은 학점을 취득했다 할지라도, TOEFL이나 GRE 등의 영어 성적이 좋지 못하면, 입학 사정 시(時) 좋은 평가를 받을 수 없다는 점이다.

왜냐하면 외국에서의 강의를 이해하려면 기본적으로 그에 합당한 실력이 요청되고, 어학 실력이 인정되어야만 비로소 학습 능력 또한 아울러 인정될 수 있기 때문이다.

그러면 영어 공부는 어떻게 할 것인가?

이 질문에 대한 가장 정확한 답변은 처음부터 욕심 내지 말고 자신의 수준에 적합한 단계에서부터 시작하라는 것이다. 만일 현재 자신의 수준이 중학생 정도라면, 거기에서부터 시작해야 하지, 체면 따위를 고려하여 대학생 수준의 학업을 도전한다면, 이해의 어려움으로 인해 이내 포기하고 말게 될 것이기 때문이다. 영어는 어차피 남모르게 홀로 공부하는 것임으로, 체면보다는 내실을 중히 여겨, 자신의 수준을 정확히 판단하고 거기에 맞는 학습을 시작해야, 성장의 재미를 느껴가며 발전할 수 있게 될 것이다.

실제적인 조언으로써, 서점에서 영어 문법 및 독해에 대한 책을 사서 홀로 틈틈이 공부할 수 있을 것이다. 요즘에는 영어를 비롯하여 어학에 대한 매우 다양한 저서들이 쏟아지고 있음으로, 그 내용을 세심히 관찰하여 자기의 수준에 맞는 책을 선택하여 꾸준히 노력한다면 좋은 결과가 있으리라 믿는다. 그러나 홀로 자습하는 것에는 철저한 자기 관리가 뒤따라야 하는데, 학교 수업과 병행하면서 영어에 매달리는 것은 결코 쉽지 않을 것이다. 그렇다면, 차라리 방과 후, 혹은 주말 내지 방학을 이용하여 학원에 등록하여 공부하는 것도 좋은 방법일 수 있을 것이다. 자습은 자기 관리에 철저하지 못할 경우 실패할 가능성이 높으므로, 아예 스스로를 재갈 물려 학원에 등록하게 되면 돈이 아까워서라도 공부를 할 수밖에 없게 됨으로, 학원 등록은 매우 실질적인 수단이라고 생각한다.

영어 공부를 위한 또 다른 실질적인 조언 하나는 영어 성경을 매일 읽는 것이다. 이것은 비단 영어만이 아니라 다른 외국어를 공부할 때에도 매우 유용한 방법일 수 있다. 왜냐하면 그리스도인들이라면 성경의 내용을 어느 정도 알고 있기에, 전혀 생소한 다른 책을 통해 언어를 공부하는 것보다는 이미 어느 정도 익숙한 성경을 읽는다면 단어나 구문을 조금 몰라도 이해가 빠를 수 있고, 그만큼 유용하다는 것이다.

아울러 모든 어학공부가 그러하듯, 영어 공부 역시 매일 조금씩이라도 지속적으로 학습해야 결실이 있지, 하다 말다를 반복하게 되면, 이내 싫증을 느끼고 중도에 포기할 가능성이 높다. 따라서 하루 최소한 30분 정도라는 가벼운 마음으로, 매일 쉬지 않고 계속 학습한다면, 반드시 좋은 결과가 있을 것이다. 또한 틈나는 대로, 위성 TV 방송 중 CNN 혹은 BBC 방송을 자주 시청하는 것도 듣기 훈련을 포함하여 영어 학습에 매우 유용한 도움이 될 것이다.

2. 독일어(German)

신약학을 전공하고 가르치는 교수로서 특히 독일어는 매우 필요한 언어이다. 다른 신학분야도 그러하겠지만, 특히 신, 구약 성경학의 경우 수많은 저서들이 독일에서 출판되었음으로 보다 깊이 있는 학문연구를 위해서 독일어 지식은 매우 유용할 것으로 믿는다. 나 개인적으로는 영국에서 수학했지만, 학위 논문을 집필하는 가운데 수많은 독일어 책들을 읽어야만 했고, 그런 노력은 결과적으로 나의 연구가 세계적으로 인정받게 되는 한 요인이 되었던 것으로 보인다. 마침 우리 학교에는 독일에서 수학한 훌륭한 교수들이 많이 재직하고 있음으로, 그분들에게 찾아가 개인적인 조언을 구한다면 좋은 안내를 받을 수 있을 것이다.

한편, 독일어의 경우, 학습 서적을 사다가 독학할 수도 있겠으나,

학원 혹은 독일 문화원의 어학과정에 등록하여 공부하면, 좀 더 집중적으로 효과적으로 공부할 수 있을 것으로 믿는다.

3. 성경 원어 (Biblical Language)

성경을 바르게 읽고 이해하기 위해서는 성경언어인 히브리어와 헬라어 습득이 필수적이다. 물론 최근 들어 이들 성경원어에 대한 수많은 교재 및 소프트웨어가 시중에 소개되어 있어서, 성경을 원어로 읽고 이해하는데 많은 도움이 되고 있는 것이 사실이지만, 이 경우에도 원어에 대한 지식이 전무한 상태라면 크게 유익이 되지 못할 것이 분명하다. 따라서 이러한 교재와 소프트웨어가 한국보다 더 출판되고 소개되어 있는 미국에서조차도 성경원어에 대한 지식은 여전히 매우 강도 높게 요구되고 있는 것이다. 이런 맥락에서 전 세계적으로 목회자를 양성하는 모든 신학교 및 신학대학원에서 성경원어 교육은 결코 생략될 수 없는 필수과목으로 지정되어 있는 것이다. 그 이유 중 하나는 오늘 우리가 읽고 있는 성경은 원어로부터 번역된 번역본이기 때문이다. 번역에 대한 조크(joke) 중 하나로 "번역(飜譯)은 반역(叛逆)이다"라는 말이 있다. 이는 원문을 다른 나라 말로 번역하게 될 때 본래의 뜻을 제대로 살릴 수 없다는 것을 꼬집는 반어적 표현이다. 물론 이 말을 전적으로 수용하기는 어렵지만, 그럼에도 불구하고 번역본이 갖는 한계 및 문제점에 대한 이해는 필요하다고 본다. 이 짧은 지면에서 우리말 성경에서 발견되는 번역상의 문제점을 다 지적할 수는 없겠지만, 분명한 것은 번역본으로서 우리말 성경에도 문제가 없는 것은 아니라는 점이다. 따라서 이러한 문제점을 피하면서 본래 성령 하나님의 영감을 통해 성경 저자들의 의도했던 뜻과 의미를 바르게 이해하기 위해서는, 누가 뭐라 해도 본문을 성경저자들이 사용한 원어로 직접 성경을 읽고 이해하는 것이다.

본교에서 헬라어와 히브리어는 두 가지 방식으로 강의된다. 첫째로는 학기 중 수업을 통해 기본 문법을 배우는 과정이 있고, 둘째로는 방학 중 계절 학기를 통해 수학하는 과정이 있다. 둘째 과정의 경우는 정규 수업 외의 별도의 강의임으로 소정의 수강료가 부과된다. 어느 쪽을 택하든지 학생 개인의 자유이겠으나, 학기 중 수강할 경우 다른 과목들과 함께 병행해야 함으로, 적지 않은 부담으로 인해 과락할 가능성이 없지 않다. 따라서 차라리 방학 중 집중적으로 학습하는 것이 오히려 나을 수 있을 것이다. 현재의 시스템으로는 문법을 이수해야만 그 다음 과정인 헬라어/히브리어 강독을 수강 신청할 수가 있게 되어 있다. 따라서 가능하면, 1학년 때에 이 두 과목을 이수하게 되면 2, 3학년 과정을 보다 수월하게 진행하게 될 것이다.

1) 헬라어 (Greek)

신약성경을 바르게 읽고 이해하기 위해서는 무엇보다도 원어인 헬라어에 대한 지식이 필수적이다. 물론 예수님은 지상 사역 당시에 아람어(Aramaic)를 사용하셨지만(이런 까닭에, 몇 해 전 상영된 영화, "The Passion of the Christ"에서, 주님은 아람어를 사용하셨다), 성경 저자들이 주님의 사역과 교훈을 기록할 때에는 한결같이 신약 당대의 세계어인 헬라어를 사용하였다. 물론 신약 당대에는 헬라어만 사용되었던 것은 아니다. 요한복음 19장 20절에 의하면, 당대의 언어는 모두 세 종류였다: "예수께서 못 박히신 곳이 성에서 가까운 고로 많은 유대인이 이 패를 읽는데, 히브리와 로마와 헬라 말로 기록되었더라." 특히 이 중 로마어,

즉 라틴어는 로마 제국의 수도를 포함하여 서방에서 많이 사용되었으나, 그럼에도 불구하고 로마 제국 전역에서 가장 보편적으로 널리 사용된 언어는 헬라어였다. 그 좋은 예로, 사도 바울이 로마 교회에 보낸 서신, 즉 로마서를 헬라어로 기록하여 보냈다는 사실이다. 로마의 그리스도인들을 위한 서신이라면 당연히 로마어로 기록했어야 할 터인데, 그리고 로마의 시민으로서 바울 자신이 로마어를 분명히 알았을 터인데도 불구하고, 바울이 헬라어로 로마서를 집필한 것은 신약 당시 대중의 언어가 헬라어였음을 가리키는 것이다.

헬라어를 효과적으로 공부하는 요령에 대하여는, 본교에서 사용하는 헬라어 교본(S. M. Baugh, Westminster Theological Seminary, USA, 김경진 역, <신약성경 헬라어 문법>, 크리스챤출판사)의 서두에 저자가 잘 소개하여 놓았으니, 참고하면 반드시 유익할 것이다. 실제로 헬라어를 강의하는 교수로서 제시하는 조언이 있다면, 영어 공부에서 언급한 것처럼, 매일 매일 조금씩 계속 공부하라는 것이다. 사람의 기억력에는 한계가 있기 때문에 암기했다가도 쉽게 잊어버릴 수 있음으로, 자주 들쳐보고 다시 암기함으로써 점차적으로 수많은 단어나 복잡한 명사, 형용사 및 동사 변화표를 자신의 것으로 만들 수 있게 될 것이다. 다시 말하면, 뒤로 미루었다가 한꺼번에 벼락공부하듯이 몰입하는 것은 어학 공부에 결코 도움이 되지 못한다. 한 가지 매우 실질적인 조언 하나는, 헬라어 교과서가 모두 30과로 구성되어 있으니, 매일 한 과씩 정독하여 읽으라는 것이다. 연습 문제까지 풀면 좋겠지만, 만일 시간이 없다면, 그냥 문법 설명만 매일 읽는 것이다. 이럴 경우 한 번의 독서를 30분 이내 마칠 수 있을 것이고, 이것을 한 달간 계속하면 매달 한 번씩 문법 전체를 학습한 효과를 맛볼 수 있게 될 것이다. 이것을 평생 계속한다면, 죽을 때까지 헬라어나 히브리어를 잊지 않을 수 있을 뿐 아니라, 수강 후라면 앞서 배운 문법 지식을 떠올리면서, 성경원어로 성경을 읽고 해석하는 즐거움을 누릴 수 있을 것이다.

HISTORY & INTERPRETATION

Bibliography

참고문헌

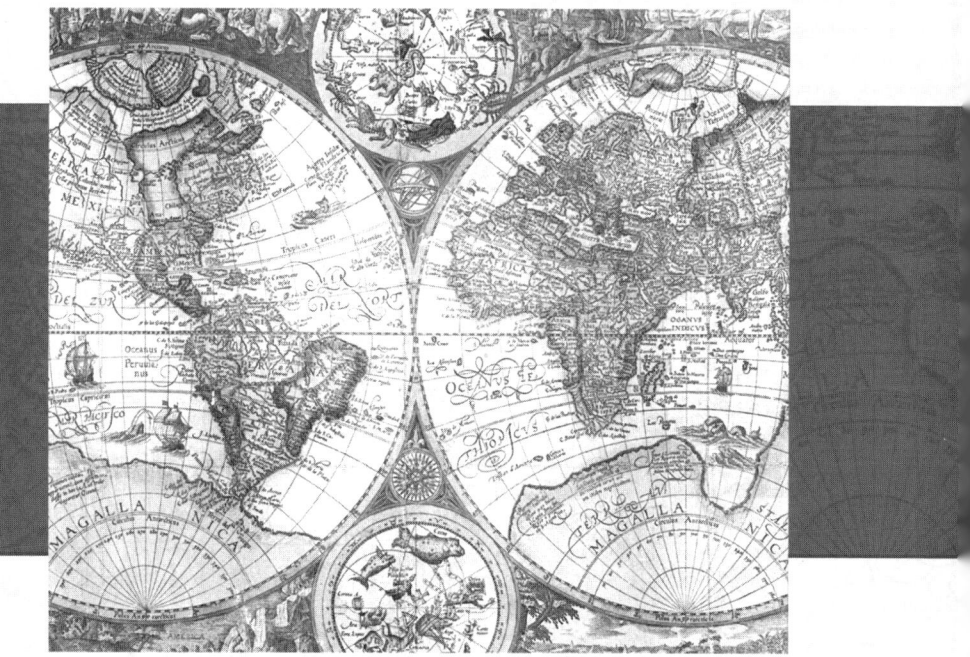

HISTORY & INTERPRETATION

참고문헌

권연경. "주의 만찬과 자기를 살핌(고전 11:17-34)."『개혁신학』16(2004), 177-206.
김경진,『잃어버린 자를 찾아오신 주님』. 서울: 한국성서학연구소, 2008.
_____.『공관복음, 어떻게 읽을 것인가』서울: 솔로몬, 2012.
_____.「하나님 나라와 윤리」서울: 솔로몬, 2003.
_____. 역.「네 편의 복음서, 한 분의 예수」서울: UCN, 2005.= Burridge, Richard A., *Four Gospels, One Jesus?*
_____. 역,「신약성경 윤리」서울: 솔로몬, 1997. = Verhey, Allen. *The Great Reversal; Ethics and the New Testament.*
_____.『누가신학의 제자도와 청지기도』. 서울: 솔로몬, 1996.
_____. "고린도교회에서 발생한 빈부 간의 경제적 갈등과 처방,"『신약논단』18/2 (2011), 599-629.
_____. "사실과 해석으로서의 신약이해,"『백석신학저널』19(2010): 101-114.
_____. "복음서의 다양성에 근거한 그리스도 탄생의 의미,"『신약연구』7(2008): 1-18.
김세윤(홍성희/정태엽 역),『그 사람의 아들(人子) - 하나님의 아들』(서울: 엠마오, 1002).
김정훈.「바울서신 연구」서울: 도서출판 Th & E, 2011.
나용화 역.「신약사」서울: 기독교문서선교회, 1978. = Bruce, F. F. *New Testament History*
리차드 버릿지(김경진 역),『네 편의 복음서, 한분의 예수』(서울: 기독교연합신문사, 2000)
박윤선,『공관복음 주석』(서울: 영음사, 1967).
_____.『성경신학』(서울: 영음사, 1974).
알란 코울,『갈라디아서』. 틴데일 주석 9; 서울: CLC, 1979.
요아힘 예레미아스,『예수시대의 예루살렘』. 천안: 한국신학연구소, 1993.
웨인 믹스/황화자 옮김,『바울의 목회와 도시사회』. 한국장로교출판사, 1993.

윤철원, "분쟁의 모티브로 읽는 고린도 교회의 불일치와 가난한 사람들에 대한 배려를 통한 교회 일치의 실천." 『신약논단』 16(2009), 461-494.
이승구 역. 「신약의 십자가」 서울: 기독교문서선교회, 1992. = Morris, Leon. *The Cross in the New Testament*
채천석 역. 「최신 신약개론」 서울: 크리스챤다이제스트, 1998. = Johnson, Luke. *New Testament Introduction.*
최갑종, 『나사렛 예수』 (서울: CLC, 1996).
최현만 역. 「하나님은 어떻게 왕이 되셨나」 서울: 에클레시아북스, 2013. = Tom Wright,
_____. 「바울의 복음을 말하다」 평택: 에클레시아북스, 2012. = Wright, N. Tom. *What St Paul Really Said?*
_____. 「예수, 바울, 하나님의 백성: 톰 라이트와 나눈 신학적 대화」 평택: 에클레시아북스, 2013), 니콜라스 페린, 리처드 헤이스 (편) 1002).
한기태, 『인자론』 (서울: 성광문화사, 1983).
한성진 역. 「하나님의 칭의론」 서울: CLC, 2008. = McGrath Alister. *Iustia Dei, A History of the Christian Doctrine of Justification.* Cambridge: University Press, 1987.
한천설, " 바울서신을 가지고 복음서를 읽으려 하는가?" 『그말씀』 (1997/2).
홍인규. 「바울신학 사색」 서울: 이레서원, 2007.

Barclay, W. *The Letters of the Corinthians*, Philadelphia: Westminster, 1975.
Bauer, W. *A Greek-English Lexicon of the New Testament and Other Early Christian Literature*, trans. by W. F. Arndt & F. W. Gingrich; Chicago: University Press, 1967.
Bornkam, G. "Lord's Supper and Church in Paul." in *Early Christian Experience*, London: SCM, 1969, 123-160.
Bruce, F. F., *Second Thoughts on the Dead Sea Scrolls* (Grand Rapids: Eerdmans, 1975).
_____, *The New Testament Development of Some Old Testament Themes* (Exeter: Paternoster, 1968).
_____, *The Book of Acts*. NICNT; London: Marshall, Morgan & Scott, 1972.
Bultmann, R., ἀφίημι, TDNT vol. I, 510
Bultmann, R., *Theology of the New Testament*, vol. 1 (London: SCM, 1978).
Chow, J. K. *Patronage and Power: A Study of Social Networks in Corinth*, JSNTSS 75; Sheffield: JSOT, 1992.
Collins, R. F. *First Corinthians*, SacPag 7; Collegeville: Liturgical Press, 1999.

Conzelmann, H. *1 Corinthians*, Hermenia; Philadelphia: Fortress, 1981.
Cousar, Charles B., *Galatians*. Interpretation; Atlanta: John Knox Press, 1973.
Cullmann, O., *The Christology of the New Testament* (London: SCM, 1980).
Dahl, N. A. *Studies in Paul*. Minneapolis: Augsburg, 1977.
Dodd, C. H. *The Parables of the Kingdom*. New York: Charles Scribners' Sons, 1961.
Dodd, C. H., *The Founder of Christianity* (New York: Macmillan, 1970).
Dunn, James, D. G. *Jesus, Paul and the Law*. London: SPCK, 1990.
Esler, P. F., *Community and Gospel in Luke-Acts*. Cambridge: University Press, 1987.
Evans, C. F. *Saint Luke*. TPI New Testament Commentaries; London: SCM, 1990.
Evans, C. F., *Saint Luke*. TPI New Testament Commentaries; London: SCM, 1990.
Fee, G. D. *The First Epistle to the Corinthians*, NICNT; Grand Rapids: Eerdmans, 1987.
Fitzmyer, J. A., *The Gospel according to Luke*, vol. 2. Anchor Bible; New York: Doubleday, 1981.
Gardner, P. D. *The Gifts of God and the Authentication of a Christian: An Exegetical Study of 1 Corinthians 8-11.1*, Lanham: University Press of America, 1994.
Geldenhuys, N., *The Gospel of Luke* (NICNT; Grand Rapids: Eerdmans, 1977).
Green, Joel, *The Theology of the Gospel of Luke*. New Testament Theology; Cambridge: University Press, 1995.
Hagner, D. A. *Matthew 1-13*. WBC 33$_A$; Dallas: Word Books, 1993.
Henderson, S. W. "'If Anyone Hungers ⋯': An Integrated Reading of 1 Cor. 11.17-34." *NTS* 48(2002), 195-208.
Hendriksen, W., *The Gospel of Matthew* (NTC; London: Banner of Truth, 1976).
Horrell, D. "The Lord's Supper at Corinth and in the Church Today." *Theology* 98(1995), 196-202.
Hunter, A. M., *The Gospel according to Saint Mark* (London: SCM, 1959)
Jeremias, Joachim, *The Parables of Jesus*. London: SCM, 1963.
Jervell, J., *The Theology of the Acts of the Apostles*. Cambridge: University Press, 1996.
Jourdan, G. V. "Koinonia in 1 Cor. 10.16." *JBL* 63(1948), 114-124.
Judge, E. A. *The Social Pattern of Christian Groups in the First Century*, Guildford: Tyndale Press, 1960.
Karris, R. J. "Poor and Rich: The Lukan *Sitz im Leben*." in C. H. Talbert

(ed.), *Perspectives on Luke-Acts*, Edinburgh: T & T Clark, 1978, 112-125.

Käseman, E. "The Pauline Doctrine of the Lord's Supper." in *Essays on New Testament Themes*, trans. W. J. Montague; London: SCM, 1960, 108-135.

Kelber, W. *The Kingdom in Mark: A New Place and a New Time*. Philadelphia: Fortress, 1974.

Kim, Kyoung-Jin, *Stewardship and Almsgiving in Luke's Theology*. JSNT Sup. 155; Sheffield: Sheffield Academic Press, 1998.

Kim, Kyoung-Jin. *Stewardship and Almsgiving in Luke's Theology*, JSNTS 155; Sheffield: Academic Press, 1998.

Kuck, D. *Judgment and Community Conflict: Paul's Use of Apocalyptic Judgment Language in 1 Corinthians 3.5-4.5*, Leiden: E. J. Brill, 1992.

Ladd, G. E. *Crucial Questions about the Kingdom of God*. Grand Rapids: Eerdmans, 1977.

Ladd, G. E., *A Theology of the New Testament* (Grand Rapids: Eerdmans, 1977).

Maddox, R., *The Purpose of Luke-Acts*. Edinburgh: T & T Clark, 1985.

Marshall, I. Howard, *Acts*. Tyndale New Testament Commentaries 5; Grand Rapids: Eerdmans, 1986.

Martin, Ralph P., *New Testament Foundations*, Vol.1: *The Four Gospels* (Exeter: Paternoster, 1975).

Mealand, David, *Poverty and Expectation in the Gospels*. London: SPCK, 1980.

Meeks, W. *The First Urban Christians: The Social World of the Apostle Paul*, New Haven: Yale University Press, 1983.

Meeks, Wayne A., *The First Urban Christians*. New Haven: Yale University Press, 1983.

Mitchell, M. M. *Paul and the Rhetoric of Reconciliation: An Exegetical Investigation of the Language and Composition of 1 Corinthians*, Louisville: Westminster/John Knox Press, 1992.

Moule, C. F. D. "The Judgment Theme in the Sacraments." in W. D. Davies and D. Daube (eds.), *The Background of the New Testament and Its Eschatology: Studies in Honour of C. H. Dodd*, Cambridge: University Press, 1956, 464-481.

New Bible Dictionary (Leicester: IVP, 1982).

Orr, W. F. · Walther, J. A. *1 Corinthians*, Anchor Bible 32; New York: Doubleday, 1982.

Overman, J. Andrew. *Matthew's Gospel and Formative Judaism*. Minneapolis: Fortress, 1990.

Panikulam, G. *Koinonia in the New Testament: A Dynamic Expression of Christian*

Life, Rome: Biblical Institute, 1979.

Passakos, D. C. "Eucharist in the First Corinthians: A Sociological Study." *RB* 104 (1997), 192-210.

Polhill, John B., *Acts*. The New American Commentary, 26B; Nashville: Broadman Press, 2001.

Ridderbos, H., *The Coming of the Kingdom* (Philadelphia: Presbyterian & Reformed Publishing Co., 1962).

Schmidt, T. E., *Hostility to the Wealth in the Synoptic Gospels*. JSNT Sup. 69; Sheffield: Sheffield Academic Press, 1987.

Schnackenburg, R., *All Things are Possible to Believers*. Louisville: Westminster John Knox, 1995.

Schottroff, L. & Stegemann, W., *Jesus and the Hope of the Poor*. New York: Orbis Books, 1986.

Schweizer, Eduard, *The Good News according to Mark* (Atlanta: John Knox, 1970).

Stanton, G. N., *The Gospels and Jesus*. Oxford: University Press, 1989.

Stendahl, K. *Paul Among Jews and Gentiles*. London: SCM, 1977.

Stonehouse, N. B., *The Witness of Matthew and Mark to Christ* (London: Tyndale, 1944).

_____, *Origins of the Synoptic Gospels* (Grand Rapids: Baker, 1979).

Tabor, James D. *Paul and Jesus: How the Apostle Transformed Christianity*. New York: Simon & Schuster Paperbacks, 2012.

Tatum, W. B., *In Quest of Jesus* (London: SCM, 1973).

Taylor, David Bruce, *Mark's Gospel as Literature and History* (London: SCM, 1992)

Taylor, Vincent, *The Gospel according to St. Mark* (London: Macmillan, 1052).

Taylor, Vincent, *The Gospel according to St. Mark*. London: MacMillan, 1952.

The Interpreter's Dictionary of the Bible (Nashville: Abingdon, 1982).

Theissen, G. *The Social Setting of Pauline Christianity: Essays on Corinth*, Philadelphia: Fortress, 1982.

_____, *Social Reality and the Early Christians*, Edinburgh: T & T Clark, 1993.

_____, *The Shadow of the Galilean*, London: SCM, 1987.

_____, 김명수 역. 『원시 그리스도교에 대한 사회학적 연구』[*Studien zur Soziologie des Urchristentums*], 서울: 대한기독교서회, 1994.

Tiede, David L., *Luke*. Augsburg Commentary on the NT; Minneapolis: Augsburg, 1988.

Van Unnik, W. C. "Die Motivierung der Feindesliebe in Lukas 6.32-35."

*NovT*9(1966), 284-300.
Verhey, A./김경진 역, 『신약성경 윤리』, 서울: 솔로몬, 1997.
Vos, G., *The Self-Disclosure of Jesus* (Philadelphia: Presbyterian & Reformed Publishing Co., 1953).
Warfield, B. B., *The Lord of Glory* (Grand Rapids: Baker, 1976).
Willis, W. L. *Idol Meats in Corinth: The Pauline Argument in 1 Corinthians 8 and 10*, SBLDS 68; Chico, CA: Scholars Press, 1985.
Witherington, Ben III. *Conflict & Community in Corinth: A Socio-Rhetorical Commentary on 1 and 2 Corinthians*, Carlisle: Paternoster, 1994.
Ziesler, John, *The Epistle to the Galatians*. Epworth Commentaries; London: Epworth, 1992.
_____. *Pauline Christianity*. Oxford: University Press, 1992.